Noël Loot
off. par Thierry

GRAND ÉCART

61, rue de Maubeuge, 75009 Paris
Tél., Fax : 01 42 85 05 58
e-mail : info@indoeditions.com
site : www.indoeditions.com

Directeur de Collection : Cyril Bondroit

ISBN 978-2-914086-29-5

ÉDOUARD TERZIAN

GRAND ÉCART

Parcours d'un Saint-Cyrien atypique

Portrait

INDO ÉDITIONS

À mes parents, qui m'ont inculqué les valeurs ayant façonné ma vie.
À Marcelle, qui a eu la force de supporter mon caractère et a su vivre, avec le sourire, les servitudes de la vie d'une femme d'officier.

"*Sire, il est difficile de servir et de plaire à la fois.*"
Un maréchal du Roi de France

INTRODUCTION

Fils d'immigré d'origine arménienne, Saint-Cyrien atypique, ma vie me paraît relever d'un parcours du combattant.

Je la raconte ici pour laisser à mes enfants et à leur descendance le témoignage d'une vie fortement marquée par les principes moraux que mes parents m'ont inculqués et sur lesquels ils ne transigeaient pas.

J'ai aussi un devoir de mémoire envers mes camarades aujourd'hui oubliés, morts au combat ou dans les camps d'extermination du Vietminh et celui de faire revivre ces visages gravés dans ma mémoire sous les traits d'une éternelle jeunesse.

Et puis, au-delà de l'auto flagellation de nos élites et de la jacasserie des médias, je souhaite montrer aux cohortes de jeunes issus de milieux défavorisés (en particulier jeunes fils d'immigrés) et à leurs familles que pour s'intégrer dans un pays et mériter une nationalité voulue, il faut trouver en soi une énergie de bâtisseur en pratiquant le culte du travail et le respect de l'autorité. Les devoirs doivent précéder les droits.

J'ai voulu enfin apporter mon témoignage et faire part de mes réflexions sur le génocide arménien, la vie d'une famille d'immigrés dans les années trente, la guerre, la décolonisation, la superpuissance américaine face à l'émergence d'une gigantesque puissance asiatique, le combat dans la vie des affaires économiques et les événements de Nouvelle-Calédonie devenue ma terre d'adoption à l'issue de mon parcours mouvementé.

Ce récit est également un hommage à la solidarité Saint-Cyrienne.

***

CHAPITRE I

MA PREMIÈRE JEUNESSE

Premiers souvenirs d'enfance : Draguignan, le logement, la famille

Nous sommes en 1930. J'ai 4 ans. Les souvenirs de ma petite enfance sont évidemment flous et ma vie insouciante se déroule dans un monde restreint : la maison, la chambre familiale, mes parents. Mais des images de ce petit monde brumeux se dessinent très nettement. Impossible de les effacer de ma mémoire.

La maison est située au N° 11 de la place de l'Horloge, dans une ville à consonance bizarre : Draguignan. Nous occupons au 3e étage un logement très modeste. Une pièce sert à la fois de cuisine, de salle de séjour, de bureau pour mon père, d'atelier de couture pour ma mère. À la droite de la porte d'entrée, une chambre à coucher divisée en deux alcôves, l'une pour mes parents, l'autre pour mon frère aîné et moi-même. Le mobilier est réduit à sa plus simple expression : une table en bois, quatre chaises aux sièges rempaillés, deux armoires murales, l'une pour les objets de cuisine, l'autre pour les vêtements.

Au centre de la pièce, un poêle à bois sur lequel ma mère fait la cuisine et qui assure aussi le chauffage en hiver. Sur le mur blanc qui fait face à l'entrée, sous une image représentant le Christ en croix, un encadrement de bois sculpté entoure une plaque de cuivre sur laquelle sont inscrits les noms des membres de la famille de mon père, morts pour la plupart en 1915 [1] (je ne comprends pas alors pourquoi cette seule date est gravée dans le cuivre au-dessus d'une si longue énumération de noms).

Sur le mur à gauche de l'entrée, le traditionnel calendrier de la Poste illustré d'un beau paysage de France en couleur. Enfin, en évidence, deux appareils dont la présence est sans doute insolite dans notre quartier.

1 - Voir Annexe 14.

Ils m'intriguent et attirent la curiosité des visiteurs. Chacun d'eux a sa place attitrée dans notre logement; l'un, dans un coin de la chambre, est une machine à coudre *Singer* à pédale et l'autre, posé sur une étagère, une machine à écrire *Underwood.* Mais je suis trop petit pour réaliser leur importance.

Dans ce modeste logement, il n'y a pas de sanitaire. À l'étage non plus. C'est ma brave mère qui en supporte les conséquences chaque matin aux premières heures de l'aube. Il existe bien des WC publics, mais à l'autre bout de la place de la Tour de l'Horloge. Nous faisons notre toilette tous les matins au robinet du seul évier de la maison. Une ou deux fois par semaine, suivant la saison, nous avons droit à une toilette complète. Selon un cérémonial bien orchestré, ma mère installe une grande bassine au centre de la pièce commune et, en guise de douche, nous asperge à grands coups de casserole d'une eau toujours trop chaude à mon goût. Cette séance de " douche " est à la fois le meilleur moment de la semaine par la chaleureuse intimité qui s'en dégage mais aussi une contrainte désagréable, tant je suis persuadé d'être ébouillanté, alors qu'il n'en est rien bien sûr.

Ce logement minuscule a cependant un avantage exceptionnel qui fait oublier les fréquentes récriminations de ma mère. Des deux petites fenêtres donnant sur la place, nous avons une vue magnifique, " imprenable ", sur les toits de la vieille ville et en arrière-plan sur les collines qui la dominent dans son entier, avec le Malmont [1] sur notre droite.

Mon père travaille comme secrétaire comptable dans un atelier de confection de vêtements dirigé par l'un de ses compatriotes. Portant toujours costume, cravate ou nœud papillon, mon père a l'allure d'un professeur, il est de taille moyenne, le visage barré d'une paire de lunettes d'intellectuel. Ma mère, mince et plutôt grande par rapport à mon père, semble toujours soucieuse de son élégance et de ses toilettes. C'est de toute évidence ma mère qui gère la maison car, je vois toujours mon père en train de lire ou d'écrire sur un coin de table, en apparence indifférent aux problèmes ménagers, autre source de frictions conjugales fréquentes. En réponse aux plaintes de ma mère qui a toujours tendance à comparer sa vie présente avec celle d'autrefois, mon père garde imperturbablement son calme, se contentant d'exprimer sa confiance dans l'avenir. Avec mon frère, mon aîné de cinq ans, déjà élève à la " grande école ", nous ne comprenons pas les raisons pour lesquelles notre mère se plaint et récrimine sans arrêt, car notre vie nous paraît tellement heureuse et normale. Dans le quartier, nos voisins ont le même cadre de vie et eux ne s'en plaignent pas.

---

1 - Colline dominant une partie de la ville de Draguignan.

Ce petit monde familial dans lequel je me sens très choyé s'étend à ma grand-mère Gulunia, très âgée et malade, à deux tantes et à un oncle, du côté maternel [1] : ils habitent ensemble dans un petit logement situé dans la vieille ville, pas très loin de chez nous. L'oncle Édouard, âgé d'une vingtaine d'années, est tailleur dans l'atelier de confection où mon père est employé. Son visage jovial me rappellera plus tard celui de Fernandel. Sympathique, respirant la joie de vivre, ce jeune oncle dynamique et indépendant aime s'amuser. Il est champion de danse, " catégorie Charleston ", mais, réputé pour ses fredaines, ses aînés ne lui ménagent pas leurs critiques.

La tante Eugénie, qui est beaucoup plus âgée, a la charge de sa jeune sœur Marie, une très jolie blonde. Dans cette famille élargie, mon père joue le rôle du " chef de tribu ". *Pater familias* libéral et modéré, son autorité s'exerce d'autant plus facilement qu'il a été autrefois le directeur d'école de mes deux tantes et de mon oncle. Ses anciens élèves continuent de l'appeler " professeur ". Aucune décision importante n'est prise sans que mon père ne soit consulté... Parfois l'avis de ma mère, devenue l'aînée de la famille présente, est sollicité. Souvent, dans la soirée, nous nous rendons visite. Les conversations des grandes personnes portent toujours sur les mêmes sujets que je comprends difficilement alors : la guerre, les massacres, les parents disparus...

Ensemble nous parlons arménien mais à l'extérieur, lors de nos déplacements en ville, nous nous exprimons en français, chacun à sa façon. Apparemment mon père le parle très couramment, avec un léger accent ; mon oncle, le cadet de la famille, ainsi que mes deux jeunes tantes semblent le pratiquer correctement ; mais ma mère a de grandes difficultés à s'exprimer en français ; quant à la vieille mamie, c'est pire. Je navigue donc, en permanence, entre ces deux langues, car je parle avec mon père la plupart du temps en français et avec ma mère toujours dans un langage arménien très rudimentaire mêlé d'un français à peine meilleur.

Tout petit, je réalise déjà que nous ne nous exprimons pas comme notre voisinage immédiat. Mais cette différence ne me paraît pas surprenante car, dans notre quartier, la plupart des familles parlent en français mais aussi dans une autre langue : italien, espagnol ou dialecte provençal. C'est le cas de mes petits copains avec leurs parents, les Stagno, Vasapoli, Fruttero, Chiva, Lovera... Tous français, mais avec un langage propre qui ne choque personne.

1 - La famille maternelle comprend aussi une tante, partie depuis longtemps en Russie, et une autre habitant Lyon depuis peu.

Bientôt mes parents m'inscrivent dans une école maternelle qui me paraît très éloignée de la maison, à l'autre bout de la ville, à l'entrée de la route de Trans. Ma mère m'y accompagne, à pied évidemment. Mon frère aîné est inscrit à l'école primaire, rue de la République, pas très loin de notre quartier. Je le rejoindrai un an plus tard. Mais déjà mon horizon s'élargit et mon esprit s'éveille. Curieux et intrigué par tout ce qui m'entoure et ce que j'entends, notamment les récriminations continues de ma mère, je commence à interroger mon père sur les origines de notre petite communauté. Avec un talent d'historien et de narrateur, petit à petit, mon père va me raconter l'histoire de la famille, son passé ailleurs puis son arrivée en France. Dans mon imagination, cette narration par épisodes prendra l'allure d'une véritable saga " télévisée ". Je comprendrai alors le calvaire d'une mère immigrée ayant perdu tout à la fois son pays et le train de vie luxueux qu'elle avait connu précédemment.

Les origines familiales, le génocide arménien, l'émigration en France

Issu d'une famille d'agriculteurs propriétaires terriens, mon père est né en 1887 à Gueyvé, province d'Ismit, près de Constantinople (Istanbul). Après ses études secondaires et muni de ses diplômes turcs et arméniens de l'Instruction Publique et du Patriarcat arménien de Constantinople, mon père est affecté comme instituteur puis directeur d'école à Zonguldak, important port turc de la mer Noire situé à environ 300 km à l'est d'Istanbul. Réside à la même époque à Zonguldak un notable arménien, avocat connu et très estimé, du nom de Ohan [1] (ou Ohanès, *Jean* en français) Navassartian dont la famille est établie dans la région depuis plusieurs générations. C'est également un important propriétaire foncier et immobilier, devenu actionnaire de la *Société Ottomane d'Héraclée* lorsque cette entreprise française d'exploitation houillère est créée sur des terres dont il avait hérité la propriété. Père de cinq filles (Virginie l'aînée, Véra ma future mère, Archagouhie, Eugénie, Marie) et de deux garçons (Navassart et Édouard le cadet des sept enfants), il habite avec sa famille dans l'un de ses immeubles du quartier Elmalik, une résidence de trois étages située sur le flanc d'une colline dominant la mer. Plusieurs appartements confortables et équipés de salles de bain la composent à chaque étage alors qu'au rez-de-chaussée sont situés les bureaux et l'appartement du Consul d'Italie. Une armada de serviteurs turcs est au service de cette importante famille.

---

1 - " Ohan Effendi ", son appellation par les Turcs, ce qui signifie " Monseigneur Ohan " avec une note de respect.

Lorsque mon père fut nommé directeur d'école à Zonguldak, la plupart des enfants d'Ohan Navassartian sont alors devenus ses élèves, c'est ainsi que dans cette cité cosmopolite se sont rencontrées deux destinées, celle de mon futur père et celle de ma future famille maternelle.

Avant le début de la Guerre de 14-18, Navassart, l'aîné des fils d'Ohan est envoyé après ses études secondaires en Suisse, à Genève, pour recevoir une formation d'ingénieur en vue de participer ultérieurement au fonctionnement de la société houillère. Mais peu de temps après ce départ, " Ohan Effendi ", alors âgé d'une cinquantaine d'années, décède d'une crise cardiaque. Son épouse, Gulunia, désemparée, est incapable de gérer ses affaires. Les relations entre le directeur d'école et la famille se resserrent alors naturellement, d'autant plus qu'à la suite du déclenchement de la Grande Guerre, les tensions entre les autorités turques et les communautés chrétiennes se développent.

L'année 1915 est celle du génocide arménien. La famille de mon père est décimée. Aux massacres de son père Assadour, de sa mère Gulgul, de son frère Hampig et de ses deux sœurs Arménouhie et Choghig s'ajoute le massacre des autres membres de sa famille. Au total 43 personnes dont les noms sont gravés sur la plaque de cuivre qui sera fixée plus tard au mur de notre logement de Draguignan : la plus âgée est une grand-mère de 78 ans, le plus jeune est un bébé de moins d'un an. Seuls deux cousins paternels en échapperont et se réfugieront plus tard aux USA. À Zonguldak la communauté arménienne solidaire dans ce drame échappe au massacre, sans doute grâce à la présence dissuasive, dans cette ville, de représentations consulaires et d'une population européenne importante. Bouleversé par cette catastrophe, mon père sait qu'il ne pourra plus rester dans cet horrible pays. Alors que la fille aînée des Navassartian épouse un Arménien russophone et part habiter Odessa en Russie, sa famille à Zonguldak apprend quelque temps plus tard la disparition dramatique de Navassart. Après avoir terminé ses études à Genève et ayant appris la déclaration de l'indépendance arménienne, Navassart, nationaliste convaincu, est parti à Erevan, la capitale, pour apporter sa contribution à cette indépendance. Arrêté par le pouvoir communiste déjà en place, il est emprisonné et massacré avec un grand nombre d'autres nationalistes dans la prison même, à la mitrailleuse lourde. C'est ainsi que la vie d'un jeune homme promis à un brillant avenir a été arrêtée brutalement.

Au mois d'août 1920, un mariage est célébré, celui du directeur d'école Erwandt Terzian et de Véra Navassartian qui avait été élève d'une école grecque de Zonguldak. En septembre de l'année suivante, le couple donne naissance à un garçon Yervaz Armand, mon frère aîné. Ainsi, après avoir été le " chaperon " puis un membre à part entière de la famille Navassartian, mon père devient en quelque sorte le chef de cette petite tribu désorientée.

Lorsque les autorités turques décident la fermeture des écoles grecques et arméniennes de Zonguldak, mon père rejoint alors la Société Ottomane d'Héraclée pour y travailler en qualité de comptable. On y parle le français qu'il est heureux de pratiquer chaque jour, lui qui est tellement fasciné par cette langue et la civilisation française depuis le début de ses études. Mais ce n'est pas la seule langue qu'il maîtrise. Mon père parle et écrit aussi couramment l'arménien, le turc, l'arabe littéraire et moins couramment le grec, l'anglais, le russe et l'iranien. C'est ainsi qu'il rend d'éminents services dans sa nouvelle société et dans la ville où cohabitent des Européens de différentes nationalités. Mais en 1923 la *Société Ottomane d'Héraclée*, française, est occupée par l'État kémalien [1].

Mon père ne cache pas ses sentiments nationaux ni sa francophilie. Informé un jour confidentiellement par des amis fidèles qu'il est recherché par la police turque, il se réfugie en toute hâte au Consulat d'Italie dont les bureaux se situent au rez-de-chaussée de l'une des résidences Navassartian. À l'approche des policiers, le Consul d'Italie monsieur C. Matati, hisse le drapeau italien, arbore l'écharpe nationale tricolore et précise que le Consulat étant considéré comme territoire italien, les policiers n'ont pas le droit d'y pénétrer sans son autorisation. À la suite de cet incident significatif ayant valeur d'avertissement, mon père quitte discrètement la ville de Zonguldak après avoir conseillé à sa famille de se préparer à le rejoindre avec un minimum de bagages. À son arrivée à Istanbul, mon père se réfugie alors chez des amis. Il est engagé en qualité de *Head Teacher* dans une école américaine, l'*Educational Department Armenian Orphan and Refugee Relief* [2] à Coum Capou Istanbul et commence à organiser son départ pour la France. Sa famille, qui a tout abandonné à Zonguldak par mesure de discrétion, le rejoint rapidement comme prévu. Pour toute fortune chacun a emporté le maximum possible de pièces d'or et de bijoux, anciens pour la plupart, dissimulés dans les vêtements. Certaines pièces sont recouvertes de tissus et deviennent des boutons, d'autres sont cousues minutieusement dans les doublures renforcées des vêtements pour éviter tout tintement à la moindre secousse.

---

1 - Régime de Mustafa Kémal Pacha dit Atatürk (Père des Turcs).

2 - Établissement d'éducation et d'assistance aux orphelins et réfugiés arméniens.

Entre-temps, mon père fait établir des passeports pour chaque membre de la famille et obtient rapidement des visas grâce à ses bonnes relations avec le Consulat général de France. Le 3 septembre 1923, il peut enfin embarquer sur un bateau à destination de la France avec toute sa petite tribu comprenant son épouse Véra et son fils Yervaz âgé de 2 ans, la mémé Gulunia avec ses trois filles et son garçon de 14 ans. La famille débarque à Marseille le 14 septembre. Mon père me parlera plus tard des sentiments contradictoires qu'il a éprouvés alors qu'il regardait pour la dernière fois s'éloigner les rivages turcs qui disparaissaient lentement à l'horizon. C'était l'abandon définitif d'une vie qui ne pourrait plus jamais être. C'était la responsabilité d'une famille déjà nombreuse qui devenait tout à coup entièrement à sa charge. C'était l'incertitude du lendemain pour l'apatride qu'il était devenu, selon les termes apposés sur son passeport par les autorités turques. Mais c'était aussi le soulagement d'avoir pu partir avec tous les siens et de quitter, sans regret et sans haine, un pays responsable du premier génocide de l'Histoire contemporaine. Au cours de la traversée, mon père a pris conscience que son rêve de jeunesse était aussi à sa portée : il voguait, selon sa propre expression, vers sa seconde patrie, celle de la Déclaration des Droits de l'Homme, celle de Victor Hugo et de Pasteur... pour un futur de paix, de sécurité et de liberté, quel qu'en soit le prix. Car il savait que sa nouvelle vie ne serait pas facile.

L'arrivée de la famille en France

C'est donc une famille de huit personnes qui débarque à Marseille. Mon père en a la charge morale et matérielle. Il trouve un emploi en qualité de " journalier temporaire suivant les besoins du service " à la *Compagnie de Chemin de Fer de Paris à Lyon et à la Méditerranée* en gare de Marseille Joliette. Selon l'extrait d'un certificat de travail, il perçoit 108,50 francs du 3 au 13 octobre 1923 et 329 francs du 1er avril au 6 mai 1924.

Entre ces deux périodes, octobre 1923 et avril 1924, toujours à Marseille, il est poinçonneur de tickets à bord des autobus. Puis il occupe d'autres emplois divers. C'est ainsi qu'à la Seyne-sur-Mer où je suis né le 21 janvier 1926, il est embauché à l'Arsenal comme manœuvre. À Valence, du 11 octobre au 4 décembre 1926, il est employé en qualité de " *manœuvre mécanicien* "[1] dans l'atelier de C. Allègre, Ingénieur Constructeur. Mais le 4 décembre, il est " *renvoyé par suite du manque de travail* ".

---

1 - Ce terme m'amuse beaucoup, car mon père a tout juste été capable de planter un clou.

Un an plus tard, toujours à Valence, " *le Curé des Arméniens de Valence et des environs, certifie avoir baptisé ce jour du 24 octobre 1927, suivant les rites de l'Église Arménienne, sous le nom de Édouard Berge Armen Jésus* [1]*... le fils légitime de monsieur Erwandt Terzian* ".

La tante Archagouhie, pour sa part, se marie avec un tailleur arménien turcophone et s'installe à Lyon. Mon père n'est pas le seul Arménien à avoir débarqué en France. D'autres, qui ont choisi comme lui l'exil, s'y trouvent déjà ; tel son compatriote monsieur H... devenu patron d'un atelier de confection de vêtements déjà réputé à Draguignan. monsieur H... avait bien connu mon père à Zonguldak, à l'époque où lui-même était ouvrier tailleur et mon père directeur d'école. Ayant appris avec plaisir sa présence à Valence, il le contacte et lui propose un poste de secrétaire comptable pour le seconder dans son atelier de confection. C'est ainsi que mon père et sa famille arrivent à Draguignan et enfin " jettent l'ancre ".

Il est grand temps. Un métier stable pour mon père et les autres membres de la famille devient un impératif, car dans une période où la crise économique est mondiale, les emplois de " journaliers temporaires suivant les besoins du service ", contribuent à faire fondre la presque totalité du petit trésor de guerre constitué des pièces d'or apportées. Mais l'achat de la machine à coudre *Singer* et celui de la machine à écrire *Underwood* qui avaient largement écorné ce trésor de guerre ont permis à mes parents, pendant les périodes d'inactivité, de subvenir à nos besoins, mon père devenant " écrivain public " et ma mère, couturière à domicile. Désormais, ces machines toujours utiles pour nos besoins personnels sont remisées dans un coin de la chambre, mais en réserve car " *on ne sait jamais* ". Je comprends mieux les égards qui leur sont portés.

À Draguignan, lentement, notre vie s'améliore. Mais la grand-mère Gulunia, vieille dame qui appartenait à une bourgeoisie traditionnellement aisée, supporte très mal ce passage brutal aux difficultés de la vie, qualifiée de moderne par son entourage immédiat. À la charge de ses deux filles qui s'occupent d'elle tout en travaillant à l'atelier, enfermée la plupart du temps dans sa chambre, ne cherchant pas à communiquer avec l'extérieur, fatiguée, malade, elle s'éteint lentement dans les années 1930-1931. Je garderai d'elle le souvenir d'une vieille dame toujours vêtue de noir, digne, affectueuse, mélancolique, résignée, donnant l'impression de n'avoir plus rien à faire en ce monde et attendant sereinement d'être rappelée à Dieu.

---

1 - J'apprends ainsi qu'en plus de mon prénom officiel Édouard, à l'Église orthodoxe je suis aussi prénommé Berge, Armen, Jésus.

La tante Eugénie, mariée à un jeune coiffeur arménien dès le début de l'année 1931, est déjà à la tête d'un salon de coiffure qui marche bien. Elle peut désormais apporter si nécessaire son soutien à sa jeune sœur Marie qui ne tardera pas à se marier également. Quant à Édouard, le deuxième fils de Gulunia, le plus dynamique et le plus insouciant de la famille, il travaille maintenant à son compte et vole de ses propres ailes, très à l'aise dans ce monde moderne qui lui convient parfaitement. La famille est désormais sur les rails. L'avenir commence à s'éclaircir.

L'arrivée de la tante de Russie; la naturalisation de mon père; la rentrée à l'école primaire

La période 1931-1932 constitue pour notre famille un tournant important à plusieurs titres. C'est tout d'abord, après de longues démarches facilitées par mon père, l'arrivée impromptue à Draguignan venant d'Odessa, de la tante Virginie devenue veuve. Elle est accompagnée de sa fille Araxie âgée d'une quinzaine années. Elle s'installe elle aussi comme couturière à domicile, dans un logement exigu donnant sur l'arrière de la cathédrale, pas très loin de chez nous. La solidarité familiale se manifeste spontanément. Virginie est une tante aux cheveux blonds grisonnants, un peu rondelette, douce, effacée, apparemment fatiguée par les épreuves subies. Elle ne cherche pas à s'imposer comme fille aînée de la famille mais elle est prête au contraire à déléguer ses pouvoirs traditionnels à ma mère, sa sœur, qui a déjà connu le " baptême du feu " en France. Elle a beaucoup de choses à raconter sur la Russie [1]. Dans mon imagination vagabonde, ses récits tellement vivants me fascinent. Le plus souvent possible je vais faire mes devoirs chez elle car à cette vie d'ailleurs racontée simplement s'ajoutent de succulents petits gâteaux russes dont elle me régale. Le plaisir est double. Virginie parle tout en faisant tourner sa machine à coudre… électrique. Elle qualifie ce progrès de révolutionnaire ! Elle me raconte l'année 1917 et la longue période qui a suivi. Une véritable et immense catastrophe et une misère indescriptible sous une oppression policière générale. Rien à voir avec les difficultés de l'émigration en France.

Après cette étape familiale apaisante à Draguignan, Virginie et sa fille nous quittent pour s'installer à Nice - où se trouve paraît-il une importante communauté de réfugiés russes ou russophones. Nous restons en contact, surtout à l'occasion des vacances scolaires passées au bord de la mer.

---

1 - À cette époque-là, elle n'utilise le terme Union Soviétique que très rarement, car pour elle l'URSS, c'est en fait la Russie.

Mais l'événement le plus important, celui qui illumine l'année et l'avenir, c'est bien sûr " *l'annonce de la naturalisation de mon père.* " Je me souviendrai toujours de cette journée d'été 1932. Elle ne s'effacera pas de ma jeune mémoire. C'était les vacances. Brandissant triomphalement un document à la main, mon père rentre vers midi à la maison, le visage inondé de joie : " *Nous sommes enfin Français, naturalisés Français, toute la famille* ". Il est ému jusqu'aux larmes en lisant le document [1], lentement, ligne par ligne, du début jusqu'à la fin.

LA RÉPUBLIQUE FRANÇAISE,
Liberté, Égalité, Fraternité,
le Président de la République...
Décret : Article premier. Est naturalisé Français (Art.6 et 1er de la Loi du 10 août 1927) Terzian (Erwandt, Armand) comptable... ayant un fils mineur Erwandt [2]*, Armand. Né le 19 septembre à Zongouldak...*

Encore bien jeune pour mesurer la portée de ce décret, je ne comprends pas l'émotion de mon père et la solennité qu'il donne à l'événement. Je n'avais pas connu l'émigration. Je pensais que nous étions tous Français. Mais en réalité je ne me souviens pas de m'être posé la question. L'attitude de mon père ne s'y prête d'ailleurs pas. Car il s'est toujours considéré comme Français. Il parle français, il pense français, ses propos et son comportement sont ceux d'un Français. J'imagine qu'il s'agit d'un simple papier reçu pour des raisons qui m'échappent. Puis, je constate avec étonnement que mon nom n'y figure pas, ni celui de ma mère et je demande pourquoi. Après un instant d'hésitation et de réflexion, la réponse fuse : " *Mais toi, tu es né en France.* " C'est vrai. Pour moi la question ne s'est jamais posée. La réponse est donc évidente. Mais pourtant pas complètement satisfaisante. Si j'étais déjà Français cela signifiait que je l'étais avant mes parents. Comment cela était-il possible ? Allez donc expliquer ces subtilités à un enfant de 6 ans ! (C'est d'ailleurs bien plus tard que j'en recevrai l'attestation écrite le confirmant) [3].

---

1 - Aujourd'hui toujours en ma possession, jauni par le temps.

2 - Erreur relevée au crayon dans la marge par mon père : il s'agit en fait de mon frère dont le prénom est Yervaz au lieu de Erwandt le prénom de mon père. De plus l'année de naissance de mon frère est omise.

3 - En réponse à ma demande, en décembre 1968, le Tribunal d'instance, Greffe du Canton de La Seyne-sur-Mer, m'adressera un Certificat de Nationalité en mon nom... " *en vertu des dispositions de l'article 7 de la Loi du 10 août 1927 (Français par l'effet collectif attaché à la naturalisation de votre père)* ".

Et mon père d'ajouter que, si maintenant nous devenons Français officiellement, nous l'étions déjà depuis longtemps par le cœur. Aujourd'hui, nous dit-il, nous devons en être encore plus fiers puisque la France nous accepte officiellement et toute notre vie, précise-t-il, nous devrons montrer que nous sommes dignes de l'avoir mérité. Cet événement et ces paroles auront toute ma vie une grande incidence sur mon comportement et sur mon orientation. Elles vibrent encore aujourd'hui profondément en moi.

Ma rentrée (déjà évoquée) à l'école primaire, " la grande école " est le troisième événement marquant de l'année 1932. L'école reste pour moi un lieu privilégié tel que mes parents me l'ont décrite avant même que j'en franchisse le seuil pour la première fois. En me transmettant leur respect des enseignants et de leur personnalité, ils m'apprennent à respecter le savoir qu'ils représentent et l'attention vigilante dont ils font preuve envers nous, les enfants. C'est ainsi que chaque instituteur m'a laissé, à sa manière, un souvenir attendrissant. J'en égraine aujourd'hui encore, leur nom avec plaisir et affection : Lions, Guigou, Millaud, Michel, Leroux... et bien d'autres plus tard. C'est par exemple le cas de monsieur Millaud, héros obscur comme beaucoup d'autres de la Première Guerre Mondiale, lieutenant chef de section en 1914, plus tard promu capitaine, blessé au combat. Devenu instituteur, il met, en classe, son autorité et ses convictions bienveillantes à faire de nous des élèves consciencieux et appliqués. Tous les moyens sont bons. Il illustre ses explications d'histoires amusantes qu'il mime avec des grimaces qui nous font hurler de rire. Mais il sait aussi faire des allusions aux combats sanglants qu'il a vécus et glisse ainsi des principes de morale simple qui participent à notre éducation. Un vrai meneur d'hommes sous " les ordres " duquel le plaisir d'étudier et de progresser a été réel. La grande autorité, celle qui impose un respect sans nuance, est exercée par monsieur Masson, le directeur de l'école. Il nous suivra pendant près de dix ans. C'est un phénomène. Grand et sec, le visage en lame de couteau, il est un peu la " terreur " de l'école. Il louche. Alors son regard balaye systématiquement un angle de vue important et, lorsque dans la cour de récréation, il interpelle un élève par son " *Toi, là-bas* ", chacun se sent visé tout en espérant qu'il s'agit du voisin... et le calme revient instantanément.

Mes études primaires se déroulent en fait dans une atmosphère paisible qui m'a permis chaque année d'obtenir de bons résultats dont les instituteurs se sentent fiers. Mon père aussi d'ailleurs qui, le soir, surveille mes devoirs et me fait réciter mes leçons. Mes parents sont d'autant plus heureux de mes progrès que les notes du carnet scolaire de mon frère aîné ne sont pas toujours conformes aux espérances de la famille. Une famille qui rayonne de joie devant les résultats que j'obtiens de plus en plus régulièrement tout le long de ma scolarité. Mon père, artisan de ces succès par ses encouragements et sa sollicitude attentive, est invariablement le tout premier à s'en réjouir.

La vie dans le quartier de l'Horloge; les vacances d'été

En dehors de l'école, l'ambiance de vie du quartier de l'Horloge est remarquable; elle s'organise avec le temps. Je me souviens encore du rythme des soirées, des semaines et des saisons.

Le soir, une ou deux fois par semaine, nous nous réunissons entre voisins du quartier. Notre voisin de palier, monsieur Cler, un ancien poilu, est souvent présent. Blessé par éclat d'obus à la jambe, ce qui le rend boiteux, pensionné de guerre, il est employé à la Mairie comme secrétaire. Pour moi c'est l'occasion rêvée d'entendre ses récits fascinants, les sorties de tranchée, les assauts à la baïonnette, les combats au corps-à-corps. Un passionnant reportage de guerre, une véritable bande dessinée dans ma tête d'enfant. Évidemment, c'est aussi l'occasion pour mes parents, de raconter leur propre histoire dramatique mais sans gloire. Chaque semaine, le vendredi à midi, une odeur d'ail envahit tout le quartier. N'en connaissant pas la recette magique, ma mère reçoit un grand bol d'ailloli offert par un voisin. Elle donne en échange un bol de yogourt (produit inconnu à l'époque) ou quelques rations de *baklava* , un gâteau oriental (pour ne pas dire turc). L'ambiance est conviviale dans ce quartier de prolétaires.

En septembre, c'est l'odeur du raisin pressé, car en haut de la place, nous assistons à la mise en œuvre du pressoir à vin ; d'abord à grands coups de pieds nus pour tasser le raisin, puis par la force musculaire des bras de paysans. L'occasion de goûter le moût, le vin naturel et la " piquette ", cette boisson gazeuse obtenue par la fermentation des peaux de raisins, rebuts du pressoir.

Les années s'écoulent au rythme des vacances scolaires passées tantôt à la mer en 1932 et 1933, à Saint-Raphaël chez des amis ou à Cannes et à Nice chez notre tante Virginie. Tantôt en montagne à Moustier-Sainte-Marie en 1934 chez notre tante Marie, qui a épousé un cordonnier ayant ouvert une boutique dans cette petite localité des Basses-Alpes. À chaque fois que nous arrivons, c'est en toute simplicité que des matelas sont installés là où il y a de la place. Sauf en 1933 où durant une semaine nous avons eu droit à des vacances de luxe à Saint Aigulf, dans une villa appartenant à monsieur H., le patron de mon père. Pour ma mère qui avait connu monsieur H. comme modeste tailleur en Turquie dans la région de Zonguldak, c'est un retournement de situation incroyable. Pour elle, à l'aise dans ce luxe mais évidemment nostalgique du passé, c'est " vraiment le monde à l'envers ". Mais mon frère et moi, peu concernés par cette réflexion, apprécions pleinement toutes nos vacances qu'elles soient dorées ou rustiques.

Mon père au chômage, puis employé à la Mairie, enfin au Crédit Agricole

Puis 1934. Autre année repère. Année sombre pour nos parents. À la suite d'un désaccord avec monsieur H. sur la présentation comptable de l'année pour le fisc, mon père donne sa démission. Le voici au chômage (sans indemnité). Au cours des semaines précédentes, ma mère ayant senti venir l'orage, avait mis mon père en garde sur son intransigeance professionnelle qui risquait de mettre toute la famille dans la… panade.

Rarement furieux, il fait éclater ce jour-là sa colère et répète avec force que dans la vie il existe parfois des situations non négociables. N'ayant pas le droit à la parole sur le sujet, dans mon for intérieur je trouve que mon père a parfaitement raison et je l'admire plus que jamais.

De nouveau, la *Singer* et *l'Underwood* reprennent du service : pour les voisins, pour les amis, pour des clients obtenus par une publicité de bouche à oreille. En ce qui concerne notre train de vie, c'est la descente aux enfers. Pour mon frère et moi, ce n'est pas encore trop grave, mais notre mère devient de plus en plus irritable. Mon père ne tarde pas à réagir. Il ouvre un bureau d'écrivain public dans la rue de Trans : " *Au bon conseiller* " Écritures, adresses, traductions. Erwandt Armand TERZIAN. Comptable. Secrétaire public - RC 4545 - BP 31 Draguignan Var.[1]

Une leçon de dignité

C'est alors que mes copains de quartier m'apprennent que la Mairie procède à une distribution de boules de pain au profit de familles nécessiteuses (nous sommes encore dans la période de crise économique). Ils arrivent à me convaincre de les suivre. Très heureux d'avoir rempli

1 - Je garde encore précieusement un exemplaire de cette belle carte de visite dans mes archives.

ma mission, et alors que mon père est absent, je reviens à la maison avec une magnifique boule de pain dans les bras. J'ai aussitôt l'impression de recevoir la foudre sur ma tête. Je n'avais jamais vu ma mère dans une colère aussi folle. Elle m'intime l'ordre d'aller rendre ma boule de pain à la Mairie ou à l'un de mes bons copains, en ajoutant d'une voix péremptoire : " *Nous ne sommes pas riches, mais pas misérables non plus. Surtout, n'oublie jamais, je dis bien jamais, que tu es le petit-fils d'Ohan Effendi.* " L'ordre est exécuté sur-le-champ et la boule de pain remise à mon copain très heureux de cette manne supplémentaire. Ces paroles, je ne les ai jamais oubliées, et à plusieurs reprises dans certaines circonstances de ma vie, je me réfère à " Ohan Effendi ".

Quant au bureau de mon père, il n'a pas tenu très longtemps, faute d'une clientèle suffisante pour couvrir au moins ses frais de location. C'est alors que monsieur Cler, notre voisin, le brave poilu de 14, apparaît en sauveur. Il informe mon père qu'un concours est ouvert à la Mairie pour le recrutement d'un secrétaire dans son propre service d'État Civil. Pourquoi ne se présenterait-il pas ? Chose dite, chose faite, mon père se présente et est reçu. La nouvelle fait évidemment le tour du quartier et de nouveau, la *Singer* et *l'Underwood* sont rangées dans leur coin, réservées, comme d'habitude, à nos besoins personnels ou à ceux du voisinage.

En septembre 1935, l'oncle Édouard se marie et quelques mois plus tard il part en région parisienne, à Clamart, pour ouvrir un petit atelier de confection de vêtements sur mesure. Il sera plus tard mon contact familial, mon confident et mon complice lors de mes séjours à Paris.

Les années suivantes notre famille connaît une période de répit. Mais sur le plan international l'horizon continue à s'assombrir dans toutes les directions. Très intéressé par l'évolution de la situation, mon père lit les principaux quotidiens nationaux. Et comme il l'a toujours fait depuis notre plus tendre enfance, il nous résume les événements politiques tels qu'ils se déroulent, y ajoutant ses commentaires personnels. Je suis déjà au courant, très sommairement, des principaux coups de forces : la guerre sino-japonaise, l'occupation de l'Éthiopie par les troupes italiennes, l'invasion de la Rhénanie... Cela me donne une maturité qui peut paraître surprenante à 9 ans.

En raison de l'inefficacité totale de la Société des Nations, du manque de concertation des démocraties occidentales face aux menaces hitlériennes qui se précisent, mon père, je m'en souviens encore, était persuadé que tout cela laissait mal augurer de l'avenir.

En ces années 1937-1938, le contexte politique est peu réjouissant. Mes parents ne cachent pas leurs inquiétudes, mais ils découvrent en même temps des raisons d'espérer en ce qui concerne l'amélioration de leur propre situation.

En 1937, à la suite d'un nouveau concours, mon père est admis comme employé à la Banque du *Crédit Agricole* de Draguignan. Véritable promotion pour lui, ce succès rejaillit évidemment sur la famille. Puis en juin 1938, mon instituteur, monsieur Leroux, pour qui j'ai une grande affection, vient à la maison nous annoncer que je suis reçu au Certificat d'Études Primaires avec la mention Bien. C'est une grande nouvelle et une grande joie pour la famille : monsieur Leroux est venu la partager... Sur son avis, il est entendu que je poursuivrai mes études aux cours complémentaires afin de préparer le Brevet Élémentaire Primaire Supérieur (BEPS).

À la fin 1938, mes parents sont financièrement plus à l'aise. Ils décident de quitter le petit logement de la Tour de l'Horloge, dépourvu du moindre confort, pour emménager au N° 35 de la rue du Jeu de Paume, dans un immeuble situé toujours dans le vieux quartier entre deux rues, à proximité de la rue de Trans et près de la place des Tonneliers. Un logement très simple avec une cuisine minuscule, une chambre à coucher attenante toujours séparée en deux alcôves et un séjour mieux éclairé donnant sur la rue Blancherie.

De la fenêtre de cette pièce un peu spacieuse, sans immeuble en vis-à-vis, on aperçoit, sur la gauche, la colline du Malmont et la célèbre Tour de l'Horloge dans l'axe de la rue. Enfin cet immeuble dispose, à l'étage, de sanitaires ; ma mère est désormais libérée de la corvée matinale fastidieuse et dégradante.

À la rentrée scolaire d'octobre 1939, je poursuis donc mes études dans un établissement situé dans une aile du Collège des Garçons de Draguignan, à la sortie de la ville et à la proximité de la route de Lorgues. L'ambiance y est semblable à celle que j'avais connue et aimée précédemment ; le contact avec mes nouveaux instituteurs est tout aussi chaleureux : Renoux pour l'histoire-géo et le sport, Bouvier pour les sciences et les maths, Jourdan pour le français et Buccelle pour l'italien. Je n'ai malheureusement pas le choix de la langue étrangère, car seul l'italien est enseigné, ce qui peut paraître étonnant. Enfin, l'éternel directeur monsieur Masson, est toujours présent. Visible moins souvent, toujours aussi strabique et rigoureux. Son autorité légendaire semble cependant adoucie, peut-être en raison de notre précoce maturité.

La guerre de 39-40; l'engagement de mon frère; ma réussite au concours des bourses

Le souvenir de la déclaration de guerre de septembre 1939 reste associé à notre nouvelle habitation. Dès les premiers jours de la guerre, sans être convoqué, mon père se présente spontanément au Bureau de Recrutement avec son livret militaire individuel portant le N° 1932/1 035. Le Bureau lui fait comprendre que l'armée n'a pas besoin de ses services dans l'immédiat mais qu'il fera éventuellement l'objet d'un rappel si la situation l'exige. Cette initiative paternelle surprend un peu notre mère.

Mes parents ayant fait l'acquisition d'un poste radio (une grande nouveauté à l'époque), nous suivons les événements tous les soirs sur les ondes. Les communiqués militaires sont rassurants, mais mon père remarque qu'il nous est difficile de nous faire une idée précise sur cette " drôle de guerre ". La vie continue sans grands changements dans l'ensemble. Il y a bien quelques exercices de défense passive ; et même une seule alerte aérienne, en juin, après l'entrée en guerre de l'Italie. Mais Draguignan est éloigné de la zone des combats et les répercussions militaires peu apparentes.

Or un jour nous voyons arriver sur la place des Tonneliers une unité d'infanterie de réserve, en cours de déplacement à pied, pour une pose casse-croûte. Ces soldats en bandes molletières, sans allure guerrière et apparemment peu motivés offrent à vrai dire un spectacle plutôt pitoyable, de l'avis de tous les voisins. Cependant, malgré l'effet néfaste produit par cette unité de réservistes, notre père, toujours convaincu de l'invincibilité de l'Armée Française, réussit à nous communiquer une grande part de sa confiance et de ses certitudes... Alors, au cours de l'été 1940, lorsque l'Armistice est annoncée à l'issue de la guerre-éclair et du désastre militaire, la famille est réellement abasourdie.

Mon frère, qui aura bientôt 20 ans, est profondément choqué par cette défaite inattendue. Il n'a plus qu'une idée en tête, celle de s'engager pour en découdre un jour ou l'autre avec les Allemands. Après avoir obtenu son CEP, avoir essayé plusieurs métiers et suivi les cours de préparation militaire, il se découvre soudainement une vocation de guerrier, ce qui surprend ma mère mais suscite en revanche le plein accord paternel. Dès le début de 1941, il s'engage donc au titre du Régiment d'Artillerie Coloniale en garnison dans la ville, avec l'arrière-pensée de partir en Afrique. À l'issue d'une rapide formation de base et des manœuvres du régiment dans les Basses-Alpes, il part pour Abidjan en Côte d'Ivoire. Nous le reverrons trois ans plus tard, après le débarquement de Provence.

Alors que le départ de mon frère cause un vide dans la maison et attriste ma mère, mes parents trouvent un certain réconfort dans mes résultats scolaires. J'ai un peu l'impression d'être le bon cheval sur lequel toute la famille, dans le sens le plus large, semble avoir misé. Pour moi, il s'agit de ne décevoir personne. Vers la fin de la première année dans le nouvel établissement scolaire, monsieur Renoux, avec qui je partage une passion certaine pour le sport en général et le football en particulier, m'encourage à me présenter au concours qui me permettrait d'obtenir une bourse.

Je passe donc l'épreuve et quelques semaines plus tard, juste avant les vacances d'été, monsieur Renoux vient nous rendre visite à la maison. Il déborde de joie pour annoncer ma réussite (qui est aussi la sienne, de toute évidence). La bonne nouvelle est aussitôt arrosée à grands coups d'anis Arak, que ma mère sert avec une tranche de *baklava*, toujours prête pour l'occasion. Me voilà donc doté d'une bourse attribuée par la République pour encourager ses bons élèves.

Ce succès aura une incidence déterminante pour la poursuite de mes études. Car après mon prochain BEPS, ma mère à bout de souffle, m'aurait très bien vu occuper une fonction de secrétaire à la mairie ou dans une banque pour être enfin soulagée des efforts qu'elle a dû assumer depuis son arrivée en France. Tandis que pour mon père, la poursuite de mes études a toujours été considérée comme une priorité absolue.

Mon entrée au Collège ; l'occupation italienne

À l'issue des cours complémentaires et de l'obtention du BEPS, je suis inscrit au Collège des Garçons, dans le grand établissement contigu au précédent, en classe de seconde moderne.

Nous sommes en octobre 1942. L'ambiance au collège n'a plus rien à voir avec celle que j'ai connue dans le Primaire. La simplicité des relations que nos instituteurs entretenaient avec nous et nos familles a disparu. Il y a bien le professeur de physique chimie, monsieur Lacroix à l'allure d'ancien de 14-18, blessé à la jambe ; il y a aussi monsieur Duchesne, professeur de sport et aussi Nadal, professeur de dessin à la belle barbichette blanche. Avec eux je me sens en confiance. Mais je ne suis pas habitué à la froideur distante observée par les autres enseignants à notre endroit. Je suis blessé par l'attitude du professeur de maths, dont j'ai oublié le nom depuis, très capable au demeurant, mais qui n'a pas su me manifester d'intérêt alors que ma place de 1er sur 25 dès le premier trimestre aurait pu l'inciter à faire un geste de reconnaissance envers un jeune sortant du Primaire.

Ces enseignants… enseignent. Là s'arrête leur présence. Au premier tintement de la sonnerie qui marque la fin des cours, ils remballent leurs affaires et disparaissent. Je dois m'y faire. Par ailleurs, l'Occupation influence notre comportement en classe. Nous sommes un groupe de copains qui avons du mal à supporter l'attitude attentiste, voire même sympathisante, des professeurs de français et d'histoire géo, à l'égard de Vichy. Nous les provoquons par nos propos, nos questions, parfois nos chahuts. C'est déjà le début d'une forme de résistance scolaire.

Enfin, l'énumération de nos enseignants ne serait pas complète si le cas du professeur d'anglais, dont le nom est resté pour moi inoubliable, Mister Bayle, n'était pas évoqué. Lui non plus ne fait pas honneur aux enseignants du collège. Dès le premier cours, sachant qu'au Primaire on n'enseigne pas l'anglais, il me propose ainsi qu'à deux autres camarades de suivre des leçons particulières évidemment payantes. Une suggestion très louable pour rattraper notre retard sur les autres élèves qui ont déjà trois ans d'avance sur nous. Alors que mes copains acceptent, je lui réponds avec regret que mes parents n'en ont pas les moyens financiers. Je me garde de lui dire que mon père, ancien enseignant, peut m'apporter son aide. En voyant sa grimace récalcitrante, je devine ce qui m'attend pour la suite. Jusqu'au Bac, je serai sa bête noire. En particulier la première année, celle de Seconde Moderne bien qu'avec mon père, je travaille l'anglais avec acharnement, avalant chaque soir une petite page de vocabulaire et quelques règles grammaticales. Quant à mes deux camarades, comme moi anciens du Primaire, qui suivent les cours particuliers proposés en début d'année, ils viennent régulièrement chez moi copier mes devoirs. Et à la correction de ces mêmes devoirs, ma note moyenne tourne autour de 2 sur 20, alors que celle de mes camarades varie entre 4 et 7. Et Mister Bayle reste impitoyable à mon égard. Je suis vraiment sa bête noire dont il ne cherche même pas à connaître le niveau dans les autres disciplines. Alors en classe, après m'avoir collé au tableau, il prononce un jour une condamnation définitive en couperet : " *Terzian, vous êtes nul, nul, nul. Vous pourrez vous présenter au Bac deux fois, trois fois, quatre fois, vous ne serez jamais reçu!* " Combien d'élèves (parfois de bons éléments dont on n'a pas su déceler le potentiel) ont abandonné leurs études après de pareils jugements lancés en public. Mais le résultat est l'inverse en ce qui me concerne. En cherchant à m'humilier devant toute la classe, ce professeur me rend un immense service. Car mes études prennent désormais l'allure d'un défi. J'ai maintenant une deuxième motivation pour réussir. Plus tard, à trois ou quatre reprises, j'aurai l'occasion de dire : " *Thank you, Mister Bayle* " ou encore " *Good bye Mister Bayle, God bless you* ".

Mais si je rencontre des difficultés d'adaptation lors de mon premier trimestre au collège, l'espoir renaît sur le plan national. C'est, en ce mois de novembre 1942, le débarquement allié en Afrique du Nord. Par contrecoup, dans le sud, jusqu'ici préservé de l'occupation, les événements se précipitent. Les forces allemandes franchissent la ligne de démarcation et foncent sur Toulon. La marine française se saborde. Simultanément, les forces italiennes occupent notre façade méditerranéenne jusqu'aux environs de Toulon.

L'hommage aux trois couleurs

C'est ainsi qu'à Draguignan nous allons assister à l'arrivée des troupes italiennes. Informée par la radio un matin, au fur et à mesure de l'avance des troupes, la population dracénoise se masse spontanément sur l'esplanade de la Préfecture. Près du jardin anglais, elle se concentre autour de la petite caserne tenue par un groupe de soldats français, l'arme aux pieds. Avec quelques camarades du collège, nous sommes là, pour assister à l'événement. Vers la fin de l'après-midi, une unité de *Bersaglieri*, montée sur bicyclettes, le plumet sur les casques, fait son apparition en avant-garde, venant du boulevard de la Liberté, sur l'esplanade.

Nous assistons alors à une scène émouvante que nous ne pourrons pas oublier. En présence de soldats italiens à pied, bloqués par la foule, se déroule la cérémonie de la descente des couleurs, aux ordres d'un petit caporal-chef trapu, commandant le Poste de Police, au son du clairon, devant une population chantant la Marseillaise. Mais cette occupation italienne laisse peu de trace dans nos esprits : en fait, elle dure moins d'un an. Bien avant les vacances d'été, en avril-mai, nos activités sportives au sein de la société *La Dracénoise* m'amènent à participer aux championnats de Provence, à Toulon-Hyères, et à me frotter aux jeunes champions régionaux. Même si je n'obtiens pas les résultats espérés dans ma spécialité qui est la course de vitesse, ces épreuves régionales me donnent le goût de la compétition physique, de la persévérance… et aussi un sens nouveau de l'humilité en assistant à certaines performances remarquables. Plus tard, la pratique de la vitesse me sera d'une utilité vitale à deux reprises.

L'occupation allemande ; l'organisation d'un groupe de Résistance

Comme au cours des vacances d'été, l'année scolaire suivante 1943-1944, en première moderne, est encore marquée par l'étude soutenue de l'anglais. Je poursuis mon défi dans cette langue [1]. Mais cette période est surtout porteuse des bouleversements que la France va connaître : l'Occupation allemande, la Résistance et la Libération.

Déjà en septembre 1943, juste avant la rentrée scolaire, la radio annonce un matin que le maréchal Badoglio a signé l'armistice pour l'Italie. Cette nouvelle va entraîner la disparition des troupes italiennes dans notre région, le début de l'occupation allemande... et pour notre génération, le début de la résistance armée.

La population dracénoise se rassemble de nouveau dans le centre-ville, toujours en face de la petite caserne tenue par des Italiens, mais cette fois-ci, sans émotion ni compassion, simplement pour assister à un "spectacle". C'est pourtant un scénario tout à fait différent qui se déclenche comme un éclair avec l'arrivée de 4 ou 5 soldats allemands, casqués, bottés, sur deux motos *side-car*. À grands coups de crosse, les quelques soldats italiens sont désarmés et refoulés à l'intérieur.

Une nouvelle occupation commence. Elle n'a rien à voir avec la précédente qui présentait par moments un aspect " courtelinesque ".

Nous sommes trois étudiants et un jeune assistant dentaire décidés à former un groupe de résistance que nous allons appeler le GAR (Groupe d'Avant-garde Républicain).

L'initiateur, Louis Casanova (que nous appelons plutôt Loulou), est le fils du directeur de l'hôpital. Corse, sportif, une gueule carrée de boxeur, une âme de chef. " L'intellectuel " du groupe, le doctrinaire, doué pour l'écriture et le verbe haut mais beaucoup moins pour le sport, c'est Léocard Aimé, fiancé à la fille de monsieur Colomb, l'ancien maire SFIO de la ville. Enfin il y a Bodino (dit Bodoï), le manuel, grande gueule, plein de bons sens et d'humour et... moi.

Lors d'une première réunion, notre " Comité directeur " fixe sommairement l'organisation, les règles de recrutement, de fonctionnement et de formation du GAR. L'unité de base, cellule de six personnes, est la " sizaine ". En commun accord le Comité en choisit les chefs. Après avoir été nommé " commissaire politique " (titre bien flamboyant), je suis chargé de contacter chacun d'eux. Ces responsables, à leur tour, recrutent leurs cinq subordonnés après accord préalable du Comité. À cette époque, nous avons à peine 17 ou 18 ans. Nous recrutons des jeunes de notre âge :

1 - Dès le premier trimestre de la Première Moderne je serai tout de même classé 8e sur 18 avec une note moyenne de 5,5 sur 20 et l'appréciation " très faible " (au lieu de " nul ").

étudiants, ouvriers, paysans, employés de bureau ou de commerce... Les réunions, très courtes en général, ont lieu une fois par semaine dans des endroits si possible différents à chaque fois. Je suis tenu d'assister à la plupart de ces rencontres pour transmettre instructions, ordres particuliers ou mots d'ordre et en retour rendre compte au Comité.

Nous arrivons ainsi, après plusieurs mois, à mettre sur pied et à compléter cinq " sizaines ". Y participent deux jeunes filles. Un chef de trentaine (jeune aspirant de réserve) sera désigné ultérieurement. La formation des plus sommaires consiste à apprendre, à quelques camarades privilégiés, l'usage du pistolet automatique et bien plus tard le maniement du pistolet-mitrailleur *Sten*, quand nous réussirons à en avoir un.

Une manifestation spontanée de Résistance

La première "épreuve de force" est celle du 11 novembre 1943, un mois après la rentrée en classe de Première, alors que le recrutement des " sizaines " est à peine commencé. Le Préfet, collaborateur aux ordres de l'Occupant, a interdit toute célébration pour le 11 novembre, déclarée journée non fériée. La clandestinité décide d'organiser une manifestation populaire dans le jardin anglais, devant le monument aux Morts. Nous transmettons le mot d'ordre à nos chefs de " sizaines ", en leur demandant d'en assurer la plus grande diffusion.

Par ailleurs, en dehors de toute obédience au GAR, nous décidons entre étudiants de ne pas assister aux cours ce jour-là pour participer nous aussi à la cérémonie du dépôt de gerbe. Et, pour faire bonne mesure, nous sommes convenus de souligner notre engagement en refusant de présenter un billet d'excuse au Principal du Collège le lendemain. L'accord est unanime au départ. Nous sommes tous solidaires. À l'heure indiquée, venant de toutes les directions, une foule nombreuse se rassemble au monument aux Morts. Une gerbe est déposée discrètement par une main anonyme et au moment où les manifestants entonnent la Marseillaise, la police intervient. Encerclé par un groupe d'agents et d'inspecteurs de Police, je suis arrêté avec plusieurs camarades. Présenté devant le Commissaire de Police, monsieur Comtesse, je suis interrogé, menacé d'emprisonnement, puis relâché après avoir été copieusement insulté.

Mais nous sommes fiers de la réussite de notre première participation symbolique et nous nous réjouissons déjà de la surprise que nous réservons au Principal du Collège pour le lendemain.

Une première déception

Le 12 novembre au matin, nous nous présentons donc au collège, et lorsque le Principal ou son représentant nous demande individuellement notre billet d'excuse, nous lui faisons savoir, comme convenu entre nous, que nous n'avons aucune raison de justifier notre absence pour la journée du 11 novembre. Nous sommes tous refoulés, avec interdiction de réintégrer le collège sans billet justificatif des parents. Mon père est prêt à me signer un billet d'excuse si je le lui demande mais respecte parfaitement mon choix de ne pas céder.

Le lendemain, nous apprenons, consternés, que la plupart de nos camarades, sous la pression familiale, se sont " dégonflés " et sont retournés au Collège avec un billet signé par les parents. Nous sommes seulement cinq ou six à être restés sur notre position. Sur un coup de tête, avec Casanova, Léocard et les autres membres du refus [1], nous décidons de " partir au maquis " dans la colline surplombant la ville, muni chacun d'un léger paquetage. En fin de journée, nous sommes surpris d'être rejoints par monsieur Soldani, notre surveillant de collège. Bien que boiteux, il a entrepris une longue marche pour nous retrouver dans ce lieu qu'il semble connaître [2]. Nous connaissons bien monsieur Soldani et nous avons confiance en lui. Il nous apprend que nous sommes autorisés à retourner au collège " *sans aucun billet d'excuse* ". C'est ainsi que le lendemain, nous faisons notre retour, la tête haute, devant le Principal. Mais au préalable, nous avons, en aparté, devant le portail d'entrée, traité de " *salauds et de pauvres types* " nos camarades dégonflés dont nous avions attendu l'arrivée. Première illusion de jeunesse qui s'envole. Nous en verrons bien d'autres plus tard.

Après ce premier acte de rébellion, nous sommes décidés à mener de pair nos activités de résistance et nos études pour réussir la première partie du Bac. Ce qui n'est pas toujours évident avec les appréciations scolaires que nous récoltons, du genre : " *Assez bon élève, mais n'a pas fait sa composition en français... Bon élève, cependant ne doit pas négliger ses leçons en maths... Quelques efforts en dessin... Toujours absent en Éducation Physique...* " ou encore, pour le tableau d'honneur : " *Proposé par monsieur Lacroix, refusé par les autres professeurs* ".

---

1 - Ceux qui n'appartenaient pas au GAR, vont bientôt nous rejoindre.

2 - Tout en nous demandant de garder la confidentialité vis-à-vis de nos autres camarades, Loulou Casanova fera comprendre à Léocard et à moi-même que Soldani est notre chef direct dans la Résistance. Plus tard, après la Libération, Édouard Soldani Président du Comité Départemental de Libération, sera député-maire de Draguignan, puis Sénateur du Var.

L'initiation aux actions de Résistance

La famille déménage à nouveau pour s'installer au N° 5 de la rue Blancherie, une rue sur laquelle donnait la fenêtre arrière du logement précédent. L'appartement qui est situé au deuxième étage est un peu plus spacieux. Au lieu des alcôves précédentes, j'ai enfin ma chambre, dans laquelle je peux m'isoler. La fenêtre principale qui donne sur la rue s'ouvre sur le toit de la maison d'en face où habite un facteur à l'air sympathique. Le brave homme est sans nouvelle de son fils qui se trouve en Afrique dans un régiment de chars de combat. Au rez-de-chaussée, dans une impasse donnant sur la rue, il y a une remise pour stocker le bois. Elle me servira aussi de cache pour des documents ou des pistolets de petits calibres 7,65 et 6,35.

Le souvenir de ce logement s'associe étroitement à celui de nos activités de résistance. Très tôt et pendant plusieurs mois, les instructions transmises par voie clandestine nous surprennent et nous déçoivent. Louis Casanova est le seul de notre Comité à être en contact avec celui qui nous actionne. Nous sommes impatients de passer à l'action et de nous manifester, mais on nous demande de rester en veilleuse en attendant le moment favorable. Nous devons en permanence calmer les ardeurs de nos camarades et entretenir l'espoir d'une intervention prochaine. En fait, à l'exception de quelques pistolets, nous n'avons pas d'armes et nous ne recevons pas d'instruction militaire. C'est seulement à la fin du premier semestre 1944 que nous commençons à participer à des actions qui comblent nos ardeurs. Pour nous défouler entre-temps et sans en avoir reçu l'ordre, nous cassons, à grands coups de pierres, la vitrine d'une librairie en haut de la place du Marché dans une rue menant à la cathédrale. Cette librairie avait pris la fâcheuse habitude d'exposer en vitrine des livres favorables à la collaboration. Si cette action reste très modeste, elle est tout un symbole et contribue à entretenir le moral du groupe.

En prévision d'événements qui paraissent imminents, la direction de l'Enseignement prend la décision d'avancer la date des examens. Pour la première partie du Baccalauréat, l'examen a lieu dans les premiers jours de mai : l'écrit seulement, l'oral étant supprimé. Avec Louis Casanova et Léocard, ainsi que d'autres camarades de notre groupe, nous avons la chance d'être reçus. Désormais nous pouvons nous consacrer entièrement à nos activités clandestines.

Ce même mois de mai, Louis Casanova, se conformant aux instructions qu'il reçoit, me suggère de présenter ma candidature au poste disponible d'employé au bureau du STO (Service du Travail Obligatoire) situé dans la rue Nationale près du marché. Ce service est dirigé par un collaborateur notoire, monsieur Escoffier, qui est aussi le chef du service du rationnement. C'est un homme d'une trentaine d'années aux cheveux frisés, grand, élégant, attirant l'attention des jeunes femmes en raison d'un physique avantageux d'acteur de cinéma mais aussi en raison de sa position privilégiée. Selon les informations données par nos chefs, ce monsieur Escoffier accorde volontiers ses faveurs à certaines femmes mais refuse de donner des tickets de rationnement au maquis du Haut-Var malgré des pressions de plus en plus insistantes. Nous recevons donc l'ordre de lui infliger une bonne correction pour l'amener à de meilleures dispositions. La mission est exécutée quelques jours après mon recrutement au bureau du STO, avec des camarades sélectionnés dans les cinq " sizaines ", pour que l'action rejaillisse sur l'ensemble de notre GAR. Nous nous présentons donc chez lui, cagoulés et armés, en fin d'après-midi la veille d'un *week-end*. Son appartement est situé à l'étage dans un immeuble cossu de la sortie de la ville, en direction de la route de Trans. Le siège de la Gestapo se trouve à environ 200 mètres de là. L'affaire est parfaitement montée par Loulou et tout se passe comme convenu… sauf un incident imprévu qui aurait pu faire prendre mauvaise tournure à notre mission.

Complètement terrorisé, persuadé que nous allons l'exécuter, Escoffier est prêt à faire tout ce qui lui sera demandé à l'avenir. C'est la première fois que je vois le visage d'un homme face à la mort. Habituellement arrogant, sûr de lui, imbu de sa prestance, l'homme est devenu une loque ayant perdu toute dignité. Son visage est livide, décomposé à l'idée d'une fin prochaine. Escoffier, mon directeur, est horrible à voir. Il nous inspire un profond dégoût. Assis sur une chaise, il nous supplie de ne pas le tuer. C'est alors qu'il reçoit un grand coup de bouteille sur la tête, s'écroule sur le plancher, inanimé, le visage ensanglanté. Nous pensons qu'il est peut-être mort et, sans chercher à vérifier, nous quittons les lieux rapidement.

Sur le chemin de retour, en termes que nous voulons apaisants, nous n'en exprimons pas moins notre désaccord au camarade qui a pris l'initiative de ce geste excessif. Et en nous-mêmes, nous éprouvons un sentiment de culpabilité diffus car, si Escoffier meurt, nous risquons d'obtenir un résultat contraire à celui que notre mission nous fixait.

Le lendemain, toujours par l'intermédiaire de Loulou, nous apprenons la consternation de nos chefs inquiets pour la suite des événements, en raison de l'ampleur que risquerait de prendre cet incident. Le lundi matin, en reprenant mon travail au STO, c'est avec un immense soulagement que je vois arriver Escoffier, la tête enturbannée d'un bandage blanc, déclarant à son entourage étonné qu'il est tombé sur la tête en descendant l'escalier de son immeuble. Nous apprenons les jours suivants que le ravitaillement du maquis est désormais en bonne voie.

Fin mai, nous recevons l'ordre d'enlever toutes les archives du STO pour les détruire. Le bureau se trouve au premier étage d'un bâtiment dans une petite cour donnant sur la rue. On y accède par une porte à deux battants. Après avoir constaté pendant quelques jours que le gardien chargé de la fermeture est toujours pressé de partir à l'heure, je m'aperçois qu'en bloquant d'une façon peu apparente le loquet du bas, il est possible d'ouvrir la porte verrouillée en poussant fortement les deux vantaux vers l'intérieur.

Nous décidons de faire l'opération de nuit, la veille d'un week-end. L'affaire se déroule normalement. Les principaux dossiers sont fourrés dans des sacs que l'on entasse hâtivement, pour la nuit, dans une remise située dans une ruelle obscure, adjacente à l'immeuble du STO et donnant sur la rue principale. Le lendemain, nous les transportons pour les brûler dans un cabanon isolé situé à l'écart de la route de Trans. Très vite nous découvrons avec surprise que le papier entassé ne brûle pas. Il nous faut délier les dossiers pour les faire brûler au fur et à mesure par petits paquets. Cette opération prend une bonne partie de la journée.

Le lundi matin, avec tous les employés et Escoffier, notre directeur sans bandeau sur la tête, nous jouons la surprise en découvrant que le vide a été fait dans tous les bureaux et que les murs sont couverts de slogans et de graffitis. Il est évident que le STO, en l'absence de tout dossier, ne pourra pas fonctionner pendant un certain temps. Nous sommes tous renvoyés dans nos foyers, en attendant des instructions pour la reprise du travail. Ayant été le dernier embauché, je ne tarde pas à recevoir une lettre de mise à pied, sous forme de remerciements. Et un ou deux jours après, je me laisse surprendre alors que par inexpérience, je n'ai pris aucune précaution. Regardant par hasard et par chance d'une fenêtre de l'appartement, j'aperçois un petit groupe d'hommes débouchant dans la rue Blancherie et qui pénètrent au N° 5. J'ai tout juste le temps de prendre une boîte métallique sur le bureau de mon père et de la jeter par la fenêtre sur le toit d'en face. Je ne me suis pas trompé : ce sont des policiers. Ils sont déjà dans l'appartement. Fouille complète et regard inquisiteur sur la machine à écrire *Underwood*. Ma mère, complètement affolée, bafouille quelques mots dans un français approximatif, pour dire que son fils est un bon étudiant, très honnête et bien éduqué par ses parents. Cela n'empêche pas les policiers de passer notre petit appartement au peigne fin.

Je reste serein en apparence, mais j'ai l'impression que ces hommes entendent mon cœur battre à tout rompre dans ma poitrine. Ils s'en vont, apparemment très déçus. Je me sens coupable d'avoir commis une négligence qui, en mettant en danger ma sécurité, aurait pu compromettre aussi celle de notre groupe.

Après le départ des policiers, je regarde la toiture en face. La boite métallique est encore là, en bordure du toit, ouverte et vide. Un peu plus tard, alors que je descends dans la rue, mes voisins, le facteur et sa femme qui étaient assis sur une chaise au bord du trottoir (comme beaucoup de Provençaux en été) me font signe d'approcher. Ils me tendent le contenu de la boîte : de l'argent et un document… avec un sourire discret signifiant qu'ils avaient compris. Cet incident qui n'a pas eu de conséquence a été pour chacun de nous une leçon de sécurité que nous garderons en mémoire.

Mais désormais mes nuits deviennent de plus en plus agitées et cauchemardesques. Car je réalise pleinement la vulnérabilité de ma position : je connais tous les membres du groupe et je suis surtout le seul à être connu de notre trentaine de membres. Ceux qui ont réellement connu la vie clandestine peuvent comprendre l'angoisse ressentie dans la nuit au moindre bruit anormal et la peur de ne pas rester maître de soi en cas d'arrestation et d'interrogatoires musclés. Comment évaluer ses propres limites de résistance en pareil cas ? Le matin, au lever du jour, ces angoisses s'atténuent, les doutes s'estompent et la confiance renaît, tout au moins en partie. Quelques années plus tard, devenu officier, j'aurai ces mêmes alarmes lors de nuits opérationnelles en zone d'insécurité et le sentiment qu'il est plus facile d'être courageux le jour que la nuit. Les raisons en seront évidemment tout autres.

Le maquis des Salettes

Le 6 juin à l'aube, le matin même du Débarquement en Normandie, nous sommes mis en alerte. Par erreur. Nous le saurons quelques jours plus tard. De toute façon, c'est un excellent exercice. En fin de matinée, à l'exception de quelques rares absences pour raisons majeures, le GAR est rassemblé au complet. Il se retrouve au-delà de la colline du Malmont au " maquis des Salettes " à une quinzaine de kilomètres de la ville. Il y a là une habitation isolée et déserte qui avait été utilisée précédemment par les " Compagnons de France ". Elle n'abrite qu'une réserve, peut-être oubliée, de bouteilles de vin du pays que nous regardons avec méfiance en arrivant.

Un stock réduit de vivres a été prévu pour la trentaine de nouveaux " maquisards " qui n'ont aucune expérience de la vie en campagne... Quelques scouts font l'exception.

L'armement qui provient d'un parachutage, est particulièrement réduit pour cette petite section : Loulou a reçu un pistolet-mitrailleur *Sten* que nous découvrons pour la première fois, Léocard dispose d'un pistolet automatique de 9 mm, et j'ai moi-même deux pistolets de 7,65 et de 6,35 auxquels s'ajoutent quelques autres pistolets de petits calibres et un tout petit stock de munitions. Notre premier objectif est d'apprendre à tous nos camarades, par des exercices de tirs, la manipulation des armes et leur entretien. Nous improvisons un système de surveillance et de garde pour le jour et pour la nuit. Mais nous sommes livrés à nous-mêmes : aucun adulte n'est présent pour nous encadrer et nous inculquer un minimum de formation militaire.

Après 48 heures d'exercices, nous constatons que nous avons presque épuisé notre stock de vivres. La seule solution qui s'impose à nous est de voler un mouton dans un troupeau de la région sans alerter le berger. Mais ce type de vol n'est pas un exercice courant pour des citadins. Le savoir faire d'un de nos camarades paysans nous sauve et du berger et de la faim. Peu de temps après ce *méchoui* finalement bien arrosé avec le vin trouvé, nous apprenons qu'il s'agit en fait d'une fausse alerte. Bodoï (Bodino), notre quatrième camarade du Comité, que ce contretemps a rendu furieux (comme nous tous d'ailleurs) décide de rejoindre le " maquis du Haut-Var " alors que nous recevons l'ordre de regagner la ville et de reprendre nos activités. Nous craignons que l'absence d'une trentaine de Dracénois en ait intrigué plus d'un, compromettant par là même notre sécurité. Nous recommandons alors à nos camarades de trouver un motif plausible pour justifier leur absence et de se tenir prêt à trouver un refuge provisoire qui permettrait de rejoindre le maquis en cas de menace d'arrestation. Le GAR se met donc " en veilleuse " pour un certain temps, en espérant que le risque évoqué se dissipe rapidement. Personnellement, je décide de me mettre au vert chez ma tante Eugénie à Montauroux, un village perdu à proximité de Fayence, à une trentaine de kilomètres à l'est-nord-est de Draguignan.

Mais notre absence collective ne semble pas avoir éveillé les soupçons des services de police. Alors je rejoins Draguignan au bout d'une semaine et reprends contact avec les uns et les autres.

Embuscade contre deux agents de la Gestapo ; attaque de la prison de Draguignan

Au cours de la première quinzaine de juillet, nous recevons une mission qui emballe notre jeune imagination. Il s'agit de liquider définitivement deux responsables français de la Gestapo considérés comme " grillés " dans la région de Draguignan. La Gestapo a décidé de les transférer à Marseille pour leur permettre de poursuivre leurs agissements. Nous sommes chargés de monter une embuscade pour supprimer ces salopards. Dans notre esprit, c'est une première mission de guerre. Nous allons enfin montrer à nos chefs invisibles, (qui, à nos yeux, n'ont pas encore donné la preuve de leur capacité sur le terrain), ce dont nous sommes capables. D'après les informations reçues, les nommés Ebel et Quincampoix doivent prendre la route de Draguignan - Les Arcs (l'un d'eux sans doute accompagné de sa femme), à bord d'un camion de déménagement de l'entreprise *Garcin*, en début d'après-midi.

Sur la portion de route la plus élevée après Trans, en direction du carrefour de la RN 7 menant aux Arcs juste après un virage, il est convenu que le chauffeur doit ralentir, puis s'arrêter sous prétexte d'un problème mécanique. C'est l'endroit précis où nous devons monter l'embuscade. Étant donné que le camion est de couleur jaune (comme tous les gros véhicules de déménagement à l'époque) avec une très large inscription *Garcin*, nous ne pouvons pas nous tromper de véhicule. Pour mener à bien l'opération, nous sommes six, armés d'un pistolet-mitrailleur *Sten* et de pistolets automatiques. Nous nous rendons sur place à bicyclette et nous identifions l'endroit qui nous a été précisé. En plein été, la route est bordée de chaque côté par une haie au feuillage abondant qui monte jusqu'à hauteur d'homme. Il est donc facile de se camoufler derrière ce feuillage en attendant l'arrivée du camion convoyant les deux agents de la Gestapo.

Sur place, avec Loulou et Léocard, nous montons cette embuscade d'une façon qui nous paraît simple et logique : il suffit de placer une équipe de trois hommes de chaque côté de la route. À gauche dans le sens de la marche, Loulou, Léocard et un autre homme, et à droite, moi-même et deux hommes. L'un de mes deux camarades est placé en guetteur sur ma gauche pour nous signaler l'arrivée du camion jaune ; le deuxième à une dizaine de mètres sur ma droite. Après le signal, il est convenu que Loulou doit tirer à très courte distance deux ou trois rafales de PM sur le camion, tout en essayant d'éviter la femme et surtout le chauffeur. Puis avec mon deuxième camarade, nous devrons intervenir et donner le coup de grâce à Ebel et Quincampoix avec nos pistolets automatiques 7,65. C'est clair et net. A priori sans problème.

J'avais emprunté une casquette appartenant à mon frère. Mais en attendant le signal convenu, je l'ai posée par terre dans l'herbe encore haute en mettant mon arme à l'intérieur. Ce qui va ensuite arriver peut paraître inimaginable.

Après une assez longue attente, nous entendons le bruit du moteur d'un poids lourd. Mais je n'aperçois ni signal ni couleur jaune à travers la haie. Le gros camion s'arrête pourtant et un instant après, à moins de deux mètres, je me retrouve face à face avec un soldat allemand casqué et botté, le fusil à la main. N'ayant pas d'arme dans la mienne, j'ai un éclair de génie. En une fraction de seconde, je me mets à pisser devant lui. Je vois encore le regard ahuri et gêné de l'Allemand, face à un jeune de 17 ans en train d'arroser les fleurs en toute tranquillité. Après une courte hésitation, il refranchit la haie. Le temps de reprendre ma respiration, j'entends un hurlement : " *Alarm Alarm Terrorists!* " Ce cri résonne encore à mes oreilles. C'est aussitôt un feu d'enfer : tirs de fusils, pistolets-mitrailleurs, fusils-mitrailleurs. À l'instar de mes deux camarades, je m'enfuis comme un lapin… sans même avoir le réflexe, ni le courage, de ramasser le pistolet posé dans l'herbe. En courant à travers la campagne couverte d'oliviers, je vois encore les branches des arbres, arrachées et cisaillées, voler en éclats tout autour de moi. J'entrevois de part et d'autre mes deux camarades en train de courir de façon divergente, heureusement.

C'est mon baptême du feu, à vrai dire pas très glorieux. Cinq-cents mètres plus loin, à l'abri des tirs, je m'arrête un instant pour souffler et réalise qu'un vrai miracle vient de se produire, le premier de ma vie. Je viens d'échapper à la mort grâce à une présence d'esprit incompréhensible et à un entraînement sportif efficace, mais surtout grâce au Ciel. Car sans la Providence, les miracles n'existent pas. Je pense alors à mes trois camarades de l'autre côté de la route, persuadé qu'ils sont tombés sur place. Et les deux autres entrevus pendant le repli, ont-ils survécu ? Pour arriver rapidement en ville avant la mise en place d'éventuels barrages, il me paraît préférable d'emprunter l'ancienne route de Trans, en fait une piste de terre à peine carrossable mais discrète que je remonte au pas de gymnastique.

Je retrouve d'abord mes deux camarades chez moi où nous nous sommes souvent donnés rendez-vous. Puis en fin d'après-midi, je vois arriver Loulou Casanova comme un revenant. Je lui raconte mon incroyable histoire, il m'explique aussi son scénario. Il tenait son pistolet-mitrailleur et s'est retrouvé tout à coup face à face avec l'Allemand armé de son fusil. La surprise étant totale de part et d'autre, l'Allemand s'est aplati au sol sans tirer mais en poussant le cri d'alarme que nous avons entendu. Lui-même s'est enfui avec son PM sans avoir eu l'idée de tirer.

Le bilan est nul, peu honorable, pour nous comme pour les Allemands. Mais surpris par un camion transportant en fait des soldats, nous constatons tout de même que nous avons réussi à nous échapper et que nous sommes vivants tous les six, sans blessure. Nous avons bien perdu nos bicyclettes mais nous avions pris la précaution d'en retirer les plaques d'identité. Reste mon pistolet que j'ai mauvaise conscience d'avoir abandonné sur place.

Plus tard, nous avons cherché à savoir ce qui s'était réellement passé. Mais nous n'avons obtenu aucun éclaircissement, ni sur le camion de déménagement *Garcin*, ni sur la raison pour laquelle le camion allemand s'est arrêté à ce moment-là, à cet endroit précis, à l'emplacement qui nous avait été indiqué. Ce mystère resté complet ne nous a cependant pas découragés.

Aux yeux de nos chefs invisibles, nous avons eu le mérite de survivre. Ils décident de continuer à nous faire confiance. De notre côté, notre volonté reste intacte et nos intentions toujours aussi pures : celles de jeunes de notre âge dans une France occupée.

Le 22 juillet, nous recevons un nouvel ordre pour le lendemain. Cette fois-ci, la mission nous paraît particulièrement noble, en tout cas, à la mesure de notre enthousiasme. Il s'agit d'attaquer la prison de Draguignan pour libérer cinq résistants devant être livrés à la Gestapo de Marseille.

La prison se trouve dans la rue de la République, juste après l'école primaire. En face du théâtre municipal et au coin de l'esplanade se trouve l'avenue principale de Draguignan. L'opération est donc prévue pour le 23 juillet à l'aube, avec la complicité du gardien (un cousin de Loulou) qui sera de faction à l'entrée et probablement aussi avec la complicité du directeur de la prison, Mayali, un autre Corse. Pour l'exécution de l'opération proprement dite, nous sommes quatre participants du GAR. Loulou Casanova, Léocard et un troisième camarade dont j'ai oublié le nom sont chargés de pénétrer dans l'enceinte de la prison et " d'agresser " le gardien pour le forcer à libérer les prisonniers enfermés dans une cellule dont l'emplacement nous a été indiqué. Personnellement, j'ai pour mission de recueillir l'équipe sur la place du Théâtre, face à l'entrée de la prison et, éventuellement, de faire diversion par l'usage de mon arme, en cas d'intervention de la police. Une mission facile à remplir lorsqu'on dispose d'un pistolet automatique et que l'on est persuadé de courir plus vite que des policiers.

Cette fois-ci, tout se déroule comme prévu. Je vois arriver avec soulagement mes trois camarades suivis des cinq détenus libérés qui sont pris en charge un peu plus loin par un guide. De notre côté, nous nous donnons rendez-vous un peu plus tard dans une brasserie après nous être délestés de nos armes.

Tout en buvant un café, Loulou me raconte qu'il s'est vu contraint de donner un bon coup de crosse sur le crâne de son cousin afin de rendre l'agression plausible. Mais le cousin sera mis aux arrêts après avoir été interrogé par la police. Il devra sans doute sa vie au Débarquement Allié du 15 août. Plus tard je le retrouverai en Indochine sous l'uniforme de Garde Mobile avec un bien modeste avancement. C'est tout de même lui qui avait pris le plus grand risque dans cette affaire [1].

Le Débarquement du 15 août 1944

Fin juillet, début août 1944, les événements se précipitent. Les alertes aériennes se multiplient.

Dans la nuit du 14 au 15 août, l'alerte semble plus importante que les précédentes : c'est le survol répété d'avions et, par moments dans le lointain vers le Sud en direction de la mer, le bruit sourd de canons anti-aériens ou de bombardements. Instinctivement, la population prend cette alerte au sérieux (ce qui n'était pas le cas précédemment) et dans un grand désordre tout le monde se groupe sur les pentes du Malmont. De là on distingue des lueurs dans le ciel, toujours dans la même direction. Avec mon père et ma mère, munis de couvertures, nous assistons au spectacle et prenons part aux commentaires. À l'aube, comme tout continue à se passer dans le lointain, nous décidons de rejoindre la maison. Peu de temps après, j'entends les coups de sifflet habituels de mon jeune camarade Roger Fréani du GAR qui travaille en principe à la poste. Il m'annonce la grande nouvelle transmise par le réseau téléphonique postal : le débarquement dans la région de Saint-Raphaël. Une nouvelle qui nous rend à la fois euphorique et nous bouleverse. Nous l'avons tellement attendue et espérée. Fréani me signale également qu'il y a eu un important parachutage au lieu-dit " Les Nouradons ", connu aussi sous l'appellation des " Quatre Chemins ", à moins de dix kilomètres de la ville. Je préviens aussitôt Loulou et

1 - Quatre ans plus tard, j'apprendrai que la Croix de Guerre m'a été décernée le 7 mai 1948 pour ma participation à cette action : voir Annexe 1.

Léocard et diffuse l'information par le réseau du groupe. En l'absence de toute instruction, nous prenons l'initiative de nous regrouper sur le lieu de parachutage afin de participer à la récupération de l'armement.

Partis en tête avec Loulou, Léocard et Fréani, nous arrivons sur la zone bien avant midi. Nous découvrons un spectacle surréaliste dans une oliveraie qui s'étend à perte de vue. C'est le déploiement d'une inimaginable concentration d'hommes en civil, de parachutes, d'armes et de munitions diverses ; un gigantesque capharnaüm qui offre tout ce que l'on peut espérer : fusils, PM, carabines, fusils-mitrailleurs, mitrailleuses, différents types de grenades dont des grenades à fusil. Cet incroyable arsenal est étalé dans un désordre indescriptible. Nous cherchons à savoir qui est le patron. On finit par nous désigner un méridional en tenue civile, un homme d'une quarantaine d'années se faisant appeler " capitaine Paul " qui parcourt le terrain en gesticulant et vociférant sans grands résultats. Mais je découvre aussi avec beaucoup d'émotion monsieur Cler, mon ancien voisin du quartier de l'Horloge, le Poilu de la guerre de 14, qui semble connaître Paul, un membre des FTP (Francs Tireurs et Partisans) [1] m'apprend-il. Cette pagaille et la personnalité de Paul ne nous inspirent pas une extrême confiance.

Dans le lointain, nous apercevons des toiles de parachutes étalées sur le sol, sans charges, comme abandonnées. Nous pensons que des Américains ont peut-être été largués dans le secteur. Dans ce cas, il serait sans doute utile de les retrouver, mais le " capitaine Paul " ne semble pas intéressé. Aussi, quand il demande des volontaires pour faire une reconnaissance vers Les Arcs avec un camion qui arbore déjà le drapeau tricolore, nous l'informons que nous appartenons à un groupe constitué de jeunes résistants, que nous préférons rester ensemble, que nous attendons l'arrivée de nos camarades, que certains sont étudiants comme nous et qu'eux savent parler anglais.

En fait, nous envisageons de faire une reconnaissance à pied pour établir un contact éventuel avec des Américains qui pourraient se trouver dans la zone où l'on aperçoit de loin les parachutes. Paul trouve cette idée excellente, d'autant plus que personne ne connaît la mise en œuvre des armes et des munitions reçues (dont les manuels sont imprimés en anglais). Roger Fréani, contre notre gré, décide de se joindre aux volontaires du " capitaine Paul " et de partir en reconnaissance avec eux en camion.

---

1 - Une organisation de Résistance d'obédience communiste, différente des FFI (Forces Françaises de l'Intérieur), organisation apolitique à laquelle nous appartenons.

Nous n'arrivons pas à l'en dissuader. Nous ne le reverrons plus jamais.

Notre petit groupe part donc en direction des parachutes et nous ne tardons pas à faire une découverte étonnante, celle de six hommes en tenue camouflée dormant à l'ombre des oliviers. Amis ou ennemis ? Tous les combattants en tenue opérationnelle, vus à distance, se ressemblent. Nous préférons rester sur nos gardes et observer de loin. Mais nous nous disons que, vraisemblablement, des Allemands n'auraient pas l'idée de dormir à proximité d'une zone de parachutage. Notre approche est silencieuse et nous finissons par distinguer un drapeau étoilé américain porté en brassard sur la manche du blouson des dormeurs. Nos doutes s'évanouissent. Nous réveillons en douceur nos parachutistes américains en pratiquant un anglais scolaire très sommaire. À leur tour, nos amis sont surpris de voir de jeunes étudiants en arme avec des grenades US accrochées à leur ceinture : " *Free Frenchies* ". Très vite, de bruyantes accolades et de larges tapes dans le dos accompagnées de *chewing-gums* et de cigarettes *Camel* made in USA détendent l'atmosphère.

Nous leur faisons comprendre notre étonnement de les découvrir dans cette région déserte, à l'écart des grands axes de communication et à proximité d'une zone de parachutage d'armes. Ils nous montrent alors un petit schéma indiquant sans doute leur zone de regroupement. Nous y lisons Fayence (une localité à une vingtaine de kilomètres à vol d'oiseau). Ils sont décidément bien perdus. Cette situation nous paraît invraisemblable car nous n'avions jamais imaginé que la grande opération du débarquement pouvait se dérouler autrement qu'avec la précision d'un mécanisme d'horlogerie.

Nous conduisons nos hôtes vers Paul, toujours aussi affairé au milieu du grand chambardement. Nos parachutistes ahuris nous donnent un peu l'impression de débarquer sur la lune ; ils sont accueillis par des hourras. Le désordre atteint son comble. Aussitôt la zone de parachutage de matériels se transforme en école de formation accélérée. Instructeurs improvisés, nos parachutistes montrent le montage et la mise en œuvre des armes ainsi que l'utilisation des grenades à fusil. Nous déclarons à Paul que nous formons désormais avec nos Américains une unité constituée. Ne sommes-nous pas les seuls à parler anglais ? C'est ainsi que nous vivrons les premiers jours de la Libération avec nos parachutistes d'adoption en toute confiance, et dans une ambiance de chaleureuse sympathie. De toute manière, nous préférons participer aux opérations à venir avec des professionnels plutôt qu'avec des amateurs illuminés comme Paul dont les connaissances militaires semblent plutôt rudimentaires.

Bientôt, sans attendre le retour de la reconnaissance partie sur Les Arcs avec notre copain Roger Fréani [1], Paul décide de libérer Flayosc à une dizaine de kilomètres, en utilisant plusieurs camions qui viennent d'arriver. Nous partons vers ce village situé dans des collines au nord de Draguignan. Sans reconnaissance préalable ni avoir recueilli des informations, mais toujours drapeau en tête comme en 14. Sans doute, dans l'esprit de notre " capitaine Paul ", pour soulever l'enthousiasme de la population. La chance est heureusement avec nous, car nous ne rencontrons aucun Allemand. Arrivés à Flayosc, nous assistons au scénario classique de libération tel qu'il est présenté dans la plupart des films de l'après-guerre. La présence de nos Américains nous assure un accueil triomphal. Le vin coule à flot, c'est une libation générale. Fort heureusement, avec nos *Yankees* (très sollicités), nous restons d'une prudente sobriété car nous ne savons pas ce que la nuit nous réserve. Disposant de deux mitrailleuses légères et de tireurs professionnels en état de faire usage de leurs armes, nous prenons l'initiative, en l'absence d'ordres cohérents, de nous fractionner en deux équipes pour tenir les deux principaux accès du village. Nous en informons Paul qui acquiesce. Le reste du convoi de libération continue à faire la fête sur la place du village jusqu'à la tombée de la nuit ; puis chacun s'installe comme il l'entend. Il n'y a pas de véritable organisation hiérarchique : c'est un peu le "soviet" dans le mauvais sens du terme.

Le lendemain matin 16 août, suivant le mot d'ordre de Paul, nous faisons mouvement sur Draguignan. À l'entrée de la ville sur la route de Lorgues au niveau de la gendarmerie, notre convoi fait halte. Après une courte concertation avec Casanova et Léocard, nous informons Paul que nous restons sur place à la gendarmerie avec nos Américains pour nous permettre de regrouper ceux de nos camarades du groupe qui n'ont pas encore pu nous rejoindre. Nos parachutistes semblent plus à l'aise de se retrouver avec nous dans l'ambiance militaire d'une gendarmerie avec leur armement individuel, fusils lance-grenades, carabines ou PM. Ils repassent les mitrailleuses légères à d'autres servants sommairement formés entre-temps. Dans l'après-midi, les gendarmes décident de faire une reconnaissance en direction du collège, notre établissement scolaire qui se trouve sur la hauteur de l'autre côté de la route de Lorgues. Nous leur proposons de les renforcer avec deux de nos parachutistes armés de fusils

1- Nous apprendrons par la suite que ce détachement parti en reconnaissance ne reviendra jamais. Juste avant d'arriver au grand carrefour de la RN 7, le camion facilement identifiable par son drapeau tricolore sera pris sous le feu d'une mitrailleuse lourde allemande. Il n'y aura aucun survivant. Après la Libération, l'emplacement sera marqué par une modeste stèle.

lance-grenades. Mais la reconnaissance prend une mauvaise tournure. Dès que les gendarmes sont en vue du collège, un tir de mitrailleuse se déclenche et un gendarme est tué, criblé de balles. Nos parachutistes ripostent en tirant quelques grenades, puis le groupe de reconnaissance se replie en ramenant le tué.

C'est la première fois que nous découvrons le visage impressionnant de la mort, celui d'un brave gendarme en tenue dont le corps est déchiqueté par les balles d'une arme automatique, sans doute une mitrailleuse lourde d'après les professionnels. J'avoue sincèrement que cette vision horrible a refroidi nos jeunes ardeurs guerrières pendant le reste de la journée. Nous réalisons alors qu'en prenant congé de la tutelle de Paul, nous avons pris une sage décision car la guerre nous semble être une affaire beaucoup trop sérieuse pour être confiée à des amateurs irresponsables.

La nuit du 16 au 17 août passée à la gendarmerie va nous révéler une autre vision tout aussi horrible. C'est pratiquement notre troisième nuit sans sommeil. Il règne une grande agitation dans ce hall de caserne. Un mélange d'hommes en armes, des gendarmes, des civils armés jusqu'aux dents, six parachutistes américains, des relèves de garde, beaucoup de mouvements et de va-et-vient de gens qui apportent des renseignements ou qui viennent en chercher. Au milieu de ce grand désordre, le capitaine Gallet, commandant de la compagnie de gendarmerie s'affaire, dans un certain état d'excitation (peut-être dû à une légère ébriété). C'est un officier qui ne s'est jamais manifesté pendant la Résistance [1] et qui maintenant semble vouloir faire du zèle... Nous commençons à découvrir avec étonnement cette attitude chez un certain nombre de nos concitoyens.

En pleine nuit, nous sursautons en entendant une forte détonation provenant de l'extérieur. Un peu plus tard nous voyons apparaître, conduits par un gendarme, deux soldats allemands dont l'un est blessé à la poitrine. Égarés, ces deux hommes voulaient se réfugier dans notre cantonnement croyant qu'il était tenu par la troupe d'occupation. Le gendarme de garde à l'extérieur a donc ouvert le feu et les deux Allemands se sont rendus. Le blessé s'effondre dans le hall. C'est alors que le capitaine Gallet intervient en pointant son pistolet armé sur la tête du soldat blessé. Malgré la très vive opposition des gendarmes présents ainsi que celle des civils, le capitaine achève le blessé, sous prétexte de lui éviter une souffrance inutile.

1 - Nous sommes bien renseignés sur lui, car nous avons deux fils de gendarmes dans notre groupe : Carrand et Giraud.

Le deuxième prisonnier est complètement affolé : il s'imagine sans doute que le même sort l'attend. Nous sommes horrifiés par cette scène épouvantable à laquelle nous venons d'assister et profondément écœurés par le comportement de cet officier d'active. À leur attitude, nous comprenons que nos amis parachutistes américains partagent notre sentiment de honte.

Le lendemain nous quittons la gendarmerie pour participer à des reconnaissances effectuées autour de la ville. Puis, après l'arrivée des forces américaines, nos parachutistes nous quittent pour rejoindre les troupes régulières. Nous les retrouverons plus tard en septembre à Saint-Raphaël, au repos dans un hôtel de luxe réquisitionné par les forces US où ils nous accueilleront comme de vieux amis. Avec Louis Casanova, notre chef spirituel pendant toute cette période de résistance, Léocard Aimé et tous nos camarades du groupe, nous participons à des opérations de nettoyage autour de Draguignan, puis à la " libération " de Fayence. Mais la suite de nos activités avec les FFI dans la région perd de son d'intérêt. Nous continuons à servir jusqu'à fin septembre date à laquelle nos services armés [1] prennent fin officiellement. Je suis promu caporal-chef FFI le 1er septembre pour compter du 25 août 1944 par le capitaine Fontès, chef départemental FFI.

En septembre, après le débarquement de son unité dans la région de Saint-Aygulf, mon frère [2] vient nous rendre une courte visite. C'est un grand bonheur pour toute la famille.

Retour au Collège : le Bac Math Elem

En octobre 1944, nous reprenons nos cours au collège, en classe de Math Elem. Mais la réadaptation est difficile après cette longue période de " vacances ". Nos professeurs restent pour nous des étrangers. Nous sommes peu enclins à éprouver à leur endroit une quelconque estime et notre jeunesse nous entraîne à juger avec sévérité ceux d'entre eux qui, malgré leur âge, ne se sont pas engagés avec des armes pour combattre l'occupant.

Le résultat du premier trimestre s'en ressent, il est symptomatique : en histoire-géo "*très indiscipliné* ", en philo " *très faible* " (en réalité nul car je

1 - Mes services seront homologués par le certificat d'appartenance aux FFI délivré le 14 mars 1950 par le général commandant la IXe Région Militaire.

2 - Après la cessation des hostilités, décoré de la Croix de Guerre, il rejoindra la famille pour travailler comme mon père au Crédit Agricole de Draguignan

suis le dernier de la classe). En revanche en math, en physique-chimie je me retrouve en tête, et en seconde position en sciences naturelles. À partir du deuxième trimestre, je redresse la situation dans les matières faibles ; et en juillet je passe les épreuves du Bac Math Elem avec la mention " *Bien* ".

Désormais l'espoir d'être admis dans une Grande École me semble permis. Entre-temps, le conflit vient de se terminer en Europe. Mais la guerre continue en Asie.

La préparation au concours de Saint-Cyr

La Résistance, la fin des hostilités et le Bac Math Elem marquent pour moi la fin d'une adolescence au cours de laquelle j'ai frôlé la mort, sans doute d'une façon inconsciente, et au cours de laquelle j'ai connu la peur, surtout rétrospective. En quelques mois, j'étais devenu adulte, mon caractère et ma confiance en moi s'étaient affirmés. J'avais aussi acquis une autre vision des hommes face au danger.

Pendant les vacances de l'été 1945, j'ai largement le temps de réfléchir à ce que je veux faire de ma vie. J'envisage plusieurs possibilités. Comme beaucoup, je suis très impressionné par l'usage des bombes atomiques venant de mettre fin aux hostilités contre le Japon et réalise les immenses possibilités offertes par cette nouvelle source d'énergie. Je me sens donc attiré par une formation d'ingénieur qui pourrait déboucher tôt ou tard sur le nucléaire.

Mais toutes mes réflexions me ramènent au même choix : celui du métier des armes. C'est le chemin le plus direct pour servir la France, le plus court pour rentrer dans la vie active. Une carrière militaire s'impose comme le prolongement naturel du choix délibéré que j'avais fait en entrant dans la Résistance. J'ai la conviction que je ne regretterai pas ce choix. Soulagé et heureux, je termine mes vacances en toute quiétude. Mon père est enthousiasmé par ma décision.

C'est ainsi qu'en octobre 1945, je me retrouve sur les bancs de la classe préparatoire au concours de l'ESM (École Spéciale Militaire) de Saint-Cyr à Marseille. Les cours sont dispensés au lycée Thiers, à quelques pas de la Canebière, alors que l'internat se trouve au lycée Saint Charles, à l'extrémité de l'avenue Longchamp, sur une hauteur dans le quartier de la gare.

À la Corniche Bonaparte [1], nous sommes 22 élèves répartis en deux catégories très distinctes : neuf " Melons " (élèves de 1re année dont je fais évidemment partie), et treize TVA (" Très Vénérables Anciens " qui ont redoublé au concours). Parmi ces treize TVA, le Z de Corniche est le responsable assurant les relations entre les élèves et l'administration ; les " Melons " ne tardent pas à l'appeler, en toute confidentialité " le cube ramollo ", car il se présente pour la troisième fois au concours.

Dans l'esprit de notre vénérable Corniche, le Z, en qualité de responsable, est principalement chargé d'organiser et de diriger le " bahutage " (bizutage) des " Melons " dont il assure la formation traditionnelle avec l'aide des autres anciens. Nous avons l'impression qu'il s'agit là de son activité principale tant il y consacre d'énergie et parfois même une partie de ses heures de cours. Ce qui est une des raisons pour lesquelles nous l'avons affublé du qualificatif de " cube ". Tous les jours en semaine et dès la fin des cours, nous sommes pris en charge par ces aînés pendant des séances dont la durée varie suivant l'humeur du Z et de ses adjoints. Et quand ils jugent nécessaire de parfaire cette formation en fin de semaine, le Z n'hésite pas à nous l'imposer pendant le week-end.

Fort heureusement, la plupart des " Melons " sont internes à Saint Charles mais un seul TVA, Corse bienveillant et compréhensif, y réside. De ce fait, une solidarité bon enfant se crée rapidement entre nous pour subir avec bonne humeur et amusement ces " bahutages " [2] qui parfois dépassent les limites de l'acceptable. J'ai du mal à supporter certains abus et je dois parfois freiner mon envie de " voler dans les plumes " du Z. À plus forte raison, quand ces activités sont orchestrées par des jeunes qui n'ont pas eu la moindre activité de résistance pendant l'Occupation.

Je suis amené rapidement à faire connaître ma position, d'une façon nette, au Z de Corniche dans une conversation en tête-à-tête. Cet entretien a le mérite de remettre en question les dérives de certaines traditions relayées par les TVA et de les amener à des discernements plus judicieux. Mais je continue à jouer le jeu par solidarité et dans le respect de la tradition. Mon intervention laisse cependant des traces car je deviens tout de même un cas particulier dans cette Corniche Bonaparte et suis considéré comme le " Melon résistant " atypique. J'y vois pour ma part un

---

1 - Nom donné à la classe préparatoire de Marseille.

2 - Deux " Melons " sont exemptés de " bahutage " : un camarade ayant servi dans l'armée et un ancien " brution " (élève du Prytanée Militaire). Mes services dans la Résistance ne sont pas pris en considération par le " Conseil des anciens ", car ils ne seront homologués officiellement qu'en mars 1950.

excellent exercice de maîtrise basé sur une menace de " riposte graduée ". Contrairement aux premières impressions, on étudie beaucoup dans cette Corniche. Nous avons la ferme volonté de réussir dès la première année. Dans la journée, les cours sont assurés par d'excellents professeurs. Le soir, à défaut de loisirs, enfermés à Saint Charles, nous étudions jusqu'à " l'extinction des feux " et parfois même, au-delà, en nous enfermant dans des WC très spacieux. Il en est de même la plupart des *week-ends*. Il faut reconnaître que nous aurons le plaisir d'accueillir nos chers TVA comme " bazars " (élèves de première année à l'ESM de Saint-Cyr) si nous réussissons au concours dès la première année de formation en Corniche. Ce n'est pas non plus une motivation à exclure.

Les résultats du premier trimestre sont très moyens dans l'ensemble, sauf en math où je me trouve en deuxième position. Au semestre suivant la situation se redresse : les résultats sont satisfaisants en math, physique-chimie, dessin et épure ; moyens dans les autres matières.

Mister Bayle, mon ancien prof d'anglais au collège de Draguignan, serait surpris de constater que ma note d'anglais, dans l'ensemble, se situe toujours au-dessus de la moyenne. Juste au-dessus, grâce à lui. " *God save Mister Bayle* ".

En cours d'année, nous accueillons deux anciens de la Corniche Bonaparte, admis à l'ESM l'année précédente, les sous-lieutenants Chabert et Danjaume. J'aurai l'honneur de servir avec eux dans le même bataillon parachutiste en Indochine cinq ans plus tard. Avec Danjaume dans des conditions dramatiques.

Le lundi 27 mai 1946 débutent les épreuves écrites du concours. Elles ont lieu à la Faculté des Sciences de Marseille et vont durer toute la semaine, jusqu'au samedi 1er juin.

Je me souviendrai toujours du sujet de français qui ouvre les épreuves ce lundi matin à 7 heures : " *Au nom de quels principes moraux un homme peut-il imposer à d'autres hommes le sacrifice de leur propre vie?* " C'est là un sujet qui demande justement expérience et maturité[1]. Il n'est pas étonnant que nombre d'étudiants en n'apportant qu'une réponse théorique l'aient traité hors question. Cette dissertation aurait sans doute été mieux appréhendée par un chef de section ou un commandant d'unité ayant connu les combats de Dien Bien Phu !

---

1 - C'est l'analyse faite, le 13 juin 1947, par les autorités militaires chargées des corrections. (Réf : " Saint-Cyr, génération Indochine-Algérie ". Pierre Pellissier. Perrin, 1998.)

La semaine d'examens se poursuit tant bien que mal et je me rendrai compte, ce vendredi 31 mai, que l'orientation d'une vie tient parfois à un fil. Toujours en début de matinée, je tombe sur un sujet de géographie sur lequel j'avais fait une impasse totale : " *Les genres de vie des populations nord-africaines…* " avec croquis à l'appui.

À la lecture de la question posée, mon sang se glace et je vois déjà se profiler le zéro pointé. Celui de l'élimination définitive. Inacceptable et intolérable. La seule issue m'apparaît être celle de livrer le combat de la dernière chance en utilisant toutes les ressources de mon imagination. C'est un combat de survie dans le style " *je n'ai plus rien à perdre et tout à gagner* ". Au culot, il s'agit de " *faire feu de tout bois* ". Je me demande encore ce que j'ai pu écrire pour convaincre l'examinateur de ne pas m'infliger une note éliminatoire.

Après l'écrit, je vais à Moulins dans l'Allier chez ma tante Archagouhie pour me détendre tout en préparant l'oral.

À partir de la mi-juillet, je me rends régulièrement à la bibliothèque de la ville, pour consulter le *Journal Officiel* qui doit publier la liste des admissibles. Au début du mois d'août, j'ai enfin la grande joie de lire mon nom sur une liste de 450 candidats (1 800 se sont présentés au concours). Nous sommes seulement trois de la Corniche Bonaparte à être admissibles : le Z, le brution et moi-même.

Les épreuves orales sont prévues le dimanche 25 août au lycée Thiers de Marseille pour les candidats régionaux. Je retourne à Draguignan pour terminer mes révisions.

Le 25 août je me présente donc au lycée Thiers avec un moral d'acier, mais aussi avec une légère appréhension : comme tous les candidats, j'ai dû faire quelques rares impasses…

Une fois de plus, la destinée a failli basculer sur deux obstacles.

D'abord en géographie. Je tombe du ciel en tirant comme sujet " *l'industrie textile allemande* ". Lors de mes révisions, j'avais en fait décidé de ne pas m'attarder sur cette question en considérant, à juste raison dans mon esprit, que l'industrie allemande ayant été anéantie par les bombardements alliés, je n'avais aucune raison de perdre mon temps sur ce sujet.

Ma réaction est donc immédiate et ferme. Je demande à l'examinateur de choisir une autre question en lui donnant la raison pour laquelle je n'ai pas appris ce chapitre révolu. Le professeur de géographie reste interloqué :

" *Ah! Vous, alors!..* " Et, toujours sous l'effet de la surprise, il me tend la perche en me proposant une autre pioche. Sa position est incontournable : c'est soit un zéro en cas de nouvelle impasse, soit la note réduite de moitié. Je pousse intérieurement un soupir de soulagement en tirant un sujet plus favorable : je suis sauvé une nouvelle fois.

Mais je ne suis pas arrivé au bout de mes surprises pour autant. La dernière épreuve de la journée m'attend en mécanique avec monsieur Gambier, prof de math, la terreur des candidats. Sa réputation est bien connue depuis la promotion précédente. Le bouche à oreille a parfaitement fonctionné. Je décide de mieux connaître ses méthodes en assistant à deux interrogations et découvre ainsi comment il convient de se comporter pour limiter des appréciations éventuellement négatives : ne pas fumer en attendant son tour, puis, au tableau, faire un grand croquis en prenant son temps, ne jamais effacer avec les mains et surtout ne pas se laisser intimider.

Lorsque mon tour arrive, une fois de plus je tire un sujet horrible : " *La poulie double...* " Je sais de quoi il s'agit heureusement, mais ma connaissance du sujet se limite à celle du dessin. Tout en mesurant mon temps, très calmement je trace la figure de la " *poulie double* " en faisant des cercles énormes qui couvrent le tableau de haut en bas. monsieur Gambier se déplace au fond de la salle et exulte en déclarant à haute voix : " *Voilà enfin un bon candidat! Il a tout compris!* " Je réalise alors que le combat, bien engagé, est déjà en partie gagné. Ne pouvant pas se déjuger, monsieur Gambier m'exprime sa sympathie en me mettant sur la bonne voie. Puis, à moi de suivre le cheminement mathématique qui me conduira à la bonne formule... avec parfois l'aide bienveillante et discrète du grand Maître qui m'évite tout dérapage. " *God save Mister Gambier* " en toute sincérité et reconnaissance.

Les épreuves physiques du concours, le 100 mètres, le 1 000 mètres, le poids, la corde et la barre fixe se déroulent au Stade Ganay ; la natation et l'épreuve de sauvetage ont lieu à la piscine Chevalier Rose. Mais dans le domaine sportif je suis en pleine forme et je n'ai pas à redouter la moindre impasse. Je me sens détendu. Mes oraux sont terminés.

Je comprenais que les expériences que j'avais vécues jusque-là participaient déjà à la construction de mon devenir. Et j'étais reconnaissant à mon père de m'avoir appris que la détermination dans la poursuite d'un objectif était source de réussite. Les épreuves opérationnelles dramatiques qui vont suivre confirment que dans une situation désespérée, s'il y a une parcelle d'espoir, le succès est toujours possible. Encore faut-il le vouloir.

Mon frère découvre, le 27 septembre, les résultats définitifs du concours d'admission à l'ESM en feuilletant le numéro du *Journal Officiel* du 23-24 septembre 1946 que reçoit régulièrement le *Crédit Agricole*. Un large sourire aux lèvres, il vient aussitôt me rejoindre sur l'esplanade où mes camarades et moi avons l'habitude de nous retrouver et m'annonce la nouvelle, le journal en main. Ainsi je suis reçu dès la première année préparatoire[1]: classé 186e sur 196 (sur les 450 admissibles à l'écrit). Un résultat comparativement peu brillant mais suffisant pour réaliser mon rêve: être admis à l'ESM de Saint-Cyr. Ce succès, partagé avec émotion par toute ma famille, est ressenti profondément par mon père qui laisse éclater sa joie.

***

1 - Est également reçu André Mottes, le Z de Corniche à l'issue de sa troisième candidature.

CHAPITRE II

FORMATION COMME OFFICIER
1946 - 1949

Le camp de Mutzig : le Groupement des Saint-Cyriens

Sous la liste des candidats reçus qui est publiée dans le *Journal Officiel*, sont indiquées les instructions qui nous sont nécessaires pour être incorporés. Les élèves officiers doivent se présenter au camp de Mutzig (près de Strasbourg) au 152e RI (Régiment d'Infanterie) entre le 10 et le 13 octobre 1946. Les arrivées étant échelonnées dans l'ordre inverse du classement, ma place dans les dix culots du concours me donne le privilège d'arriver le 10, dans le peloton de tête.

C'est mon premier grand voyage au-delà de Marseille. Mon père a ressorti, je ne sais d'où, la valise cartonnée qu'il avait utilisée pour fuir précipitamment la Turquie. J'ai tout mon temps pour préparer les affaires que je vais emporter. J'arrive donc à Mutzig, en terrain inconnu, le 10 octobre, pour intégrer le " Groupement des Saint-Cyriens ". Nous sommes la 133e promotion de l'École. Mais à Mutzig, nous commençons au bas de l'échelle. Nous allons recevoir une instruction militaire de base au sein de ce " corps de troupe " et découvrir les servitudes du métier des hommes du rang auxquels nous sommes assimilés pendant cette période de formation initiale. Première visite médicale militaire. Celle de l'incorporation : taille 1 m 71, poids 54 kg. Ces chiffres font de moi, sans doute, l'un des plus légers éléments de la promo.

C'est une vie spartiate qui nous est réservée. Il faut apprendre à vivre dans des chambres mal chauffées, savoir éplucher les pommes de terre et se contenter d'une nourriture médiocre. Ce manque de confort auquel j'étais habitué depuis des années ne me gêne pas. Il me permet même parfois de soutenir le moral de certains d'entre nous surpris et déçus de subir ces rigueurs matérielles très éloignées, dans leur imagination, du style de vie de tout Saint-Cyrien. Cependant je rejoins leur étonnement lorsque l'Intendance nous distribue pour la période hivernale des capotes hétéroclites d'origine française, anglaise, américaine, qui plus est, usagées et mal ajustées à nos tailles. Nous ressemblons vraiment à des bidasses.

Initiation aux rudiments du métier militaire et entraînement physique intensif occupent nos journées. Nous nous y attendions. Mais au sport, à la marche, au parcours du combattant, vient s'ajouter étonnamment la construction de routes. Déjà peu préparés au maniement de la pelle et de la pioche, il nous arrive d'exercer parfois cette activité imprévue en compagnie de prisonniers allemands. Cette situation qui nous paraît grotesque est vécue avec un amusement désabusé. Toutefois il est possible de se demander si la formation d'un futur officier doit nécessairement passer par des travaux de terrassements, même si, en cette période d'après-guerre, un certain courant politique cherche à transformer l'esprit qui anime traditionnellement l'armée en la démocratisant.

En tout cas, par contrecoup, ces rigueurs et ces excès créent des liens entre nous et suppriment les distances qu'une différence d'âge ou d'origine sociale auraient pu maintenir. Je sympathise avec mes voisins de lit, Henri Dobrouchkess, parisien et Pierre Guillemin, originaire de Bar-le-Duc et suis heureux de pratiquer régulièrement avec des sportifs comme Guy Truchot le parcours du combattant en fin d'après-midi jusqu'à la nuit tombée ; cet exercice a l'avantage de nous détendre et de nous maintenir en forme. Car les loisirs au camp de Mutzig sont rares, pour ne pas dire inexistants. En fin de semaine, lorsque nous n'allons pas à Strasbourg, nous consacrons notre temps à la lecture dans nos chambrées.

En février, à la fin de ce stage, nous sommes nommés Caporaux ou Caporaux-chefs. Personnellement je suis flatté de recevoir les galons de caporal-chef [1] ; mais je ne comprends pas les raisons pour lesquelles le commandant du groupement a tenu à faire cette distinction de grade, à mes yeux injustifiée, et qui aurait pu porter atteinte à notre cohésion.

Nous sommes alors affectés dans sept différents corps de troupe pour exercer notre premier commandement en qualité de gradés dans le rôle de chefs de groupe. Je choisis le 93e RI au camp de Frileuse, dans la région parisienne. Ainsi, je pourrai rendre visite à mon oncle Édouard qui tient un magasin de confection sur mesure à Clamart. Cet oncle pour lequel j'ai une grande sympathie et avec qui je m'entends parfaitement.

1 - Pour la seconde fois, puisque j'avais été nommé caporal-chef le 1er septembre 1944.

Le camp de Frileuse: le 93e RI; " l'art de commander " un groupe

Je me retrouve avec des camarades comme Rodallec, Jules Belgodère, Pierre Morisot, Bonin, entre autres, affectés dans des compagnies différentes. Caporaux ou caporaux-chefs, nous sommes chefs de groupe. Nous logeons dans la même chambre que nos hommes, ce qui exige en permanence de notre part un comportement irréprochable où l'exemple et l'esprit de groupe doivent se développer et prévaloir. En effet, nous nous devons d'être impeccables dans notre propre présentation, dans celle de notre paquetage, de notre lit; être remarquables à l'instruction et nous efforcer d'être les meilleurs dans les sports, au parcours du combattant, dans les marches. Nous réalisons ainsi que ces galons sont sans doute les galons les plus difficiles à porter de l'armée française.

Mais cette vie au milieu des recrues nous donne la chance de mieux connaître nos hommes en partageant leurs efforts, leurs réussites, leurs difficultés, leurs peines, leurs joies. Ce rapprochement voulu par nos supérieurs contribue à créer un esprit d'équipe indispensable pour renforcer la cohésion du groupe et son émulation. Nos recrues sont des paysans vendéens pour la plupart, des hommes simples, parfois illettrés, attachants. Ayant le respect de l'autorité, ils sont faciles à commander, surtout quand ils s'aperçoivent que leur chef direct est un jeune Saint-Cyrien.

Nous découvrons aussi, avec stupéfaction, dans ce régiment, la présence en grand nombre de cadres issus de la Résistance, anciens FFI ou FTP ayant une formation rudimentaire comme officiers. Notre première impression à Mutzig semble se confirmer. Nous avons de plus en plus le sentiment que les principes essentiels qui, jusque-là, ont fait l'armée, se délitent, et que nous sommes entrés en fait dans une armée qui ne correspond plus du tout à l'idée que nous en avons toujours eue.

Je m'entends bien avec mon lieutenant chef de section, un ancien FFI, mais je m'étonne de constater qu'il est beaucoup plus motivé par l'entretien et la mise en valeur de nos chalets en bois que par les réglements de " l'école du soldat ". Avec lui, j'apprends la façon de faire briller le parquet de la chambre selon la technique du " cul de bouteille ". Je me serais bien passé de cette initiation dans le cadre de ma formation d'officier. Mais ce contact de plusieurs mois avec des Français de toutes origines et de toutes catégories sociales, que nous n'aurions probablement jamais connus autrement, nous apporte incontestablement, malgré notre scepticisme et nos réticences initiales, une connaissance et une expérience indispensables de la vie d'un corps de troupe et un enrichissement personnel certain.

Après cette rude expérience de gradé, nous sommes enfin promus sergents en mai 1947. Un petit logement individuel à côté de la chambrée nous est attribué avec le privilège de fréquenter le mess des sous-officiers.

Le 93e RI est le lieu de prédilection du général de Lattre de Tassigny. Pour lui permettre de " faire son cinéma " devant ses hôtes et homologues étrangers, mon chalet ne tardera pas à être le point de passage obligé de toutes les visites. Selon l'invité, le commandement me fournit un jeu de photos en sous-verre que je placarde sur les murs de ma chambrée qui devient alors chambrée de démonstration. De plus, en raison de mes connaissances améliorées en anglais (grâce à Mister Bayle, mon ancien professeur de Draguignan " *God bless you Mister Bayle* "), je joue aussi pour la bonne cause le rôle de " gradé cornac ". C'est ainsi que j'ai le grand honneur de faire la connaissance du maréchal Montgomery le 28 août 1947. Pierre Pellissier, auteur d'un livre sur notre promotion de Saint-Cyr [1], relate cette rencontre : " *À Frileuse, où il se retrouve après Mutzig, il n'y a pas seulement les combattants exemplaires du close-combat ou les athlètes émérites du parcours du combattant, les tireurs distingués du LRAC... il y a, aussi, une chambrée modèle, propre, rangée, accueillante ; celle vers laquelle on peut conduire les hôtes de marque sans risquer une mauvaise surprise. Le chef de chambre s'appelle Édouard Terzian ; il reçoit le maréchal Montgomery en visite. Qui entre. Jette un regard circulaire. S'attarde devant une photo accrochée au mur... la sienne. Il la prend. Casse le verre d'un somptueux coup-de-poing. Dédicace le portrait qu'il rend à Édouard Terzian, tout ému, mais dont le plaisir est de courte durée : son commandant de compagnie lui confisque le trophée !* "

Dans ce régiment de démonstration, nous apprenons aussi le maniement des armes en trois cadences : la normale, la lente et la très lente. Cette exhibition, qui relève davantage du théâtre ou du cirque, délecte visiblement le général de Lattre, mais en ce qui nous concerne, elle nous navre plus qu'elle nous amuse. Cela ne reste toutefois qu'une parenthèse dans notre formation. Du 15 juin au 2 juillet, nous effectuons un séjour à Coëtquidan. C'est l'occasion pour les anciens de " bahuter " notre promotion (celle de leurs " bazars " selon les traditions) et pour nous, d'avoir un premier contact avec la nouvelle École. Nous assistons au " Triomphe " de la promotion " Nouveau Bahut " [2].

---

1 - " Saint-Cyr, génération Indochine-Algérie ". Pierre Pellissier, Perrin, 1998.

2 - Nom donné à leur promotion par nos anciens en se référant à la nouvelle École de Coëtquidan qui a remplacé, dès 1945, l'ancienne École de Saint-Cyr près de Versailles.

En fin de séjour, je réalise un exploit personnel. Amateur de défi, je fais le pari de réussir à passer mon permis militaire de conduite auto [1] sans avoir suivi précédemment le moindre cours pratique. Le jour de l'examen, placé à l'arrière de la camionnette 4 x 4 utilisée pour l'épreuve, je peux observer à loisir, avant mon tour, les fautes commises par ceux qui me précèdent et m'initier ainsi aux aspects délicats du changement des vitesses. Préalablement impressionné et probablement influencé par mes connaissances théoriques sur le fonctionnement du moteur à quatre temps, l'adjudant moniteur fait preuve à mon endroit d'une indulgence inespérée et me pardonne d'avoir calé le moteur une fois. Il reconnaît cependant que je manque un peu de pratique.

Ce 93e RI à Frileuse me laisse, tout compte fait, un bon souvenir, malgré le côté factice et même parfois ridicule de certains exercices. J'ai croisé là des hommes, de braves Vendéens pour la plupart, qui ont aussi, inconsciemment, apporté à ma formation d'officier une dimension humaine qui l'a enrichie.

Par sa présence attentive et affectueuse, mon oncle Édouard, que j'allais voir parfois à Clamart, m'a rendu l'éloignement familial moins pesant. Et puis, en même temps, je découvrais Paris !

Le camp de Coëtquidan : l'École Spéciale Militaire de Saint-Cyr

Après une courte permission, nous rejoignons l'École Spéciale Militaire à Coëtquidan le 2 décembre 1947, le jour même de l'anniversaire de la victoire d'Austerlitz. Coëtquidan, un camp perdu dans les landes bretonnes, est l'implantation nouvelle de l'École depuis la promotion précédente.

En même temps que nous, arrivent 250 camarades ayant passé le " concours corps de troupe ". Une arrivée à laquelle nous n'étions pas préparés. Il s'agit de sous-officiers reçus à un concours particulier, à la suite d'un choix fait par le commandement en fonction de leurs titres de guerre et de leur niveau d'instruction.

De ce fait, nous sommes au total 546 élèves officiers issus les uns du " concours direct " et les autres du " concours corps de troupe ", répartis sans distinction d'origine dans les différentes compagnies et sections. L'ensemble est placé sous le commandement du général Molle, un ancien du Corps Expéditionnaire d'Italie, entouré d'officiers d'État-Major et d'instructeurs ayant fait campagne.

1 - Fort justement, ce permis me sera retiré à l'École, à la suite d'un contrôle inopiné.

Je suis affecté à la 1re compagnie du capitaine Bigot, un cavalier, et à la 3e section du lieutenant d'Arcangues, un autre cavalier.

Nous sommes logés par section dans de longues baraques en mauvais état, équipées sommairement. Notre confort est des plus limités. Notre section se compose de 17 élèves officiers *(1)* issus des deux concours. La fusion et l'entente entre jeunes élèves et élèves aguerris se réalisent rapidement et sans difficulté grâce au fait que l'effectif est réduit, grâce aussi à l'austérité de la vie en commun et à la dureté de l'entraînement, un peu à l'image des anciennes armées révolutionnaires. Mais les doutes que nous avions ressentis à Mutzig et également à Frileuse sur une évolution de l'Armée que nous n'avions pas imaginée se sont effacés dès notre arrivée à Coëtquidan. Nous nous sentons maintenant en parfaite communion de pensée avec l'esprit qui y règne et qui rejoint celui de notre engagement.

D'emblée, des relations étroites s'établissent avec mes deux voisins de lit Pierre Remazeilles, un ancien colonial et Maurice Woignier, de la Corniche de Toulon. Il y aura ainsi pendant toute notre formation, un échange complice entre nos connaissances de lycéens et l'expérience guerrière de notre " *vieux briscard* ". C'est là un exemple de symbiose qui s'étend progressivement à l'ensemble de la promotion.

Le lieutenant d'Arcangues, notre chef direct, ne fait pas l'unanimité de la section en raison de sa sévérité parfois extrême, de la rigueur qu'il impose dans son commandement et de son côté perfectionniste. Bien sûr, comme le capitaine Bigot, il est un peu l'archétype de l'officier de cavalerie avec sa badine et son air distant, ce qui ne plaît pas à tout le monde. Mais pourtant, dès le début de notre prise en main, j'ai avec lui un bon contact et j'apprécie personnellement ses qualités d'instructeur, de meneur d'hommes, d'éducateur… son élégance cavalière aussi et surtout la haute conception qu'il a de son rôle.

Une partie de la promotion ne le juge que sur sa réputation forcément exagérée et son comportement exigeant lorsqu'il est officier de semaine pour l'ensemble de l'École. Dans ce contexte, lorsque des camarades d'une compagnie expriment leur mauvaise humeur au lieutenant d'Arcangues sous forme d'un chahut qui aurait pu mal tourner, je suis en total désaccord avec eux. À mes yeux, une école d'officiers n'est pas le " soviet ", encore moins un syndicat. Je réalise déjà, par le biais des jugements portés par les uns et les autres sur notre chef de section, qu'il est " *bien difficile de servir et de plaire à la fois* ".

1 - Cinq d'entre eux seront tués en opération : Willie Allan, Charles Baurand, Paul Grison, Jean Mentec en Indochine ; Jacques Journet en Algérie.

Les journées sont longues et les activités particulièrement variées. Nous passons sans transition d'un exercice purement militaire ou d'entraînement physique (sport, athlétisme, marche, équitation...) à une présentation de culture générale, c'est-à-dire " la pompe " selon notre vocabulaire (math, histoire-géo, langues étrangères, conférences générales). Lorsqu'une conférence en début de matinée fait suite à un exercice de nuit, les plus rapides prennent d'assaut les places situées aux derniers rangs de la salle d'amphi.

Grâce à Labriolle, les traditions déjà remises à l'honneur par la promo précédente prennent de l'ampleur et se greffent à nos multiples activités. Elles sont l'apanage du " grand carré " qui se compose du major de promo Michel Macé de Gastines [(1)], du " Père Système " Philippe Champagne de Labriolle, du " colonel des Gardes " Thierry Bléger.

Le 13 mars 1948 au soir, sur la place d'armes éclairée par des phares de véhicules, a lieu la remise du Casoar par la promo de nos anciens. Une cérémonie intime organisée par le " grand carré " sans l'intervention du commandement. Le lendemain 14 mars dans l'après-midi c'est le baptême de la promotion. Une cérémonie solennelle organisée par l'encadrement de l'École, en présence de madame la générale Leclerc, du ministre des Forces Armées Pierre Henri Teitgen, du général de Lattre, des cadres de l'École et de nos anciens du " Nouveau Bahut ". La 133e Promotion devient officiellement Promotion " général Leclerc " [(2)] qui participera au complet au défilé du 14 juillet 1948 à Paris sur les Champs-Élysées. Nous arborerons avec fierté shako, casoar et gants blancs. Les shakos (képis traditionnels des Saint-Cyriens) sortis à cette occasion des magasins de l'Intendance seront restitués après le défilé pour des raisons qui nous échappent. Ils feront partie ultérieurement de la dotation permanente du Saint-Cyrien.

Le 7 août au soir, à son tour, notre promotion remet le casoar à la promotion de nos " bazars " [(3)] qui s'appellera plus tard " *Rhin et Danube* ", suivant le même cérémonial. Le lendemain 8 août se déroule la grande cérémonie traditionnelle du " Triomphe " qui marque pratiquement la fin de la " pompe ", c'est-à-dire des études de culture générale. Une fête dont le

---

1 - De Gastines, parmi les plus jeunes de la Promo, et Bléger seront tués au Vietnam quelques années plus tard.

2 - Le général Leclerc (Jacques-Philippe de Hautecloque) de la promotion 1922-1924 " Metz et Strasbourg ", mort lors d'un accident d'avion en Afrique du Nord le 28 novembre 1947. Sera fait maréchal à titre posthume en 1952.

3 - Jeunes de la promotion suivante.

thème cette année-là est celui de la prise de la Smala d'Abd El Kader par les troupes de Bugeaud. Un scénario grandeur nature orchestré par notre brillant metteur en scène Champagne de Labriolle [1], avec la participation de toute notre promo. En présence des hautes autorités, c'est un véritable spectacle qui est présenté auquel sont conviés les cadets et responsables des principales écoles militaires alliées.

Deux jours plus tard, notre promotion est envoyée au camp de la Courtine dans le Massif Central. Pendant trois semaines, jusqu'au 3 septembre, elle va enfin manœuvrer à plus grande échelle grâce à la présence d'autres unités servant de " plastron " ou d'ennemi " conventionnel ".

C'est pour les élèves officiers la mise en application de tout le savoir-faire acquis à Coëtquidan sous les ordres d'instructeurs dont la plupart ont une très bonne expérience de la Seconde Guerre Mondiale. Mais aucune de l'Indochine.

Dans les landes bretonnes comme sur le plateau de Millevaches à la Courtine où nous nous trouvons alors, en dehors de quelques rares thèmes sur des " embuscades en zone d'insécurité ", nous rééditons la guerre précédente, celle de 1939-1945 bien connue de nos instructeurs. Selon les thèmes de combat, nous avons l'impression d'être soit en défensive à Bir-Hakeim en Afrique du Nord, soit en pleine attaque à Cassino en Italie ou en manœuvre d'exploitation après le débarquement de Provence ou parfois même en combat retardateur sur un axe, comme en 1940. C'est " la guerre moderne " quoique virtuelle (dans laquelle, par ailleurs, on fait abstraction du nucléaire).

Car durant toute notre période de formation, depuis Mutzig jusqu'à Coëtquidan en passant par les corps de troupe et malgré un entraînement basé sur un rythme de travail intensif, nous vivons comme cloîtrés, quelque peu isolés des grands bouleversements du monde… Bien sûr nous sommes attentifs à l'évolution de la " guerre froide ", aux effets du blocus de Berlin, à l'aggravation de la tension internationale qui en résulte. Nous n'ignorons pas le déferlement des forces de Mao Tsé-Toung en Chine et la débandade des forces nationalistes de l'autre côté de la frontière tonkinoise. Les échos de la guerre d'Indochine nous parviennent ; nous sommes au courant des principaux événements de ce conflit, mais ces échos restent lointains pour

1 - Notre camarade de Labriolle organisera encore la " Nuit de Saint-Cyr " à l'Opéra de Paris, le 2 décembre 1948, à l'occasion de notre sortie de l'ESM de Coëtquidan. Peu de temps après, il disparaîtra dans un accident de moto alors qu'il rejoignait, de nuit, l'École d'Application de Saumur où il venait d'être affecté à la sortie de l'ESM.

ceux qui ont en charge notre formation. Comme si ce conflit jugé mineur n'existait pas ou ne méritait pas leur attention. Sans doute pensent-ils qu'il s'agit d'une rébellion qui ne tardera pas à être réprimée grâce à l'action de nos grands chefs dont l'expérience, incontestablement, n'est pas comparable à celle des chefs rebelles.

Paradoxalement certains élèves officiers du concours " corps de troupe " sont les seuls à avoir réellement vécu la première phase de ce conflit. C'est le cas par exemple de mon camarade (et futur beau-frère) Gaston Coudurier, déjà titulaire de deux citations 39-45, revenu d'Extrême-Orient avec la Médaille Militaire et deux autres citations. En l'absence d'instructeurs ayant vécu la même expérience de ces combats d'un style nouveau, la formation tactique qui nous est inculquée à l'École ne sera pas adaptée à la confrontation en cours qui devient, en fait, la nouvelle forme de guerre de la deuxième partie du siècle. Cette incapacité, ou répugnance, à devancer l'événement qui se profile sera la constante de notre politique gouvernementale ou militaire en Extrême-Orient. La suite de notre carrière nous le montrera.

Nous sommes loin de la guerre d'Indochine, de ce conflit pourtant réel et bien connu du général Leclerc, chef illustre qui vient de donner son nom à la promotion. Elle deviendra rapidement la guerre des générations futures. On est en droit de s'interroger sur les raisons de cette carence de la pensée militaire et sur la responsabilité de ceux qui conçoivent la formation des officiers. Bien plus tard, nous aurons des éléments de réponse à cette question embarrassante.

Après notre retour du camp de la Courtine et alors que notre formation se termine, nous apprenons, scandalisés, que les Cyrards du " concours direct " seront nommés sous-lieutenants le 1er octobre 1948, alors que ceux du " concours corps de troupe " seront promus à ce grade seulement le 1er mai 1949, soit 7 mois plus tard. Cette disposition nous paraît foncièrement injuste, car tous les élèves officiers ont suivi la même formation, ont subi les mêmes examens et ont été classés sans distinction d'origine. Cette mesure discriminatoire constitue à nos yeux une atteinte directe à notre cohésion, à notre symbiose. Elle marquera d'ailleurs certains camarades durant toute leur carrière. Nous réagissons vivement à cette mesure auprès du commandement de l'École. Il ne sera tenu aucun compte de notre opinion.

À l'issue des dix mois d'instruction que nous venons de vivre, nous prenons connaissance de nos classements de sortie. " L'Amphi-Armes " nous permettra de choisir notre Arme ou Subdivision d'Arme ou les

Services (Intendance, Transmission, Train, Matériel...), de façon à être orientés vers l'École d'application correspondante. J'apprends avec plaisir mon classement : 38e sur 535 [1], ce qui va me permettre, je l'espère, de choisir ce qui m'intéresse.

Le choix se fait dans l'ordre du classement, le jour de l'amphi. Au fond de la salle de conférence, sur le grand tableau, face aux élèves officiers, est indiqué le nombre de places disponibles pour chaque arme. François Basteau, Major de promotion, est appelé en premier ; il choisit l'ABC (Arme Blindée et Cavalerie). D'une façon générale, ce sont les Armes de combat (ABC, Infanterie, Artillerie) qui sont principalement demandées.

Ce choix, que nos cadres et nos anciens apprécient, prend en quelque sorte et à juste titre une allure de plébicite pour l'instruction et l'entraînement qu'ils nous ont donnés. Grâce à son brillant classement (7e ou 8e), Roger Le Roy choisit l'Infanterie Coloniale [2] en première position, prouvant ainsi que l'attrait pour la " Coloniale " est toujours vivace. Je fais le même choix, en deuxième position, avec l'arrière-pensée de bifurquer vers les " Paras Colos " à la sortie de l'École d'Application d'Infanterie, notre prochaine destination pour ceux qui ont choisi l'Infanterie Métropolitaine ou Coloniale.

L'École d'Application d'Infanterie

Nous arrivons au camp d'Auvours près du Mans le 1er octobre 1948, avec le titre d'officiers élèves alors que nous étions auparavant élèves officiers. Mais, dès le 31 octobre, Auvours devant être fermé pour des raisons d'économie par décision du ministre de la Défense, Paul Ramadier, nous rejoignons Coëtquidan. C'est le retour au bercail. Le rythme de travail est désormais plus détendu qu'à l'ESM.

En début d'année, du 5 janvier au 5 février 1949, l'ensemble des officiers élèves de l'École d'Application est réparti dans différents corps de troupe d'infanterie de la IIIe Région Militaire pour effectuer un stage de chef de section. Mon point de chute, avec une dizaine de camarades, est le 41e Bataillon d'Infanterie à la Lande d'Ouée, une petite garnison dans un coin perdu de la campagne.

Nous réalisons la pauvreté de ce bataillon en cadres officiers, sous-officiers et en équipements. Pendant un mois, pour la première fois, nous

1 - Au lieu de 546 élèves officiers à l'arrivée.

2 - Subdivision d'Arme de l'Infanterie.

avons le plaisir de commander une section dans le cadre du programme d'instruction fixé par le chef de corps. Les chefs de section organiques (officiers ou sous-officiers) restent en doublure auprès de nous, jusqu'à notre départ pour rejoindre à nouveau l'École d'Application.

Au début du mois d'avril, nous participons à " l'Amphi-Corps " pour le choix de notre corps de troupe en fonction des places disponibles et de notre classement. Pour les uns ce sera un régiment dans les " longues capotes " (l'Infanterie classique), pour d'autres, la Légion ou les Chasseurs Alpins.

Avec un petit groupe de camarades, mon choix est fait depuis notre entrée à l'EAI : le corps des Para Coloniaux en Bretagne, où nous disposons de six places. Avec la Légion, c'est le chemin le plus court et le plus rapide pour partir en Indochine [1]. Je pense inconsciemment que c'est aussi la meilleure façon pour moi de payer mon tribut… devrait-il, au besoin, être celui du sang.

Grâce à mon classement de sortie, j'ai donc le privilège de choisir en premier la 1re Demi-Brigade Coloniale de Commandos Parachutistes (1re 1/2 BCCP) à Vannes-Meucon, commandée par le bien célèbre colonel Massu. Les cinq autres places sont prises d'assaut par Guy Truchot (ancien maquisard et champion universitaire, en compagnie de qui à Mutzig je faisais des parcours du combattant le soir), Claude Calès, Jean Chevrot, Gaston Lapérrousaz [2] et Claude Ogé. Quatre camarades issus du concours " direct " et deux du " corps de troupe ".

Après " l'Amphi-Corps ", comme tous les officiers élèves de l'EAI, nous quittons définitivement Coëtquidan. À l'issue d'une permission de quinze jours, du 15 avril au 1er mai, nous nous retrouvons, Officiers élèves coloniaux, au Camp Marin de Fréjus du 2 au 28 mai 1949, pour effectuer un stage précolonial à la fois d'entraînement aux actions de guérilla, de contre-guérilla en zone fluviale et de survie en zone non habitée. Le stage est effectué dans une ambiance enthousiaste et joviale, sous la coupe du chef de bataillon Fourcade, un officier parachutiste colonial sportif, débordant de dynamisme et plein de verve. Ce stage est en quelque sorte une préfiguration de ce qui nous attend à la 1re 1/2 Demi-Brigade de Vannes-Meucon.

---

1 - Après la sortie de l'École, certains camarades choisiront le même raccourci… ou d'autres raccourcis dans le même but.

2 - Guy Truchot et Gaston Lapérrousaz disparaîtront au cours du séjour en Indochine : voir Annexes 3 et 4.

Dans la tradition, nous voulons, nous les nouveaux paras colos, marquer et réussir notre entrée en scène comme officier dans notre premier corps de troupe. Pour ne pas être pris au dépourvu, nous sommes convenus de nous retrouver à Meucon le 1er juin au matin afin de prévoir la manière dont nous ferons notre apparition au mess des officiers à midi, après la présentation officielle au colonel Massu. L'avenir nous montrera le bien-fondé de notre initiative.

***

CHAPITRE III

LA 1re 1/2 BRIGADE COLONIALE DE COMMANDOS PARACHUTISTES VANNES - MEUCON 1949 - 1950

Notre première journée à Meucon

Le 1er juin, après un passage à la caserne Delestraint à Vannes pour signaler notre arrivée à l'unité administrative de la 1re 1/2 BCCP, nous débarquons, avec Claude Calès, Jean Chevrot, Gaston Lapérrousaz, Claude Ogé et Guy Truchot, à Meucon, le camp d'entraînement des Parachutistes Coloniaux situé à proximité de Vannes.

Comme nous l'avions décidé juste avant notre départ de l'EAI, nous prenons contact avec le gérant du mess de Meucon. Pour célébrer notre arrivée, nous lui demandons de prévoir le plus discrètement possible une réception à midi, c'est-à-dire apéritif, et " *vin de précision* " pour le repas. Puis nous nous présentons au colonel Massu [1]. Pour nous, jeunes sous-lieutenants sortant de l'École, c'est une présentation que l'on ne peut pas oublier. Le colonel Massu, figure emblématique de l'Armée, est notre premier chef de corps, connu pour ses titres de guerre et plus tard pour sa liberté d'expression, ses prises de position abruptes et... sa fidélité inconditionnelle au général de Gaulle. Nous sommes surpris de la simplicité avec laquelle il nous accueille. Il nous informe, avec son style direct, qu'après notre stage parachutiste, nous serons affectés au 7e BCCP

1 - Promo Foch, 1928-1930. Après sa participation à la Libération de Paris avec la 2e Division Blindée, le colonel Massu avait rejoint le général Leclerc en Indochine dès mars 1946, comme chef du Groupement de Marche de la 2e DB. Après le départ de son chef direct, à son retour en France, il avait pris le commandement de la 1re 1/2 BCCP à sa création, à fin 1947.

pour la mise sur pied de ce bataillon, dont le départ en Indochine est prévu l'an prochain. C'est exactement ce que nous souhaitons entendre.

Pensant être les premiers, nous arrivons au mess à midi et sommes accueillis par les officiers dans un tapage assourdissant. Déjà surpris, nous le sommes plus encore de constater qu'ils sont déjà réunis, bien avant l'heure du déjeuner, pour prendre l'apéritif et, qui plus est, aussi bruyamment. Le colonel Massu est là aussi. L'ambiance déjà chaleureuse et bruyante atteint un niveau de décibels indescriptible. Elle monte crescendo et devient bientôt délirante. Nous avons un mal fou à nous faire entendre. Mais nous réalisons rapidement, aux premières paroles que nous essayons d'échanger avec nos interlocuteurs et aux décorations qu'ils portent sur leur poitrine, que nos anciens reviennent d'Indochine pour la plupart et se préparent à y repartir. Nous basculons tout d'un coup dans un monde militaire nouveau qui n'a rien à voir avec celui dans lequel nous avons vécu jusque-là.

Au cours du repas qui se prolonge en raison de l'ambiance, le lieutenant Georges Oudinot (on le surnomme le maréchal) se lève, obtient le silence et prend la parole dans un style tout à fait napoléonien. Il reproche aux jeunes sous-lieutenants que nous sommes d'avoir voulus renverser les rôles en prévoyant nous-mêmes apéritif et vin pour ce repas qui marque notre arrivée à Meucon. Pour rétablir les droits et privilèges de la hiérarchie, il ordonne alors au gérant du mess de servir une tournée générale de champagne, du *Oudinot* bien entendu [(1)]. Le repas se termine assez tard dans l'après-midi, par une démonstration de " roulés-boulés " exécutés par nos anciens. Spontanément, nous grimpons sur les tables pour suivre leur exemple dans un vacarme d'applaudissements et de sifflets. Le chahut est à son comble. Nous sommes heureux et soulagés d'être adoptés aussi chaleureusement par nos anciens de la 1re 1/2 Brigade, héritière des traditions SAS (*Special Air Service d'Angleterre*).

Mais l'affaire ne s'arrête pas là. En sortant du mess, à l'initiative de Georges Oudinot, Jean Graziani et Léonce Barrière (un ancien SAS à la prestance toute britannique), l'équipe décide de faire visiter le camp de Meucon aux six sous-lieutenants " *ignorants des droits et privilèges de la hiérarchie* ". Un convoi de *jeeps* s'organise et, de *slaloms* en virages contrôlés ponctués de coups de pistolets, nous découvrons rapidement les installations du camp. Nous n'avions jamais imaginé qu'un tel rodéo serait improvisé en notre honneur. La fête se poursuit le soir dans les restaurants de Vannes.

---

1 - Un cru de son père, fabricant de champagne.

C'est ainsi que s'est déroulée notre première journée dans notre premier corps de troupe. Journée de bienvenue et d'accueil chaleureux. Journée inoubliable d'intégration dans l'Armée pour de jeunes officiers frais émoulus de l'ESM...

L'entraînement au saut

Dès le lendemain, nous sommes admis à l'École de Saut où nous attendent des moniteurs dynamiques, impressionnants de compétence et d'expérience. Ils reviennent eux aussi d'Indochine, comme le sergent-chef Grémillet. La forme physique et les épreuves d'endurance sont toujours au programme. L'entraînement doit nous permettre de réussir les tests que nous aurons à passer ensuite : course de 10 km avec sac et arme, 15 km avec arme, tractions à la barre fixe, tractions au sol (pompes) sur les bras, abdominaux... L'ambiance est très spéciale. Élèves stagiaires, nous nous entraînons avec d'autres officiers, sous-officiers ou hommes du rang. Suivant la coutume, nous ne portons pas d'insignes distinctifs de grades. Les relations restent cependant hiérarchisées, car nous nous distinguons par notre allure générale, nos coupes de cheveux, mais surtout par nos performances. Dans les courses de fond, nous veillons surtout à soutenir nos lieutenants anciens qui, à l'issue d'un séjour en Indochine, ont certainement une expérience du terrain que nous n'avons pas, mais n'ont plus forcément le degré d'entraînement physique que nous avons.

Nos tests réussis, nous effectuons, sur la ZS (zone de saut) de Meucon, les sauts réglementaires au nombre de six, dont un de nuit et un avec ouverture du ventral. Le 27 août 1949, au cours d'une cérémonie très attendue, nous sommes enfin brevetés parachutistes. Désormais, nous portons avec fierté à la fois le brevet et le Béret rouge légendaire.

Le brevet [(1)] à peine épinglé sur ma poitrine et bien célébré par tous les camarades et les anciens, je descends à Vannes dans une *jeep* conduite par le capitaine Labarre. Le véhicule fait une embardée et quitte la route. Projeté contre une murette bretonne faite de petites pierres entassées, je me retrouve pendant quelques jours à l'hôpital de Vannes avec une fracture de la clavicule droite... La murette, éboulée par le choc, portera mon nom pendant quelque temps, à titre de plaisanterie.

Au cours de cette période d'entraînement intensif et de vie commune, nous apprenons, jeunes sous-lieutenants, à mieux nous connaître. Nos personnalités sont différentes, mais nous avons en commun la même

1 - Brevet N° 3 9475.

et ferme volonté de servir en donnant le meilleur de nous-même. Il y a Claude Calès, méridional du Sud-Ouest, joueur de rugby, fougueux, le verbe haut, jovial, d'humeur communicative. Jean Chevrot, calme, capable de maîtriser sa colère, très observateur, toujours à l'affût des manies de nos chefs pour les décrire avec beaucoup d'humour. Gaston Lapérrousaz, Savoyard, la force tranquille, élégant, grand séducteur des jolies Suédoises. Claude Ogé, notre aîné, titi parisien, mélomane, nuancé dans ses jugements, à la fois calme et " soupe au lait ". Et Guy Truchot, sportif accompli, équilibré, peu bavard par nature, mais vif et cinglant dans ses remarques et ses répliques, sans aucune complaisance vis-à-vis de la hiérarchie, très exigeant… parfois excessif à l'égard de Françoise, sa sympathique et souriante épouse. Notre groupe est bien soudé, solidaire dans ses réactions et foncièrement insolent.

De Meucon, nous allons passer nos week-ends à Vannes et à Quiberon. Nous y avons découvert des touristes suédoises fort agréables et nous assistons avec régal aux spectacles que nous offre Gaston Lapérrousaz lorsqu'il exerce ses talents auprès d'elles. Son charme n'a pas toujours l'efficacité souhaitée. Nous jouons, nous aussi, les touristes en allant parfois à Paris visiter la capitale. Nous sommes fiers alors d'arborer nos bérets rouges.

Malgré nos activités de formation et d'entraînement qui remplissent largement nos journées, nous restons évidemment attentifs aux nouvelles qui nous parviennent d'Indochine. La proclamation de la République Populaire de Chine, en date du 1er octobre, ne nous échappe pas, même si ce sujet n'est pas dans le style de nos conversations de popote. Inconsciemment, nous pressentons que la présence d'une Chine communiste sur la frontière tonkinoise pèsera de tout son poids dans le conflit indochinois.

La formation du 7e BCCP

Après l'engagement des recrues, les hommes du rang et les pelotons d'élèves gradés reçoivent leur formation de base à Meucon. Puis au fur et à mesure que les compagnies complètent leurs effectifs, elles rejoignent Quimper ou Saint-Brieuc dans le cadre d'un bataillon en formation. Ouvriers, paysans, employés… parfois même châtelains, toutes les classes sociales sont représentées chez nos engagés. Les circonstances de leur engagement peuvent dépendre des saisons, de situations économiques régionales ou d'événements personnels. C'est ainsi que nous voyons arriver un jour un cycliste avec sa bicyclette sur le dos, déçu par sa course.

Des fils de mineurs aussi (bien après l'intervention des parachutistes pour rétablir l'ordre dans les houillères du Nord...). Je me souviens de ce fils d'aristocrate (mon futur sergent, le Comte Alban de Brosses) venu chercher une fin glorieuse en Extrême-Orient à la suite d'une déception amoureuse.

Bientôt deux camarades de promotion nous rejoignent, vite déçus par leur première affectation en corps de troupe, Rousseau et Dubois, ce qui porte notre effectif à huit. Michel Rousseau a une allure de collégien et de jeune premier de cinéma. Marié avant l'âge avec l'état d'esprit d'un célibataire inconditionnel, séducteur par vocation, débordant d'enthousiasme, mais souvent gaffeur. Il manque parfois de mesure dans son comportement impétueux. C'est le cadet du groupe. Bernard Dubois, dit " Dudule ", est un ancien Enfant de Troupe. Débrouillard, boute-en-train, spécialiste des gags et des grosses plaisanteries.

Dans notre groupe de jeunes cyrards sans grande expérience, nous adoptons un officier beaucoup plus âgé que nous, le sous-lieutenant Florès (dit " Floflo " ou " Bir-Hakeim ") qui s'était illustré dans la bataille de Bir-Hakeim. Une figure du bataillon, ne sachant pas lire une carte, mais sachant faire la guerre. De taille moyenne, le visage basané, le sang vif comme tout bon Pied-Noir, célibataire endurci, fonceur, gaffeur, prêt à relever tous les défis... D'une certaine façon, nous sommes complémentaires dans le domaine militaire : nous avons la culture de base, il a l'expérience du feu. Tous ensemble, en fin d'année nous sommes affectés au 7e BCCP en cours de formation. D'abord sous les ordres provisoires du capitaine Bley, puis du commandant Jean de Fritsch [1], le bataillon s'installe à Quimper, dans la caserne de la Tour d'Auvergne située dans le centre-ville, où il prend la place du 6e.

À l'époque, la Demi-Brigade est une " usine " à grand rendement, formant des bataillons en partance pour l'Indochine. Le 6e BCCP (Bataillon Colonial de Commandos Parachutistes) du commandant Vernières, formé à Quimper, est parti en juin. Le 1er BCCP du commandant Portal, mis sur pied à Saint-Brieuc, se prépare à partir en décembre. Le départ de notre bataillon, le 7e, est prévu en juillet-août 1950 et le 2e BCCP en formation à Saint-Brieuc partira 6 mois plus tard.

Au sein du bataillon, les huit sous-lieutenants forment un noyau solide, bien soudé, qui réagit en bloc dans l'adversité, même si les explications sont parfois vives entre nous.

1 - Promo Mangin, 1929-1931. Récemment breveté alors qu'il a une blessure de guerre à la jambe qui le fait boiter légèrement.

Mes camarades de promotion sont affectés dans les unités de fusiliers voltigeurs appelées Groupements de Commandos (GC) : le GC 1 du capitaine Yves Gras [1], le GC 2 du capitaine Labarre, le GC 3 du capitaine Bonnet. Au total 26 officiers dans le bataillon.

Je suis désigné chef du Commando Lourd, rattaché à la CCS (Compagnie de Commandement et des Services) du bataillon, pour la formation des équipes de mortiers de 81 et de mortiers de 60. Ces dernières équipes sont destinées aux GC à l'issue de leur formation. Cette décision est pour moi inattendue. L'insuffisance de mes connaissances pratiques du mortier et ma corpulence légère ne semblaient pas me prédestiner a priori à ce type d'affectation. Déçu, mais prêt à accepter le défi, j'espère rejoindre mes camarades dans un GC, après avoir rempli la mission que l'on vient de me confier. De plus, le chef de corps m'attribue les fonctions d'officier de tir. J'ai ainsi la mission d'organiser et de diriger également les tirs des différentes unités, une ou deux fois par semaine et, ce qui ne me laisse pas indifférent, me donne la possibilité de pratiquer intensément mes tirs préférés, celui du pistolet automatique et du pistolet-mitrailleur. L'avenir me montrera combien cet entraînement sera d'une utilité vitale. Secondé par l'adjudant Lepaux, de petite taille mais trapu, le seul à avoir une expérience des mortiers et entouré par sept autres sous-officiers [2] qui pour la plupart ont servi en Indochine, je dispose d'un encadrement me permettant de mener à bien ma mission. Mais les tirs de mortier ne peuvent pas être réalisés sur le petit champ de tir de Quimper. Alors l'instruction de mise en batterie et de tirs fictifs sur objectifs fugaces s'effectue dans les campagnes environnantes ou en bordure de la route menant à la mer. Au retour, nous faisons une marche forcée en tenue opérationnelle avec tout l'armement lourd. Parfois nous franchissons l'Odet, de l'eau jusqu'à la poitrine, avant de rejoindre la caserne. À ces activités s'ajoutent les sauts d'entretien. Ils sont effectués à Meucon, ce qui nous oblige à nous lever vers 3 heures du matin pour être à pied d'œuvre sur le terrain d'aviation au lever du soleil. Nous sautons à partir du vieux *JU 52* [3] si les conditions atmosphériques sont favorables, sinon nous revenons, fatalistes, à Quimper, déçus de nous être levés si tôt… pour n'avoir rien fait.

---

1 - Par la suite, auteur du livre " Histoire de la Guerre d'Indochine ". Plon, 1979. Général Yves Gras.

2 - Le sergent-chef Hugué ; les sergents : de Brosses, Dréan, Noyon, Bailly, Paquet, Firmin. En plus, trois caporaux-chefs : Cariou, Lustman, Boyer.

3 - L'avion " Junker " allemand dans lequel les grands doivent " se casser en deux " pour pouvoir passer par la petite porte.

Les journées d'entraînement sont longues et dures. Après un *jogging* matinal de plusieurs kilomètres, les séances d'instruction et les manœuvres à pied s'enchaînent sans répit à un rythme accéléré, ponctuées par des exercices de nuit une ou deux fois par semaine. Nous devons être opérationnels lorsque le moment du départ sera arrivé. Nos supérieurs semblent y veiller!

Le lundi, d'une façon coutumière, nous consacrons le début de la matinée à régler les problèmes disciplinaires du week-end, dès l'apparition des gendarmes venant faire leurs enquêtes. Car nos hommes ne sont pas des " enfants de chœur ". Quand l'unité a la chance de disposer d'un adjudant de corpulence athlétique, le règlement des affaires disciplinaires se fait, selon les cas, " à arme égale " avec le " délinquant " qui a le droit d'assumer sa propre défense. Ce qui permet à l'adjudant de confirmer son autorité, à la discipline de se renforcer et aux prisons du bataillon de ne pas s'engorger inutilement. Tout le monde y trouve son compte.

La vie à Quimper

Nous nous attachons vite à Quimper. Nous avons un peu l'impression d'appartenir à cette ville où nous établissons très facilement des relations cordiales avec une population accueillante. Il est vrai que les Quimpérois semblent apprécier notre présence malgré des incidents dus au sang chaud et à l'extrême dynamisme de la troupe... ou des cadres [1].

La vie à Quimper et dans le Sud Finistère est très agréable au printemps et au début de l'été. Et les journées sont d'autant plus longues qu'en dehors des exercices de nuit, les activités nocturnes des sous-lieutenants sont nombreuses et variées. Lorsque nous sommes libres les soirs en semaine, nous allons prendre l'apéritif à l'*Hôtel de l'Épée* en bordure de l'Odet ou nous nous joignons aux Quimpérois pour assister aux principales manifestations locales.

Jeunes officiers, nous entraînons volontiers nos lieutenants anciens et certains capitaines (dont le capitaine Yves Gras) à se joindre à nous pour partager nos soirées. Nous avons une affinité particulière avec le capitaine Gras.

1 - Vers la fin de notre présence à Quimper, un " meeting " communiste est perturbé, puis annulé, par la présence d'un grand nombre de " contestataires " (officiers et sous-officiers). Un sous-officier (de mon Commando) a même la malencontreuse idée de faire exploser une grenade OF (une grenade surtout conçue pour faire du bruit et impressionner l'adversaire). Incident qui entraîne quelques blessures superficielles aux participants du " meeting " et provoque l'arrivée d'une commission parlementaire pour enquêter à Quimper...sans résultat.

Sa culture, son jugement incisif et précis sur les événements et les hommes, sa liberté d'expression et sa largeur d'esprit font de lui, à nos yeux, l'archétype de l'officier que nous aimerions être.

C'est à Quimper que je fais la connaissance de Marcelle Laurent. Je suis très vite séduit par cette jeune Quimpéroise au sourire éclatant et d'une vitalité incomparable. Pourtant il n'est pas question d'envisager un mariage, car notre bataillon doit bientôt partir en Indochine sans que nous puissions dire lesquels d'entre nous auront la chance de revenir un jour… Mais le destin aura son mot à dire. Un peu plus tard, Claude Calès rencontre Denise, une jeune fille aux yeux légèrement bridés que nous appelons *Mitsukuo*. C'est la sœur aînée de Marcelle. Claude aura le même problème de conscience que moi, ne l'épousera pas et nous partirons en Indochine encore célibataires. Ce qui n'est pas le cas pour tout le monde. Avant la fin de notre séjour, notre camarade de promotion Gaston Coudurier, ayant réussi un peu plus tard à rejoindre la Demi-Brigade pour partir avec le 2e BCCP en cours de formation, viendra nous rendre visite à Quimper. Lui n'aura pas nos états d'âme et se conformant au dicton " *mieux vaut tenir que courir* " se mariera avec *Mitsukuo* avant de partir pour l'Indochine.

C'est ainsi que pendant le séjour des bataillons en Bretagne, s'établissent progressivement des relations familiales entre camarades de promotion et frères d'armes parachutistes.

Le saut de manœuvre en vue du départ

En fin de séjour, comme pour tous les bataillons qui s'apprêtent à partir en Indochine, une manœuvre aéroportée est prévue en Bretagne. Pour le 7e BCCP, une zone de saut à proximité de la rivière Étel entre Auray et Lorient a été choisie. Les conditions atmosphériques sont bonnes au départ, mais progressivement le vent se lève puis se renforce. Au moment des dernières vagues de sauts, il s'établit autour de 13 mètres-seconde (vitesse limite qui n'est acceptable qu'en temps de guerre). Pour que le bataillon manœuvre au complet, l'ordre de saut est maintenu. Je saute parmi les derniers sans savoir que le vent a pris de la force depuis notre décollage. Peu après l'ouverture du parachute, j'ai la vision inhabituelle d'un terrain qui défile sous moi à très grande vitesse. Après une arrivée au sol particulièrement brutale, je suis traîné par le parachute, incapable de tirer sur les suspentes pour l'arrêter en raison de l'effet conjugué de la vitesse du vent et de ma légèreté. Par chance, l'un des nôtres venu à mon secours a la bonne idée d'attraper ma coupole pour la mettre contre le vent. Et la course folle s'arrête grâce à un gendarme sauveteur qui m'évite d'aller prendre un bain forcé dans l'Étel [1]. Avec d'autres camarades de la dernière vague, j'ai ainsi le rare privilège d'avoir sauté en manœuvre avec un vent de 13 mètres-seconde.

Quelques jours avant notre départ de Quimper, le colonel Massu vient nous saluer. À cette occasion, un repas est organisé dans un restaurant avec tous les officiers du bataillon. À la fin du déjeuner, dans une chaude ambiance parachutiste, le colonel s'adresse à nous dans son franc-parler devenu légendaire pour nous rappeler simplement que notre métier, notre principale raison d'être, est de faire la guerre. En l'occurrence, il s'agit de " *casser du Vietminh et de nous faire casser la gueule* ". Il souligne la chance que nous avons, nous les jeunes officiers, de commencer notre carrière par une guerre et pour les officiers moins jeunes, de continuer à la faire. Des paroles simples, mais qui nous paraissent d'une logique imparable. Car à l'époque, " *on ne se bouscule pas au portillon* " pour partir en Indochine.

Le départ de Quimper et le stage à Fréjus

Le 16 juin 1950 en fin d'après-midi, le 7e BCCP au complet se présente sur le quai de la gare de Quimper. Nous sommes impressionnés de voir la foule nombreuse qui est venue nous accompagner. Le moment d'un départ opérationnel est toujours émouvant. Nous savons déjà que beaucoup d'entre nous ne reverront plus jamais cette ville accueillante à laquelle nous sommes attachés et nous savons aussi que dans cette foule émue beaucoup redoutent et pressentent les drames à venir. Dès que le train quitte la gare et que les derniers mouchoirs disparaissent à l'horizon, l'ambiance bascule. La bonne humeur et les plaisanteries reprennent le dessus. La vie continue et l'aventure commence.

Le lendemain à Fréjus, nous sommes pris en main par le chef de bataillon Fourcade [2], égal à lui-même, entouré d'une équipe taillée à son image. Nous passons quatre semaines à compléter la formation des unités sur de nouveaux terrains, à nous familiariser avec la guérilla fluviale et le combat de jungle. Le soir, quand l'exercice de nuit n'est pas au programme, nous nous plongeons dans la vie estivale de la Côte d'Azur et effectuons

1 - Malheureusement, le 7e aura à déplorer la mort d'un parachutiste, noyé dans l'Étel au cours de cette mémorable manœuvre.

2 - Promotion général Mangin, 1929-1931.

parfois une apparition bruyante à la *Réserve*, une boîte de nuit sur le bord de mer à Saint-Raphaël. En fin de semaine, il nous arrive même de pousser nos reconnaissances jusqu'à Nice où nous découvrons un mess de garnison sympathique et accueillant, en face du Palais de Justice, dans le vieux Nice, à proximité de la Baie des Anges. C'est l'occasion pour certains d'avoir une aventure galante avec quelque jolie fille de ce lieu de rencontre : " *Mieux vaut tenir que courir* "...

En cours de stage, nous apprenons le déclenchement de la guerre de Corée : le 25 juin, c'est le franchissement du 38e parallèle par les troupes nord-coréennes. Le 30 juin, le débarquement des forces américaines à Pusan, au sud de la péninsule et leur offensive vers le nord, en direction du 38e parallèle. Ces événements vont incontestablement donner une nouvelle dimension à la guerre d'Indochine, d'autant plus que la Chine ne semble pas rester indifférente à ce conflit.

La proximité de Draguignan, à une trentaine de kilomètres, me permet de revoir mes parents à plusieurs reprises. Mon père a quitté le *Crédit Agricole* pour prendre sa retraite en novembre 1949. Il consacre désormais tout son temps à l'écriture. Je savais que depuis plusieurs années déjà il faisait une recherche soutenue sur deux sujets qui lui tenaient à cœur :

- le génocide arménien, sur lequel il recueillait inlassablement des témoignages ;
- l'ethnographie et l'étude des langues. Il cherchait à démontrer qu'il existe une filiation entre les races et qu'il existe également une filiation entre les langues. Mon père se sent évidemment très à l'aise sur ce deuxième sujet en raison de l'étendue de ses connaissances linguistiques [1].

Jusque-là, je ne m'étais pas vraiment intéressé à ses recherches. Je le regrette maintenant et je ressens un réel besoin de mieux le connaître au cours de ces visites fréquentes qui précèdent mon départ pour l'Indochine. Je demande avec insistance à mes parents de ne pas venir à Marseille pour assister à notre embarquement, car j'ai horreur des adieux sur le quai d'une gare ou au pied d'une passerelle de bateau.

Lors de ma dernière visite, avant de rejoindre Fréjus, je décide de m'abonner au *Journal du Monde hebdomadaire*. Je pourrai suivre ainsi l'évolution de la situation politique et surtout mieux cadrer " notre guerre " dans le contexte international... Je constaterai également avec stupéfaction la déformation des événements entre la vision des acteurs du conflit et celle de nombreux reporters.

1 - Voir Chapitre I, sur les origines familiales... avant l'arrivée en France.

L'embarquement sur le SS Pasteur, destination l'Indochine

En fin de stage, nous apprenons que l'embarquement du bataillon n'aura pas lieu à Marseille afin d'éviter des manifestations à caractère politique contre la guerre d'Indochine… et les incidents qui pourraient en résulter. C'est étrange de partir en guerre dans une ambiance d'indifférence populaire et d'hostilité entretenue par une minorité agissante.

L'embarquement a donc lieu le 15 juillet à bord du *SS Pasteur*, dans le port de guerre de Toulon, sous le contrôle éloigné et discret de CRS et de Gardes Mobiles. À côté de notre paquebot, nous discernons la silhouette du porte-avions l'*Arromanche.* Avec un humour de troupier, certains ne tardent pas à tirer un présage de cette présence rapprochée. Nous passons la nuit à bord.

Le *SS Pasteur* appareille le 16 juillet [1] au lever du jour. Sur le pont, au moment du départ, c'est le silence. Chacun semble attentif à ses propres sentiments, à ses incertitudes et à ses espoirs. Puis quand le rivage somptueux de Provence s'estompe, les plaisanteries resurgissent et viennent chasser toutes ces pensées secrètes. C'est aussi en France la période estivale, le début des grands départs en vacances.

***

1 - Le jour même (nous l'apprendrons plus tard), le Conseil de Sécurité décide de la création d'un contingent des Nations Unies, pour aller combattre en Corée.

CHAPITRE IV

INDOCHINE, PREMIER SÉJOUR 1950 - 1952

Voyage sur le Pasteur. 16 juillet - 4 août 1950

Le *Pasteur* est un beau paquebot de la CGM transformé en transport de troupes. Tabors, légionnaires, renforts de régiments coloniaux sont également à bord. Grâce à l'attention particulière du capitaine Tartonne, commandant en second de notre bataillon, les sous-lieutenants sont regroupés sur le pont supérieur, dans deux cabines adjacentes équipées de lits doubles. Les sous-officiers se retrouvent dans de grandes chambrées à l'étage au-dessous et les hommes de troupe sont installés dans les cales, dans des conditions peu confortables. La cuisine est correcte. Elle est même digne de celle des premières classes dans la grande salle à manger des officiers. Mais l'occupation des tables dépend évidemment de l'état de la mer. Compte tenu de la durée du voyage, nous organisons des activités diverses pour nos unités afin de limiter les désagréments dus au manque de confort et à la promiscuité des hommes.

En dehors des nécessités du service, nous occupons notre temps comme tout " croisiériste ", en promenades sur le pont, en entretien de notre forme physique, en lectures et en longues discussions. Il faut ajouter que la durée de ce voyage sur le *Pasteur* se prête parfaitement à renforcer notre cohésion, resserrer nos contacts avec nos subordonnés et nos relations avec les autres officiers. Le 20 juillet nous faisons escale à Port Saïd, avec obligation de rester à bord. Puis nous franchissons le canal de Suez et le 24 juillet nous arrivons à Aden où nous avons enfin l'autorisation de quitter le bateau et de nous détendre en ville pendant quelques heures. Le 4 août au matin, c'est l'éblouissement. Nous découvrons, émerveillés, la baie d'Along. Nous débarquons à Haïphong et arrivons le 5 août à Hanoï par chemin de fer.

Installation du 7ᵉ BCCP et saut opérationnel sur Thaï Nguyen

À Hanoï, nous remplaçons en fait le 5ᵉ BCCP du commandant Romain-Desfossés, rapatrié fin juillet. Au début le 7ᵉ BCCP s'installe à proximité du terrain d'aviation de Gia Lam. Plus tard il sera réparti entre la Distillerie, la Concession et Bac Maï. La 5ᵉ CIP (Compagnie Indochinoise Parachutiste) appartenant précédemment au 5ᵉ bataillon et commandée par un capitaine, est rattachée au 7ᵉ et devient la 7ᵉ CIP. Par ailleurs, le lieutenant Paul Gambini, du Service de Renseignement, est affecté, à ce titre, au PC du bataillon. Né en Indochine, d'un père adjudant de la Coloniale et d'une mère asiatique, Paul Gambini connaît bien ce pays, en particulier le Tonkin où il a fait ses études. Il est l'un des officiers les plus appréciés du Service de Renseignement des Forces Françaises du Tonkin [1]. Même plus tard, après son retour à l'État-Major, nous resterons en contact avec lui. Ses informations seront toujours des plus fiables. C'est ainsi que dès notre arrivée nous obtenons une vision objective de la situation au Tonkin. Nos troupes sont dans une position très vulnérable sur la RC 4 (Route Coloniale N° 4) qui longe la frontière de la République Populaire de Chine entre Cao Bang et Lang Son. C'est un axe de communication autour duquel de grandes unités VM (Vietminh) sont en cours de formation, avec l'aide appuyée de la Chine. Le Delta tonkinois n'est pas réellement contrôlé par nos unités en dehors de l'axe vital d'approvisionnement Haïphong - Hanoï, sur lequel en revanche les troupes françaises sont en force.

Les bataillons parachutistes basés au Tonkin sont utilisés dans des engagements aéroportés mais aussi le plus souvent terrestres. Ils sont utilisés dans le Delta pour des opérations de nettoyage ou encore à l'extérieur du Delta pour renforcer un poste éloigné ou pour le reconquérir. Comme ce fut le cas du 3ᵉ BCCP qui a repris, par surprise, le Poste de Dong Khé sur le RC 4 en sautant carrément sur le Poste, deux mois avant notre arrivée. Nous sommes très impressionnés par cette action spectaculaire et notre sentiment de supériorité sur l'adversaire se trouve renforcé. De nos conversations de popote, il ressort que nos unités parachutistes ont mis au point une tactique très simple : dès l'accrochage, il faut courir " *au canon* " sur l'adversaire pour le saisir rapidement, car le Vietminh, très fluide, maîtrise l'art de l'esquive et de la dilution dans la nature d'une façon spectaculaire.

---

1 - Surtout depuis le coup de force Vietminh du 19 décembre 1946 à Hanoï, affaire dans laquelle sa mise en garde " in extremis " au général commandant supérieur, a permis de limiter les pertes civiles et militaires.

Dès son arrivée sur le sol indochinois, le 7e s'organise, se met en condition et complète son entraînement avec un esprit d'agressivité. Mes pièces de 60 rejoignent les unités et, avec nos mortiers de 81, nous nous entraînons à exécuter des tirs réels, en intervenant avec le maximum de rapidité sur des objectifs fugitifs. Pour me tenir au courant de la situation internationale, mieux analyser notre politique en Extrême-Orient et nos engagements militaires sur notre théâtre d'opérations, je trouve le temps de lire en diagonale les numéros du " *Monde hebdomadaire* " qui se sont empilés avant mon arrivée. Dès lors, cette revue ne me quittera plus. Elle fera partie de mon paquetage opérationnel.

Les officiers du bataillon sont installés au *Splendid*, un hôtel réquisitionné par l'armée, situé en plein centre-ville sur le boulevard Carreau. Provisoirement, nous prenons nos repas de midi dans une popote tenue par les " bérets bleus " parachutistes métropolitains. Le lieutenant-colonel de Rocquigny, patron des TAP Nord et son État-Major viennent également y prendre leurs repas. Les sous-lieutenants du 7e, un peu trop bruyants et leurs plaisanteries pas toujours très appréciées, perturbent fréquemment l'atmosphère du lieu. Sur l'instigation de notre camarade Dubois (Dudule) le spécialiste des gags, nous décidons de jouer un tour, pas méchant, au lieutenant-colonel de Rocquigny.

Cet officier supérieur, arrogant et coléreux, est de très petite taille [1]. Un jour, son béret bleu, toujours posé à portée de sa main, est subrepticement déplacé à une hauteur accessible seulement si l'on saute franchement sur ses pieds. Idée saugrenue qui caractérise bien notre insolence vis-à-vis d'un supérieur sur qui nous portons un jugement manquant de discernement. Nous assistons avec satisfaction à une superbe colère de ce colonel qui perturbe, à son tour, le calme du lieu. Mais le drame est tout de même évité. Nous décampons bientôt, changeons de crémerie… et d'ambiance.

Le 18 septembre nous apprenons que le 1er BEP (Bataillon Étranger de Parachutistes) du commandant Segrétain vient d'être parachuté sur la RC 4. Nous saurons bien plus tard qu'il s'agit d'un saut sur That Khé en vue de reprendre Dong Khé tombé entre les mains de l'adversaire. De notre côté, le 19 septembre, le 7e BCCP effectue un saut de mise en condition opérationnelle sur Co Thiet, dans le Delta tonkinois - un saut auquel je ne participe pas… car il faut " *garder la base arrière* ". Un motif que je n'apprécie pas du tout et qui sera l'amorce d'un ressentiment personnel exprimé au chef de corps.

1 - Il cumule de nombreux surnoms faisant référence à sa taille dont certains sont réellement indécents.

Du 19 au 28 septembre, le bataillon " grenouille " dans les rizières du Delta, sans tirer un coup de fusil. Dans le fond, je n'ai rien perdu. Deux jours plus tard, nous sommes mis en alerte pour un autre saut. Cette fois-ci, d'après Paul Gambini, la situation risque de s'aggraver sur la RC 4, à la frontière de Chine. Nous saurons que Gambini se trompe rarement dans ses hypothèses sur le Vietminh.

C'est seulement à notre arrivée à l'aéroport, le 1er octobre, que nous apprenons, lors du *briefing*, le lieu de la ZS (Zone de Saut) et recevons les ordres pour le regroupement au sol. Mais la mission du bataillon dans le cadre de l'opération " *Phoque* " nous paraît assez confuse. Nous devons sauter sur Thaï Nguyen, l'un des anciens PC de Ho Chi Minh, en bordure de la rivière Song Cau, à une soixantaine de kilomètres à vol d'oiseau au nord de Hanoï. Un important groupement mixte, terrestre et fluvial, parti de Hanoï aux ordres du colonel Gambiez, doit faire la jonction avec notre bataillon pour effectuer ensuite des reconnaissances vers le Nord dans les massifs de la Moyenne-Région. Pure coïncidence, c'est le jour même de notre nomination au grade de lieutenant.

Je saute avec mon " Commando Lourd ". Tout se passe comme prévu. À l'arrivée au sol, pas le moindre Viet sur la ZS, ni aux abords. Après le regroupement, le 7e BCCP aborde Thaï Nguyen sans aucune opposition. Un magnifique coup-de-poing dans le vide. Les contacts sont établis par radio avec le groupement Gambiez et le lendemain matin, le 7e BCCP commence ses reconnaissances vers le Nord à la recherche d'un adversaire hypothétique qui semble avoir disparu.

Mais heureusement, la vie opérationnelle présente parfois des imprévus qui détendent l'atmosphère et nous font oublier l'inutilité de certaines actions. Pendant notre progression sur la piste, nous percevons un rire qui s'enfle en se propageant le long de notre colonne. Puis c'est à notre tour de le reprendre lorsque, sur le mur d'une vieille maison, nous apercevons un texte de propagande correctement calligraphié en français. À la suite du thème habituel de propagande anticolonialiste et des mots de " *Bienvenue à Thaï Nguyen* ", figure un appel aux troupes françaises pour les encourager à quitter l'Indochine : " *Parachutistes, rentrez chez vous pour retrouver vos femmes ou vos fiancées* ". Au dessous, nous découvrons la réponse écrite par un parachutiste de l'unité de pointe : " *On s'en fout, on baise les vôtres !* "

Après plusieurs jours de reconnaissances sans résultats, nous recevons un ordre surprenant, celui de rejoindre Hanoï à toute allure. Sans aucune explication.

Ce retour précipité sera sans doute l'une des épreuves physiques les plus pénibles de ma carrière. Car si l'allure imposée à marche forcée correspond à la capacité des unités de fusiliers voltigeurs, elle n'est pas du tout adaptée à celle du Commando Lourd sur une longue distance. Les charges des tubes de 81, des plaques de base et des chasubles remplis d'obus, charges transportées à dos d'homme, en plus du sac et de l'arme individuelle, sans l'aide de *coolies* (introuvables dans un pays vidé de sa population par les Viets), sont loin des normes classiques.

Comme il se doit en pareilles circonstances, à plusieurs reprises, pour soulager un parachutiste à bout de résistance, je porte moi-même un tube de 81 jusqu'à ce qu'un homme de troupe ou un gradé vienne spontanément relever ma charge. Je me demande comment le chef de bataillon de Fritsch, lui-même handicapé par une ancienne blessure à la jambe, peut imposer une pareille course folle, sans s'être informé des contraintes de son élément le plus lourd. Je ne tarde pas à le comprendre en apercevant un spectacle plutôt insolite et navrant. Juché sur une vieille bicyclette de récupération, soutenue et poussée par deux parachutistes, le commandant de Fritsch a sans doute oublié que la vitesse d'un bataillon est celle de son élément le plus lourd (sans *coolies*). Mais du spectacle qui se déroule sous mes yeux, j'en conclus qu'en l'absence d'une super forme il est risqué de commander un bataillon parachutiste : toutes les ZS ne disposent pas forcément de bicyclettes récupérées.

Le désastre de la RC 4

Après une marche forcée de plus de 75 km, nous rentrons à Hanoï le 9 octobre. Le 7e BCCP dans l'ensemble est exténué et mon Commando Lourd à bout de force.

Dès notre retour, nous apprenons le désastre dans toute son ampleur de la RC 4, celui de Cao Bang et de Lang Son. Nous comprenons aussi la véritable raison qui a incité le général Carpentier, commandant en chef, à lancer l'opération aéro-terrestre " *Phoque* ", celle de Thaï Nguyen juste avant le repli de Cao Bang. Il s'agissait dans son esprit, d'une opération de diversion pour attirer l'attention du commandement Vietminh et faciliter ainsi la grande opération de repli de la RC 4. En réalité, le saut spectaculaire que nous avons fait était totalement inutile. Le Vietminh n'était pas au rendez-vous. Nous pensons comprendre aussi le motif de la précipitation de notre repli. Le 7e BCCP est à notre avis le seul bataillon de réserve générale à Hanoï.

Quelques jours plus tard, nous apprendrons le prix et les conséquences de cet échec cuisant pour les parachutistes :

- le 1er BEP submergé sous le nombre, sans avoir pu réoccuper Dong Khé, a été anéanti entre le 7 et le 8 octobre.
- le 3e BCCP du capitaine Cazaux, parachuté à That Khé le 8 octobre [(1)] pour porter secours aux colonnes Charton - Le Page et couvrir le repli, a été à son tour détruit entre le 12 et 14 octobre.

Ce qui nous surprend par-dessus tout, c'est l'anéantissement de deux bataillons parachutistes par un ennemi que nous avions sous-estimé jusque-là. Notre complexe de supériorité vis-à-vis des forces VM est sérieusement ébranlé. Nous apprenons aussi que Dong Dang et Lang Son sont évacués entre le 12 et le 20 octobre.

Au fur et à mesure que de rares rescapés (pour le 3e BCCP : deux officiers, un sous-officier, onze paras) de la tragédie de la RC 4 rejoignent nos lignes, nous prenons pleinement conscience de la nature et de l'intensité des affrontements, de l'héroïque sacrifice de nos combattants et de l'étendue des pertes subies [(2)]. Enfin, notre confiance envers les chefs militaires qui ont conduit ces opérations s'effeuille au fur et à mesure que nous recueillons les témoignages de ceux qui ont subi avec abnégation l'épreuve sur le terrain.

Opérations dans le Delta

Après sa victoire sur la RC 4, le Vietminh décide d'intensifier ses actions dans le Delta tonkinois. Dès le début du mois d'octobre, plusieurs bataillons VM traversent la rivière le Day sur la face ouest du Delta et attaquent des postes dans les provinces de Thaï Binh, Phu Ly, Nam Dinh.

Le général Alessandri, commandant les Forces du Tonkin, déclenche des opérations de nettoyage dans ces provinces en engageant plusieurs bataillons parachutistes dont le 7e BCCP revenu à Hanoï le 9 octobre. À partir du 12 octobre, je participe à ces opérations dans le cadre du 7e bataillon avec mon Commando Lourd. Mais nos actions ne donnent

1 - En fin de séjour, après un mois d'opérations au Laos, le 3e BCCP était arrivé la veille à Hanoï pour sauter le lendemain sur la RC 4. Le 7e BCCP aurait pu sauter à la place du 3e BCCP, mais ce dernier connaissait bien Dong Khé et la RC 4.

2 - Sur les 6 000 soldats engagés, 1 800 environ ont été tués, soit un sur trois, 3 000 prisonniers. Sur ces 3 000 prisonniers, près de 2 000 périront dans les camps Vietminhs dès les premiers mois de captivité. En plus, 10 000 armes sont perdues, de quoi équiper une brigade VM.

aucun résultat, car l'adversaire maîtrise remarquablement l'art de l'esquive quand il n'est pas en position de force. Au cours de ces opérations, nous constatons que le Delta est " saupoudré " de petits postes indéfendables que les Viets enlèvent en y mettant le prix et que nos forces reprennent régulièrement. Mais dans le Delta ou à proximité immédiate, l'artillerie et la force aérienne jouent un rôle déterminant.

De retour à Hanoï, nous participons au défilé du 11 novembre sur les bords du Petit Lac en plein centre. L'ambiance générale est très morose. Comme je l'avais fait après le retour de Thaï Nguyen, j'insiste de nouveau pour servir dans une compagnie où j'occuperai les fonctions de chef de section. Je fais prévaloir que ma place dans une unité de fusiliers voltigeurs correspond davantage à ma vocation. Avec des mortiers de 81 rarement utilisés face à un adversaire fluide et fuyant, je me sens en effet peu utile dans mes fonctions actuelles.

Je suis enfin affecté à la 7ᵉ CIP (Compagnie Indochinoise Parachutiste) du bataillon, commandée par un capitaine. Hélas, dès la première opération dans le Delta, je réalise que mon séjour sous ses ordres risque d'être de courte durée. Ce capitaine n'incarne vraiment pas une " *force tranquille* " dans son art de commander. Au moindre coup de feu, il entre dans un état de surexcitation aiguë. Aussi après quelques jours de ratissage dans le vide, l'inévitable se produit. Nous nous accrochons durement. À Hanoï, en base arrière, toujours aussi tendu, il devient pinailleur. Et je découvre qu'il a la manie de donner ses ordres par l'intermédiaire de mon sous-officier adjoint. Ce qui est tout à fait inacceptable et provoque un deuxième accrochage plus vif que le précédent. Le désaccord se transforme aussitôt en problème disciplinaire irrémédiable qui n'est tranché ni par le nouveau chef de corps du 7ᵉ, ni par le lieutenant-colonel de Rocquigny, le patron des parachutistes au Tonkin. Une situation qui se traduit par ma mutation au CITAPI (Centre d'Instruction des Troupes Aéroportée d'Indochine) qui vient d'être créé pour former des parachutistes vietnamiens.

Mais je ne suis pas un cas isolé. À cette époque, en raison des carences du commandement, une certaine tension se développe dans les rapports hiérarchiques surtout lorsque les jeunes officiers impétueux dans leurs réparties considèrent que leurs chefs directs ne sont pas à la hauteur. Mon camarade Claude Calès a failli subir le même sort après le remplacement du capitaine Gras par un commandant d'unité exigeant qu'en opération les parachutistes dorment, toutes les nuits, en tenue.

De même, Guy Truchot (dont on connaît la forte personnalité) dit vertement à son capitaine ce qu'il pense de lui, à la suite d'une remarque déplacée que celui-ci lui a adressée. Il est aussitôt muté au 8e BCCP.

En fin d'année 1950, soit six mois après l'arrivée du 7e BCCP, avec les mutations du commandant de Fritsch, chef de corps (départ qui ne surprend personne), du capitaine Labarre du GC 2 et du capitaine Gras du GC 1, le bataillon change de physionomie.

L'arrivée du général de Lattre ; le sursaut en Indochine ; ma pénitence au CITAPI. Janvier - avril 1951

Dès son arrivée à Hanoï le 19 décembre 1950, le général de Lattre, à la fois chef politique et militaire, provoque un sursaut en Indochine. Dans un premier temps, il donne un coup d'arrêt aux deux offensives VM : la première à Vinh Yen en janvier 1951, au nord du Delta, en direction de Hanoï ; la seconde dans le Dong Trieu au nord est du Delta en mars, en direction de la voie de communication Haïphong - Hanoï dont l'importance est vitale. Puis il imprime sa marque personnelle à cette guerre par le " jaunissement " des bataillons, la création de l'Armée Vietnamienne, la formation d'unités de guérilla, le développement de l'aide matérielle US. Une guerre qui désormais se situe en toute transparence dans le cadre d'un conflit planétaire [1].

C'est ainsi que, spectateur dans mon CITAPI bien triste, j'assiste à ce redressement spectaculaire pendant que mes camarades s'illustrent sur le terrain. Lorsque j'avais choisi de partir en Indochine, le CITAPI n'était pas la destination que j'avais imaginée. Un Centre d'instruction avec un encadrement hétéroclite d'officiers. D'un côté des lieutenants opérationnels qui ont fait leurs preuves en Indochine ou vers la fin de la Guerre 39-45. Le CITAPI est leur lieu de pénitence pour excès de langage. D'un autre côté des lieutenants ou capitaines parfois très anciens n'ayant pas fait la guerre ou l'ayant faite marginalement. Ceux-là se complaisent dans cet emploi d'instruction. Suivant l'expression de notre camarade et ancien Georges Oudinot, " *on se demande comment ces derniers* (les capitaines anciens) *ont pu faire pour passer à travers les balles, de 1939 à 1945* ". En fait, ils sont venus en Indochine pour " *se dorer* (ou se redorer) *le blason* ". Évidemment, le courant passe mal entre ces deux " écoles ". Et je me sens piégé dans ce Centre qui ne convient pas du tout à mes aspirations et, il faut bien l'admettre, à mon tempérament.

---

1 - La guerre de Corée a pris une nouvelle tournure avec l'entrée en guerre de la République Populaire de Chine fin novembre 1950… juste avant l'arrivée du général de Lattre en Indochine.

En opération avec les canons de 57 SR. L'Hôpital Lanessan

Le jour de ma délivrance arrive enfin en avril 1951. Pour sortir de ma galère le plus rapidement possible, je me rends fréquemment à l'État-Major du lieutenant-colonel de Rocquigny, commandant les TAP Nord. J'y suis finalement convoqué pour recevoir une proposition. Le commandement vient de recevoir des canons de 57 SR (sans recul) américains pour en doter tous les bataillons parachutistes. Dans un premier temps, il s'agit d'étudier cette nouvelle arme, d'élaborer une notice pratique à l'usage des corps de troupe, puis de former les servants, soit à Hanoï, soit en opération, en fonction de la situation des bataillons et suivant un programme établi. Pour moi, l'essentiel est de sortir du CITAPI où je suis en train de moisir.

Après avoir réalisé une notice, je teste moi-même l'arme sur le champ de tir avec une petite équipe mise à ma disposition. Conçu pour un tir à vue directe, le 57 SR est une arme d'une précision redoutable. À quelques centaines de mètres, je fais mouche sur un objectif qui pourrait représenter une mitrailleuse ou un fusil-mitrailleur. Mais le principal inconvénient est sa vulnérabilité, car la flamme dégagée à l'arrière du canon est très visible en raison de son importance. Il faut donc changer d'emplacement de tir après avoir tiré quelques coups.

Basé à Hanoï, je forme d'abord à cette arme, comme prévu, les équipes ainsi que des cadres de bataillons se trouvant momentanément en base arrière. Je suis logé à l'Hôtel *Spendid* où descendent également mes camarades du 7e quand ils reviennent à Hanoï. En dehors des séances d'instruction et en toute quiétude, je goûte aux charmes de Hanoï... Je fais la connaissance de Nana, une jolie eurasienne avec qui je resterai en relation pendant mon séjour. Avec elle et des camarades rentrés d'opération nous fréquentons la *Taverne Royale*, le *Bodega* dans la rue Paul Bert, la piscine du *Cercle Sportif*.

C'est en cyclos que je fais le tour du Petit Lac et du Grand Lac et que je découvre les vieux quartiers de Hanoï. C'est en me promenant dans ses rues que j'apprends à apprécier la soupe chinoise prise dans des bols sur de vagues petites tables en bois installées sur les trottoirs. Il m'arrive aussi d'assister, avec curiosité et intérêt, aux fêtes religieuses vietnamiennes. Je dois aussi hélas me rendre parfois à l'Hôpital Lanessan pour rendre visite à des camarades de promotion blessés au combat : Lalande de l'Héraudière, Jules Belgodère criblé d'éclats d'obus. C'est ainsi que j'ai la grande tristesse de m'arrêter au chevet de notre major de promotion au visage de jeune collégien, Michel Macé de Gastines, alors dans un coma profond. C'était peu de temps avant sa mort.

Entre le 7 et le 10 juin, je rejoins le 1er BEP du capitaine Darmuzai, en opération dans le Delta. L'instruction du canon de 57 SR a lieu en cours d'opération, lors des moments de répit. Pendant quelques jours, je participe à la vie de ce magnifique bataillon entièrement reconstitué après l'affaire de la RC 4. J'avais entendu parler du capitaine Darmuzai et je connaissais sa réputation. La formation en cours est pour moi l'occasion de le découvrir dans l'exercice de son commandement, sur le terrain, mais aussi à la popote opérationnelle. C'est un officier cordial au premier abord, pourtant peu souriant, très strict dans sa présentation, distant, rigoureux, autoritaire dans ses rapports avec ses subordonnés. À table, entre les propos du chef de corps ou de ses adjoints directs qui l'entourent, on entend voler les mouches. Je repense à ce jeune lieutenant, en bout de table, qui se fait sèchement remettre à sa place pour avoir pris la parole à haute voix, sans y avoir été autorisé. L'ambiance générale est très différente de ce que j'ai pu voir dans les autres bataillons. Malgré le style un peu teuton de ce chef de corps, je reste impressionné par la qualité remarquable du bataillon.

Continuant ma tournée d'instruction, je me dirige le 13 juin à bord d'une vedette fluviale civile vers Phat Diem à la pointe sud-ouest du Delta. Puis le 15 au matin, je rejoins le 2e BEP en pleine opération " *Caméléon* " dans une région située au nord-ouest de Phat Diem. Je me présente au capitaine Raffalli, chef de corps, qui m'accueille chaleureusement. Je me sens tout de suite à l'aise dans ce bataillon dont l'ambiance est très différente de celle que j'ai connue quelques jours plus tôt. Je reste à proximité du PC du 2e BEP pour assurer l'instruction, car le patron ne veut pas me perdre de vue au cours de la progression. Il veut pouvoir, entre deux ordres, jeter un coup d'œil sur cette nouvelle arme. De mon côté, c'est avec beaucoup d'intérêt que je suis la conduite de l'opération en cours. J'ai du plaisir à voir et entendre le capitaine Raffalli donner ses ordres d'une façon un peu théâtrale, jumelles au visage, debout sur la digue, faisant face au village de Bovi, l'objectif du bataillon. Après l'accrochage habituel des tirs d'artillerie, les compagnies de tête de la Légion se déploient en ligne, comme à la manœuvre, pour aborder le village. Il est alors environ 13 heures 30. Le spectacle est magnifique vu de notre point d'observation sur la digue. À travers la lunette de tir de mon canon, je suis la progression des légionnaires tout en ayant une bonne vue sur la lisière de bambous face aux éléments de tête. Au moment où les légionnaires arrivent à une centaine de mètres du village, un feu intense se déclenche sur eux, provenant de la lisière. Les compagnies de tête sont clouées au sol, dans la rizière. Elles ripostent à l'abri de petites diguettes. Par chance, dans la lunette de mon canon, j'arrive à distinguer un ou deux emplacements de fusils-mitrailleurs ou de mitrailleuses VM. Je donne l'ordre à mon pourvoyeur de charger la pièce, comme il vient de l'apprendre à l'instruction et, comme à la manœuvre, nous effectuons plusieurs tirs. Mes légionnaires, impressionnés par la mise en œuvre de la pièce et le résultat obtenu, manifestent leur joie. Le capitaine Raffalli ayant vu la grande flamme à chaque tir, entendu les départs et vu les arrivées, vient nous voir pour nous encourager, tout en continuant à donner ses ordres. Le repli des compagnies de tête est ordonné pour faire intervenir l'artillerie avant la reprise de l'attaque.

Peu de temps après, nous recevons une dégelée de tirs de mortiers VM sur notre position. Couchés au sol autour de la pièce, nous sommes à l'abri. Mais le capitaine Raffalli, toujours debout pour exercer son commandement, est blessé par des éclats à la poitrine et à la tête. Pendant la phase de repli, mes élèves légionnaires tirent encore quelques coups à titre d'entraînement sur les objectifs qui se présentent à la lisière du village. Tout en se faisant soigner par ses infirmiers, le capitaine Raffalli, comme " un seigneur ", continue de donner ses ordres pour déclencher les tirs d'artillerie et prendre les dispositions pour l'intervention de la Chasse. Il vient ensuite me voir pour féliciter l'équipe de tir. À 14 heures 30, l'aviation intervient et le village est attaqué au *napalm* avant d'être occupé avec le minimum de pertes. Je passe la nuit du 15 avec le BEP et mes légionnaires d'adoption dans le village VM de Co Da. Le lendemain et les jours suivants, nous complétons nos séances d'instruction. Moi-même adopté par le bataillon, son patron et ses cadres, je poursuis avec joie mon séjour opérationnel au 2e BEP, sans me presser. Je retourne en *Morane* sur Bac Maï le 24 juin, content et fier d'avoir servi dans ce remarquable bataillon. Plus tard, j'aurai le plaisir de revoir le capitaine Raffalli. La plus belle image que je garde de lui est celle de l'attaque de Bovi, gravée dans ma mémoire et sur la pellicule de mon album. C'est l'image d'un seigneur des temps modernes. [(1)] J'ai pour lui une très grande admiration.

Dès mon retour à Hanoï, j'apprends la mort de mon camarade du 7e BCCP Gaston Lapérrousaz, tué durant le combat de Yen Cu Ha, au sud du Delta entre Ninh Binh et Phat Diem, le 7 juin 1952. [(2)]

Mon séjour à Hanoï sera de courte durée. Je suis admis à Lanessan, hospitalisé du 1er au 16 juillet pour soigner une dysenterie amibienne,

1 - Le capitaine Raffalli décédera, le 10 septembre 1952, des suites de sa blessure reçue le 1er septembre à Chuyen My Truong Ha (Secteur de Hadong).

2 - Voir Annexe 3, le récit du combat de Yen Cu Ha.

maladie sans doute contractée en buvant l'eau de rizières ou de rivières polluées. À ma sortie de l'hôpital, je suis envoyé au Centre de convalescence de Vat Chay, en face de Hon Gay, sur cette baie d'Along qui nous avait éblouie lorsque nous étions arrivés de France à bord du *Pasteur*. Du 28 juillet au 27 août, avec le lieutenant Cermolace, officier pilote de chasse et en compagnie de souriantes plieuses de parachutes, nous découvrons de près cette " merveille du monde " au cours de promenades paresseuses en jonques sur une mer transparente.

Avec le 1er Bataillon de Parachutistes Coloniaux dans le Delta tonkinois. 1er septembre - 12 novembre 1951

Après mon retour de convalescence, je suis heureux d'apprendre mon affectation à la 2e compagnie du 1er BPC [1], parti de Saint Brieuc pour l'Indochine six mois avant le 7e. Un bataillon dont je connais bon nombre d'officiers entrevus en Bretagne. Au départ commandé par le commandant Portal, puis par le commandant Fourcade [2] (notre ancien patron du Camp Marin de Fréjus), maintenant par le capitaine Moretti venant du CITAPI. Je rejoins le bataillon en opération à Dong Xuyen (Province de Bac Ninh) en bordure du Song Cau le 1er septembre.

Je me présente tout d'abord au chef de corps, le capitaine Moretti. Peu connu à la 1re Demi-Brigade Parachutiste, le capitaine n'a pas du tout les titres de guerre de ses deux prédécesseurs. Il a pris son commandement récemment, le 15 juillet. De ce fait, il se trouve dans une position peu confortable et " *devra faire ses preuves* " de l'avis général. Les autres officiers du PC se sont aguerris au cours de ces dix-huit derniers mois. L'adjoint du chef de corps est le capitaine Denis dit " le Bouddha ", un officier à la fois jovial, plein de bon sens et très décontracté. Au PC du bataillon, je retrouve deux officiers de la promotion précédente : le lieutenant Lelièvre, dit (très originalement) " Lapin ", officier adjoint et Bougras, commandant les mortiers, le verbe haut, sachant se faire entendre de loin. Je revois aussi une ancienne connaissance : le Père Guyodo dit " le Bonze ", un aumônier breton très connu à la brigade ; il se complaît dans l'entourage du 1er BPC et n'hésiterait pas à faire le coup de feu si on lui en donnait l'occasion.

---

1 - L'appellation des bataillons a varié pendant le séjour : GCCP d'abord, puis BCCP, enfin BPC.

2 - Il vient de prendre le commandement des commandos des Forces Terrestres du Nord-Vietnam (les " Commandos d'intervalle ").

Après mes retrouvailles au PC, je me présente à la 2e compagnie où je suis affecté. Elle est commandée par le capitaine Carrié qui faisait partie du 7e GCCP, avec le grade de lieutenant, lors de sa formation à Quimper. Il était avec nous à bord du *Pasteur* et nous avait quittés après le débarquement en Indochine. À la tête de la 2e compagnie depuis plus d'un mois, le capitaine Carrié a déjà la réputation d'un très bon commandant d'unité. De taille imposante, d'allure athlétique, c'est un homme pondéré à l'accent légèrement rocailleux, calme, très direct dans ses rapports. Je retrouve aussi deux camarades de la promotion précédente. Le lieutenant Gratien Danjaume chef de la 1re section : grand, mince, les cheveux frissonnants, un ancien de la corniche Bonaparte de Marseille et le lieutenant Jean Daubas aux lunettes d'intellectuel, un officier plein d'humour et très caustique dans ses jugements, chef de la 2e section, dit " le Choc ". L'adjudant Hubert est le chef de la 3e section (indochinoise) : un sous-officier exemplaire, grand, sec, très réservé.

Le capitaine fixe mes attributions : je serai son " adjoint technique ". Il m'explique la raison de ce titre insolite. Danjaume, le lieutenant le plus ancien auquel incombe la fonction d'adjoint au commandant d'unité, souhaite rester à la tête de sa section à laquelle il est très attaché. De ce fait, je seconderai le capitaine ; mais en cas d'absence de ce dernier, c'est Danjaume qui prendrait le commandement de l'unité. Comme nous nous connaissons déjà, il ne devrait pas y avoir de problème.

À l'issue d'une période reposante au bord du Song Cau, du 24 septembre à début octobre, le 1er BPC est engagé dans les opérations " *Citron* ", puis " *Mandarine* " orchestrées par le général Gonzalès de Linarès, commandant des FTNV (Forces Terrestres du Nord-Vietnam), avec la participation d'un groupement parachutiste, de 3 GM (Groupements Mobiles) et d'un sous-groupement blindé. D'après nos informations, les Divisions VM 304, 308, 320 agissant sur la rivière Day qui longe le Delta sur sa face Ouest, cherchent à implanter des unités dans le Delta.

Dans le cadre de l'opération " *Citron* ", pour rechercher le contact et contrer l'action de l'adversaire, le 1er BPC fait partie du groupement parachutiste comprenant trois autres bataillons, le 5e, le 7e et le 8e aux ordres du lieutenant-colonel de Rocquigny. Ce groupement agit sur la rive nord du canal des Bambous. Dans le secteur du 1er BPC autour de Phu Cuu et de Van Hoï, nous n'avons aucun accrochage notable avec l'adversaire, par contre d'autres bataillons se heurtent à de fortes unités régionales qui parviennent à rompre le contact et à se disperser au sud du canal des Bambous.

L'opération se prolonge au sud dans le cadre de " *Mandarine* ". Toujours sans grands résultats pour le 1er BPC, mais d'autres unités, dont le 7e BPC, accrochent sévèrement l'adversaire et lui infligent de lourdes pertes. Une fois de plus, le Régiment 42 qui a été identifié réussit à se disperser et à s'enfuir. Les pertes VM sont élevées : près de 1 000 tués et plusieurs centaines de prisonniers. Mais l'opération coûte au 7e, mon ancien bataillon, 14 tués dont deux officiers et une quarantaine de blessés.

Le 16 octobre, le 1er s'installe en réserve de secteur à Cao Xa, près de Can Hoach, dans la Province de Hadong. Un court séjour reposant après trois semaines de " ratissage " harassant.

Le 20 octobre, nous participons à l'occupation de Dong Mit après avoir traversé le Day sur un pont de bateaux. Puis le 10 novembre nous prenons part à l'attaque de Cho Ben avec le GM 2 du colonel Clément. Dans l'après-midi, le 1er BPC effectue la jonction avec le 2e BEP (Bataillon Étranger de Parachutistes) largué le matin même sur le village pour boucler le dispositif. Encore une action sans accrochage important de notre côté, mais payante pour le BEP et d'autres unités. Nous apprendrons plus tard que cette action rapide engagée avec plusieurs GM est une opération préliminaire à la grande offensive qui va suivre.

Le 1er BPC rentre sur Hanoï après le 11 novembre. À notre retour, j'apprends la disparition de Guy Truchot, notre camarade de promotion, comme moi ancien du 7, au cours du combat de Nghia Lo engagé par le 8e BPC le 6 octobre 1951 [1]. Un nouveau coup dur pour ses camarades de promotion ; un drame pour sa famille, pour sa femme Françoise qui avait mis au monde leur fils Marc, juste avant le départ de Guy pour l'Indochine.

Le saut sur Hoa Binh ; l'opération " Lotus ". 14 novembre 1951

Après avoir passé une nuit paisible dans nos cantonnements à Hanoï, nous sommes mis en alerte aéroportée le soir du 13 novembre. Le lendemain 14, nous faisons mouvement en camions sur l'aéroport de Gia Lam où des tentes sont mises à notre disposition. Lors du *briefing* précédant le saut, nous apprenons qu'une offensive de grande envergure est décidée par le général de Lattre de Tassigny pour " *reprendre l'initiative des opérations* ", attirer les grandes unités VM sur son terrain, engager une bataille de destruction et " *couper ses communications* " entre le nord et le sud

1 - Fait prisonnier, il décédera en juin 1952 : voir Annexe 4.

du Delta, à l'ouest de Hanoï. L'objectif est Hoa Binh [1] la capitale du pays Muong dont les populations nous sont favorables.

Cette opération, la plus vaste jusqu'ici en Indochine, est placée sous les ordres du général Salan, adjoint opérationnel du général de Lattre. Elle engage quinze bataillons dont trois parachutistes [2] (le 1er, le 2e et le 7e formant un sous-groupement aux ordres du lieutenant-colonel de Rocquigny), sept groupes d'artillerie, deux bataillons du Génie, deux escadrons blindés, une Dinassaut fluviale, l'ensemble étant articulé en trois groupements. Le sous-groupement parachutiste doit sauter sur la cuvette de Hoa Binh avant d'être rejoint par les groupements terrestres et l'unité fluviale. En début d'après-midi, la première vague est larguée avec le 2e BPC et un élément du Génie. Le 1er BPC suit en deuxième vague, à bord de *JU 52* (les vieux *Junkers* allemands) et de *Dakotas C 47*. Personnellement, j'arrive au sol vers 16 heures, sur une ZS sans VM. Après le groupement, en fin d'après-midi, nous assistons au saut du 7e BPC. Puis notre bataillon s'installe en bordure de la ZS autour des ruines de Hoa Binh, à proximité de la Rivière Noire, en attendant la liaison avec le groupement terrestre dont les éléments de pointe sont déjà très proches. Le lendemain 15 novembre, réveil matinal en toute quiétude au bord de la rivière. Le 16, arrivée du général Salan en *Morane*. Inspection, suivie de la visite du général de Lattre [3] juste avant son départ pour la France. Le 21, le 1er BPC reçoit l'ordre de se porter en camions sur Ap Da Chong au nord de Hoa Binh, toujours en bordure de la Rivière Noire.

Fin novembre, les troupes françaises sont solidement installées sur leurs positions. Un grand centre de résistance autour de Hoa Binh ; une série de points d'appui le long de la RC 6 reliant Hanoï à Hoa Binh ; deux principaux centres de résistance sur la Rivière Noire, l'un au nord d'Ap Da Chong, l'autre au sud de part et d'autre de la rivière : le Rocher Notre-Dame à l'est, Tu Vu à l'ouest.

---

1 - À une soixantaine de km à l'ouest-sud-ouest de Hanoï à vol d'oiseau, en bordure de la Rivière Noire, affluent du Fleuve Rouge. (Voir cartes.)

2 - Quelques jours après Hoa Binh, le 7e sera récupéré pour sauter en pays Thaï dans le but d'assurer la sauvegarde d'un bataillon thaï en difficulté. Il rejoindra la région de Hoa Binh début décembre. D'autres bataillons parachutistes seront engagés par voie terrestre ultérieurement : le 5e, le 8e, le 1er BEP, le 2e BEP et le 1er BPVN (Vietnamien), quand l'affaire prendra une tournure inattendue.

3 - Venu en fait faire ses adieux au Corps Expéditionnaire (sans que nous sachions qu'il s'agit d'adieux). Il disparaîtra à la suite d'une intervention chirurgicale le 19 décembre 1952, deux ans jour pour jour après son arrivée spectaculaire à Hanoï.

À partir d'Ap Da Chong, notre bataillon rayonne en effectuant des reconnaissances dans son secteur. Car d'après les informations recueillies, le corps de bataille VM serait en mouvement vers la Rivière Noire : la Division 312 venant du nord, la 308 et la 304 venant du sud. Début décembre, les renseignements se précisent. La Division 312 aurait franchi la Rivière Noire d'ouest en est au sud de Tu Vu et les Divisions 308 et 304 se rapprocheraient de la zone tenue par les troupes françaises : la 308 vers Hoa Binh, la 304 vers la RC 6. Les deux principales voies de communication (la voie fluviale et la voie terrestre) entre Hanoï et notre zone d'action pourraient être coupées par le Vietminh. C'est l'opération " *Jasmin* " qui commence à la suite de " *Lotus* " : elle vise à rechercher l'accrochage avec l'adversaire. Le 8 décembre, venant de Thu Phap (sud d'Ap Da Chong), sur ordre du GM 7 auquel nous sommes rattachés, notre bataillon s'installe défensivement à 2 km au nord-ouest de Xom Ninh sur des hauteurs contrôlant le branchement de deux pistes menant au Rocher Notre-Dame et à Xom Ninh (un village sur la piste en direction de Xom Sui). L'information sur la présence d'unités de la Division 312 à l'est de la Rivière Noire et, en particulier du Régiment 209, est confirmée.

Le 9 décembre, le 1er BPC reçoit l'ordre d'effectuer une reconnaissance sur les abords de la cuvette de Xom Sui, un village situé à environ 4 km à l'est-nord-est du Rocher Notre-Dame tenu par les Tirailleurs Marocains. Une cuvette surplombée au nord par la masse imposante du Bavi culminant à environ 850 mètres et tout autour par des hauteurs moins élevées. La reconnaissance est effectuée par le bataillon, avec en tête la 2e compagnie à laquelle j'appartiens. Après avoir progressé le long d'un chemin de terre en direction du sud, nous empruntons une piste menant au village. Dans la descente, une mine explose et des coups de feu sont tirés sur le groupe de tête. L'équipe VM, sans doute en observation, se dérobe et s'enfuit après avoir lancé une grenade. Un parachutiste est tué par la mine et un autre blessé. À l'issue de cette reconnaissance qui n'apporte aucune information significative en dehors de cet incident, le bataillon fait demi-tour et s'installe en fin d'après-midi sur sa position de départ.

Le combat de Xom Sui [1] *: 10 décembre 1951*

Le 10 décembre à l'aube, les commandants d'unités sont convoqués au PC du bataillon. J'accompagne le capitaine Carrié. La présence du Régiment 209 à l'est de la Rivière Noire est de nouveau confirmée par une

1 - Voir carte.

récente source d'information. Une nouvelle reconnaissance de la cuvette de Xom Sui est programmée par le colonel Dodelier, commandant le GM 7 et coiffant l'ensemble de l'opération " *Jasmin* ". Cette fois-ci, la recherche du contact de l'adversaire met en œuvre des moyens importants dans le cadre d'une manœuvre concentrique autour de la cuvette de Xom Sui. Cette action doit s'effectuer en deux phases.

Dans un premier temps, les hauteurs dominant la cuvette doivent être occupées par trois forces distinctes. Un sous groupement, renforcé par le 7e BPC venant de l'est-sud-est de la région Yen Lé à travers une région montagneuse et boisée, est chargé d'occuper les hauteurs est de Xom Sui. Une deuxième unité venant du Rocher Notre-Dame doit tenir les hauteurs sud. Enfin, une troisième force constituée par notre bataillon doit occuper le col 188-141 au nord-ouest de la cuvette.

Dans un deuxième temps, les principales hauteurs étant contrôlées par les troupes amies, le 1er BPC doit s'enfoncer vers le bas pour reconnaître Xom Sui - Xom Mit au centre de la cuvette, puis se porter sur Xom Goc Bop à 2 km sud-est de Xom Sui. Au premier abord, la manœuvre paraît simple et bien conçue. Comme la veille, il n'est pas envisagé d'accrochage préalable de tirs d'artillerie autour de Xom Sui. Une surveillance aérienne [(1)] par *Morane* est prévue par le GM 7, mais sans que soit précisée l'heure de sa mise en place.

Le capitaine Moretti, notre chef de corps, articule son bataillon en plaçant la 1re Cie du lieutenant Chartreux en tête. Cette unité est suivie de notre 2e Cie puis de la CIP (Compagnie Indochinoise Parachutiste) du capitaine de Puybusque en arrière-garde. Le chef de bataillon avec son PC léger marche avec l'élément de tête de la 2e Cie.

Il est précisé que la 2e Cie effectuera sa reconnaissance sur ordre comme la veille, une fois que la Cie de tête aura occupé le premier objectif, c'est-à-dire le col 188-141 qui domine la cuvette ainsi que la cote 218 au nord de Xom Sui. La reconnaissance est prévue en tenue légère de combat (nos gros sacs à dos étant laissés sur la position de départ). Le mouvement s'effectue comme prévu, suivant le scénario de la veille. Au départ de la progression, il n'y a ni surveillance aérienne[(2)], ni accrochage de tirs d'artillerie.

---

1 - " Un " Morane " en permanence sur zone d'action ". (Réf : Ordres initiaux par TO (Télégramme Officiel) transmis dans la nuit du 9 au 10 décembre par le GM 7 du colonel Dodelier au 1er BPC.)

2 - Le " Morane " de surveillance n'arrivera qu'à 13 h 40 sans liaison Air-Sol. La Chasse demandée à 11 heures n'arrivera qu'à 14 heures sans possibilité de liaison. (Réf : compte-rendu d'opération N° 1715/s du 1er BPC.)

Le col étant occupé, le capitaine Carrié rejoint le PC installé sur une position d'observation dominant la cuvette. L'ordre de reconnaissance est confirmé par le chef de corps.

Le lieutenant Rosamond de ma promotion, DLO (Détachement de Liaison et d'Observation) d'artillerie obtient l'accord du capitaine Moretti [1] pour rester avec son équipe auprès de la 2e Cie. Il est alors environ 9 h 30 quand la 2e Cie reprend sa marche dans l'ordre des sections : 3e Hubert, 1re Danjaume, Commandement, 2e Daubas. Avec le capitaine Carrié et le DLO, nous sommes en tête de la 1re section pour avoir une vue sur le village.

Après la reconnaissance du village vidé de sa population comme la veille, la 3e section reçoit l'ordre de s'installer sur la lisière nord-est avec une mitrailleuse de 7,6 en renfort, pour permettre à la 1re section Danjaume de reconnaître Xom Mit à l'est-nord-est de la cuvette. La Cie prend position dans le village, à l'exception de la 2e section Daubas restée dans le contrebas de la piste en bordure de la rizière entourant le village.

Au moment où la 1re section effectue son mouvement sur Xom Mit, et alors que je m'étais porté à la lisière, j'aperçois une colonne suspecte sortant de la corne nord de Xom Mit en direction du Bavi. J'en informe le capitaine et Rosamond. Le DLO demande un tir immédiat pendant que la mitrailleuse ouvre le feu au commandement. Les premiers obus d'artillerie explosent à proximité des éléments avancés de la section Danjaume. Et au moment où un rectificatif de tir est demandé, un feu intense s'abat sur notre position venant de toutes parts : mitrailleuses, fusils mitrailleurs, mortiers, armes légères. Il est alors environ 9 heures 45. Nous recevons même des tirs de grenades, ce qui semble indiquer que les Viets sont dans le village ou dans les abords immédiats. Avec le capitaine Carrié et Rosamond, il nous apparaît de toute évidence qu'à l'exception du col tenu par le bataillon, toutes les autres hauteurs [2] sont occupées par l'adversaire. Nous sommes piégés au centre d'une immense embuscade.

Danjaume ayant reçu l'ordre de repli immédiat effectue son mouvement sous la couverture de la section Hubert, de la mitrailleuse et des mortiers de 60. Pendant que le capitaine est occupé à établir la liaison radio avec

---

1 - Une autorisation du chef de corps qui aura de tragiques conséquences comme la suite le montrera.

2 - À l'issue de l'opération, nous apprendrons que le 7e BPC retardé par le relief, la végétation et l'ennemi, n'a pas pu atteindre à temps son objectif sur les hauteurs est-nord-est de la cuvette. Également au sud de Xom Sui, l'objectif n'est pas occupé par les Marocains : nous n'en connaîtrons pas la raison.

le bataillon (en fait, le contact ne sera jamais obtenu), je fais le tour des sections pour analyser la situation. D'abord, à l'ouest-nord-ouest en contrebas de notre piste d'arrivée, la section Daubas est au contact de l'ennemi, coupée de la Compagnie par des vagues d'assaut VM qui déferlent à la fois sur la section et sur notre village. Nous sommes donc complètement isolés du bataillon.

Au nord, les vagues d'assaut viets s'abattent à la fois sur la section Danjaume qui est en cours de repli dans la rizière avec ses blessés et, en lisière du village face à Xom Mit, sur la section Hubert bientôt privée de la plupart de ses jeunes parachutistes indochinois qui font défection. Le parachutiste Couvreur tire ses obus de 60 tout en étant pris sous le feu des VM déjà infiltrés dans le village. Ses pourvoyeurs autochtones se sont éclipsés. Il est alors obligé de chercher ses munitions tout en faisant le coup de feu avec son pistolet-mitrailleur. Je vois le DLO (Rosamond) accroché à son poste radio encadré par des tirs de grenade. Les VM submergent notre position, les sections sont disloquées, clouées au sol au milieu des morts et des blessés.

Je parviens à rejoindre le capitaine au milieu du village dans la partie sud et rend compte très brièvement. Il me demande d'entreprendre une poussée en direction de l'ouest du village pour avoir une vue sur le bataillon. Avec quelques hommes, nous effectuons un bond vers la lisière ouest après avoir abattu quelques *bo doïs* [1]. Mais nous sommes rapidement bloqués par une masse de Viets qui nous submergent de toutes parts. Blessé à la poitrine par un éclat de grenade, je ramasse un pistolet-mitrailleur MAT 49 sur un Viet mortellement blessé. Dans ce combat de groupe au corps-à-corps, mon *Colt* n'est plus d'une grande utilité. Nous refluons vers le centre du village, poursuivis par les Viets. À un moment donné, j'entrevois le capitaine foncer sur un buisson avec une baïonnette au fusil.

Dans cette situation complètement désordonnée et confuse, nous sommes mélangés aux Viets. C'est désormais un combat par équipe. Sous la pression des Viets, avec les quelques hommes qui m'entourent dont certains sont blessés, je me retrouve dans la partie sud-ouest de Xom Sui. J'aperçois mon camarade Danjaume blessé très grièvement à la poitrine, adossé à un rocher sur l'axe central du village, apparemment sans arme, avec quelques survivants autour de lui. Il me demande de lui passer mon *Colt*. Je le lui remets après l'avoir chargé. C'est un contact éclair de quelques secondes, sans doute le dernier.

1 - Soldats de l'Armée régulière VM.

Cette partie découverte du village étant sous le feu des Viets infiltrés tout autour, je me déplace avec les parachutistes qui m'ont suivi et par bonds successifs nous aboutissons dans un secteur couvert par des herbes assez hautes, plus propices au combat par équipe. Une zone qui semble proche de l'entrée du village. Je n'ai plus que trois hommes à mes côtés : le caporal Sapet, le 1re classe Noue et le 2e classe Urbanski. Dans cette végétation touffue, nous formons un carré de *snipers* . Nous tirons chaque fois qu'un Viet vient vers nous, en nous déplaçant quand nous risquons d'être repérés. Urbanski sérieusement blessé au bras, incapable d'utiliser son arme, joue le rôle de guetteur et parfois de pourvoyeur en munitions. Après plusieurs déplacements rapides, nous perdons de vue les parachutistes Noue et Urbanski. Avec le caporal Sapet, nous nous trouvons à quelques mètres d'un chemin allant en direction du Bavi, tenu par les Viets que l'on voit à travers le feuillage. Autour de nous, des amas de cadavres ou de mourants. La plupart sont des *bo doïs*. Je décide de ne plus bouger et de faire le mort pour échapper à l'attention de l'adversaire. Il est alors environ 13 h 30. La 2e compagnie dans le village a cessé d'exister. Le Vietminh est maître de Xom Sui. Ce sera l'après-midi le plus long de ma courte vie.

Un après-midi chez les Viets [1]

Notre aventure se termine là. Je me couche au milieu des morts sur mon PM chargé, le casque lourd rabattu sur la nuque, le sac TAP sur le dos, l'œil fixé à la fois sur la piste et la lisière. Sapet imite mon geste devant moi, face à la lisière. Condamnés à " faire le mort " en attendant le dénouement. Quel dénouement ?

À l'extérieur, sur les hauteurs par lesquelles nous avions débouché, le combat fait rage : un feu d'enfer, armes automatiques, mortiers, artillerie… au-dessus de nous, les chasseurs-bombardiers. Les autres hauteurs entourant la cuvette sont silencieuses, elles ne semblent pas tenues par des unités amies alors qu'on nous l'avait assuré au *briefing*. Hors du village, dans la rizière, pas très loin de nous, les Viets poussent des cris de victoire (ce cri retentit encore dans mes oreilles) et je perçois leurs ordres en français : ils escortent sans doute des prisonniers. En levant les yeux, j'entrevois la tenue camouflée de nos paras.

---

1 - Extrait de mon témoignage paru dans le Bulletin de notre Promotion : " Les combats de Hoa Binh, 1951-1952. Première partie, Témoignages d'officiers de la Promotion " général Leclerc ".

Dès que les avions paraissent au-dessus de la rizière, les *bo doïs* se fondent dans le paysage, le long des diguettes... et se relèvent aussitôt. Dans Xom Sui, un calme pesant, de temps en temps un coup de feu sec, parfois une rafale, des ordres en vietnamien. En tête, j'ai une véritable obsession : " *le coup de grâce ou le napalm* " car je ne voudrais pas mourir sans tenter ma dernière chance. J'essaie d'évaluer le nombre de rafales disponibles dans mon chargeur : peut-être 3, peut-être 5 ? Avec une chance exceptionnelle, nous pourrions tenir jusqu'à la tombée de la nuit pour rejoindre le bataillon, là-haut, s'il n'est pas anéanti. Entre ces hauteurs et notre position, 500 mètres de terrain, à vol d'oiseau, tenus par les Viets.

Je m'accroche à une pensée comme à une bouée de sauvetage : par miracle, seule la Providence peut nous aider à sortir de ce guêpier. J'observe ma montre : c'est démoralisant, l'aiguille des minutes semble figée. Que le temps semble long dans cette position de sursis ! Dans cette attente interminable, je prends la sage résolution de regarder l'heure le moins souvent possible, et de meubler le temps en visionnant le film de ma vie. Pas facile. Un film sur bruit de fond de combat, entrecoupé par les gémissements stridents d'un voisin viet mortellement blessé " *oïsa hoï* ". Une autre pensée obsessionnelle : pourvu que notre présence ne soit pas décelée par ces mourants !

Sur les hauteurs, dans la direction " providentielle ", le fracas des armes s'affaiblit, se ralentit, s'espace puis reprend par saccades. Je me demande si le bataillon n'a pas été réduit au silence. Dans ce cas, nos chances de survie s'amenuisent ; il faudra rejoindre le Rocher Notre-Dame, sur la Rivière Noire, de nuit, sur un terrain truffé de Viets. Je me raccroche de nouveau à " ma bouée de sauvetage ", mais ne peux résister à la tentation de regarder la montre : l'aiguille des heures s'est visiblement déplacée, encore 2 ou 3 heures à tenir. La vision de mes souvenirs se déroule dans ma tête dans le désordre le plus total.

De temps en temps, retour aux images fortes du combat (définitivement gravées dans ma mémoire) : je revois Rosamond, notre camarade de promo, avec son poste radio au début de l'assaut, puis en plein corps-à-corps, le capitaine Carrié, baïonnette au canon, chargeant sur des Viets, Danjaume criblé de balles, adossé à un rocher à découvert, très calme, le PA à la main, entouré des survivants de sa section. Quand la plainte des mourants ou un coup de feu rapproché me ramène au présent, j'observe autour de moi. D'abord le caporal Sapet, nos regards se croisent, la transmission de pensée semble fonctionner : " *On va s'en sortir, il le faut !* ". Puis un œil sur la lisière, notre " issue de secours " vers le bataillon.

Les postes d'armes automatiques sont en place, parfaitement camouflés, les tireurs immobiles sous leur couverture de feuillage. Sur la piste, les Viets s'agitent et jacassent. Ils ne semblent avoir aucune compassion pour leurs morts ou les mourants. Heureusement pour nous. Nous sommes maintenant bien intégrés dans le paysage du dispositif viet, au milieu de morts qui nous protègent.

Un nouveau coup d'œil à la montre: les aiguilles semblent tourner presque normalement, même la trotteuse a retrouvé son rythme. Nous abordons la fin de l'après-midi, incontestablement l'après-midi le plus long de ma vie. Le paysage audiovisuel s'anime progressivement. D'abord un bruit de pas légers, puis au ras du sol en gros plan sur la piste, des centaines de pieds de *bo doïs*; sans doute le, ou les régiments de la Division 312 quittant la cuvette pour se replier vers le Bavi. Sous mes yeux, pour la première fois, le défilé d'un régiment viet.

Impressionnant. Des pas de félins, le silence dans les rangs. Une marche interminable. Pour Sapet et moi, c'est le " profil bas ". Il n'a jamais été aussi bas. Nous voyons les Viets à travers le feuillage. Ils nous voient peut-être. Il suffirait qu'un seul *bo doï* prenne l'initiative de s'écarter de la colonne par curiosité... ou par besoin. De nouveau l'obsession du " coup de grâce ". Heureusement, " nos " mourants sont devenus silencieux. Je finis par avoir un sentiment de camaraderie pour eux... À la lisière du village, les armes automatiques sont toujours là.

Enfin, après le départ des avions, avec le déclin de la lumière du jour, j'éprouve peu à peu un sentiment de soulagement. L'espoir de survie se renforce. Soudain, c'est l'événement providentiel. Les mortiers de 81 ressuscitent! J'entends le bruit sourd des départs, puis l'éclatement sec des arrivées. J'arrive à repérer la direction des départs sur la hauteur et je crois même deviner la voix du lieutenant Bougras - la grande gueule du bataillon - donnant des ordres de tir. Puis l'aiguille des secondes s'emballe. Un coup d'œil à Sapet, il m'avait déjà compris. Je m'élance vers la lisière, suivi par mon caporal. Dès que nous débouchons hors du village, dans la rizière, nous sommes pris sous un feu d'enfer. Au même moment, au loin sur notre droite, un troisième para [1] s'envole au pas de course. J'ai l'impression de battre le record du 100 mètres, en tenue de combat, avec arme, casque lourd et sac TAP.

À l'extrémité de la rizière, au pied de la colline boisée, je tombe nez à nez sur des combattants en treillis kaki. J'ai failli les prendre pour des Viets.

1 - J'apprendrai le soir même qu'il s'agit du caporal-chef Achimoff que je retrouverai plus tard en Nouvelle-Calédonie dans la vie civile.

Stupeur. Ce sont des Marocains. Ils sont sur la piste, en position devant des *Half-track*. Je rejoins un peu plus haut le bataillon. Mon compte-rendu est succinct et amer. Plus tard, dans la nuit, après les premiers soins, c'est l'ambulance en direction de Hanoï. Avec le lieutenant Chartreux commandant la 1re Cie et deux paras grièvement blessés, nous arrivons au petit jour à Lanessan.

Nous apprenons le lendemain que notre ambulance a été la dernière à pouvoir passer dans la nuit du 10 au 11 décembre entre Ap Da Chong et Yen Cu. Décidément, la destinée ne voulait pas que je termine ma carrière dans le Bavi.

Avant de rejoindre l'hôpital, en passant par Yen Cu sur la RC 6, l'ambulance qui nous transporte s'arrête au PC du colonel Dodelier[(1)]. Je lui rends compte brièvement du combat de la 2e Compagnie du 1er BPC. Un combat qui marquera le déclenchement de la Bataille de la Rivière Noire. Pendant le long trajet de nuit vers l'hôpital et malgré sa vive souffrance au bras gauche, le lieutenant Chartreux m'explique succinctement le déroulement de l'affrontement sur les hauteurs tenues par le bataillon au nord-ouest de Xom Sui. Il me décrit la résistance héroïque de ses parachutistes pour tenir coûte que coûte la position de la 1re Cie face aux assauts répétés de l'adversaire. Il me raconte la résistance acharnée de la section Daubas, coupée de la 2e Cie en bas de piste et rappelée en protection du PC bataillon. Il me précise aussi que le capitaine Moretti n'a pas pu lancer une contre-attaque avec l'ensemble de la compagnie du capitaine de Puybusque. En effet, deux sections de cette Cie avaient été prélevées par le chef de corps pour la protection du PC. Enfin, le lieutenant Chartreux ajoute que les demandes de renforts en blindés et en infanterie, faites à 11 h 50, ne sont arrivées qu'entre 17 heures et 17 h 20. Quatre chars venaient du nord et deux sections du Rocher Notre-Dame.

Avec beaucoup d'amertume, nous en concluons tous les deux que le commandement n'a pas été à la hauteur de la bravoure des troupes[(2)].

---

1 - Plus tard général d'armée, commandant de la 1re Région militaire et Gouverneur militaire de Paris. Je le reverrai en 1963 : voir Chapitre XI sur mon affectation à Paris, 1963-1966.

2 - Une opération de cette ampleur destinée à détruire le Régiment 209 a été en effet déclenchée sans s'assurer de la mise en place préalable des troupes amies sur les hauteurs, de la surveillance aérienne et des tirs d'accrochage d'artillerie. Sans parler des délais d'intervention de la Chasse et des problèmes de communications radio (terrestres ou Air-Sol).

L'Hôpital Lanessan

Nous arrivons à Lanessan. L'hôpital est surchargé. Il débordera de blessés dans les jours suivants. Après un premier examen rapide, je suis admis dans une chambre réservée aux blessés graves alors que j'ai l'impression d'être en bonne forme. Le médecin m'explique que je risque une hémorragie si mon foie est touché. Il m'est strictement interdit de sortir du lit. Une consigne difficile à appliquer alors que je voudrais rendre visite à des camarades blessés qui ne peuvent pas se déplacer. Je suis mis en observation jusqu'à la fin du mois, en attendant une intervention chirurgicale.

Pendant mon séjour à l'hôpital, je continue à suivre les opérations qui vont s'intensifier autour de Hoa Binh, de la RC 6 et dans le Delta où les Viets ont réussi à s'infiltrer.

À l'occasion de la visite du chef de bataillon Fourcade (ancien commandant du 1er BPC), j'apprends que le sacrifice du bataillon et en particulier de la 2e Cie n'a pas été inutile. Car le Régiment VM 209 qui a subi de lourdes pertes à Xom Sui [1] et sur les hauteurs, n'a pas pu attaquer la position du Rocher Notre-Dame le soir même, comme prévu. Mais cela ne m'empêchera pas de me sentir coupable d'être encore en vie alors que la 2e Cie a cessé d'exister. Pour que cette obsession s'efface de mon esprit, je n'ai qu'une idée en tête: repartir en opération dès que je serai rétabli. Après une radioscopie le 31 décembre, je suis opéré le 3 janvier 1952 et quitte l'hôpital deux jours après pour partir en convalescence à Hanoï.

Réaffectation au CITAPI et rocambolesque visite au colonel de Rocquigny

À l'issue de ma convalescence, mon bataillon d'appartenance, le 1er BPC, étant en fin de séjour, je suis de nouveau affecté au CITAPI, une affectation qui me déplaît souverainement ! Je reprends donc et multiplie mes visites à l'État-Major des Troupes Aéroportées Nord à Hanoï pour être muté au 2e BPC ; car le capitaine Labarre (un ancien du 7e), commandant de Cie au 2e BPC, m'avait dit, au cours d'un entretien que nous avions eu à Hanoï, qu'il souhaiterait m'avoir avec lui. À chacune de mes visites, je reçois une réponse dilatoire indiquant qu'il me faut attendre le retour du colonel de Rocquigny actuellement en pleine opération sur la RC 6. Mais, lors de ma dernière visite au commandement des TAP Nord,

1 - Plus de 250 cadavres viets seront dénombrés dans le village au cours d'une reconnaissance effectuée par la suite par le BEP.

l'un des officiers m'avait dit en plaisantant: " *Si vous insistez pour votre affectation, allez donc voir le colonel de Rocquigny sur la RC 6.* " Cette boutade n'était pas tombée dans l'oreille d'un sourd. Le 21 janvier, je décide de partir sur la RC 6 avec une *Jeep*, un PM Mat 49, des chargeurs et mon sac TAP opérationnel.

En cours de route, je me renseigne sur la position du PC du colonel commandant le groupement parachutiste. Je suis certain que le colonel de Rocquigny appréciera chaleureusement mon initiative de venir le rencontrer dans sa zone opérationnelle et qu'il prendra la décision de m'affecter immédiatement au 2e BPC. En fin d'après-midi, j'arrive enfin au PC situé sur le sommet d'un piton, en plein cours d'opération. Je me présente au garde-à-vous. Le colonel sait que j'ai été blessé à Xom Sui. Apparemment mon arrivée impromptue le dérange. En plein combat, il a autre chose à faire que de me recevoir.

Il me demande brutalement la raison de ma présence. L'entretien démarre mal. Je lui dis que lors de ma dernière visite à son État-Major, on m'a précisé que seul le colonel de Rocquigny est habilité à m'affecter dans un bataillon parachutiste.

— *C'est la raison pour laquelle je viens vous voir sur place pour avoir mon affectation.*

Un bref entretien fait de questions et de réponses rapides et sèches s'ensuit avec un colonel qui ne va pas décolérer (c'est son habitude). Mais un entretien au cours duquel je n'ai rien à perdre.

— *Depuis quand un lieutenant se permet-il d'imposer une décision à un colonel?*

— *Mon Colonel, je ne vous impose rien, je vous demande simplement de m'affecter dans un bataillon parachutiste, au lieu du CITAPI où je n'ai rien à foutre.*

Silence...

— *Vous venez d'être blessé. Pourquoi pas le CITAPI?*

— *J'ai déjà payé mon tribut au CITAPI, vous le savez bien. Je ne suis pas venu en Indochine pour faire de l'instruction.*

— *Dans quel bataillon voulez-vous aller?*

— *Le 2e BPC.*

— *Pourquoi le 2e BPC?*

— *Le capitaine Labarre est d'accord pour me prendre avec lui.*

Nouveau silence. Puis pour bien marquer son autorité de colonel, il laisse tomber sa décision:

— *Et bien, puisque vous voulez aller dans un bataillon colonial, vous irez dans un bataillon métropolitain : le 10e BPCP.* " (Bataillon Parachutiste de Chasseurs à Pied)

— *Merci Mon Colonel, à vos ordres.*

Le colonel me demande de passer la nuit au PC et de rentrer le lendemain sur Hanoï. Il règlera mon affectation au 10e BPCP à son retour d'opération. La nuit se passe au son du canon, sous la tente du colonel qui de temps en temps donne ses ordres à l'artillerie pour le soutien d'un bataillon en train de subir une attaque.

Le lendemain, satisfait de mon initiative, je rejoins Hanoï puis le CITAPI à Dong Ngac et Thuong Cat en bordure du Fleuve Rouge. Je retrouve l'ambiance que j'avais déjà connue et qui ne m'avait pas particulièrement séduit. Je suis avec le capitaine Bernard, un officier affable mais sans grande expérience de la guerre et l'adjudant Andréano, un " vieux soldat ", un homme attachant qui avait déjà fait ses preuves.

À Hanoï, le 4 février, juste avant le rapatriement du 1er BPC, je participe avec le bataillon à sa dernière cérémonie : une prise d'armes présidée par le général de Linarès avec remise de décorations pour le combat de Xom Sui [(1)]. Il faut attendre l'achèvement du repli de la RC 6 fin février pour que mon affectation au 10e BPCP devienne officielle. Entre-temps, avant de rejoindre mon futur bataillon, mes camarades du 7e rentrés à Hanoï après le repli de la RC 6 m'informent du déroulement des opérations. Après le combat de Xom Sui, les Viets ont repris l'initiative des opérations, contrairement à ce qui a été prévu initialement dans le plan de bataille de Lattre – Salan. La confrontation est alors devenue une bataille pour les communications. D'abord fluviales, elles seront facilement interrompues par les Viets. Puis terrestres, le Vietminh ayant l'intention de rééditer sur la RC 6 sa victoire de la RC 4. Mais l'opération " *Arc-en-ciel* " a été un repli conçu et réalisé de façon remarquable. Elle a permis d'éviter que le piège viet se referme sur la RC 6 comme ce fut le cas sur la RC 4 [(2)].

---

1 - Pertes de la 2e Cie. Parachutistes européens : 48 disparus, y compris le capitaine Carrié et le lieutenant Danjaume ; parachutistes autochtones : 38 disparus. En plus, DLO d'artillerie : 6 artilleurs disparus, y compris le lieutenant Rosamond. (Réf : Rapport d'Opération du 1er BPC en date du 12-01-52.)

2 - Depuis le combat de Xom Sui en date du 10 décembre, bilan de l'opération de Hoa Binh : pertes VM : 3 455 tués, 307 prisonniers, 7 000 blessés (estimation). Pertes françaises : 436 tués, 458 disparus, 2 600 blessés. (Réf : " Paras d'Indochine, 1944-1954 ". J.P. Pissardy, SPL, 1982.)

Avec le 10e Bataillon Parachutiste de Chasseurs à Pied, la guerre dans le Delta. Mars-mai 1952

Je rejoins au début du mois de mars le 10e BPCP en opération dans la région de Bac Ninh. Le 10e a débarqué à Haïphong en septembre 1950. Il est commandé par le capitaine Chaudrut que nous avions connu à Meucon et à Quimper. Un officier jovial, très décontracté, passant une bonne partie de son temps à plaisanter. Il a la réputation d'être courageux, parfois même téméraire. Il commande le 10e BPCP depuis mars 1952, après avoir été commandant en second en 1951. Un colonial à la tête d'un bataillon métropolitain, c'est assez singulier à l'époque.

Je suis accueilli très chaleureusement par le chef de corps qui me précise que désormais nous serons trois coloniaux au 10e (dont le lieutenant Lauzier qui sera tué trois mois plus tard, dans le secteur de Hung Yen). Je suis affecté comme chef de section à la 19e Cie commandée par le lieutenant Lafarie. Mon adjoint est le sergent-chef Lavaud, un sous-officier sympathique et compétent avec lequel je m'entends tout de suite. Pendant que le corps de bataille français était concentré sur la RC 6, le VM a développé ses infiltrations dans le Delta... comme il fallait s'y attendre. Depuis janvier, le 10e BPCP a participé à diverses opérations de nettoyage sans obtenir de grands résultats.

Du 14 au 22 avril, dans la province de Bac Ninh, le 10e est engagé dans les opérations " *Porto* ", " *Polo* ", puis " *Turco* ", destinées à découvrir les unités viets infiltrées, notamment le Régiment 98. Il s'agit d'une importante manœuvre montée par le général Gonzalès de Linarès avec la participation d'une dizaine, puis d'une quinzaine de bataillons appuyés par un puissant soutien en feux terrestres et aériens.

Le Régiment 98 est enfin encerclé, matraqué par l'artillerie et des chasseurs-bombardiers avant d'être abordé par l'infanterie. Le 20 et 21 avril, de son côté, le 10e BPCP capture 80 *bo doïs* dont plusieurs officiers à La Miet. En fin d'après-midi, le chef de corps, fier de la capture d'un chef de bataillon parmi les prisonniers, nous annonce la nouvelle. Je me rends donc au PC qui se trouve à proximité de notre Compagnie pour voir, pour la première fois, la tête d'un officier supérieur VM. Avec sa décontraction habituelle, le capitaine Chaudrut plaisante avec le commandant viet, un officier à peine âgé de 25 ans, très mince. Il a une belle allure.

— *Alors Commandant, cette fois-ci on vous a eu.*

Un peu comme s'il s'agissait d'une " manœuvre à double action ". La réponse est immédiate :

— *Oui, mais avec votre artillerie et votre aviation.*

Nous apprenons par la suite que l'opération " *Turco* ", terminée le 22 avril, a abouti à l'anéantissement d'un corps de troupe VM complet[1] : le Régiment 98 coincé dans trois villages à l'intérieur d'un bouclage serré. Un cas très rare dans la guerre d'Indochine, mais qui montre bien qu'une opération parfaitement montée dans le Delta peut donner un résultat spectaculaire.

Après une courte période de repos, le 10e BPCP se tient prêt le 5 mai dans la citadelle de Bac Ninh pour une nouvelle opération dans une zone où une présence viet a été de nouveau décelée. Le bataillon est transporté en camions en fin de matinée pour débarquer à proximité de la zone d'insécurité, en vue d'une classique opération de nettoyage dans le cadre d'un GM (Groupement Mobile). Dans le village de Van Trung, vers 13 heures, nous effectuons une courte halte. Puis le bataillon se met en place le long d'une digue pour l'attaque du village de Quang Lam. Une manœuvre montée en liaison avec des unités de Légion Étrangère, pendant que des tirs d'artillerie sont accrochés sur le terrain. J'ai la bonne surprise de rencontrer un camarade de promotion. Nous étions dans la même unité d'instruction à Coëtquidan avec le lieutenant Magne, commandant une Cie de Légion. Nous ne nous étions pas revus depuis. En pleine opération, on fait parfois d'étonnantes rencontres.

La 19e Compagnie chargée de l'attaque sur Quang Lam[2] se déploie à partir de la digue dans la rizière face au village. Ma section est en tête avec une autre section de la Compagnie. Notre couverture est assurée par des unités voisines. Arrivés à une centaine de mètres de la lisière de Quang Lam, nos deux sections en formation d'attaque sont clouées au sol par un feu intense provenant de la lisière. Je suis blessé par balle au genou gauche, mais encore capable de rester debout. Pas d'autres blessés à la section.

Nous recevons l'ordre de repli afin de faire intervenir massivement l'artillerie. Notre retrait est couvert par un puissant matraquage de feux. Je suis soutenu par Zouglache, l'agent de liaison de mon équipe de commandement, un parachutiste taillé en athlète. À l'arrivée sur la digue, je passe le commandement de la section au sergent-chef Lavaud.

---

1 - Bilan donné dans le livre " Histoire de la Guerre d'Indochine ", du général Yves Gras. Plon, 1979. Pertes du Régiment 98 : 870 tués, 1 067 prisonniers… plus un armement important. Pertes françaises : 76 tués, 32 disparus, 261 blessés.

2 - Voir la carte dans les Annexes.

Informé de ma blessure, le capitaine Chaudrut vient vers moi et m'accueille en plaisantant à haute voix. Ayant remarqué que mon short est déchiré à gauche par la balle jusqu'au niveau de l'entrejambe, il annonce par radio aux compagnies : " *Le lieutenant Terzian a eu une chance d'acier* [1], *il a failli les perdre !* " J'avoue que cette perspective ne m'avait pas effleuré. Je m'en rends compte au moment où le médecin du bataillon soulève le bas du short pour me soigner. Entrée et sortie sur la face intérieure de la cuisse au ras de l'articulation du genou, après avoir arraché un paquet de chair sur 15 cm, la balle a éraflé la face supérieure de la cuisse à proximité des parties des plus intimes. Effectivement, j'ai eu une chance double, car j'ai failli perdre et mon genou, et ma virilité.

Pour la troisième fois, je me retrouve à l'Hôpital Lanessan où j'arrive dans un véhicule conduit par une ambulancière épouse d'un officier chef de section. Le chirurgien et les infirmières qui m'accueillent se souviennent encore de moi. Car la fois précédente, encore sur la table d'opération, je m'étais redressé après avoir entendu le chirurgien dire aux infirmières " *vous pouvez l'emmener* ". Surprise mémorable du chirurgien qui me croyait encore endormi. Mémorable en effet, car cette fois-ci, pour une anesthésie générale, j'ai droit à une double dose.

Convalescence à Dalat. Fin de séjour

Après avoir occupé la chambre N° 5 à Lanessan, je pars en convalescence au Centre de repos de Dalat le 9 juin par avion. Un séjour inoubliable au cœur du pays Moï, parmi des montagnards à l'accueillante simplicité. Ils portent des tenues traditionnelles aux couleurs vives, tissées dans les petits ateliers de la région. Le dépaysement est total. Loin des bruits de guerre, aidé de ma canne, je découvre cette magnifique région, les chutes de Lien Khang sur la rivière Da Ninh, celles de Gougah aussi. Je visite les ateliers de Djiring.

De retour à Hanoï, en juillet, je retrouve ma chère copine eurasienne, quelques camarades du 7e rentrés d'opération dont Claude Calès, Michel Rousseau, Jean Chauvrot, Claude Ogé et son amie infirmière... Nous évoquons ensemble le souvenir de Gaston Lapérrousaz et de Guy Truchot. Et je me rends compte combien les absents renforcent les liens des vivants entre eux. Je revois également notre camarade de promotion, Max Mesnier, qui a servi au groupement Muong du colonel Vanuxem.

1 - " D'acier, d'acier ! " C'est son interjection courante pour dire " super " ou " formidable ". On a fini par donner ce surnom " D'acier " à notre chef de corps.

Par miracle, il vient de sortir d'une embuscade alors qu'il rejoignait Hanoï en *Jeep* en vue de son rapatriement en fin de séjour. Nous convenons de nous revoir en France pour passer une partie du CFC (Congé de Fin de Campagne) ensemble. Mon propre départ est programmé pour le 31 juillet. Rapatriement prévu par voie aérienne.

Quelques jours avant de prendre l'avion, le commandement des Forces Terrestres du Nord-Vietnam me fait transmettre par l'intermédiaire du 10e BPCP, un document établi par le sergent Wident René, fait prisonnier à Xom Sui le 10 décembre 1951 et libéré par les VM le 4 juillet 1952. C'est une liste des prisonniers [1] de la 2e Cie du 1er BPC morts en captivité au Camp 113, au Camp 14 et 15 (23 dont l'adjudant Hubert) et une liste de ceux qui ont survécu au Camp 14 (seulement cinq paras, dont trois dans le coma, intransportables), sur un total de 48 disparus mentionnés par le compte rendu du 1er BPC.

En prenant contact avec les parachutistes libérés, anciens du 1er et d'autres bataillons, j'apprends le décès en captivité de notre camarade de promotion Guy Truchot et les circonstances de sa mort [2]. Au moment de quitter le sol d'Indochine, lorsque l'avion qui me ramène à Paris décolle, je suis surpris de ressentir avec autant de force l'attachement charnel qui me lie à ce pays. Et j'éprouve une émotion profonde en pensant à tous mes camarades de combat disparus, en particulier à ceux de Xom Sui, à Gaston Lapérrousaz, à Guy Truchot.

***

1 - Voir Annexe 5.

2 - Voir Annexe 4.

CHAPITRE V

INTERMÈDE EN MÉTROPOLE ENTRE DEUX SÉJOURS EN EXTRÊME-ORIENT 1952 - 1954

L'arrivée et mes premières visites

Je débarque à Orly, appuyé sur ma canne, le 1er août 1952. Mes parents et mon oncle de Clamart, Édouard, m'accueillent à l'aéroport avec un soulagement qu'ils n'arrivent pas à dissimuler. Retrouvailles familiales des premiers jours. Puis je prends possession, auprès d'un concessionnaire de Clamart, de la voiture dont commande avait été passée depuis l'Indochine. Une *Simca Aronde* blanche. C'est ma première voiture. Il me faut la prendre en main et m'habituer à sa conduite. Pour exaucer le vœu fait par ma mère alors que, chaque nuit, la peur l'empêchait de dormir pendant des heures en pensant à son fils là-bas en Asie, nous nous rendons d'abord à Lourdes. Nous y effectuons un court séjour avant de rejoindre Draguignan et la vieille maison à trois étages acquise récemment par mes parents, près de la Cathédrale, au N° 3 de la rue de l'Ancien Théâtre.

Après avoir repris contact avec mes copains d'enfance et ma famille vivant aux environs, je décide d'aller voir le colonel Danjaume, retraité des Troupes Coloniales. Nous avions eu un échange de correspondance après ma sortie de l'Hôpital Lanessan en janvier 1952. J'avais été sans doute le dernier officier à avoir vu le lieutenant Gratien Danjaume, peu de temps avant sa mort. Je me dois de faire cette visite à son père comme je m'y étais engagé. Je suis frappé, en rencontrant le colonel Danjaume à son domicile, de la ressemblance entre le père et le fils. L'entretien que nous avons est particulièrement éprouvant et douloureux. Pour ce père qui a perdu son fils unique au combat et n'aura même pas la consolation de se recueillir sur sa tombe. Pour moi, qui suis là, vivant, devant cet officier supérieur aux cheveux blancs, tellement digne et qui s'effondre en sanglots devant moi. Que faire ? Que dire ? C'est un moment où seul le silence a sa place… En le regardant alors que ses yeux sont pleins de larmes, je ressens une culpabilité indescriptible et le sentiment que je ne devrais pas être là. J'aurais dû mourir dans ce village, pourquoi pas à côté de Danjaume ou, à la fin du combat, avec le caporal Sapet, en tirant mes deux ou trois dernières rafales de PM sur le groupe viet à quelques mètres de nous, derrière le léger feuillage. Cette visite est l'une des plus douloureuses épreuves de ma vie, c'est en tout cas la plus difficile. En quittant le colonel Danjaume, je me sens anéanti. Écrasé par le poids de mon sentiment de culpabilité, je me repose la question sans réponse : au combat, a-t-on le droit de survivre à une pareille épreuve ? Ce sentiment, renforcé par ma visite, m'obsède et m'obsédera pendant plusieurs années.

Après être revenu à Draguignan et être resté éveillé toute la nuit sans trouver le sommeil, je reprends contact avec mon ami Max Mesnier. Il m'a précédé en Métropole. Nous sommes tous les deux en Congé de Fin de Campagne (CFC) que nous avions prévu de prendre ensemble. Le mien se termine fin octobre, je dois donc rejoindre la Demi-Brigade au début du mois de novembre 1952 pour repartir ensuite en Indochine, comme la plupart de mes camarades. Car il nous paraît peu probable que la guerre se termine rapidement.

De son côté Max a fait sa demande pour rejoindre les parachutistes coloniaux et se faire breveter avant de repartir faire un troisième séjour. Il avait déjà un tour d'avance sur nous en arrivant à Coëtquidan. Max arrive à Draguignan. Je lui présente mes parents et aussitôt après nous établissons notre plan de campagne pour passer notre permission sur la Côte d'Azur comme nous en étions convenus. Nous envisageons d'aller d'abord à Aix-en-Provence pour rendre visite à Françoise, l'épouse de Guy Truchot. Nous pensons de notre devoir de lui relater les circonstances de la mort de notre camarade, en lui donnant tous les détails que nous avions pu recueillir auprès des prisonniers, sur son séjour en captivité, sa volonté de résister face aux VM d'une façon délibérée, sa maladie faute de soins, mais aussi nous voulons lui dire l'admiration de ceux qui ont vécu ce cauchemar à ses côtés. Nous allons donc à Aix et prenons une chambre dans un établissement de luxe : l'*Hôtel du Roi René*. Le soir, nous mettons au point les détails de notre démarche que nous jugeons une fois de plus indispensable.

Le lendemain matin nous nous levons tous les deux avec un même état d'esprit, mais qui a évolué dans la nuit et n'est plus celui de la veille :

nous nous dégonflons. Dès lors, tous les prétextes sont bons. Mais nous mettons en évidence la raison la plus importante pour différer notre visite : notre information n'est pas certaine à 100 %. Il ne s'agit pas de témoignage visuel, mais de recoupement d'informations verbales provenant de sources sérieuses. Le faire-part de décès d'un militaire est une prérogative du commandement. Il est donc éminemment souhaitable que l'information soit d'abord transmise officiellement à la famille. En réalité, nous ne savons pas si la décision que nous avons finalement prise d'un commun accord est le résultat d'une délibération morale pour nous donner bonne conscience ou si, en fait, nous n'avons pas le courage de nous rendre à la visite que nous avions décidé de faire. En tout état de cause, nous jugeons préférable de remettre cette démarche à plus tard [1], chacun de son côté, après nous être assurés que la famille a bien été informée officiellement.

La vie reprend ses droits… en permission

Après cette épreuve impossible, nous décidons de réagir en nous replongeant dans la vie, celle du plein été sur la Côte d'Azur. À l'autre bout du monde, nos camarades se battent pour la France ou pour l'idée qu'ils se font de la France ou peut-être encore pour une raison beaucoup plus personnelle. Ici, la population est indifférente à cette guerre lointaine, comme si cette guerre n'existait pas. C'est l'agitation bruyante des grandes vacances d'été. Avec Max, nous partons en campagne sur la Côte et rayonnons jusqu'à la frontière italienne. Pour nos fredaines de jeunes lieutenants, nous menons un train de vie jugé agréable alors que nos économies d'Indochine, que nous pensions confortables, fondent comme neige au soleil.

La Garnison de Guingamp en Bretagne ; le mariage

Nos grandes vacances se terminent en octobre et nous rejoignons nos affectations respectives. Max Mesnier à la Demi-Brigade à Vannes. Moi-même, après être passé au PC de Vannes, je me présente à Guingamp, près de Saint-Brieuc. Je retrouve Calès, Dubois, Rousseau, Flores et bien d'autres officiers plus turbulents les uns que les autres. Nous sommes affectés au Centre d'Instruction de Guingamp, une nouvelle garnison

---

1 - Bien plus tard encore, je serai parmi les premiers à apprendre la décision prise en commun par Max et Françoise de fonder un nouveau foyer et d'avoir des enfants. Ce qui permettra à Marc, né juste avant notre départ pour l'Indochine, d'avoir comme père, le camarade de promo de son père d'état civil.

de Parachutistes Coloniaux, sous les ordres du capitaine Ferrano. Nous connaissions déjà sa réputation de combattant. Nous apprendrons à mieux le connaître à Guingamp, en particulier pendant nos heures de loisirs. Petit de taille, mais plutôt râblé, le capitaine Ferrano est aussi tumultueux qu'un sous-lieutenant, un grand bagarreur dans la vie civile comme au combat. Nous lui assurons une garde rapprochée pour éventuellement le dissuader de " voler dans les plumes " d'un civil qui semble le regarder de travers. Les rôles sont inversés : ce sont les lieutenants qui modèrent leur capitaine ancien. Nous avons établi notre popote dans un petit restaurant tenu par le couple Godard. C'est notre PC civil. Nous y rencontrons nos amis bretons qui ont sympathisé rapidement avec nous. En fin de semaine, notre principale distraction est la course automobile entre Guingamp et Saint-Brieuc. Départ en ligne de la place principale jusqu'à la caserne de Saint-Brieuc où se trouvent nos camarades d'un bataillon en partance pour l'Indochine. Pour corser le jeu, nous essayons de battre des records de vitesse. Jusqu'au jour où le camarade Claude Calès, propriétaire d'une très belle voiture de sport, transforme son auto en épave, ce qui calme nos ardeurs.

Durant mon séjour à Guingamp, mes pensées se tournent de plus en plus souvent vers Quimper. Je n'ai pas oublié cette jeune fille dont la spontanéité et le sourire éclatant m'avaient séduit lorsque je l'avais rencontrée avant notre départ pour l'Indochine. Son tempérament enthousiaste, optimiste et généreux avait souvent traversé mes pensées en Indochine. Je décide d'effectuer un voyage à Quimper pour revoir Marcelle Laurent. C'est le coup de foudre lorsque nous nous retrouvons. Nous décidons de nous marier. Selon la procédure militaire de rigueur à l'époque, je dois, au préalable, déposer ma demande d'autorisation de mariage. Je prends donc contact avec notre aumônier militaire et suis alors surpris de me trouver en face d'un obstacle inattendu. Je suis chrétien orthodoxe. Or d'après notre " bonze " (l'aumônier), la célébration du mariage à l'église catholique ne peut se concevoir qu'entre catholiques. Il me faut donc discuter serré. Je veux le persuader qu'étant chrétien, il n'est pas question pour moi de changer de religion, " *comme on change de chemise* ". Ce serait pourtant à son avis la solution la plus simple. Finalement l'aumônier me propose une solution miraculeuse : demander une " dispense " au Pape. Je m'étonne de cette proposition qui laisserait supposer que le Pape n'a que cela à faire, ou presque. Et pourtant, " grâce au Pape " (1), la cérémonie religieuse a lieu le 18 mars 1953 à la Cathédrale de Quimper... et je deviens le

1 - Dans le cadre d'une " gentleman agreement " avec l'autorité catholique, sans la moindre hésitation de mon côté, je prends l'engagement d'élever mes enfants dans la religion catholique.

beau-frère de Gaston Coudurier, camarade de Promotion, lui-même rapatrié d'Indochine après son séjour avec le 2e BCCP.

L'antenne de propagande parachutiste et le cirque de Zappy Max

Mon mariage va coïncider avec une activité militaire très spéciale à laquelle je suis affecté. La 1re Demi-Brigade Parachutiste commandée par le colonel Langlais est en train de développer son recrutement de parachutistes dont l'Indochine a de plus en plus besoin. Des " antennes de propagande parachutiste " sont créées dans chaque Région Militaire, l'ensemble étant placé sous les ordres du lieutenant-colonel Romain-Desfossés. Je suis chargé de la 7e Région dont le siège est à Dijon et il me faut rejoindre immédiatement le poste vacant. Mon premier contact avec " l'antenne " a lieu dans les charbonnages de Montceau-les-Mines, un endroit singulier pour notre voyage de noces.

Ma troupe se compose d'un sous-officier et de trois ou quatre parachutistes. Je dispose d'un gros camion remorque, de deux motos scooters TAP, de tout un matériel de sonorisation et de projection, de films et dépliants publicitaires. Selon un programme établi en liaison avec la Région Militaire, la gendarmerie… et en fonction des grandes manifestations populaires, je dois rayonner dans la région et susciter des vocations parachutistes parmi les jeunes. C'est un peu le " cirque Barnum " dont je serais le *Monsieur Loyal.* La population ayant été informée au préalable de notre passage, nous nous arrêtons avant l'entrée de l'agglomération, afin de rendre visite à l'unité de la maréchaussée. Puis, orientés par les gendarmes, nous effectuons un tour d'honneur dans l'agglomération, avec camion, *scooters*, musique et haut-parleurs avant de nous installer à l'endroit qui nous paraît le plus propice pour que la population vienne jusqu'à nous.

Dans ce nouveau métier de propagandistes ambulants, il nous arrive parfois de coopérer avec une autre activité itinérante lorsque l'occasion se présente. C'est ainsi qu'un jour, notre itinéraire recoupe celui du cirque animé par Zappy Max, très connu à l'époque pour ses émissions à la radio et à la télévision. Réalisant l'attrait incontestable de cet animateur auprès du public, nous modifions immédiatement notre programme et notre circuit pour suivre le cirque. Nous nous plaçons à distance raisonnable sur la voie de passage principale et fixons notre horaire d'ouverture avant celui de notre collègue. Pour nous, c'est un succès qui dépasse nos espérances. Mais après récidive, j'ai droit à la visite personnelle de Zappy Max qui met en évidence notre rôle de perturbateurs. Après négociation serrée et " tentative de corruption de fonctionnaires militaires " (distribution de billets gratuits pour les parachutistes et leurs petites copines), nous parvenons à nous entendre amicalement. Nous repoussons notre propre horaire fixé dorénavant après celui du cirque. Cet accord conclu, et jusqu'à notre séparation, notre coopération devient exemplaire avec Zappy Max, désormais fervent supporter des parachutistes.

Au cours de ce séjour, j'ai l'honneur de faire la connaissance du général Aubert, adjoint au général commandant la Région. Lors de mes visites à l'État-Major Régional en fin de semaine, le général, grand amateur de sports, m'invite à des matchs de football à Dijon. Il lui arrive de me demander mon avis personnel sur la guerre d'Indochine et me met à contribution pour la rédaction de thèmes de situation de guérilla qui seraient proposés au concours de l'École de Guerre. Je le reverrai plus tard en Indochine, à la fin de la guerre.

Grâce aux excellentes relations de la gendarmerie dans cette région vinicole, nous sommes également invités à visiter, avec Marcelle, des vignobles et des caves à vin. Nous avons aussi la surprise de rencontrer, tout à fait par hasard, Hélène, l'épouse de mon camarade et ancien, Georges Oudinot, qui a aussi été mon infirmière à l'Hôpital Lanessan. Nous passerons une très agréable soirée chez ses parents.

Pendant les premières semaines, ce métier insolite qui n'entre pas dans la formation d'un officier est amusant, parfois même intéressant par les contacts qu'il nous apporte avec la population. Nous pouvons ainsi recueillir des réactions sur la guerre d'Indochine. Comme nous l'avions déjà constaté pendant notre permission, il s'en dégage, en général, une grande indifférence ou, tout au plus, une certaine curiosité. Parfois nous rencontrons une chaleureuse sollicitude lorsqu'il s'agit de familles dont les fils se battent sur cette terre lointaine. Dans cette région vinicole nous ne relevons aucune réaction d'hostilité. Il est vrai qu'un certain nombre de jeunes, attirés par l'aventure, se montrent intéressés par notre métier de parachutistes coloniaux. Mais malgré leur enthousiasme, il est évidemment difficile de mesurer l'impact de notre action dans l'immédiat. Car nous n'avons pas du tout les pouvoirs concrets du sergent recruteur de l'Ancien Régime ou des Guerres Révolutionnaires.

Au-delà de cette période d'initiation, nous ne sommes pas en mesure d'enregistrer des résultats. Nous finissons par avoir le sentiment de prêcher dans le vide. Ce travail devient routinier, lassant, parfois déprimant. En réalité, il ne correspond pas à ma vocation d'officier. Il est grand temps de passer le relais à un camarade volontaire. D'autant plus que le nouveau 7 est en cours de formation à Quimper. Depuis notre départ, Marcelle est toujours aussi étonnée de me voir dans cette galère de propagande. Elle trouve donc tout à fait évident que nous revenions enfin à Quimper. Le temps nous est compté avant que je rejoigne une nouvelle fois l'Indochine. Elle le sait et veut que ces quelques semaines que nous allons encore passer ensemble nous apportent, à l'un comme à l'autre, la certitude que nos vies dans leur plénitude resteront soudées jusqu'à notre dernier souffle.

La formation du deuxième 7e BPC à Quimper ; première naissance. Juillet 1953 - avril 1954

Nous sommes au début du mois de juillet lorsque nous rejoignons Quimper. Je me présente au commandant Henri Balbin, chargé de la formation du deuxième 7 (7e BPC). Mon nouveau chef de corps a déjà servi en Indochine avec le 6e BCCP, d'abord comme capitaine commandant d'unité (le GC 1), puis comme chef de corps (de juillet 1950 à août 1951). Il s'est illustré dans le Dong Trieu en mars 1951 au cours de la défense du poste de Mao Khé attaqué par deux régiments VM. Sa réputation est celle d'un chef énergique, impassible, réaliste, précis et clair dans ses ordres, rigoureux dans leur exécution. Affecté comme lieutenant officier adjoint au PC du bataillon, dès les premiers jours je m'entends très bien avec mon nouveau patron et suis très heureux de retrouver au PC Jean Daubas. [1] Nous partageons tous deux les fonctions d'adjoint, en parfaite entente. Le capitaine Roger Laupies, à la bonne humeur communicative, prend les fonctions de commandant en second. Très grand, mince, décontracté et souriant, il est un peu l'élément modérateur du commandant Balbin. Avec Daubas et le capitaine Laupies, nous formons une bonne équipe au service de notre patron.

Fin août, j'apprends ma nomination au grade de Chevalier de la Légion d'Honneur. J'ai 27 ans. C'est mon deuxième " titre de noblesse " après la Croix de Guerre obtenue dans la Résistance pour faits de guerre. J'avais alors 18 ans. Je ressens à l'égard du capitaine Chaudrut, commandant le 10e BPCP, une infinie reconnaissance, car je pense que c'est lui qui m'a proposé pour cette décoration avant mon départ d'Indochine sans m'en avoir informé. La Légion d'Honneur me sera remise par le commandant Balbin, à l'occasion d'une cérémonie militaire organisée en plein centre de Quimper, sur les quais de l'Odet, en présence de Marcelle, de notre

1 - Nous étions tous deux à la 2e Cie du 1er BPC au cours du combat de Xom Sui, le 10 décembre 1951.

famille et de nos amis. Jeune lieutenant, j'éprouve alors une immense fierté… mais aussi beaucoup d'émotion en pensant à mes camarades de combat de Xom Sui.

L'année 1953 se terminera par un magnifique cadeau de la vie. Notre premier enfant, Éric, naît le 19 décembre.

Au début de l'année 1954, les unités sont à effectifs complets avec:
- la 1re Cie du lieutenant Gallet, un ancien chef de section du 6e BCCP;
- la 2e Cie du lieutenant Romer [1], n'ayant pas encore servi en Indochine;
- la 3e Cie du capitaine Cartalade, le " vieux soldat ", un vétéran du Bataillon de Choc et d'Indochine;
- la CCB du capitaine Le Corre.

Nous suivons de près l'évolution de la situation au Tonkin, car plusieurs bataillons parachutistes sont déjà engagés à Dien Bien Phu. Nous sommes certains que nous allons participer à cette grande opération qui se prolonge et prend de l'ampleur avec le temps. Le 6e BPC de Bigeard, dont la fin de séjour est normalement prévue en juillet prochain, est largué sur Dien Bien Phu le 16 mars. La formation du 7e BPC s'accélère, car la situation s'aggravant, notre destination pour Dien Bien Phu se précise de plus en plus.

Le départ précipité pour l'Indochine avec les " Globe Masters " US

Dans les premiers jours d'avril, les événements se précipitent. Notre départ de Quimper est prévu le 19 avril et notre acheminement sur l'Indochine sera effectué, par voie aérienne, avec des *Globe Masters* américains.

Le 17 avril, une cérémonie de départ est organisée en présence de Pierre de Chevigné, secrétaire d'État à la Défense et des habitants de Quimper. Au cours d'une brève conversation avec le commandant Balbin, le ministre justifie l'extrême urgence de notre départ en lui confirmant que la situation à Dien Bien Phu est critique, sans toutefois préciser qu'elle est dramatique et sans espoir. L'Intendance nous a fait parvenir, quelques jours plus tôt, un stock de vêtements civils que nous distribuons aux unités. La troupe devra porter ces vêtements pendant son transport en raison d'escales prévues en pays étrangers. Dans la cour de la caserne, c'est le grand déballage… un véritable " marché aux puces ". Pour la troupe, c'est la compétition pour l'accoutrement le plus loufoque. La veille de notre départ, nous passons

1 - Promotion Rhin et Danube 1947-1949, ayant suivi la nôtre. Romer sera tué au combat en Algérie.

la soirée en famille. Marcelle m'aide à préparer mon sac marin. Notre fils Éric aura quatre mois le lendemain.

Le 19 avril à l'aube, je quitte Marcelle sur le pas de porte de notre habitation. Une *Jeep* m'attend pour me conduire à la caserne. Dans le regard de ma femme, je devine sa tristesse et son angoisse. Elle s'efforce pourtant de garder le sourire et de donner l'impression d'une apparente sérénité. C'est notre première séparation. Elle sera bien longue. Le bataillon en tenue civile est en cours de rassemblement. Puis, dans un long convoi de camions bâchés, discrètement, le bataillon rejoint la gare de Quimper pour se rendre à Orly, par train spécial. Les Quimpérois matinaux sont sans doute ahuris d'apercevoir leurs parachutistes quitter la ville en tenue civile. Triste départ qui contraste avec celui vécu quatre ans auparavant de la même gare… Nous étions alors en tenue et bérets rouges.

Arrivés à Orly en fin d'après-midi, nous nous installons pour la nuit dans le grand hall de l'aérogare. Le soir, les officiers prennent leur repas au mess de l'US Air Force. Les départs sont échelonnés en fin de nuit et dans la matinée du 20 avril, à bord de cinq *Globe Masters* de la 322e US Air Force. Des escales techniques sont prévues au Caire, à Dharan, Karachi, Colombo, Bangkok.

Avec le chef de corps et son PC, nous décollons vers 9 heures 15. À bord, dans l'entourage du patron, l'ambiance est tendue. Le commandant Balbin est visiblement de mauvaise humeur, il est même furieux. Et nous le comprenons. Car ni le commandant de la 322e Air Force avant le décollage, ni le chef de bord ne sont venus, pure formalité protocolaire, lui rendre visite. Nous lui suggérons de faire, en son nom, une visite de courtoisie au commandant de bord. Il s'y oppose formellement.

Pendant ce transport, la préoccupation principale de nos alliés américains est de s'assurer que nos hommes n'ont pas d'alcool à bord. Cette préoccupation tourne vite à l'obsession après l'ouverture par nos hommes des boîtes de ration françaises contenant des petits flacons de cognac. Affolé par une légère odeur d'alcool, un sous-officier US vient nous voir de la part du commandant de bord pour la deuxième fois. Il n'est pas loin de supposer que la troupe est montée à bord avec une petite cargaison de bouteilles de cognac. Nous le rassurons une nouvelle fois. Il est vrai que certains de nos hommes, avec leur crâne rasé et leurs tenues farfelues, ont des allures de mauvais garçons sortis de prison pour être largués sur Dien Bien Phu. Dans l'esprit de nos transporteurs, nous ne sommes peut-être pas des voyageurs très fréquentables. Ce qui pourrait expliquer leur comportement réservé à notre égard.

Les escales ne se déroulent pas avec le confort espéré. Au Caire, interdiction de descendre. Impossibilité de se dégourdir les jambes. À Dharan, de nuit, l'autorisation nous est donnée de rejoindre pour une courte pause un hangar, mais sous escorte de soldats arabes encadrant notre troupe civile... comme ils l'auraient fait avec des prisonniers. À Karachi, sous une chaleur accablante, nouvelle interdiction de sortir pendant que l'équipage américain quitte le bord pour aller se désaltérer au Club de la base militaire. Pour la première fois, la troupe grogne... puis se calme avec résignation, en réalisant que les cadres du bataillon sont logés à la même enseigne.

Nous arrivons à Colombo en fin d'après-midi, c'est la délivrance. Les officiers de la Royal Air Force viennent nous saluer de façon protocolaire à la descente de l'avion. Nous sommes accueillis très correctement sur la base aérienne. Les hommes de troupe au réfectoire, les sous-officiers au " *non commissioned officers mess* " et les officiers au Club. L'ambiance se détend rapidement au Club des officiers de la RAF dès que nos hôtes britanniques apprennent que nous appartenons à un bataillon parachutiste de " Bérets rouges "[(1)]. L'apéritif qui nous est offert par la Base contribue à rendre l'atmosphère rapidement chaleureuse. Pleins d'attentions à notre égard, nos hôtes évitent de nous parler de Dien Bien Phu et, par une extrême sollicitude, les quotidiens d'information ont mystérieusement disparu. Nous en connaîtrons la raison quelques jours plus tard.

À l'aube, des officiers et sous-officiers britanniques nous accompagnent sur le tarmac et nous embarquons sur nos *Globe Masters,* encore reconnaissants de cet accueil. Nos transporteurs US, témoins de la qualité des égards que les Britanniques ont eu à notre endroit, la veille au Club des officiers comme au moment de l'embarquement, semblent très embarrassés. Ils réalisent leur bévue avec retard. Quand le commandant de bord vient enfin nous voir et nous demande si tout va bien, le chef de bataillon Balbin reste muet comme une carpe. Nous répondons à sa place d'une façon laconique. L'attitude inattendue et inexplicable des équipages US nous laisse un souvenir amer. Elle nous paraît de mauvais augure pour la suite des événements. Il ne reste plus qu'une escale, Bangkok, avant d'arriver à Tourane. Au cours de ce périple de plus de trois jours, pendant de longues périodes de silence, chacun s'est réfugié dans ses propres pensées. Mais depuis l'escale de Colombo, nous ne pouvons pas

---

1 - Dès sa formation, la 1re ½ BCCP a adopté le béret rouge et les traditions du SAS (Special Air Service) britannique auquel appartenaient les unités de parachutistes français pendant la guerre de 39-45.

nous défaire d'un pressentiment obscur et indéfinissable. Dien Bien Phu reste gravé dans nos esprits.

Personnellement, je me demande comment une nation comme la France peut se lancer dans une guerre, en espérant la gagner, ou tout au moins en espérant obtenir une issue favorable, alors qu'elle n'est même pas capable d'acheminer un bataillon vers l'Indochine sans l'aide de l'aviation américaine. Nous arrivons à Tourane, au Centre-Annam le 23 avril 1954.

L'aventure indochinoise recommence…

***

CHAPITRE VI

INDOCHINE, DEUXIÈME SÉJOUR
1954 - 1955

Installation du 7e BPC à Hanoï. La chute de Dien Bien Phu

Notre arrivée à Tourane le 23 avril 1954 est très remarquée. Dans l'histoire de la guerre d'Indochine, c'est sans doute la première fois qu'un bataillon arrive au complet, par voie aérienne, en tenue civile.

Accueilli dans un cantonnement militaire, le 7e BPC change alors de peau. Il se met en tenue guerrière. Avant notre départ de Quimper, nous savions que la situation du camp retranché de Dien Bien Phu était devenue critique après l'offensive VM de mi-mars. Nous étions au courant de la chute des centres de résistance du nord *(Gabrielle, Anne-Marie, Béatrice)* et nous savions aussi qu'à la fin du mois de mars, il n'était déjà plus possible de faire atterrir nos avions. Mais depuis notre embarquement sur les *Globe Masters*, il y a quatre jours de cela, aucune nouvelle ne nous est parvenue sur l'évolution de la situation à Dien Bien Phu.

Nous procédons rapidement à notre installation pour nous donner le temps d'aller ensuite à la recherche d'informations que nous essayons de glaner auprès des officiers de la garnison de Tourane. Nous apprenons avec consternation que les combats menés dans cette cuvette - où sont engagés les meilleurs bataillons du Tonkin - risquent de se terminer par un désastre[1]. Faute de pouvoir être renforcées massivement et approvisionnées, nos troupes se trouvent dans une situation dramatique. Beaucoup d'officiers à Tourane considèrent que la bataille la plus importante de la guerre d'Indochine est pratiquement perdue. La question désormais est de

1 - L'État-Major de Saïgon l'envisage dès le 23 avril : " en cas d'attaque brutale en force, la chute du camp retranché peut se produire d'un jour à l'autre ". (Réf : " Dien Bien Phu " de Pierre Pellissier. Perrin, 2004.)

savoir combien de temps peut encore durer la résistance désespérée de nos troupes face à un adversaire disposant d'une supériorité écrasante. Il faudrait qu'un événement majeur vienne modifier le déséquilibre actuel : un renfort aérien venant de France, ou plutôt une intervention d'envergure des forces aériennes US du Pacifique [(1)]. Mais nous gardons en mémoire le comportement pour le moins peu chaleureux des équipages des *Globe Masters*, comportement qui nous avait déjà paru, en vol, de mauvais augure. Nous espérons qu'à Hanoï nous aurons des informations plus détaillées auprès de nos camarades de l'État-Major des FTNV (Forces Terrestres du Nord-Vietnam) et des troupes aéroportées.

Le lendemain, le bataillon embarque sur le *Gascogne* à destination de Haïphong où il arrive le 25 au matin. Après un transport par chemin de fer, nous rejoignons enfin Hanoï le 26 au soir et nous installons au *Séminaire*, à la périphérie de la ville. En fait, nous cohabitons avec la base arrière du 6e BPC de Bigeard qui a sauté sur Dien Bien Phu au mois de mars. À l'extérieur du cantonnement qui nous est destiné et face à l'entrée, nous occupons un bâtiment réservé au PC du bataillon et une villa servant de logement pour les officiers.

L'effectif total du bataillon est de 463 parachutistes : 19 officiers, 83 sous-officiers, 361 hommes de troupe. Dès notre arrivée, le 7e BPC est mis en alerte. Avec le 1er BPC (en Indochine depuis juillet 1953), nous sommes les seuls bataillons parachutistes de réserve générale pour une opération aéroportée. Les informations que nous recueillons sur place auprès de nos camarades du 6e BPC et en ville, à l'occasion de nos liaisons auprès des États-Majors, confirment l'impression désastreuse que nous avons ressentie à Tourane. La situation à la fin du mois d'avril se résume facilement :

- Plus de dix points d'appui ont été perdus depuis la grande offensive VM de mars.

- La zone principale occupée par nos troupes, englobant ce qui reste des centres de résistance " Huguette ", " Dominique ", " Claudine ", " Éliane ", est désormais réduite à un carré de 1 500 mètres de côté.

- Au sud, le secteur d'" Isabelle " est complètement isolé de ce réduit principal.

- Les renforts et approvisionnements par parachutages de nuit, devenus trop imprécis, sont de plus en plus problématiques.

- Notre Service de Santé, ne pouvant plus procéder à des évacuations, est débordé. Il ne peut plus remplir sa mission.

---

1 - Nous apprendrons plus tard que cette intervention, envisagée par les USA, a été bloquée pour des raisons politiques par la Grande-Bretagne.

Plus tard, nous apprendrons que nos forces réduites à 4 000 combattants font face à plus de 50 000 VM disposant d'une indiscutable supériorité en artillerie, puisque la nôtre a pratiquement disparu. De plus, l'adversaire, insensible aux pertes massives qu'il a subies, a la capacité de renouveler ses forces, ce qui n'est plus notre cas.

En même temps que nous recevons ces informations dramatiques, nous apprenons par la radio que la Conférence de Genève a débuté le 26 avril, ouverte à l'initiative des États-Unis et de la Chine, avec la participation des pays concernés. Il y sera question de la Corée [1] et surtout de l'Indochine.

Nous nous trouvons dans une situation vraiment singulière. À Genève nos responsables politiques vont parler de paix, alors qu'aux antipodes, la guerre à son apogée est sur le point de basculer vers une défaite majeure. Le temps semble jouer incontestablement en faveur de nos adversaires.

Le vendredi 30 avril et le samedi 1er mai, le 7e BPC est maintenu en état d'alerte. La tension monte. Le dimanche soir 2 mai, un exercice de saut est envisagé pour le lendemain à partir du terrain d'aviation de Bach Maï sur la ZS de Ha Dong. Le 3 mai, en début de matinée, la séance de saut est annulée. Dans ce contexte critique, nous accélérons notre mise en condition pour être prêts à sauter soit en renfort du camp retranché, soit dans le cadre d'une opération aéroportée qui serait envisagée pour aider le repli de la garnison assiégée.

Nous pensons à nos camarades sur le terrain et à l'hypothèse d'un désastre. L'idée d'un échec et l'affront qui en résulterait nous sont insupportables. Nous éprouvons un profond ressentiment envers ceux qui portent la responsabilité de cette situation désastreuse. Elle a déjà entraîné le sacrifice de nos meilleures troupes. En même temps, c'est un grand réconfort d'apprendre que beaucoup de militaires non brevetés parachutistes se sont portés volontaires pour sauter. Preuve que le moral de la troupe ne faiblit pas.

Ce lundi 3 mai, nous apprenons que le 1er BPC du capitaine Bazin de Bezons a été mis en alerte aéroportée la veille. Une compagnie a été larguée sur la cuvette dans la nuit du 2 au 3. Le même jour, nous invitons trois lieutenants du 1er BPC, toujours en alerte aéroportée, à venir déjeuner à notre popote d'officiers. Leur saut est prévu dans la nuit suivante. À table, l'atmosphère est lourde. Nous évitons de parler du saut opérationnel,

1 - L'Armistice de Panmunjom a été signé 9 mois plus tôt, en juillet 1953, mais les questions en suspens sont encore nombreuses.

mais le sujet est en filigrane dans notre conversation et nos plaisanteries habituelles tombent à plat.

Au moment de nous quitter, nos formules de politesse qui se veulent légères sonnent creux. Nos camarades, conscients de notre embarras, cherchent à nous mettre à l'aise sans nous laisser le temps de leur répondre. Leur sourire amer est lourd de sous-entendus lorsqu'ils ajoutent " *Ne vous en faites pas pour nous. Nous savons très bien ce qui nous attend; après le saut, demain ou après demain, nous serons tués ou prisonniers...* ". Puis après un court silence... : " *Mort aux cons!* " Repris en cœur. Des mots qui traduisent nettement l'état d'esprit de chacun d'entre nous. Nous n'osons pas leur exprimer notre admiration... ni notre rage intérieure. Nous ne les avons plus revus. Ils ont été largués avec leur compagnie, dans la nuit du 3 ou du 4.

Le capitaine Laupies, commandant en second nous quitte, affecté à la BAPN (Base Aéroportée Nord). Il est remplacé, une semaine plus tard, par le capitaine Roger Vailly. Le parachutage du 1er BPC se poursuit chaque nuit jusqu'au lever du jour sous un tir incessant de DCA extrêmement dense. Le 6 mai, ce largage sur Dien Bien Phu à l'aube est le dernier. Les conditions de saut n'étant plus acceptables après le lever du soleil, la dernière vague prête à sauter reçoit l'ordre de rentrer sur Hanoï.

Pour la journée suivante, le " Journal de Marche " du 7e BPC est suffisamment éloquent par sa brièveté et sa sécheresse:

" *Vendredi 7:*

16h30: Réunion des commandants de compagnie. Ordres pour le 8 mai (Inspection du 7e BPC par le colonel Sauvagnac, commandant l'EDAP, Élément Divisionnaire Aéroporté). Et pour le 9 mai (prise d'armes et défilé à l'occasion de l'anniversaire de l'Armistice et de la Fête de Jeanne d'Arc).

- Le chef de bataillon fait part à ses officiers de la fin héroïque des combats de Dien Bien Phu.

18h30: Apéritif d'honneur offert par les officiers et sous-officiers de la base arrière du 6e Bataillon de Parachutistes Coloniaux.

19h00: Mise en alerte du 7e BPC. "

Le bataillon est mis à la disposition du SAH (Secteur Autonome de Hanoï), une compagnie prête à intervenir à Hanoï en cas de troubles avec un préavis d'une demi-heure. Pour le reste du bataillon, préavis d'une heure. Le quartier est immédiatement consigné. Les ordres sont donnés aux commandants d'unité pour le renforcement des mesures de sécurité du quartier et en prévision d'une intervention possible.

La guerre continue… les opérations dans le Delta

La nuit du 7 au 8 sera longue et le sommeil des plus courts. La chute de Dien Bien Phu, inimaginable à notre départ de Quimper, provoque un grand choc. L'émotion est indescriptible. Nous sommes profondément perturbés. Questions et réflexions affluent en désordre dans nos esprits… Parfois contradictoires, elles restent pour la plupart sans réponses. Que vont devenir nos camarades de combat, nos blessés ? Beaucoup d'autres interrogations se chevauchent. Le rôle du camp retranché, le choix de la cuvette, les renforcements jusqu'à ce que le piège se referme, la décision de faire sauter le dernier élément du 1er BPC la veille de la chute, le choix du 1er au lieu du 7e, l'incapacité de ceux qui nous gouvernent ou nous commandent…

Le lendemain samedi 8 mai, inspection du colonel Sauvagnac (elle était programmée depuis le 7 en début d'après-midi… on en connaît maintenant la raison). Le dimanche 9 mai dans la matinée, le bataillon participe à une prise d'armes sur l'avenue Puginier, suivie du défilé. L'ambiance générale est particulièrement morose.

En raison des pertes massives subies à Dien Bien Phu [1], la pression VM se relâche dans les différentes zones opérationnelles. Désormais, le souci principal du commandement français au Tonkin est de protéger la capitale Hanoï et la voie nourricière Haïphong - Hanoï.

Au mois de mai, le 7e BPC reçoit des missions territoriales peu exaltantes. Il est mis à la disposition du colonel commandant le SAH qui doit être prêt à intervenir dans la capitale en cas de troubles graves. Il assure la protection des travaux pour la remise en état de la voie ferrée Haïphong - Hanoï qui a sauté à deux reprises, à deux semaines d'intervalle et au même endroit entre PK 13 et PK 15 (Point Kilométrique). Il relève un bataillon de Légion Étrangère pour la protection du terrain d'aviation de Gia Lam. Il participe aussi à des opérations de fouilles de village et de contrôles de populations dans la région de Hadong. Parallèlement, il renforce ses effectifs, principalement avec des parachutistes vietnamiens et des éléments en provenance de bataillons parachutistes dissous. Fin mai, l'effectif total est de 1 003 parachutistes (dont près de la moitié de parachutistes " autochtones ", terme utilisé à l'époque pour les militaires indochinois). Il a plus que doublé par rapport à l'effectif d'arrivée.

---

1 - Premier bilan chiffré : du côté VM : 8 000 morts, 1 500 blessés. (Réf : " Paras d'Indochine, 1944-1954 ". J.P. Pissardy, SPL, 1982.) Du côté français : 1 500 morts, 3 000 blessés, 10 000 prisonniers. (Réf : " Dien Bien Phu ", P. Pellissier, Perrin, 2004.)

Au cours de la première quinzaine de juin, les opérations de nettoyage dans la région de Hadong reprennent, cette fois-ci dans le cadre du GAP (Groupement Aéroporté) sous le commandement du lieutenant-colonel Romain-Desfossés, dans les calcaires de Nui Chau, puis à Nai Tu Chau en bordure du Fleuve Rouge. Sans grands résultats, tout au moins pour le bataillon. Entre-temps, le 8 juin, le commandement supérieur est remanié. Le général Ély (précédemment Chef d'État-Major des Armées) est nommé à la fois Commissaire général (en remplacement de monsieur Dejean) et commandant en chef (en remplacement du général Navarre). Le général Salan, venu rendre visite au 7e le 20 mai, prend officiellement les fonctions d'adjoint militaire au général Ély.

"Églantine", le repli d'An Khé sur les Hauts-Plateaux

À peine rentré d'opération le 13 juin, le 7e BPC est de nouveau envoyé à Gia Lam pour relever un bataillon du 5e RTM (Régiment de Tirailleurs Marocains) et assurer la garde du terrain d'aviation. Une mission de très courte durée, car le 16 juin, il doit rejoindre son cantonnement à Hanoï pour être aérotransporté le lendemain matin sur les Hauts Plateaux du Centre Annam, à Pleiku. Un mouvement prévu avec un effectif total de 650 parachutistes embarqués sur 31 avions *Dakotas*.

Je décolle avec le premier avion à 9 h 05, accompagné d'un détachement précurseur. En fin de soirée, le gros du bataillon est sur place, installé dans le camp militaire à 1 km de Pleiku. Le 7e est au complet le lendemain soir. Le 19 juin après-midi, nous prenons connaissance de notre mission [1] : " *une opération de grande envergure est prévue pour replier sur Pleiku, la garnison d'An Khé* [2]. *Un groupement ouest doit se porter, à partir de Pleiku, à la rencontre du groupement est* [3] *constitué par les troupes de la garnison repliée. La jonction est prévue aux environs du Poste de Milice de Mang Yang. Durée approximative de l'opération : 10 jours.* "

C'est l'opération " *Églantine* " qui ressemble étrangement à celle du repli de Cao Bang d'octobre 1950. Pour cette opération, nos forces assurant le recueil comprennent le GM 42 du colonel Sockel, renforcé du GAP 1

1 - Extrait du Journal de Marche du 7e BPC.

2 - Le camp retranché d'An Khé ravitaillé seulement par avion se trouve à l'est sur la RC 19 à 90 km de Pleiku, à 35 km de Mang Yang et à 22 km du Poste PK 22.

3 - Composition : deux bataillons de Corée, un bataillon du 43e RIC, un groupe d'artillerie, un bataillon léger vietnamien, un peloton d'autos-mitrailleuses, et plus de 200 véhicules. L'ensemble aux ordres du colonel Barrou.

(7e BPC, 3e BPVN) et des chars du 3/5e Cuir.

À partir de Pleiku, le 21 juin après-midi, après un mouvement en véhicules sur la RC 19 jusqu'à l'embranchement RC 19 - RC 19 bis, le GAP 1 s'installe défensivement pour la nuit. Des reconnaissances sont effectuées par le 7e BPC le lendemain autour de notre position.

Le 23, avec le GAP, le bataillon reprend sa progression à pied sous une chaleur accablante, le long d'une route jalonnée par des carcasses de camions et de chars, pour se porter à hauteur du village Dak Ryunh. Arrivé le soir, il assure la protection des éléments de commandement, de l'artillerie et des chars, en liaison avec le 3e BPVN du commandant Mollo.

Le lendemain, le 7e BPC découvre en début de matinée un dépôt souterrain de munitions, établit un contact avec le 6e Bataillon Montagnard, effectue une reconnaissance sur le village de Plei Kop, puis reprend ses positions initiales pour la nuit.

En fin de soirée, nous recevons les premières informations concernant le repli d'An Khé : elles sont désastreuses. Le groupement est (GM 100) parti de son camp retranché dans la nuit, est tombé dans une immense embuscade [1] à plusieurs kilomètres du Poste PK 22 en début d'après-midi. La plupart des 200 véhicules sont en flamme. L'aviation n'a pas pu intervenir efficacement en raison de la mêlée des combattants. Le groupement, totalement désorganisé et fractionné, essaie de rejoindre PK 22.

Le GAP 1 doit se porter de nuit en marche forcée sur PK 22. Ordre de progression : 3e BPVN, PC/GAP, 7e BPC (après notre relève par le 6e Bataillon Montagnard). Après une progression à vive allure, de nuit puis de jour sous un soleil de plomb, le bataillon atteint PK 22 vers midi. De nombreux rescapés du GM 100 [2] sont déjà recueillis par le Poste PK 22 commandé par un lieutenant de la Garde Montagnarde et par le 3e BPVN en tête de colonne. Le 7e BPC s'installe provisoirement, en couvrant la cuvette de PK 22 face au nord et au nord-est. Les éléments du GM 100 ayant survécu à l'embuscade de la veille continuent à refluer sur nos positions dans un grand désordre. Un parachutage de

1 - On saura plus tard que cette embuscade était tendue par le gros des forces VM de la région : notamment le Régiment 120 déjà sur place, renforcé par le Régiment 803 ayant pu rejoindre à marche forcée (alors qu'on estimait qu'il était trop éloigné pour entrer en action). De toute évidence, la mobilité de l'adversaire avait été sous-estimée… une fois de plus.

2 - En particulier le bataillon de Marche du 43e RIC, en tête de la colonne du GM 100, dont les unités n'ont pas subi de trop lourdes pertes.

ravitaillement est effectué et quelques blessés graves ou malades sont évacués par hélicoptère.

En fin d'après-midi, l'ordre de repli général est fixé :

- À 17 heures, départ des éléments du GM 100 en véhicules, sous la protection des unités du GM 42.

- À partir de 18 heures, après la destruction du Poste PK 22, départ du GAP 1 en arrière-garde avec les derniers rescapés du GM 100.

À 17 heures 30, la mise en œuvre de la destruction de PK 22 est terminée. Le 7e BPC est prêt à faire mouvement avec le GAP 1, quand un contrordre arrive. Départ retardé jusqu'à 23 heures 30, pour permettre au GAP 1 de recueillir le maximum de rescapés. Effectivement, à partir de 18 h 50, les survivants du GM 100 sans doute stimulés par le " feu d'artifice " de la destruction de PK 22 (visible et audible de très loin) rejoignent en nombre croissant les deux bataillons de recueil (le 7e et le 3e). Mais à partir de 19 heures 30, le nombre de rescapés recueillis se stabilise, puis décroît nettement après la tombée de la nuit.

Vers 20 heures, les positions tenues par la 2e Cie et la 3e Cie du 7e BPC sur les hauteurs dominant la cuvette face au nord sont soumises à des tirs de harcèlement. Arrivés à une distance audible de nos troupes, munis de porte-voix, les VM incitent nos militaires autochtones à tuer leurs officiers et à rejoindre avec armes les rangs de l'Armée Populaire. D'autres rebelles, voulant profiter de la confusion du moment, essaient de rejoindre nos avant-postes, en se présentant sous la dénomination d'un énième TDKQ [1]. En guise de réponse, sur ordre du chef de bataillon, un feu nourri est déclenché sur l'adversaire.

Une atmosphère d'insécurité, aggravée par le désordre des rescapés arrivant désormais " au compte-gouttes ", règne dans notre dispositif de recueil. Au PC du bataillon, avec le chef de corps, Vailly, et Daubas, nous avons l'impression que certaines unités VM recherchent l'accrochage avec nos compagnies, tandis que d'autres unités activent leur mouvement pour couper notre axe de repli.

À 20 heures 30, en notre présence, le commandant Balbin intervient auprès du lieutenant- colonel Romain-Desfossés pour lui faire remarquer qu'il n'est pas concevable de mettre en danger la sécurité de tout un bataillon pour assurer le recueil de rescapés de plus en plus rares.

1 - TDKQ : " Truong Doan Kuin Quan ", bataillon léger sud-vietnamien. Des décennies plus tard, à la lecture de documents se rapportant à l'opération " Églantine ", on sera amené à supposer qu'il s'agissait peut-être d'éléments du bataillon léger vietnamien (dont la dénomination officielle " 520e TDKQ " nous était inconnue à l'époque).

Il demande que l'heure de départ soit avancée. Le lieutenant-colonel accepte la proposition exprimée avec conviction et fixe le départ à 21 heures 30. La modification d'horaire imposée par la situation du moment est accueillie avec satisfaction et soulagement.

Ordre de mouvement : 7e BPC en tête, puis PC du GAP 1 sous la protection rapprochée de blindés, rescapés du GM 100, éléments du PK 22 et le 3e BPVN en arrière-garde. À l'heure fixée, le repli démarre progressivement, pour prendre bientôt une très vive allure, dans une lourde atmosphère d'insécurité. À minuit, nous arrivons à proximité du Col de Mang Yang. Le GAP 1 s'installe défensivement pour la nuit. Malgré l'effort physique demandé depuis 24 heures – dont une nuit complète sans sommeil – le moral du bataillon est toujours bon.

Le lendemain 26 juin, vers 9 heures, dans le lointain nous apercevons une colonne VM progressant comme à la manœuvre de chaque côté de la route venant de PK 22. Des tirs sont déclenchés par nos mortiers de 81, puis par l'artillerie du GM 42. Les chasseurs-bombardiers interviennent vers 10 h 30. Nous assistons au spectacle avec nos binoculaires, à partir des hauteurs du Mang Yang.

Dans la journée, l'ensemble du dispositif aux ordres du lieutenant-colonel Sockel se réorganise et reçoit des approvisionnements par parachutage. Le bataillon se déplace et s'installe dans une meilleure position défensive. D'autant plus qu'un bataillon VM est signalé à proximité de l'emplacement de la 3e Cie. Dans la nuit, des rafales d'armes automatiques et plusieurs coups de mortiers sont tirés sur la 2e Cie. Trois *coolies* sont tués.

Le 27 juin, l'ensemble des forces du lieutenant-colonel Sockel reprend sa progression vers l'ouest. En début de matinée, le bataillon du groupement de tête tombe sur une forte résistance VM aux abords de la rivière Dak Ayun et subit de lourdes pertes [(1)]. La progression du GAP 1, en arrière-garde se trouve bloquée. Le 7e s'installe défensivement, sous une pluie battante, en attendant les ordres. Vers le milieu de l'après-midi, nos armes lourdes tirent sur des éléments VM progressant sur la route venant du Col de Mang Yang. À la suite de l'intervention aérienne, l'ensemble des forces reprend sa progression et vers 18 heures, le GAP 1 suit le mouvement en arrière-garde avec le 7e BPC en queue du dispositif. Juste avant minuit, le bataillon s'installe au nord-ouest du village Dak Ryunh, de chaque côté de la route en liaison avec le 3e BPVN.

1 - 80 tués, nous le saurons plus tard.

Le 28 juin à l'aube, progressant en tête, le GAP 1 a pour mission d'occuper les hauteurs dominant la vallée de Plei Bon de part et d'autre de la RC 19. En arrivant à hauteur de l'objectif, à l'embranchement de la piste menant à Plei Bon, le 3e BPVN s'installe après avoir eu un léger accrochage vers 12 h 30 avec le VM. Le 7e prend position autour du *radier* de part et d'autre de la route. Avec le PC du bataillon, nous sommes sur la hauteur sud dominant le *radier*, à proximité du PC Romain-Desfossés.

Pendant cette mise en place, une violente embuscade se déclenche sur la route, sur le PC du GM 42, sur la rame de véhicules et le convoi d'artillerie. L'adjudant-chef Andral, commandant le train de combat du bataillon (cinq camions GMC transportant des évacués sanitaires et une *Jeep*) réagit immédiatement et énergiquement en ordonnant à tous les hommes de sauter de leurs véhicules et de foncer sur l'adversaire. Celui-ci, surpris par cette réaction inattendue, se replie en laissant six tués sur le terrain et un fusil. Les véhicules du bataillon sont intacts. Trois hommes de troupe du 7e sont légèrement blessés.

Plus à l'ouest, au moment où les unités d'avant-garde sont sur le point d'atteindre la jonction des routes RC 19 et 19 bis dans une zone relativement découverte, des vagues d'assaut VM se lancent sur le GM 42 et les unités du GM 100. L'intervention rapide de l'artillerie et de l'aviation provoque de lourdes pertes chez l'adversaire qui rompt le combat et se replie dans la jungle.

À 15 heures, le GAP 1 reprend son mouvement vers l'ouest, mais désormais à travers la brousse. Au PC du 7e BPC, après étude avec Daubas d'une photo aérienne, nous distinguons vaguement le tracé d'une piste longeant la crête au sud de la route RC 19 en direction est ouest dans une zone de végétation très touffue. Le commandant Balbin prend la décision de suivre cette piste en formation de colonne dans l'ordre : 1er - PC - Cie de commandement - 2e - 3e Cie. Il me demande d'assurer l'orientation de la compagnie de tête, à la boussole, car la piste se perd souvent dans la végétation. L'équipe de pointe se relaie pour servir de jalons et se frayer le passage au coupe-coupe afin de faciliter la marche.

À 18 h 30, en tête de colonne, nous avons la bonne surprise de déboucher sur une vaste plaine. En consultant la carte, nous réalisons avec un immense soulagement que nous sommes dans la bonne direction, celle de Pleiku. Le bataillon s'installe défensivement.

Dans la journée du 29, le GM 42 et les unités recueillies du GM 100 rejoignent Pleiku. À la demande du lieutenant-colonel commandant le GM 42, le 7e BPC assure une mission de protection sur les hauteurs du massif du Chu Grang en vue de l'implantation d'un poste, jusqu'à notre arrivée sur Pleiku le 2 juillet. " *Églantine* " est achevée. C'est l'opération *(1)* la plus importante après la chute de Dien Bien Phu.

Retour à Hanoï; défilé du 14 juillet et reprise des opérations dans le Delta

Après une journée passée à Pleiku, le 7e BPC est aérotransporté entre le 2 et le 4 juillet sur Hanoï, via Tourane. Le 4, à 23 heures, après l'arrivée de la dernière compagnie, le bataillon est au complet au *Séminaire*.

À l'arrivée nous apprenons que, dans la nuit du 2 au 3, des tracts VM ont été lancés à l'intérieur de nos cantonnements pour inciter nos parachutistes autochtones à déserter. L'effectif des " absences illégales " a tendance à croître régulièrement chaque semaine.

Le 8 juillet, le bataillon est mis en alerte aérienne (préavis de 6 heures). Puis le 11, il est mis en alerte terrestre, à la disposition du SAH (Secteur Autonome de Hanoï) en vue d'une intervention immédiate en cas de troubles dans la capitale. Les services de renseignement ont en effet noté que les esprits sont en effervescence dans les milieux vietnamiens. Le commandement redoute une insurrection générale à Hanoï.

Le 14 juillet, le bataillon participe à une prise d'armes suivie du défilé traditionnel dans le centre-ville, en bordure du Petit Lac. À l'issue du défilé, une démonstration de sauts en parachute sur le Lac et de vols d'hélicoptères est chaleureusement appréciée par une population qui a besoin d'un certain réconfort. Trop de rumeurs circulent dans les milieux touchés par la propagande VM.

Après le pot habituel pour célébrer la Fête Nationale, nous recevons un ordre de départ opérationnel fixé à 23 h 15, transmis par le GAP 1 commandé par le colonel Bastiani. Il s'agit d'une intervention avec trois bataillons parachutistes (le 7e, le 1er BPC et le 1er BPVN) dans la région de Huong Ngai au sud-est de Son Tay.

Vers 22 heures 45, pendant le rassemblement de la CCB, un parachutiste vietnamien lance deux grenades, l'une offensive, l'autre défensive au milieu de la section d'armes lourdes. Fort heureusement, la grenade défensive,

---

1 - Bilan des pertes subies par le GM 100 dans cette opération: "... Toute son artillerie, presque tous ses véhicules, la moitié de ses effectifs, environ 1200 hommes et son colonel avec tout son État-Major... Pour éviter un hypothétique Dien Bien Phu, on avait provoqué un très réel Cao Bang ". (Réf : " Histoire de la Guerre d'Indochine ", général Yves Gras. Plon, 1979.)

la plus dangereuse, explose sous une plaque de base de mortier de 81, ce qui limite son effet : sept militaires (à la fois Européens et Autochtones) sont blessés. Le coupable est pris sur le fait, puis confié à la Prévôté.

Quelques minutes plus tard, un caporal-chef européen excité par la boisson, peut-être aussi par le bruit des explosions, saisit un PM MAT 49 et ouvre un feu nourri. Il est maîtrisé à l'issue d'une " chasse à l'homme " et également confié à la Prévôté sans avoir provoqué de drame. Un feu d'artifices mémorable pour une soirée de 14 juillet. Malgré ces deux incidents déplorables, le départ s'effectue à l'heure, dans une ambiance de gaieté des plus relatives.

Après deux jours de ratissage à la recherche d'un adversaire identifié (d'après les documents récupérés, il s'agit du Régiment 57), mais insaisissable, le bataillon rentre au *Séminaire* le 17 juillet pour apprendre qu'il est mis en alerte terrestre avec un préavis de 15 minutes. Car la tension à Hanoï semble se renforcer au fur et à mesure que les rumeurs sur la cessation des hostilités se développent. On craint un soulèvement général. Consigne générale au cantonnement. Le soir du lendemain 18, changement de programme. Mise sur pied immédiate du bataillon en vue d'un aérotransport à Ban Me Thuot sur les Hauts-Plateaux du Centre-Vietnam, dès le lendemain matin.

Ban Me Thuot, Hauts-Plateaux du Centre ; l'Armistice ; Nha Trang sur la plage

Le 19 juillet, réveillé en pleine nuit, le 7e BPC (effectif opérationnel 596 parachutistes) se présente à 5 heures du matin au terrain d'aviation de Bac Maï. À partir de 6 heures, les décollages de 20 *Dakotas* et de deux *C 117* s'échelonnent. Après trois heures de vol, le bataillon est regroupé sur le terrain de Ban Me Thuot, puis sur la zone de destination à PK 8 à l'est de Ban Me Thuot, en vue d'une intervention possible sur la ville ou dans la zone.

Le lendemain 20 juillet, nous sommes informés de la situation. Les forces du Lien Khu V (Région militaire VM), après le repli d'An Khé, ont glissé vers le sud pour pouvoir, soit couper le repli éventuel de Pleiku sur Ban Me Thuot, soit intervenir directement sur cette agglomération avec un total de cinq bataillons VM réguliers et d'un bataillon territorial. Les troupes françaises sont centrées sur la RF 14 avec le GM 41 et sur la RF 21 avec le GM 42 pour faire face à cette menace. Le GAP 1 du colonel Bastiani, pour le moment, ne dispose que du 7e BPC en réserve.

Vers 21 h 45, le commandant Balbin, convoqué à l'EM du Secteur, est informé que le Bataillon VM 39 envisage de mener une action sur la plantation d'hévéas de Mewal (à 25 km nord-nord-est de Ban Me Thuot). Le 7e BPC reçoit la mission de se porter sur Mewal le 21 juillet à l'aube, pour assurer la défense de la plantation, en prenant sous sa coupe la garnison locale composée d'une section de Gardes Montagnards et la section ULB 25 (Unité Légère de Brousse).

Le 21, le 7e arrivé sur Mewal est prêt à remplir sa mission. Par le GM 41, nous apprenons que le poste d'Ea Hleo sur la RF 14 est abandonné à la suite d'une désertion massive d'autochtones. Le reste de cette garnison se replie vers le sud, sur Mewal. Nous prenons des dispositions pour assurer ce recueil éventuel.

Le jeudi 22 juillet, à 7 heures 15 du matin, un communiqué de Radio Saïgon annonce la signature de l'Armistice, à l'issue de la Conférence de Genève. À 16 heures, par message venant de Hanoï, nous apprenons que l'implantation du 7e BPC est prévue à Nha Trang, en bordure de la mer.

Le 23 et le 24, à la suite à ce message, nous envoyons un détachement précurseur sur Nha Trang, via Saïgon et prenons des dispositions pour assurer le déplacement de notre base arrière de Hanoï sur Nha Trang ainsi que l'accueil et l'installation des familles de militaires autochtones.

Le 27, les journaux et la radio indiquent que le cessez-le-feu est fixé au 27 juillet à 7 heures pour le Nord, au 1er août à 8 heures pour le Centre-Vietnam et au 11 août pour le Sud-Vietnam. Selon les termes de l'accord d'Armistice, la ligne de démarcation entre le Nord et le Sud-Vietnam est fixée à hauteur du 17e parallèle. Les troupes françaises disposent de 100 jours pour se replier sur Hanoï et de 200 jours supplémentaires pour se regrouper à Haïphong afin d'embarquer pour le Sud.

En date du 31 juillet, le Journal de Marche du 7e BPC donne un bilan très symptomatique des " absences illégales " des parachutistes autochtones. Entre le 1er et le 31 juillet inclus, le chiffre total est de 95, alors qu'il n'était que de 33 au 1er juillet. C'est le résultat d'une propagande VM insidieuse et efficace [1] qui aura d'autres répercussions sur le bataillon dont l'effectif total de 936 hommes à fin août comprend 436 autochtones, répartis dans toutes les unités.

---

1 - Quinze jours plus tard, le bataillon accueillera à contre-cœur 26 prisonniers autochtones libérés intentionnellement par le VM. En deux jours de présence, ce détachement provoquera des incidents importants auprès de nos propres autochtones. Une décision de mutation sera prise immédiatement pour éloigner ces 26 militaires afin de ne pas gangrener nos troupes.

Le 1er août à l'aube, le 7e BPC quitte Mewal pour rejoindre le terrain d'aviation de Ban Me Thuot. Entre le 1er et le 3 août, l'ensemble du bataillon opérationnel est aérotransporté sur Nha Trang. Il fait partie du GAP 3 commandé par le lieutenant-colonel Romain-Desfossés avec le 3e et le 7e BPVN, une Cie du Génie, une Cie de mortiers. L'ensemble du groupement s'installe sur la plage de Cu Lao, située à 2,5 km du centre de la ville, sous de grandes tentes, comparables à celles d'un camp de vacances si ce n'était leur couleur. Le PC de notre bataillon est également sur la plage, dans un bâtiment au *Séminaire*, avec le PC du groupement. Les familles des militaires autochtones, accueillies quelques jours plus tôt par le lieutenant Daubas, officier adjoint, sont logées à la " Cité de la reconstruction " dans le centre-ville.

La Base Arrière de Hanoï embarque le 11 août à Haïphong avec les véhicules et matériels lourds et rejoint Nha Trang le 14. Le 15 août, faisant suite aux instructions transmises par le GAP 3 au bataillon, une section de la 2e Cie, après avoir retiré de sa composition tous les militaires autochtones, assure une mission de convoyage de prisonniers VM libérés qui embarquent à bord d'un bâtiment de la Marine (le *LST Vire*). Cette mesure discriminatoire est durement ressentie par une troupe indochinoise qui se sent de plus en plus suspectée. La réaction ne tarde pas. Le lendemain dix parachutistes autochtones désertent (dont huit avec armes).

Le bataillon améliore progressivement son installation et profite de sa présence sur cette plage considérée comme la plus belle du Vietnam pour développer aussi ses activités marines. Nous avons l'impression d'être en villégiature. C'est un peu la préfiguration d'un " Club Med " militaire aux loisirs très variés. Bronzage sur la plage et plongée sous-marine, visite du Centre océanographique, promenade au port ou dans la rue Graffeuil, soupe chinoise sur le bord du trottoir, concours de pétanque chez *Jo* avec la participation du commandant Balbin et d'officiers du bataillon. La popote est établie au *Neptune,* un restaurant face à la plage, de l'autre côté de la ville.

Le bataillon reprend son entraînement TAP à partir de la Base aérienne de Nha Trang, sur la ZS de Vin Phu. Le 3 septembre, le GAP 3 reçoit la visite du général Ély, à la fois commissaire-général et commandant en chef. Après la prise d'armes habituelle, le commandant en chef réunit tous les officiers sous l'une des grandes tentes de la plage. Son exposé relativement bref sur la situation et les propos qu'il nous tient montrent très clairement que le général est surtout venu s'enquérir du moral des officiers parachutistes (excellent au demeurant, en tout cas visiblement meilleur que le sien), à la suite de l'Armistice. Puis il nous demande si nous avons des questions à poser. Après un lourd silence, gênant pour le commandant en chef, un lieutenant lève la main, puis se met au garde-à-vous…

— *Moi, Mon Général.*

Le général semble enfin détendu et soulagé.

— *Mon Général, est-ce qu'on peut fumer?*

On ne pouvait pas mieux exprimer, avec insolence, l'aigreur des jeunes officiers vis-à-vis du Haut-Commandement.

Après un nouveau silence pesant, par correction vis-à-vis de l'autorité supérieure et pour briser la glace, deux autres officiers se dévouent, là aussi sans ménagement et interrogent le général Ély sur le rôle actuel du Corps Expéditionnaire Français en Indochine dans un contexte évident de propagande anti-française. Ils l'interrogent également sur la présence de militaires autochtones dans nos propres unités dans ce même contexte. En somme, des questions qui mettent en évidence l'absurdité de notre politique. Le soir, à la popote, les officiers arrosent " l'esprit d'à-propos " du lieutenant dans une bonne humeur générale.

Une autre visite va présenter un intérêt exceptionnel, celle du colonel Langlais, peu de temps après sa libération par les Viets. Nous sommes impatients de le voir et de l'entendre nous décrire l'atmosphère qui régnait à Dien Bien Phu avant la chute. Le 27 septembre en fin d'après-midi, un champagne d'honneur est offert au colonel par les officiers et sous-officiers du bataillon après une visite qu'il vient de rendre à l'EM du GAP 3. Le colonel Langlais, amaigri et physiquement très affaibli par sa captivité, mais l'esprit clair et vif, nous explique brièvement l'ambiance des derniers jours. Puis, sur son invitation, les questions fusent.

Elles portent d'abord sur le commandement, la prise de décision. Il affirme nettement et sans ambiguïté que les décisions étaient prises par lui-même après consultation de ses subordonnés directs. Il en tenait informé le colonel (puis général) de Castries qui assurait surtout la liaison avec le général Cogny commandant les FTNV (Forces Terrestres du Nord-Vietnam). En fait, à la lumière de ses propos, nous comprenons que le vrai patron à Dien Bien Phu, après la grande offensive VM de mars, était le colonel Langlais.

À la question de savoir qui a pris la décision [1] de faire sauter le 1er BPC entre le 2 et le 6 mai à l'aube, alors que nous avions la nette impression à

1 - En fait, si la demande a été faite par le colonel Langlais, la décision a été prise par le général Cogny.

Hanoï que la bataille était perdue, le colonel Langlais en assume la totale responsabilité et en explique la raison. Il précise que dans les premiers jours de mai, en accord avec son entourage direct, il avait le sentiment que des deux côtés, les forces en présence étaient à bout de souffle. Il était alors persuadé que celui qui " *donnerait le dernier coup de pouce* " ferait pencher la balance et l'emporterait. Il reconnaît après coup son erreur, en nous demandant de nous reporter au contexte de Dien Bien Phu à ce moment-là, pour mieux juger les décisions qu'il a prises alors. Sur ce point précis, nous réalisons que le colonel Langlais revendique, en toute conscience, sa responsabilité de chef… sans chercher à la partager. Un vrai cas de conscience qui pèsera lourdement sur la vie de cet officier [(1)] droit comme une épée.

En écoutant ces propos, je pense à nos camarades du 1er BPC avec lesquels nous avons déjeuné la veille de leur saut sur Dien Bien Phu, trois jours avant la chute du camp retranché… Je repense aussi à notre sujet de dissertation au concours d'entrée à Saint-Cyr [(2)]. Par la suite, le témoignage de Khrouchtchev (voir Annexe 6) prouvera que le sentiment exprimé par Langlais sur l'importance du dernier " *coup de pouce* " n'était pas dénué de tout fondement.

Le Cap Saint-Jacques; Saïgon; l'adieu à l'Indochine

Le 5 octobre, nous apprenons que le 7e BPC devra s'implanter le plus rapidement possible au Cap Saint-Jacques [(3)] une station balnéaire bien connue au sud-est de Saïgon. Un nouveau déménagement alors que nous venions de terminer nos travaux d'installation au bord de la plage de Cu Lao. Encore un mouvement à planifier avec Jean Daubas, officier adjoint comme moi.

Après l'envoi d'un détachement précurseur pour préparer l'implantation, nous organisons le mouvement: par voie routière avec les véhicules organiques et le maximum de personnels, par voie ferrée (Nha Trang - Bien Hoa) puis voie routière (Bien Hoa - Cap Saint-Jacques) pour le reliquat de personnels et certains équipements, enfin par voie maritime pour le matériel lourd. Le mouvement est exécuté du 21 au

1 - Quelques années plus tard, le général Langlais se jettera, en tenue militaire avec décorations, du haut de son balcon.

2 - Voir la fin du Chapitre I: " Au nom de quels principes moraux un homme a-t-il le droit d'imposer à d'autres hommes le sacrifice de leur propre vie? "

3 - Dénomination actuelle: Vung Tau

27 octobre, date à laquelle le bataillon est regroupé au complet sur la plage de Tiwan à 2 km sud-est du centre-ville. Les sous-officiers et hommes de troupe sont sous la tente, les officiers sont logés dans des habitations en ville ou à proximité de nos cantonnements sur la plage. Comme à Nha Trang, nous avons l'impression d'être dans un centre de vacances en bord de mer. Nous poursuivons cependant notre entraînement militaire mais nous mettons l'accent sur les activités nautiques. Une façon de maintenir une bonne forme physique tout en faisant bénéficier la troupe d'un repos nécessaire. Dans cette atmosphère de détente, après accord du chef de corps, je propose à mon épouse Marcelle [1] de prendre l'avion (à mes frais évidemment) pour effectuer un séjour en Indochine à l'occasion de notre présence au Cap Saint-Jacques. Le commandant Balbin et deux autres officiers prendront la même initiative.

À partir du 1er novembre, nous faisons partie du GAP 2 (au lieu du GAP 3 auquel nous étions rattachés) qui passera sous le commandement du lieutenant-colonel Romain-Desfossés dès la mi-novembre et qui comprendra également le 2e BEP et le 1er BPVN, basés dans la région de Saïgon. Le 7e reçoit un renfort important venant de Métropole. Simultanément il perd une partie de ses effectifs autochtones [2] affectés hors du bataillon. En application des directives du commandement, il se réorganise avec trois compagnies entièrement européennes, une compagnie de commandement avec des effectifs mixtes et une Compagnie Indochinoise Parachutiste CIP [3], composée essentiellement d'autochtones. Dès le 13 novembre, le commandement de cette CIP est pris par le capitaine François Cartalade, qui est remplacé à la tête de la 3e Cie, le 15 décembre, par Jean Daubas. Celui-ci passe ses fonctions d'officier adjoint au PC, au lieutenant Arnaud de Baillenx.

Au 1er décembre 1954, l'effectif total du bataillon réorganisé est de 963 parachutistes dont 232 militaires autochtones. Le 16 décembre, le 7e BPC est envoyé à Saïgon pour une intervention surprenante. Une grève a été déclenchée par le syndicat du Port et les dockers vietnamiens refusent

1 - Mon épouse étant l'accompagnatrice d'un enfant en bas âge (celui d'un ami cadre civil à Saïgon, officier de réserve ayant servi au 7e lors du repli d'An Khé), l'autorisation de séjour lui est accordée sans difficulté.

2 - Dont un nombre significatif avait été déjà perdu en " absence illégale " (comme déserteurs).

3 - Nous retrouvons en fait l'organigramme des bataillons parachutistes de notre séjour précédent. Ce qui nous évite de faire un déshabillage d'effectifs autochtones (psychologiquement très mal perçu par les Vietnamiens) pour certaines missions délicates.

de décharger du matériel militaire destiné aux services de l'Intendance et du Matériel. Nos hommes remplacent les dockers jusqu'au 29 décembre. Le bataillon dans son ensemble n'apprécie pas du tout ce type de mission. Il prend conscience que les sentiments anti-français ont tendance à s'amplifier. Relevé par une autre unité, le 7e rejoint le Cap Saint-Jacques à la fin du mois.

Fin décembre, j'accueille Marcelle à l'aéroport de Tan Son Nut à Saïgon. On peut imaginer notre joie de nous retrouver après 8 mois de séparation. Un bref séjour dans la capitale du Sud-Vietnam et nous rejoignons le Cap Saint-Jacques pour nous installer dans un hôtel à proximité de nos cantonnements. Les épouses du commandant Balbin, chef de corps, du capitaine Cartalade, commandant la CIP et du lieutenant Gallet, commandant la 1re Cie, suivront à leur tour.

Le 15 janvier 1955, je prends le commandement de la 2e Cie à la place du lieutenant Romer qui assure mon remplacement comme officier adjoint au chef de corps. J'ai sous mes ordres des hommes remarquables, et en particulier deux gradés qui se distingueront plus tard dans la vie civile. [(1)]

Les premières mesures de déflation des effectifs du Corps Expéditionnaire Français [(2)] au Vietnam sont très bien accueillies. La plupart des cadres ne souhaitent pas rester au Vietnam pour remplir des missions dont ils n'apprécient pas l'utilité, dans une ambiance politique qui prend une tournure anti-française. En Algérie, les opérations militaires ont commencé. Nombreux sont ceux qui souhaitent partir en Afrique du Nord pour y participer.

Le président du gouvernement du Sud-Vietnam, Ngo Dinh Diem, n'a pas accepté les conditions du cessez-le-feu. Il impose sa dictature au pays, soutenu financièrement par les États-Unis qui ne cachent pas leur intention de prendre la relève des Français. L'Armée Vietnamienne est désormais placée entièrement sous commandement vietnamien, notamment les bataillons parachutistes regroupés dans un GAP sous le commandement du lieutenant-colonel Do Cao Tri [(3)].

Le premier trimestre 1955 ayant été consacré à l'instruction et surtout aux travaux d'aménagement de notre implantation au Cap Saint-Jacques, pendant deux mois au cours du deuxième semestre, le 7e BPC rejoint

1 - Le caporal-chef Roger Holeindre devenu plus tard journaliste, écrivain, homme politique; et le caporal Charlie Ubinger plus tard mercenaire au Congo-Belge, puis brillant directeur de sociétés rencontré dans la vie civile à Nouméa.

2 - Au 1er janvier 1956, il ne reste plus que 30 000 soldats français au Sud-Vietnam.

3 - Notre camarade de promotion de Coëtquidan.

Saïgon, à la suite de l'aggravation de la situation politique au Sud-Vietnam. Le gouvernement vietnamien veut imposer son autorité par la force aux minorités du Sud-Vietnam, en commençant par Saïgon. Officiellement notre présence dans la capitale a pour but d'assurer la sécurité de la communauté française et de nos installations. Elle a également pour but d'offrir éventuellement nos " bons offices " aux parties en confrontation. Mais en fait, nous jouons surtout le rôle délicat et irréaliste de troupe d'interposition avec tous les inconvénients qui en résultent.

Le bataillon opérationnel au complet est stationné sur le stade de la BMS en plein centre-ville. Il est en alerte immédiate prolongée, sans grand confort, avec l'obligation de dormir en tenue de combat pour pouvoir intervenir sans préavis. Le fait d'être sur une position située entre celle de l'Armée Vietnamienne et celle des Binh Xuyens armés qui sont tous deux en train de s'expliquer à l'arme automatique et à coup de mortiers, ne nous place pas dans une situation idéale. Un simple coup de mortier mal réglé, ou intentionnel, aurait des conséquences désastreuses. Nous sommes à la merci du moindre incident. À juste titre notre chef de corps " rue dans les brancards " auprès du commandement.

Bientôt, le 7e BPC est fractionné en unités (parfois même en sections) qui sont disséminées dans la ville de Saïgon. Elles sont imbriquées d'une façon incompréhensible, entre Vietnamiens et Binh Xuyens [1]. Les ordres donnés par le commandement sont invraisemblables, totalement irréalistes comme la suite va le montrer.

Pour mon unité (la 2e Cie), il s'agit d'interdire à l'Armée Vietnamienne le franchissement d'un carrefour menant à la position des Binh Xuyens. Mais nous n'avons pas l'autorisation d'ouvrir le feu [2]. Pour le commandement des troupes françaises, il faut avant tout éviter de provoquer un incident. Un bel exemple d'ordre ambigu et contradictoire.

Dans les faits, quand la colonne motorisée d'un bataillon vietnamien en armes prêt à engager le combat se présente au carrefour, nos parachutistes l'arrêtent… comme le feraient des policiers chargés de la circulation. Puis au moment où l'élément de tête débarque l'arme au poing avec ses officiers, nos troupes font signe de passer, en application des consignes données par moi-même et approuvées par le chef de corps. C'est évidemment

1 - Binh Xuyen, secte politico-mafieuse dirigée par Le Van Vien, alias Bay Vien. Le président Diem éliminera cette secte dès son arrivée au pouvoir en 1955. Devenu général, Le Van Vien trouvera refuge en France où il mourra en 1972.

2 - Ce point capital n'est pas mentionné dans l'ordre. Il faut poser la question au commandement pour avoir la réponse !

la seule façon d'éviter l'incident. Alors, à quoi sert notre action? Cette situation est mal vécue par nos troupes pour des raisons évidentes. Elle est très mal ressentie par les officiers de l'Armée Vietnamienne, persuadés que nous soutenons en sous-main les Binh Xuyens : j'en aurai la preuve très bientôt. Durant une courte période d'accalmie, alors que nous sommes encore basés sur le stade, j'apprends que le lieutenant-colonel Do Cao Tri se trouve avec son Groupement Aéroporté Vietnamien à proximité immédiate de notre position. Après accord de mon chef de corps, je quitte le stade pour rencontrer mon camarade de promotion. Il m'accueille très chaleureusement et après avoir évoqué nos bons souvenirs de Coëtquidan, nous décidons d'aller prendre un pot dans un bistro voisin pour bavarder.

Je lui dis que je commande une compagnie du 7e BPC et que nous risquons un jour prochain de nous trouver face à face. Do Cao Tri est persuadé que nous allons tout droit vers une confrontation armée si le commandement français continue à jouer le jeu de force d'interposition en soutenant en fait les Binh Xuyens au lieu de se tenir à l'écart de la politique intérieure vietnamienne. Son jugement me paraît excessif. Il me prouve le contraire en me racontant que ses troupes viennent d'arrêter une ambulance militaire française bourrée de munitions qui se dirige vers un campement Binh Xuyen. Connaissant Do Cao Tri, il m'est difficile de mettre en doute son témoignage, d'autant plus qu'il n'a jamais été dans nos usages de transporter des munitions pour nos troupes dans une ambulance.

Do Cao Tri ajoute qu'il fait le maximum pour tempérer ses troupes, en précisant qu'il s'agit sans doute d'initiatives de certains services dont les agissements échappent au commandement français. Mais il reste catégorique. La force d'interposition française n'a aucune raison d'être. Les Binh Xuyens doivent se soumettre à l'autorité vietnamienne, que cela plaise ou non aux Français. Avant de se quitter, je lui dis sous forme de boutade aigre-douce qu'il serait tout de même regrettable que l'on soit amené à se tirer dessus comme à Coëtquidan dans nos manœuvres à double action. En partant, je suis persuadé que Do Cao Tri reste profondément attaché à la France, malgré ces incidents inconcevables. Il se dit " écœuré " par l'attitude de nos responsables. Je partage son amertume. Tout en le suivant dans sa brillante carrière, je ne le reverrai plus jamais [1]. Un peu plus tard, ma compagnie est chargée d'assurer la sécurité, en plein

1 - Après le départ des forces françaises et leur relève par l'Armée Américaine, Do Cao Tri devient l'un des principaux chefs opérationnels de l'Armée Vietnamienne. Général de Corps d'Armée, il sera tué dans un accident d'hélicoptère dont les causes ne seront jamais élucidées.

centre de Saïgon, de la Résidence du général Ély, Commissaire général et commandant en chef des Forces Françaises en Indochine.

Je suis accueilli par un colonel qui semble être l'un des responsables de l'État-Major particulier du général. Le colonel m'explique la situation d'un air quelque peu mystérieux, comme s'il était soumis au secret : une opération vietnamienne est en cours d'exécution dans le centre-ville et la Résidence risque d'être attaquée (je ne sais pas si c'est par l'Armée Vietnamienne ou par des forces civiles insurrectionnelles... on ne peut pas m'en dire plus). Je suis donc chargé d'assurer la défense du réduit de la Résidence, le plus rapidement possible. Comme nous en avons assez de recevoir des ordres confus et imprécis, je l'informe que nous allons immédiatement procéder aux travaux de campagne pour mettre ma compagnie en position de défense. Ok, pas de problème. Dix minutes plus tard, le colonel se pointe complètement affolé à la vue de mes parachutistes en train de creuser des trous dans le magnifique jardin. Il faut arrêter immédiatement. Le colonel me précise qu'il faut défendre à tout prix la Résidence, mais " *ne faire les trous individuels qu'en cas d'attaque* " ! Les trous étant creusés à la force du poignet et non en appuyant sur un bouton, je m'interroge sur le sérieux de la consigne reçue. J'aborde alors, toujours par esprit de provocation (tout est permis pour un jeune lieutenant commandant d'unité opérationnelle), la question délicate de l'usage des armes, celle de l'ouverture du feu pour être encore plus précis. J'ai alors l'impression de lui arracher les tripes. Pas de réponse. J'ai compris : je devrais en prendre la responsabilité.

Fort heureusement (pour moi, mais surtout pour lui), tout se passe bien. Du haut de sa fenêtre, le colonel m'appelle gentiment dans son bureau et avec condescendance, me montre les parachutistes vietnamiens progressant en formation de combat le long de l'avenue longeant la Résidence. Il me donne une précision qui lui paraît importante :

— *Ce sont des troupes amies.*

— *Oui je vois, ce sont les troupes du lieutenant-colonel Do Cao Tri.*

— *Vous le connaissez ?*

— *Oui, c'est mon camarade de promo.*

Le colonel est doublement rassuré. Une heure plus tard, les mêmes troupes reviennent, mais en sens inverse. Le colonel vient me voir, il semble très déçu... mais sans la moindre explication [1].

J'ai le plaisir de constater que mes parachutistes sont restés impassibles,

1 - J'apprendrai plus tard qu'il s'agissait probablement d'une tentative de coup d'État, étouffée dans l'œuf.

comme d'habitude ne cherchant pas à comprendre, amusés par le mouvement d'aller-retour, faisant des signes amicaux à leurs camarades parachutistes vietnamiens, à travers les grilles de la Résidence. Je constate qu'au-delà de tous sentiments conjoncturels, il existe une fraternité d'armes entre parachutistes (je referai ce constat par la suite dans des conditions parfois surprenantes).

Pendant les deux ou trois jours passés à la Résidence, nous avons été très sensibles à la gentillesse dont Mme Ély a fait preuve à notre égard. Elle est venue nous voir, nous parler, prendre des dispositions pour améliorer " l'ordinaire de la troupe ". Elle sera très cotée par les parachutistes de la 2e Cie. Mais il n'est pas possible d'en dire autant des officiers de l'État-Major. On ne les apercevait, la plupart du temps, qu'à travers les vitres des fenêtres.

Nous avons passé la majeure partie du premier semestre 1955 en interventions à Saïgon à l'exception de quelques brefs séjours en base arrière au Cap Saint-Jacques au cours desquels j'ai le bonheur d'entrevoir mon épouse. Il nous paraît donc raisonnable d'abréger son séjour au Vietnam qui avait commencé malgré tout dans une ambiance très idyllique.

Marcelle prend l'avion pour Paris fin juin. Elle se retrouve en famille à Quimper le 3 juillet, heureuse de revoir sa mère et surtout notre fils Éric qui a déjà franchi le cap des 18 mois. Nous avons pris une heureuse initiative car, dès le mois de juillet, le 7e BPC change de stationnement pour la énième fois. Comme à Nha Trang, maintenant que notre installation est bien aménagée… nous déménageons. Nous recevons l'ordre de nous installer définitivement à Saïgon, dans le cantonnement de Bakeo. Le cadre de vie est agréable pour l'ensemble du bataillon. Nous apprécions tous les installations et les conditions matérielles que ce cantonnement nous offre. Mais les servitudes inhérentes à notre présence dans la capitale ne font qu'augmenter. Les consignes et les alertes sont fréquentes. Nous regrettons le charme de la vie en bord de mer que nous avons connu passagèrement à Nha Trang, puis au Cap Saint-Jacques. Ces alertes répétées prouvent aussi que les relations franco-vietnamiennes ne sont pas toujours à l'image des discours diplomatiques empreints de sentiments amicaux. En même temps le gouvernement du Sud-Vietnam fait savoir très nettement qu'il tient à garder ses distances par rapport à l'Union Française [1].

1 - Bien avant Dien Bien Phu, en octobre 1953, le Congrès National Vietnamien de Saïgon avait déjà fait savoir qu'il souhaitait une indépendance totale en dehors de l'Union Française.

Bien que la campagne de propagande anti-française se soit modérée au cours du 2e semestre 1955, la plupart des cadres pensent que le Corps Expéditionnaire Français n'a plus de raison d'être au Vietnam. D'autant plus que les combats en Afrique du Nord prennent de l'ampleur. Après avoir exposé mon point de vue au commandant Balbin qui comprend mes motivations, je rédige une demande de rapatriement anticipé. Cette demande mettra un certain temps pour franchir les divers échelons hiérarchiques.

En attendant que ma démarche aboutisse, j'ai la surprise de revoir le général Aubert que j'avais connu à Dijon lors de ma mission de propagande parachutiste. Nommé dans un poste d'adjoint auprès du commandant en chef, il me reconnaît au cours d'une prise d'armes et m'invite chez lui à plusieurs occasions. Il est apparemment très intéressé de connaître l'analyse d'un officier subalterne sur la guerre d'Indochine et particulièrement sur la situation de l'après-guerre à Saïgon. Il me donnera de son côté un autre point de vue de la politique française au Sud-Vietnam.

En septembre, du 19 au 20, je profite d'une accalmie pour demander une permission de détente et aller visiter le site du Temple d'Angkor au Cambodge avant mon départ pour la France. Le 11 novembre, je défile à Saïgon avec la 2e Cie : ce sera ma dernière cérémonie militaire au Vietnam. Grâce à l'approbation du général Aubert, j'apprends bientôt que ma demande est acceptée. Il me faut accélérer mes activités de fin de séjour. Profondément déçu par les événements qui marquent cette période au Vietnam, je pense désormais que plus rien ne m'attache à ce pays, si ce n'est le souvenir inaltérable de nos camarades tombés au combat sur cette terre d'Indochine.

Le 5 décembre, au cours d'une cérémonie présidée par le chef de Corps, je passe le commandement de la 2e Cie au lieutenant Titoulet [1], mon adjoint. Le 10 décembre 1955, je prends l'avion à l'aéroport de Tan Son Nut pour Paris. Quatre ans, jour pour jour, après le combat de Xom Sui et l'anéantissement de la 2e Cie du 1er BPC.

***

1 - Le lieutenant Titoulet sera tué en opération en Algérie.

CHAPITRE VII

RÉFLEXIONS SUR LA GUERRE D'INDOCHINE

L'engrenage des événements conduisant à la guerre: rappel historique

Pour comprendre ce qui a conduit à la guerre, il est nécessaire de rappeler la chronologie des événements marquants jusqu'au déclenchement du conflit et de mettre en lumière les raisons principales qui ont été la cause de l'échec des négociations.

- 25 juillet 1940: l'amiral Decoux est nommé Gouverneur général de l'Indochine, en remplacement du général Catroux. La résistance aux empiétements du Japon se poursuit.

- Décembre 1941 : entrée en guerre du Japon contre les États-Unis. Intensification des exigences japonaises en Indochine.

- 9 mars 1945: coup de force japonais en Indochine après le refus de l'amiral Decoux de placer les troupes françaises sous le commandement nippon. Arrestation de l'amiral.

En trois jours, élimination de la présence officielle française en Indochine.

Encouragement et soutien des mouvements indépendantistes indochinois par les Japonais jusqu'à la reddition des troupes japonaises en août 1945.

- 24 mars: déclaration du général de Gaulle, Président du GPRF (Gouvernement Provisoire de la République Française), concernant le futur statut de l'Indochine dans le cadre de l'Union française.

- 2 août: décisions de Potsdam, en l'absence de la France, fixant les conditions du désarmement de l'Armée japonaise en Indochine, par l'Armée britannique au sud du 16e parallèle, au nord par l'Armée chinoise.

- 6 et 9 août: bombardement nucléaire d'Hiroshima et de Nagasaki.

- 15 août : cessez-le-feu ordonné par l'Empereur du Japon à ses troupes.

- 16 août : le Conseil des Ministres du 14 août désigne l'amiral Thierry d'Argenlieu Haut-Commissaire et le général Leclerc commandant supérieur des troupes en Indochine. Le général de Gaulle signe l'instruction pour le Haut-Commissaire de France de " rétablir la souveraineté française dans les territoires de l'Union indochinoise ".

- 18 août : départ du général Leclerc pour l'Extrême-Orient.

- À partir du 20 août : emprise des " comités révolutionnaires " Vietminh (VM) sur l'ensemble du Tonkin.

- 22 août : en cours de route, arrêt du général Leclerc à Kandy (Ceylan) pour un entretien amical avec l'amiral Mountbatten, sur l'invitation de celui-ci. Communication au général d'informations capitales concernant l'Indochine.

- 25 août : insurrection VM à Saïgon.

- 28 août : franchissement de la frontière du Nord-Tonkin par l'Armée chinoise, chargée de désarmer les forces japonaises et de maintenir l'ordre au nord du 16e parallèle, en application des accords de Potsdam.

- 2 septembre : proclamation de l'indépendance du Vietnam par Ho Chi Minh.

- 12 septembre : débarquement à Saïgon des forces britanniques du général Gracey, chargées de recevoir la reddition des Japonais au sud du 16e parallèle.

- 5 octobre : arrivée du général Leclerc à Saïgon, après un long périple dans le Sud-Est asiatique [1].

- 31 octobre : arrivée à Saïgon de l'amiral Thierry d'Argenlieu, Haut-Commissaire.

- janvier 1946 : fin du gouvernement de Gaulle.

- fin février : rétablissement de la souveraineté française en Cochinchine, selon le général Leclerc.

- 6 mars : en fin de matinée, arrivée de la flotte française devant Haïphong, en vue de débarquer nos forces et de rétablir notre souveraineté au Tonkin. Grave incident franco-chinois provoqué par les tirs de la troupe chinoise.

- 6 mars : accords signés à Hanoï par Sainteny représentant le

---

1 - En attendant l'arrivée des troupes françaises à Saïgon, périple au cours duquel le général Leclerc signe la capitulation du Japon, complète son information sur la situation en Indochine, informe Paris, prend des dispositions auprès des Britanniques pour l'équipement, le transport des forces françaises, et rencontre l'amiral d'Argenlieu à Kandy puis à Chandernagor.

gouvernement de la République Française et Ho Chi Minh représentant la République du Vietnam, reconnu comme État libre [1].

- 18 mars : entrée du général Leclerc à Hanoï, à la tête d'un détachement blindé commandé par le lieutenant-colonel Massu.

- 24 mars : invitation de Ho Chi Minh par l'amiral d'Argenlieu sur le croiseur *Émile Bertin* en Baie d'Along.

- 3 avril : convention militaire signée par Salan et Giap, fixant l'organisation de la relève des troupes chinoises et prévoyant l'implantation des troupes françaises au nord du 16e parallèle : à Hanoï, Haïphong, Hongay, Nam Dinh, Hué, Tourane, Hai Duong, Dien Bien Phu et les régions frontalières.

- fin juin : départ des dernières troupes chinoises du Tonkin.

- 8 juillet : implantation des troupes françaises à Lang Son.

-19 juillet : le général Leclerc quitte Saïgon pour Paris, après avoir adressé une lettre à l'amiral d'Argenlieu pour lui préciser les raisons qui l'ont poussé à partir. Il estime que la mission qui lui a été confiée est accomplie militairement [2]. La partie doit être, à l'avenir, gagnée politiquement.

- juillet - août : conférence de Fontainebleau avec Ho Chi Minh et d'Argenlieu, sans la participation de Leclerc. Se termine par un échec.

Échec dû à l'initiative prise par d'Argenlieu, la veille des négociations, de créer un gouvernement autonome en Cochinchine, ce qui sape les perspectives d'unification des trois Ky (Tonkin, Annam, Cochinchine) sous l'autorité du gouvernement de la République du Vietnam. La rupture devient définitive à l'annonce de l'ouverture à Dalat d'une autre conférence sans le Vietnam, toujours à l'initiative de d'Argenlieu.

- 19 décembre 1946 : coup de force VM à Hanoï, début de la guerre d'Indochine.

Ces événements qui ont précédé le déclenchement du conflit permettent de mieux comprendre les raisons de l'échec des négociations.

***

1 - Le terme " Gouvernement du Vietnam " a un sens ambigu : pour le VM, il signifie le gouvernement des trois Ky : Tonkin, Annam, Cochinchine. Alors que dans le texte il est précisé que la réunion des trois Ky fera l'objet d'un référendum.

2 - À son départ, les principales agglomérations et zones portuaires sont occupées par les troupes françaises.

Le 16 août 1945, l'instruction donnée au Haut-Commissaire de France pour l'Indochine est claire: " rétablir la souveraineté française dans les territoires de l'Union indochinoise ". On peut dire que, sur le plan militaire, la mission avait été accomplie par le général Leclerc lorsqu'il a quitté Saïgon pour la France, en juillet 1946.

Sur le plan politique, les négociations n'ont pas abouti. Elles avaient peu de chances de réussir pour de multiples raisons. En particulier, la nomination d'un Haut-Commissaire mal choisi, l'ambiguïté de l'objectif fixé, l'attitude défavorable des Américains, le mauvais fonctionnement du GPRF (Gouvernement Provisoire de la République Française) et le caractère sectaire du gouvernement VM sous l'emprise de l'idéologie communiste. Tout d'abord, la nomination de l'amiral Georges Thierry d'Argenlieu, en qualité de Haut-Commissaire, sera lourde de conséquences. Ce choix, pour une fonction aussi importante et dans un contexte aussi difficile, montre que le général de Gaulle, Président du GPRF, avait pour l'amiral une très haute estime qui peut nous surprendre. En effet, on est en droit de s'étonner que le général de Gaulle ait commis une telle erreur d'appréciation, car l'amiral avait échoué lamentablement dans sa mission précédente en Nouvelle-Calédonie, un Territoire qui est loin d'avoir la dimension géographique de l'Indochine et la gravité de ses problèmes.

Il est particulièrement important de s'étendre sur ce point, car l'exécution d'une œuvre d'une telle ampleur dépend avant tout de la qualité du maître d'œuvre. Le jugement porté sur le capitaine de vaisseau d'Argenlieu, après son passage en Nouvelle-Calédonie comme Haut-Commissaire de la France Libre [1], de novembre 1941 à novembre 1942 est édifiant; il mérite d'être cité en grande partie: " *En Calédonie, l'Amiral d'Argenlieu, autoritaire, mal informé, agissant d'impulsion, se mettra rapidement à dos l'ensemble de la population qui lui reprochait son amour des États-Majors brillants et futiles, de fort choquantes dépenses somptuaires, des réquisitions abusives, une police tracassière, des arrestations et expulsions arbitraires d'hommes loyaux et estimés, sa dissolution du Conseil administratif ainsi que son manque de coopération vis-à-vis des troupes américaines. Les sentiments de la population se matérialisèrent, lors de " l' enlèvement " du gouverneur Sautot, gaulliste très populaire de la première heure, et de la séquestration de quatre notables, par une sorte de soulèvement (6 - 11 mai 1942) accompagné de grève. L'Amiral partit se réfugier à la Foa,*

1 - " Calédoniens, Répertoire bio-bibliographique de la Nouvelle-Calédonie ", publication de la Société des Océanistes, N° 3. Musée de l'Homme. Paris, 1953. Du Père Patrick O'Reilly. Pages 248-249.

y fut prisonnier de la population. Libéré sur la demande du général Patch (1)*, il avait perdu tout prestige local et sera rappelé à Londres un peu plus tard, ayant laissé en Calédonie le souvenir d'un proconsul sectaire, maladroit et, par certains côtés, inférieur à ses hautes fonctions.* "

En Nouvelle-Calédonie (un Territoire rallié de bonne heure à la France Libre), on se demande encore comment le général de Gaulle a pu faire ce choix capital, à une époque cruciale pour l'Indochine.

Ayant totalement échoué sur ce Territoire, l'amiral d'Argenlieu n'avait pas de toute évidence l'étoffe voulue pour réussir en Indochine. En revanche Leclerc, personnage d'une autre dimension, avait déjà prouvé sa réelle capacité. Il suffit de lire les témoignages de l'époque pour s'en convaincre.(2) À son immense prestige, s'ajoutaient chez le général Leclerc les qualités principales et indispensables pour réussir : une aptitude d'adaptation et une hauteur de vue exceptionnelles, la lucidité politique, le pouvoir de séduire les hommes et de nouer des relations.

Le tandem Argenlieu - Leclerc, dès le départ déséquilibré, ne pouvait pas fonctionner. Le pouvoir civil et militaire aurait dû être mis entre les mains d'un seul homme pour gérer l'imbroglio indochinois. Le général Leclerc était cet homme. C'est bien lui qui a été l'inspirateur de l'Accord du 6 mars 1946 signé à Hanoï par Sainteny et Ho Chi Minh. Mais dès le départ, cette négociation s'est établie sur des bases ambiguës et trop éloignées des réalités. Pour le GPRF, il s'agit de donner une large autonomie à chacun des cinq Territoires - le Laos, le Cambodge, la Cochinchine, l'Annam, le Tonkin - dans le cadre de l'Union Française. Pour le gouvernement du VM, le but recherché est l'indépendance d'un Vietnam unifié, composé des trois Ky : la Cochinchine, l'Annam, le Tonkin.Ne pas prononcer le mot " indépendance " comme s'il s'agissait d'un terme tabou paraît irréaliste dans cette partie de l'Asie alors que dans le même temps des pays comme les Philippines, la Birmanie, l'Inde s'y acheminent avec l'assistance des gouvernements américains ou britanniques.

Lors de leur première rencontre, dans une ambiance amicale, l'amiral Mountbatten (grand connaisseur des affaires asiatiques) avait déclaré au général Leclerc avec une franchise qui lui était propre, qu'il était " *stupide* " de ne pas parler d'indépendance. Il lui avait suggéré de " *faire une nouvelle*

---

1 - Commandant en chef des Forces US en Nouvelle-Calédonie.

2 - En particulier le livre " Leclerc, maréchal de France " du général Jean Compagnon. Flammarion, 1994. Par ailleurs, cet ouvrage donne deux informations intéressantes : d'Argenlieu avait été sous les ordres de Leclerc au Cameroun et au Gabon ; il avait obtenu sa quatrième étoile trois mois après Leclerc.

déclaration claire promettant l'indépendance " afin que cesse la lutte en cours. Le général Leclerc a bien saisi la nécessité d'agir politiquement dans ce sens, mais sa subordination hiérarchique, inutile et gênante, à Thierry d'Argenlieu a contribué à ralentir et à compliquer à la fois la négociation avec le VM et la communication avec Paris (déjà très difficile), l'amiral d'Argenlieu ne cherchant pas à convaincre le GPRF de la nécessité de cette négociation, bien au contraire.

Dans ce contexte, s'ajoute la position, peu favorable au rétablissement de la souveraineté française, des Américains, traditionnellement anticolonialistes. L'attitude bornée du général Wedemeyer, conseiller US auprès de Tchang Kaï-chek et de ce fait le comportement hostile des troupes chinoises au nord du 16e parallèle le prouve.

À ces raisons importantes, il convient d'ajouter la faiblesse du Gouvernement Provisoire, dans l'après-guerre. C'est un lourd handicap pour aboutir à une solution politique.

En cette période cruciale pour l'Outre-Mer, ce gouvernement a le grand défaut d'être instable. Après le départ du général de Gaulle en janvier 1946, quatre autres présidents du Conseil se succèdent en un an jusqu'au 22 janvier 1947 : Félix Gouin, Georges Bidault, Léon Blum, Paul Ramadier. Il est difficile d'avoir une continuité de politique d'Outre-Mer (surtout si elle est mal définie dès le départ) lorsque l'on change de premier ministre tous les trois ou quatre mois. D'autant plus que les gouvernements qui se sont succédés ne connaissent rien à l'Indochine. Coupés de ce pays depuis près de cinq ans, après la mise à la porte pour le moins incongrue de l'amiral Decoux qui avait fait de son mieux pour maintenir la présence française, ils méconnaissent la gravité de la situation et l'évolution révolutionnaire du VM. Ils n'ont même pas conscience que la France a subi là-bas une grande perte de prestige. Aux yeux des Indochinois, la France a été battue par les Allemands en 1940, par les Japonais en 1945. Au besoin, le VM est là pour le leur rappeler par une propagande permanente et insidieuse.

La faiblesse du Gouvernement Provisoire se retrouve aussi dans le désordre de son fonctionnement. À tel point que les modalités de l'Accord de Potsdam relatives à l'Indochine, fixées dès les premiers jours d'août 1945, ne sont pas transmises au général Leclerc avant son départ pour l'Asie le 18 août. C'est l'amiral Mountbatten qui donnera à Leclerc, lors de leur premier entretien à Kandy (Ceylan), les informations sur le désarmement des troupes japonaises en Indochine : par les Britanniques au sud du 16e parallèle, par les Chinois au nord !

Le fonctionnement du gouvernement est également déplorable par la lenteur des communications. Les réponses de Paris tardent à venir et Leclerc s'en plaint amèrement auprès du général de Gaulle. En fait, on ne sait pas si ce problème de communication est inhérent au dysfonctionnement ou à une certaine apathie. Car le gouvernement, préoccupé par les problèmes internes français, témoigne peu d'attention à la question indochinoise.

Par conséquent, toutes les conditions sont loin d'être réunies pour conduire efficacement les négociations politiques et les faire aboutir. Surtout face à Ho Chi Minh, un adversaire " implacable " et sectaire, soutenu par un gouvernement qui fait bloc, animé par une idéologie qui a les faveurs de l'URSS et prêt à payer le prix qu'il faut pour atteindre rapidement son objectif : l'indépendance du Vietnam unifié composé des trois Ky, au mépris des souffrances du peuple indochinois.

Après le départ du général Leclerc le 19 juillet 1946 et la Conférence de Fontainebleau en juillet – août dont l'échec incombe en grande partie à l'amiral d'Argenlieu, les incidents se multiplient et s'amplifient en Indochine, surtout au nord. C'est l'engrenage jusqu'au coup de force VM du 19 décembre 1946. Dès lors, il n'y a plus d'interlocuteurs à Saïgon ou à Hanoï. Dans les montagnes de la Moyenne Région, comme leurs troupes, ils sont insaisissables.

Pendant toute son action en Indochine, le général Leclerc avait attiré l'attention du gouvernement sur l'urgence d'une solution politique. En janvier 1947, à l'issue d'une ultime mission, il s'exprime clairement dans la conclusion prémonitoire d'un rapport [1] adressé au Président du Conseil : " *Le problème indochinois est avant tout un problème politique. Il reste entier. Si on ne veut pas se laisser entraîner à une nouvelle guerre d'Espagne au temps de Napoléon ou à une expédition du Mexique, il est absolument nécessaire de gagner la partie politique dans les meilleurs délais. Le gouvernement français doit définir d'urgence sa politique en Indochine, et le personnel chargé de l'appliquer sur place doit s'y conformer.* "

De toute évidence, il était impératif, dans un premier temps, d'assurer la sauvegarde de la communauté française en Indochine. Le général Leclerc l'a bien compris (dès son premier contact avec Mountbatten au cours duquel il s'était un peu emporté). Il a agi en ce sens et s'est mis en position de force pour négocier. Mais la négociation politique n'a pas suivi, elle a capoté.

1- Dont les extraits figurent dans le livre : " Le général Leclerc " par le général Vezinet, éditions J'AI Lu, 1982.

La RC 4 : l'incapacité du pouvoir politique à devancer l'événement

À partir du 19 décembre 1946, la France s'installe dans une guerre nouvelle, un conflit de guérilla qui demande des moyens militaires énormes. Au fur et à mesure que le temps passe, il en faudra de plus en plus pour " se mettre en position de force en vue de négocier " face à un Vietminh qui prend de plus en plus de poids. Jusqu'au moment (très proche) où la France n'aura plus les moyens de sa politique : elle sera piégée dans la guerre, comme les militaires seront piégés dans les opérations.

Déjà affaiblie, épuisée par la Seconde Guerre Mondiale, la France n'est plus une grande puissance mondiale. Elle n'a pas la capacité de projeter ses forces aux antipodes et de s'adapter à une guerre révolutionnaire pour laquelle ses chefs militaires ne sont pas préparés.

Elle n'a pas non plus le soutien de la Nation, ni la volonté politique de conduire cette guerre, ni celle de négocier. Et dans l'ensemble, il faut le dire, les officiers, surtout les cadres supérieurs, ne montrent pas un enthousiasme délirant pour participer à cette expédition lointaine. Ce sont les mêmes cadres subalternes qui iront faire des allers-retours ou des allers simples. Comme dans toute armée, il faut faire une distinction entre les " militaires " qui font carrière et les " soldats " dont la vocation première est de faire la guerre. Après l'Armistice de 1940 et jusqu'en 1945, la majorité des officiers d'active n'ont pas fait campagne. À partir de 1951, quand il a fallu renforcer le Corps Expéditionnaire sur la demande pressante du général de Lattre, à défaut d'un volontariat suffisant, un grand nombre d'officiers ont dû être désignés par le commandement pour partir en Indochine.

De plus, la plupart des officiers supérieurs et généraux savent que l'Indochine n'est pas ce qu'il y a de mieux pour faire évoluer leur carrière. Il est difficile d'y réussir, même avec un brevet d'École de Guerre [(1)]. Ainsi, les compagnies sont commandées au mieux par des lieutenants, et les bataillons par des capitaines.

Dans ce contexte général peu favorable, si le gouvernement laisse les généraux commandants supérieurs " conduire les opérations " ce qui est leur rôle, il se montre incapable de " conduire la guerre "... ce qui est pourtant son rôle. Le gouvernement se doit d'avoir la capacité de définir un but de guerre et d'en suivre les opérations à partir de Paris. Cette condition ne s'est jamais réalisée. Car en France, on peut devenir Président de la

1 - Contre une armée qui n'a aucun breveté et n'éprouve pas le besoin d'en avoir pour réussir.

République, chef des Armées ou Ministre des Armées, sans pour autant avoir une connaissance suffisante de la Défense Nationale, de l'emploi des armées et par conséquent de la " conduite de la guerre ". On est loin de l'époque où Clémenceau disait sous forme de boutade " *La guerre est une affaire trop sérieuse pour être confiée aux militaires* ". À Paris, il n'y a aucune symbiose entre politiques et militaires... comme cela a été le cas en 39-40.

C'est ainsi qu'à la fin de l'année 1947, au Tonkin, après une série d'opérations, les troupes françaises s'implantent sur la frontière de Chine. Sans avoir une réelle raison de s'y trouver, sans avoir les moyens de s'y maintenir... et surtout sans penser à se retirer à temps quand elles ont encore la possibilité de le faire. Car de son côté, le gouvernement n'a pas su devancer l'événement. C'était avant tout sa responsabilité.

En effet, le deuxième semestre de l'année 1947 marque un tournant historique important dans le monde et particulièrement dans le Sud-Est asiatique. Il y a l'annonce prémonitoire d'un fait majeur : la création du *Kominform* (1). Et, dès l'été 1947, après les offensives de Lin Piao en Mandchourie et le début de la débâcle des nationalistes en Chine, plus rien n'arrête les forces communistes dans leur conquête du territoire national jusqu'à la frontière du Tonkin.

Dans ce contexte, on peut s'interroger sur l'intérêt de la présence des postes français sur l'immense frontière de Chine, face à un pays qui représente déjà le quart de la population mondiale et dont les futurs dirigeants sont animés par la même idéologie que les cadres VM.

Selon les témoignages écrits ou oraux, il est tout à fait évident que ces postes de la " Zone Frontière du Nord-Est ", dans " *ce morceau de Chine en territoire tonkinois* (2) ", n'ont pas de réelle utilité, car cette frontière imaginaire est une réelle passoire dans les deux sens. Elle est incontrôlable. Et dans ce paysage de jungle, loin de nos bases, sans le soutien efficace de l'aviation, parfois sans celui de l'artillerie, nos postes, exposés aux actions

1 - Organisation centralisée du mouvement communiste international durant la période 1947 - 1956. Le nom de Kominform vient de la contraction, en russe, de " Bureau d'information des partis communistes ". Organisation qui a pour but de contrôler l'évolution idéologique et politique des états ou partis communistes participants.

2 - Expression utilisée par le colonel de Crèvecœur. En effet, les cours supérieurs des rivières de la Région Cao Bang - Lang Son, appartiennent au bassin du fleuve Si Kiang qui se déverse en Chine. La frontière naturelle du Tonkin - celle de la ligne de séparation des eaux - se situe à l'ouest de Cao Bang et de Lang Son.

incessantes du VM [1], deviennent indéfendables à terme. Ainsi, il est évident que nos postes de la " Zone Frontière du Nord-Est " contribuent à disperser nos forces tout en s'exposant à un grave danger.

Mais le commandement ne prend pas la décision de replier ces forces à temps sur le Delta tonkinois, où elles seraient beaucoup plus utiles. Il a attendu que le piège de la RC 4 se referme avec l'arrivée des troupes chinoises sur la frontière.

En effet, si le but fixé est toujours le même [2], c'est incontestablement dans le Delta et dans ses environs immédiats que la bataille principale doit être menée. Car c'est sur ce terrain que notre supériorité en artillerie et en aviation s'exerce pleinement, sans assujettir nos troupes à la protection coûteuse de nos communications.

Par la suite, les faits ont en effet prouvé que le corps de bataille VM a toujours subi de lourdes pertes chaque fois qu'il s'est approché du Delta ou qu'il a réussi à y pénétrer [3].

Après le désastre prévisible de la RC 4, les positions se sont inversées. Du fait de l'inertie de notre gouvernement, incapable de devancer l'événement et de pousser le commandement dans la bonne direction, c'est le VM qui se trouve en position de force. Mais l'adversaire commet la grave erreur politique de ne pas entrouvrir la porte des négociations alors qu'il est en position favorable.

La Bataille de la Rivière Noire : après le sursaut, l'objectif fixé n'est pas atteint. 14 novembre 1951 - février 1952

Le texte qui suit est celui de mes réflexions sur les combats de Hoa Binh à la suite d'un voyage que j'ai effectué au Vietnam en 1995. Il est paru dans un recueil réalisé par notre promotion avec le témoignage de nos camarades.

" *Après avoir fait mon pèlerinage à Xom Sui et avoir visité les principaux sites de cette grande bataille de la Rivière Noire… 43 ans après, je me suis*

---

1 - À titre d'exemple, en un seul mois (mars 1949) il y aura 15 actions VM dont l'occupation de trois Postes sur la RC 4. (Réf : " Les combats de la RC 4, face au Vietminh et à la Chine " de G.Longeret, J.Laurent, C.Bondroit. Indo Éditions, 2004.)

2 - Celui que s'était fixé le général Leclerc : se mettre en position de force pour permettre au gouvernement de négocier dans des conditions favorables.

3 - Par exemple à Vinh Yen à proximité immédiate du Delta avec le général de Lattre en janvier 1951 ; dans le Delta avec le général de Linarès en 1951, puis avec le général Vanuxen après Dien Bien Phu en 1954 - 1955.

posé des questions sur la conduite des opérations et surtout sur la conception de cette bataille destinée à reprendre l'initiative de la guerre. Je pense qu'on est maintenant en droit de rétablir certains faits, quitte à bouleverser un mythe [1] : c'est un devoir de mémoire à l'égard de nos camarades de combat restés sur le terrain dans le cadre de cette opération d'envergure... et de prestige.

Tout d'abord, sur l'opération conduite sous les ordres du GM 7 à Xom Sui, je me bornerai à citer quelques faits ...[2] Car, c'est surtout sur l'opération d'Hoa Binh dans son ensemble que je porterai mon jugement - peu conventionnel j'en conviens - pour montrer que l'idée de manœuvre séduisante sur le papier était en réalité démentielle.

C'est l'opinion qui s'est dégagée sur le terrain au fur et à mesure de mon périple. Je n'avais pas encore reçu le recueil sur les " Combats de Hoa Binh " dont je tiens à féliciter les auteurs. Les témoignages des camarades n'ont fait que conforter mon jugement après mon retour de voyage.

Commençons par les raisons ont qui motivé le choix de Hoa Binh dans l'esprit du général de Lattre et de son État-Major.

Zone de combat accessible par deux voies de communications: Rivière Noire, Route Coloniale N° 6. J'en ajouterai une troisième: la Route de Son Tay débouchant sur la Rivière Noire à Ap Da Chong. Il suffit de lire les textes remarquables de Lebegue et de Norel pour se convaincre que l'accessibilité fluviale était assez théorique: elle n'a pas duré longtemps. Elle aurait exigé des moyens trop importants pour être réalisée et maintenue. Il en est de même de la RC 6 et de la route de Son Tay - Ap Da Chong. Les témoignages le confirment. Il suffit de voir le volume des moyens qu'il a fallu mettre en place dans " Arc-en-Ciel " pour maintenir la sécurité de la RC 6 pendant 48 heures. Ou de refaire ce trajet tranquillement en touriste pour se rendre compte de l'extrême vulnérabilité de ce cordon ombilical.

Que dire du terrain? En dehors de la proximité du Delta – facteur favorable à l'Artillerie et à l'Aviation – il a été mal choisi car il était plus favorable à l'ennemi qu'à nos forces; léger, sans véhicules, souvent à l'abri de l'aviation grâce à une végétation touffue et à son art du camouflage, connaissant parfaitement le terrain, le Viet manœuvre par les pistes secondaires peu connues, ou ouvertes si nécessaire au coupe-coupe en fonction de sa manœuvre

---

1 - Dont nous avons nous-même subi la démesure, dans un tout autre domaine, à Mutzig après notre admission à l'école (allusion au général de Lattre. Voir Chapitre II).

2 - Paragraphe supprimé, voir récit complet dans le Chapitre IV.

à partir du moment où il reprend l'initiative (dès le 10 décembre) ; à l'inverse, nos unités d'infanterie sont souvent tributaires de rares pistes carrossables – connues des Viets et favorables aux embuscades – ou ralenties par une végétation très dense (comme le 7e BPC le 9 et 10 décembre) pour manœuvrer à pied. Le terrain est encore moins propice aux escadrons de chars qui parfois ne peuvent même pas faire demi-tour sur place, et souvent aveugles, se font " bazooker "à bout portant. Quant aux chasseurs-bombardiers, leur rotation sur Hanoï est courte, mais ils sont moins efficaces que les canons quand l'objectif est mal identifié ou quand le contact est tout de suite engagé au corps-à-corps. Je l'ai moi-même constaté à Xom Sui. Par contre, l'artillerie joue un rôle majeur en contribuant chaque fois à nous sortir de ce guêpier ... à condition que le DLO ne soit pas tué. Enfin, si les populations comme les Muongs nous sont favorables, les Viets ont fait le vide dans de nombreux cas, avant notre arrivée, sous prétexte d'éviter les pertes civiles.

Reste l'argument de la voie importante reliant le Viet Bac (nord) au Than Hoa, la plaine du sud. Au Vietnam pendant mes deux séjours, je me suis toujours demandé ce que pouvait signifier l'expression " couper une voie de communication ". Chacun sait que le Viet est capable de tracer une bretelle au coupe-coupe à côté de la " coupure " ou de passer par une autre piste invisible [(1)]. Les Américains eux-mêmes, malgré leurs forces aériennes puissantes sans commune mesure avec les nôtres, n'ont jamais réussi à arrêter le flot de la piste Ho Chi Minh et en tout cas n'ont jamais cherché à monter une opération aéroterrestre hasardeuse pour la " couper ".

Pour ce qui concerne le bilan général, honnêtement, il est difficile de partager l'autosatisfaction du général Salan - lequel sans doute était l'initiateur de cette opération d'envergure sous la responsabilité de de Lattre.

En effet, au plan militaire, le VM nous a contraint à nous replier et a repris l'initiative. Il a même profité de la situation pour " pourrir " le Delta. Quant aux pertes sur le terrain, il est vrai que les divisions VM ont été durement éprouvées par la bataille. Mais à mon avis, c'est une erreur de comptabiliser les pertes et de les comparer d'une façon arithmétique, car le Viet est chez lui, en situation de mobilisation générale ; totalitaire, il peut refaire ses forces à sa guise. Ce n'est pas notre cas. De plus, il a la ferme détermination de vaincre - encouragé en cela par notre mollesse gouvernementale - quel que soit le prix de sa victoire. Il l'a prouvé puisqu'il a fini par obtenir une victoire militaire incontestable le 30 avril 1975 aux prix d'un " Dien Bien Phu politique, économique et financier ".

---

1 - Les camarades H.Legrand et N.Durand ont apporté le même témoignage.

Une fois de plus, quand on compare les pertes, il faut admettre que l'échelle des valeurs (celle de la vie humaine en particulier) est différente selon que l'on se trouve dans un pays démocratique ou totalitaire.

Sur le plan politique, ce fut un échec car le gouvernement s'attendait à une victoire de prestige pour pouvoir négocier dans une situation de force. Le contraire s'est produit, de plus avec le chef le plus prestigieux de l'Armée Française. Échec ressenti en France, mais beaucoup moins que dans le monde. Dès lors, si Ho Chi Minh avait été un grand homme d'État, il aurait lui-même proposé " la paix des braves ", car malgré son échec sur la RC 6 et ses pertes, il avait sauvé la face et était en situation de force.

Hoa Binh - seulement à une soixantaine de kilomètres de Hanoï à vol d'oiseau - comme Na San, plus tard, sauvé de justesse, aurait pu servir de leçon pour éviter Dien Bien Phu. La Bataille de la Rivière Noire prouve, une nouvelle fois, qu'une idée de manœuvre brillante, conçue par un chef prestigieux, mais échafaudée sur des hypothèses peu réalistes, ne résiste pas à l'épreuve, surtout quand l'ennemi ne joue pas le jeu de la guerre conventionnelle. "

Ayant relu ce texte plusieurs années après, je confirme cette appréciation... peut-être pas suffisamment sévère vis-à-vis du général Salan, " seigneur de guerre " au Vietnam (son " fonds de commerce ").

Dien Bien Phu, l'opération " Castor " : un désastre. 20.11.53 -7.05.54

Dien Bien Phu a fait l'objet d'un grand nombre d'écrits : livres, rapports, articles [1]. Les principaux facteurs ayant déterminé l'issue de la bataille ont déjà été passés en revue :

" *La forteresse au rebours des idées admises, établie non sur des hauteurs, mais au milieu d'une plaine en forme de cuvette de 6 km sur 16, son éloignement par rapport à nos bases aériennes, sa proximité par rapport à la Chine, le choix des généraux chargés de conduire les opérations et du colonel commandant le camp retranché, notre excès de confiance, nos fautes de commandement, les graves contraintes subies par nos forces dont l'abnégation a été mise à rude épreuve, notamment après la perte de la bataille d'artillerie... la sous-estimation de la capacité VM en artillerie et en défense antiaérienne, la capacité de son infanterie pour creuser des " termitières " et attaquer en marée humaine, le renouvellement continu de ses forces, l'aide chinoise massive...* "

1 - Voir Annexe 7, l'hommage rendu aux combattants du Dien Bien Phu par les anciens de la 101ᵉ Division Aéroportée US.

Mon intention est de faire des remarques préliminaires sur les deux facteurs déterminants de la bataille - l'artillerie et l'aviation - avant d'exprimer quelques réflexions découlant principalement de la lecture du livre " *Dien Bien Phu* " de Pierre Pellissier, Perrin, 2004, un ouvrage très documenté citant des références officielles.

L'Artillerie

La sous-estimation de l'artillerie Viet et surtout la méconnaissance de sa mise en œuvre révolutionnaire ont été les raisons principales de notre échec. Pour la première fois de l'histoire militaire, dans la phase préparatoire du duel d'artillerie consistant à réduire au silence l'artillerie adverse, le VM n'a pas installé ses canons, sur la contre-pente, en unités regroupées ouvrant le feu en même temps pour obtenir l'effet de masse, selon la tactique de Napoléon enseignée à des générations d'artilleurs.

Ses pièces de 105 et de DCA sont disséminées tout autour de la cuvette sur les pentes regardant notre dispositif dans des emplacements de tir enterrés et camouflés, donc à l'abri de nos vues et de nos tirs alors que notre artillerie est relativement concentrée au milieu de la cuvette, offerte aux vues et au tir direct des Viets. Décidemment les Viets n'appliquent pas les règles apprises dans nos écoles d'armes ou à l'École de Guerre. Non seulement ils dispersent leurs canons, mais de plus ils les mettent du mauvais côté de la pente.

Par conséquent, dans la phase de contre-batterie, les Viets ont la possibilité de faire tirer, à vue directe, toutes leurs pièces (soit séparément, soit plus ou moins ensemble) sur nos batteries regroupées. Ainsi, l'effet de masse si cher aux artilleurs se produit sur l'objectif choisi, même s'il est échelonné dans le temps. Tandis que de notre côté quand nous avons la possibilité de découvrir une seule pièce (chance extrêmement rare, car elle n'est pas du bon côté pour nos observateurs), nous ne pouvons tirer que sur un seul canon qui, après avoir tiré son coup, a eu le temps de s'enterrer complètement dans l'abri prévu à cet effet.

Quant à nos aviateurs, on ne peut pas leur demander l'impossible... d'autant qu'ils recherchent les canons viets là où ils ne sont pas, sur l'autre versant des collines. Quand on découvrira la méthode de l'adversaire, il sera déjà trop tard. C'est ainsi que notre artillerie réduite en grande partie au silence a perdu la bataille dans sa phase cruciale... et que le colonel Charles Piroth, responsable de l'artillerie et homme d'honneur, a mis fin à ses jours.

Il est tout de même étonnant de constater que ni le général Blanc, Chef d'État-Major de l'Armée de Terre, ni le général Cogny (tous deux artilleurs de formation), ni le général Pennacchioni, inspecteur général de l'artillerie en Indochine, n'ont pu imaginer une pareille mise en œuvre de l'artillerie VM.

L'Aviation

Notre artillerie étant muselée et la piste d'atterrissage du camp retranché se trouvant sous le tir direct de l'artillerie VM, notre aviation, qui est elle-même à bout de souffle et en nombre d'appareils nettement insuffisant pour un " bombardement sur zone ", perd de toute évidence la majeure partie de son efficacité. Elle ne peut plus soutenir les troupes au sol gênée par une DCA camouflée, protégée et intense que l'on ne peut pas réellement contre-battre en tirs ponctuels. Dans cette situation, il est difficile de faire pencher la balance des forces en notre faveur.

Sans attendre que la situation devienne désespérée, donc juste avant les deux grandes offensives VM de mars, quand les troupes adverses étaient concentrées autour de nos positions, l'efficacité de nos avions aurait vraisemblablement été tout autre si le gouvernement avait eu le courage d'ordonner à toute la force aérienne française de transport et de bombardement lourd, intégrée à l'OTAN (y compris l'aéronavale), de rejoindre Hanoï, depuis les bases de France et d'Allemagne.

C'est seulement le 29 mars, la veille de la deuxième grande offensive adverse, que l'on obtiendra, par un prisonnier, un renseignement précis sur le mode d'emploi de l'artillerie viet. À défaut de résultat décisif, l'efficacité de notre capacité de transport et l'efficacité concevable d'un " bombardement sur zone " avec ce renforcement massif nous auraient tout au moins permis de prolonger la résistance, d'arriver à un équilibre de forces et d'aborder la Conférence de Genève dans de meilleures conditions militaires et politiques. On peut penser que cette décision aurait eu un impact politique sur l'adversaire et sans aucun doute moral sur nos troupes, dont l'abnégation méritait l'admiration et le soutien de notre représentation nationale.

En fait, sur Dien Bien Phu, au plus tard le 30 mars, au moment où les Viets étaient prêts à lancer leur deuxième grande offensive, seules les Forces Aériennes US du Pacifique avaient la capacité de faire plier le Vietminh sur le plan militaire. En effet, " c'est la première fois " que la totalité du corps de bataille VM se trouvait concentrée sur une surface réduite calculable en km², puisque le camp retranché de Dien Bien Phu représentait moins de 50 km² en comprenant l'ensemble des positions initiales, et moins de 10 km² si l'on considère uniquement les quatre centres de résistance effectivement tenus dans la partie nord du réduit : *cette occasion unique ne se reproduira plus.*

Ayant personnellement pratiqué l'enseignement militaire supérieur US [1] pendant près de cinq ans, je sais que les Américains ont des barèmes permettant de calculer le nombre de tonnes de bombes nécessaire au km², suivant l'effet désiré (neutralisation ou destruction) et le type d'objectif (selon le degré de protection de l'adversaire).

Quand les objectifs ponctuels ne sont pas visibles (comme c'est le cas autour du camp retranché), rien ne résiste à la méthode américaine du *carpet bombing*, le tapis de bombes sur zone. Dans ce cas, le corps de bataille VM est en grande partie transformé en " zombies ". Malheureusement, l'intervention US n'était pas prévue en mars.

Mais mieux vaut tard que jamais. Après le contact pris par l'amiral Hopwood, patron de la flotte américaine du Pacifique, avec le commandement français en Indochine, " *le 20 avril, à Saïgon, Américains et Français peaufinent l'intervention envisagée de quatre-vingt-dix-huit bombardiers B 29 venants de Manille et Okinawa, appuyés par quatre-cent-cinquante chasseurs qui interviendront en cas de riposte aérienne chinoise.* "

Le chargement prévu en bombes par l'État-Major US est de 1 400 tonnes. Un tonnage certainement bien calculé pour anéantir la presque totalité du corps de bataille VM. Car vers la fin avril, la surface du camp retranché (un réduit de 2 000 mètres sur 1 500) n'est que d'environ 3 km². L'affaire aurait probablement provoqué un effet de choc suffisant sur Giap et ses troupes. Elle aurait servi de leçon et d'avertissement au gouvernement VM. L'adversaire aurait vraisemblablement compris qu'il n'était pas en mesure d'obtenir une décision militaire !

Cette intervention US aurait sans doute eu une incidence majeure sur la Conférence de Genève et sur la suite des événements au Vietnam, dans la phase américaine du conflit [2]. Mais de toute évidence, elle aurait dû être prévue à fin février, pour être exécutée juste avant l'attaque de fin mars. Car en avril, la Conférence de Genève est déjà en vue et les participants occidentaux ont tendance à traîner des pieds en attente du dénouement.

---

1 - Voir Chapitres XII et XIII.

2 - Tout en contribuant, par ailleurs, à renforcer la cohésion de l'OTAN.

Bien sûr, selon les Britanniques, il existait un risque calculé d'intervention chinoise. Mais par la suite, à Genève, le comportement des responsables politiques russes [1] et chinois a prouvé que, sur le plan international, le gouvernement Vietminh était loin de bénéficier d'un appui inconditionnel. Les Chinois et les Russes avaient suffisamment de problèmes internes graves pour risquer un conflit mondial en protégeant cet allié marginal.

Autres réflexions sur le désastre

Le manque d'adaptation à la guerre révolutionnaire

L'exemple de Dien Bien Phu en est la meilleure illustration. On pourrait écrire un ouvrage sur ce thème. Cette inadaptation se retrouve dans le verbiage militaire qui se développe proportionnellement à la hiérarchie. L'usage d'une terminologie courante dans les guerres modernes n'a aucun sens en Indochine. Cette constatation a déjà été évoquée dans le cadre des réflexions sur Hoa Binh. Elle perdurera jusqu'à Dien Bien Phu et expliquera en partie le choix du lieu géographique de cette bataille décisive.

" *Barrer une direction, une route, un axe d'approvisionnement. Contrôler une frontière, une zone, un secteur. Bloquer la porte d'accès principale. Protéger ses flancs ou lancer des actions sur les flancs VM* ". On croit rêver quand on lit les ordres d'opération et ces termes d'un autre temps, d'un autre continent et d'une autre guerre. Mais ce rêve est une réalité qui se transforme en piège de guerre. Nos chefs deviennent les victimes de leur propre verbiage.

Si les lieutenants, les capitaines s'adaptent rapidement aux conditions de cette nouvelle forme de conflit, au fur et à mesure que l'on s'élève dans la hiérarchie, nos chefs militaires s'éloignent des réalités de cette guerre. Elle n'est pas apprise dans nos Écoles de Guerre. Rares sont les généraux qui ont réussi cette adaptation. En tête de liste, on peut citer le général de Linarès, le général Vanuxen. D'ailleurs, contrairement aux lieutenants et aux capitaines, les généraux reviennent rarement faire un autre séjour sur ce théâtre d'opération qui ne leur convient pas du tout et où ils prennent des risques pour leur carrière... à l'exception de Salan qui se serait complu dans une " guerre de cent ans ".

Dans le camp adverse, le général Giap et ses subordonnés n'ont pas eu besoin de se perfectionner en suivant les cours d'un enseignement Militaire Supérieur. Ils font preuve d'observation, d'intelligence lucide,

1 - Voir Annexe 6, le jugement de Khrouchtchev sur la situation des VM à Dien Bien Phu.

de bon sens, de réalisme, d'imagination. Ils assurent la permanence et la continuité de la guerre, en s'améliorant avec le temps. Ils ne font pas un séjour de deux ans comme nos généraux pour se fondre ensuite dans le paysage du temps de paix.

Il est évident que la guerre n'aurait pas pris une tournure désastreuse si notre commandement s'était rapidement adapté à la guérilla, celle menée par le VM ; s'il avait donné une priorité à la contre-guérilla qui a été conduite avec efficacité, peu de moyens et trop tardivement, par le GCMA (Groupement de Commandos Mixtes Aéroportés), notamment avec le soutien des nombreuses minorités du pays.

Le but de guerre fixé par le gouvernement

Le plan Navarre est accepté par Paris en juillet 1953, c'est-à-dire par le Comité des Chefs d'EM, puis par celui de la Défense Nationale. Il est demandé au général Navarre " *d'amener le VM à reconnaître qu'il n'est pas capable de remporter une victoire militaire.* "

Mais en même temps on lui demande aussi de protéger le Laos pour des raisons politiques et d'ajuster ses plans à ses moyens. En vérité, cela ne veut rien dire, car de toute façon il est impossible de protéger réellement le Laos, en raison de son étendue, de ses multiples " portes d'entrée " [1], de son éloignement par rapport au Delta, du renforcement grandissant des forces VM et de la priorité indiscutable à donner à la défense du Delta. Mais ni le général Navarre, ni le Chef d'État-Major des Armées n'interviennent pour dire au gouvernement : " *C'est absolument impossible, même avec des renforts.* " Le résultat de ce manque de clairvoyance ou de courage intellectuel, c'est la perte, tout à la fois, de Dien Bien Phu, du Laos, du Tonkin... et du prestige de la France.

Le mur de silence avant " Castor ", pendant la préparation

La communication ne fonctionne pas aux différents niveaux du commandement et les chefs ne tiennent aucun compte de l'avis de leurs subordonnés. C'est le cas notamment du général Cogny, commandant les FTNV (Forces Terrestres du Nord-Vietnam). Le 4 novembre 1953, quand le plan " *Castor* " est encore à l'état de projet, les principaux responsables de son État-Major, présents à la réunion d'étude, sont tous opposés à l'opération prévue : le colonel Bastiani chef d'État-Major,

1 - Voir remarque précédente sur le verbiage militaire.

le lieutenant-colonel Denef sous-chef opérations, les chefs du 2e et du 3e bureau, le sous-chef logistique. Il en est de même le 11 novembre, avec les aviateurs : le général Dechaux, commandant l'Air au Tonkin, le colonel Nicot, commandant l'aviation de transport. Apparemment Cogny ne tient aucun compte de leur désapprobation et se garde d'en faire part à son " Généchef " Navarre.

Le 17 novembre, toujours dans la phase préparatoire, le désaccord est également exprimé, en présence du " Généchef " et de Cogny par les généraux Dechaux, Bodet, le général Gilles, ancien patron du camp retranché de Na San [1] – qui sait pertinemment que la réédition du même type d'opération est désormais vouée à l'échec – le général Masson, le colonel Bastiani, le colonel Berteil, sous-chef opérations du " Généchef ". Apparemment ni le gouvernement, ni le général Ély, Chef d'État-Major des Armées, ne sont au courant de ces graves discordances : *c'est le mur du silence*. Aucun haut-responsable militaire ne met son képi (ou son béret) [2] sur la table. Le général Salan et le général de Linarès, tous deux à Paris, n'expriment leur désaccord, qu'après le déclenchement de " *Castor* " et en aparté. De graves divergences d'emploi des forces apparaissent au grand jour entre le " Généchef " et Cogny seulement après la mise en oeuvre de l'opération " *Castor* " et toujours au niveau de leur état-major. Comme il apparaît vital de renforcer les troupes de la cuvette (sans espoir de forces supplémentaires venant de Métropole ou d'Allemagne), le " Généchef " souhaiterait que Cogny dégarnisse le Delta tonkinois au profit de " *Castor* ". Cogny préférerait à juste titre que le " Généchef " renforce " *Castor* " à partir des forces d'Indochine dont il a la disposition, en évitant de déclencher simultanément " *Atlante* " une autre opération grandiose au Centre et au Sud-Annam. Une discordance importante qui ne semble pas avoir été portée à la connaissance de Paris. Elle n'entraîne, en tout cas, aucune réaction de la capitale.

Par ailleurs, de nombreuses personnalités ont eu l'occasion de visiter Dien Bien Phu. D'après les témoignages écrits, apparemment aucun visiteur de haut niveau ne s'est inquiété du choix de cette cuvette et de notre implantation dans la plaine dominée par les hauteurs... à l'exception d'une journaliste et d'un médecin militaire, les seuls à formuler des remarques pleines de bon sens.

1 - Camp retranché implanté sur les hauteurs (au lieu d'être dans la cuvette) à une époque où le VM n'avait presque pas d'artillerie. Évacué de justesse en décembre 1952.

2 - Réaction de désaccord de plus en plus rare chez nos grands chefs militaires : on peut se demander pourquoi.

La bascule des forces en présence

L'importance d'une force aérienne massive a déjà été évoquée. Malgré cette évidence, aucune réponse positive n'a été donnée à la demande de renforcement aérien formulée de façon pressante par le " Généchef " au début janvier, ni à la demande faite par le général Cogny quelques jours plus tard. Quand la situation s'est aggravée, à l'approche de la Conférence de Genève, la France n'a pas saisi l'occasion de faire pencher la balance en sa faveur [(1)] avec ses moyens nationaux sur lesquels elle pouvait compter. Ce renforcement n'a même pas été envisagé. Le gouvernement a préféré se tourner vers celui des USA comme si les Américains avaient été en charge de notre défense.

À l'opposé, le gouvernement VM a déployé tous ses efforts pour se mettre en force sur le plan militaire. Désormais, avant la Conférence, la chute de Dien Bien Phu devient inéluctable et la France se présente à Genève en situation d'infériorité.

Après le désastre, Edgar Faure, Ministre du gouvernement Laniel, en quelques lignes, a bien situé le problème et la responsabilité du gouvernement : " *On redoutait de dégarnir, au profit de l'Indochine, le dispositif de Défense Européenne ! On se condamnait ainsi à perdre une guerre qui sévissait réellement, afin de ne pas compromettre nos chances dans une guerre imaginaire dont le bon sens indiquait qu'elle n'éclaterait jamais.* "

La suite, nous la connaissons. Les camps de la mort pour nos prisonniers [(2)]. La relève par les Américains. L'image des chars viets pénétrant à Saïgon en 1975 et celle du départ du dernier hélicoptère US du toit de l'ambassade américaine. Un régime démocratique anticolonialiste qui essaie de coloniser son voisin le Cambodge. Les " *boat people* " vietnamiens fuyant le paradis communiste. Le franchissement de la frontière du Tonkin par l'armée chinoise en février 1979, pour donner un coup de semonce au gouvernement de la République Démocratique du Vietnam et lui rappeler que l'Empire du Milieu reste le grand maître de la région.

---

1 - Voir dans le Chapitre VI le sentiment exprimé par le colonel Langlais, aprés sa libération, sur l'importance du dernier " coup de pouce ", et Annexe 6, l'état d'esprit des forces VM et de leurs alliés à Dien Bien Phu d'après Khrouchtchev.

2 - Dont le taux de survie des prisonniers de Dien Bien Phu, de un sur trois après seulement quatre mois de captivité, est nettement moins élevé que celui des camps d'extermination nazis. Ce fait majeur a été volontairement occulté par le gouvernement français après la libération de nos prisonniers.

Après trente années de guerre, un pays ruiné, parmi les plus pauvres de la planète. Une victoire militaire décisive à un prix exorbitant pour une indépendance dont le sens de l'histoire montrait qu'elle pouvait être obtenue bien avant 1975, à moindre coût, par la négociation. Mais il aurait fallu que les hauts-responsables politiques VM, faisant preuve de patience, fassent passer l'intérêt de leur peuple avant leurs ambitions personnelles, idéologiques et sectaires.

***

CHAPITRE VIII

APRÈS UN BREF SÉJOUR EN MÉTROPOLE L'AFRIQUE DU NORD

Congé et stage en Métropole

À l'arrivée à l'aéroport d'Orly, je suis accueilli par Marcelle habillée d'un manteau d'astrakan " *très à la mode* " me dit-elle comme pour me rassurer. Le noir de cette fourrure met en valeur la blondeur de ses cheveux que j'avais l'impression de redécouvrir. Notre fils Éric maintenant âgé de 2 ans lui tient la main, intimidé. Je suis évidemment un inconnu pour lui. Il avait à peine 4 mois lorsque j'avais quitté Quimper.

Nous nous installons à l'*Hôtel Georges V* où Marcelle avait réservé une magnifique chambre en l'honneur de mon retour d'Indochine. Nous menons une vie princière pendant quelques jours et rendons visite à l'oncle Édouard et à sa femme Béatrice à Clamart. Nous rencontrons également quelques camarades de promotion, en particulier Henri Dobrouchkess qui, après avoir démissionné de l'Armée, seconde son père à la tête de son entreprise pour prendre sa suite plus tard.

Ayant réalisé que mon trésor de guerre indochinois est en train de rétrécir de façon alarmante, nous rejoignons Draguignan, à bord de notre nouvelle voiture, pour retrouver mes parents. Nous nous installons chez eux, dans leur vieille maison de la rue de l'Ancien Théâtre, près de la Cathédrale.

Cette pause familiale est indispensable pour " nous ressourcer ", mais elle est aussi nécessaire pour remettre nos finances à flot. Puis renouant avec nos virées précédentes, nous partons faire la " tournée des grands-ducs " sur la Côte d'Azur, en louant une chambre meublée à Nice près du Vieux-Port. De là nous visitons la région.

Pendant ce périple, j'apprends avec avidité à faire la connaissance de mon fils. J'en suis curieux, il m'amuse et me surprend. Nous sommes heureux de nous retrouver tous les trois. Mais nous nous rendons vite compte que nos belles économies sont aussi en train de fondre au soleil de la Méditerranée. Sans attendre la cote d'alerte, nous retraversons la France en diagonale pour aller nous réfugier dans la famille de Marcelle à Quimper... toujours pour " nous ressourcer et remettre nos finances à flot ". Mon " congé de fin de campagne " (CFC en jargon militaire) se termine tranquillement et raisonnablement en Bretagne.

Le 21 février nous rejoignons Saint Maixent, où je dois suivre le stage de commandants de compagnie pendant trois mois jusqu'au 19 mai. Avec Marcelle, nous choisissons en centre-ville un petit appartement où elle s'installe avec Éric. Le 23 je me présente aux cours. Je retrouve quelques camarades de promotion et rencontre en particulier Jules Belgodère. Je ne l'avais pas revu depuis ma visite à l'Hôpital Lanessan à Hanoï, à l'époque où il avait été grièvement blessé par éclats d'obus lors de l'attaque de Phat Diem par les Viets.

Avec Jules nous formons un tandem studieux mais détendu, travaillant de temps en temps le soir dans notre studio familial. Plusieurs décennies après, lors d'un pot parisien, nous nous sommes encore souvenus de ces soirées tardives passées autour d'une table de cuisine pour étudier un thème de combat, pendant que Marcelle dormait dans un lit installé dans une alcôve aménagée.

Vers la fin de mon stage, je reçois mon affectation, le 6e RPC (Régiment de Parachutistes Coloniaux) à Marrakech. Commandé par le chef de bataillon Chaudrut, mon ancien chef de corps du 10e BPCP d'Indochine premier séjour; ce régiment est composé à la fois de jeunes recrues métropolitaines et de volontaires africains récemment brevetés parachutistes après avoir servi dans des Régiments de Tirailleurs Sénégalais.

Maroc, juin 1956 - juin 1957

Embarquement le 30 juin à Marseille avec Marcelle, Éric et la voiture. La traversée est des plus calmes, nous débarquons à Casablanca le 3 juillet, dans un pays récemment promu à l'indépendance après une période de troubles. Nous prenons la route pour rejoindre Marrakech, notre garnison, située à environ 250 km au sud, au milieu d'une vaste palmeraie au pied de l'Atlas. Nous découvrons une ville pittoresque et animée avec ses soukhs, sa célèbre place Djemaa-el-Fna et une population à l'accueil exubérant et sympathique. D'emblée, nous adoptons cette ville et nous sommes ravis à l'idée d'y résider. Mais elle me réserve cependant une grande surprise.

Arrivé à la caserne du 6e RPC, je suis impressionné par son silence et le sentiment que cette caserne est vide. J'apprends que le régiment vient d'être parachuté à Foum-El-Hassan, dans le désert aux confins du sud marocain. Ce parachutage impromptu, me dit-on, est la conséquence d'une bagarre dans la Médina de Marrakech où un parachutiste sénégalais a été poignardé. Ses camarades sont revenus à la caserne pour alerter la troupe sénégalaise et se ruer sur les armureries. Puis armée jusqu'aux dents, la cohorte africaine s'est précipitée sur la Médina pour régler ses comptes. Ce grave incident s'est soldé par de lourdes pertes du côté des civils marocains. C'est alors que le commandement des troupes françaises a jugé opportun d'improviser ce largage, pour éviter que l'affaire prenne de l'ampleur, dans un contexte politique déjà suffisamment tendu. Je trouve cette prise de contact avec le régiment particulièrement originale.

Après avoir installé ma famille dans une villa agrémentée d'un jardin, dans le quartier des Oliviers, je rejoins Foum-El-Hassan par avion. Accueilli chaleureusement par le commandant Chaudrut, je constate qu'il n'a pas changé de style depuis l'Indochine. Toujours de bonne humeur et détendu. Affecté au PC du régiment comme officier adjoint, je retrouve mon camarade Jacques Cormier qui remplit les fonctions de chef d'État-Major.

Les activités dans le désert marocain ne sont pas très variées. Plusieurs fois par semaine nous effectuons des reconnaissances qui dépendent en partie de la météo, c'est-à-dire en dehors des heures de forte chaleur… et qui dépendent aussi parfois d'un horoscope plus ou moins favorable, car notre chef de corps semble y attacher de l'importance. Donc le soir, selon un rituel bien établi et selon le programme d'activité envisagé pour le lendemain, nous consultons notre patron pour lui demander si les astres lui sont favorables. La plupart du temps, c'est " *ok, d'acier* ". Mais il nous arrive parfois de tomber sur une conjoncture astrale défavorable. Dans ce cas, le commandant Chaudrut est implacable : il faut attendre le lendemain et une évolution plus favorable. De toute façon, il devient évident au bout d'un certain temps qu'il n'y a pas de rebelles dans la région. Le style de notre chef de corps contribue à développer cette ambiance détendue et de bonne humeur générale alors que nos conditions de vie sont particulièrement spartiates.

Le soir, pendant que le chef de corps lit ses revues favorites, sans oublier son horoscope, je consacre mes heures de loisir à travailler mes cours d'anglais. Ainsi grâce à notre séjour dans le désert marocain… je passerai mon examen d'anglais du 1er degré à notre retour en garnison.

Cette période d'adaptation à la vie dans le désert que nous avons considérée comme une trop longue période de pénitence a fini par calmer les esprits. Le régiment retourne à Marrakech et reprend l'instruction en vue de ses missions futures. Il faut reconnaître qu'avant mon affectation, le régiment avait eu des activités très mouvementées. Maintien de l'ordre à Khénifra puis dans la Médina de Marrakech, intervention dans le Rif, à Oujda sur la frontière algéro-marocaine, puis dans la région de Djerada, Guefait et Debdou.

Une longue période de calme retrouvé suit le retour à Marrakech et permet au régiment de se remettre en condition en vue d'un mouvement sur l'Algérie, qui semble de plus en plus probable. Notre vie familiale est paisible. Elle se déroule dans une garnison fort sympathique en cohabitation avec un régiment de Spahis Marocains dont les brillants uniformes contrastent avec nos tenues camouflées. La vie de garnison s'organise en semaine autour de la piscine d'un mess très accueillant. Pendant les *week-ends* ou les périodes de congé, nous nous promenons inlassablement dans Marrakech et aussi parfois partons à la découverte du pays, des plages sur l'Atlantique ou des stations de montagne dans le Haut Atlas. Dans notre vie de nomades, la garnison de Marrakech reste l'un des souvenirs les plus marquants.

Notre fils Éric, âgé de trois ans, nous laissera également le souvenir d'une aventure inoubliable. Marcelle avait décidé d'aller rapidement faire quelques achats en ville en compagnie de sa voisine, après s'être assurée qu'Éric jouait tranquillement dans le jardin avec le fils de celle-ci. À leur retour, peu après, ne voyant pas les deux enfants, son amie et elle les recherchent dans les parages immédiats, les appellent, contactent quelques voisins. Marcelle revient à la maison, affolée pour m'alerter. Elle reçoit, entre-temps, un coup de téléphone d'une amie qui lui dit : " *Nous venons de croiser deux enfants en tricycles sur la route principale menant à Marrakech ; l'un d'eux ressemble à Éric, mais cela nous paraît invraisemblable…* " Marcelle part en trombe avec sa voiture. C'est effectivement Éric qui pédale énergiquement sur la route à grande circulation, avec son petit copain.

En février 1957, le lieutenant-colonel Romain-Desfossés, que j'avais connu en Indochine lors du repli d'An Khé, prend le commandement du 6e RPC. Il est de la même promotion de Cyr que le général de brigade Massu, commandant la 10e Division Parachutiste. Nous connaîtrons ce détail à l'occasion d'une inspection, devant le régiment rassemblé.

Au moment où Romain-Desfossés salue le général, celui-ci lui dit en toute discrétion mais avec une voix qui porte plus loin qu'il ne l'imagine : " *Alors Romain, aussi con qu'avant-guerre ?* " Avec la garde du drapeau et les officiers du PC, en ligne dans le voisinage du chef de corps nous sommes mis au parfum. Par le fait de cette intimité de promotion, nous pensons que le régiment ne tardera pas à partir en Algérie.

Le 1er avril 1957, je quitte mes fonctions d'officier adjoint au PC du régiment pour prendre le commandement de la 1re Compagnie. C'est pour moi l'occasion d'intensifier l'entraînement de l'unité en prévision de l'Algérie.

Au cours d'une permission de détente passée dans le sud-est, puis dans l'ouest en Bretagne chez la grand-mère d'Éric, les gendarmes viennent m'informer que je suis appelé à rejoindre le corps en Algérie dans les délais les plus rapides " *pour raisons impératives de service* ". En fait, j'apprends en téléphonant à Marrakech que le 6e RPC a fait mouvement sur l'Algérie entre le 8 et le 10 juillet pour s'implanter dans la région de Blida.

Nous rejoignons donc le Maroc. Mais en arrivant à Marrakech, nous constatons que notre agréable maison dans son jardin en fleurs a été cambriolée, sans doute juste avant notre retour. Notre chien *Calou*, confié à un voisin, a disparu. Une grande tristesse pour nous. Éric, très attaché à son berger allemand, est inconsolable. De Marrakech, le déménagement effectué, nous prenons le train pour l'Algérie et dès notre arrivée à Alger le 18 août, nous rejoignons Blida.

L'Algérie, août 1957 - décembre 1958

Arrivé à Blida, j'apprends que mon régiment est implanté à Chréa, sur une hauteur à 6 km au sud de la ville. Je laisse provisoirement ma famille dans une chambre d'hôtel en attendant son installation sommaire à Chréa dans une maison occupée par mon chef comptable et sa femme.

Je retrouve le 6e RPC et ma 1re Compagnie en pleine ambiance opérationnelle. Avec le lieutenant-colonel Romain-Desfossés, le capitaine Marchadier, chef du bureau opérations, mon camarade le capitaine Jacques Cormier, chef d'État-Major, au PC du régiment.

La 2e Cie : capitaine Lucy de Fossarieu ;

La 3e Cie : capitaine Féat ;

La 4e Cie : capitaine Reeb (par la suite remplacé par le capitaine Babey, puis plus tard par le capitaine Graziani) ;

La CA (Compagnie d'Appui) : lieutenant Barbara mon camarade

de promotion (bientôt remplacé par le lieutenant Gallet, un ancien du deuxième 7);

L'ER (Escadron de Reconnaissance): capitaine Davadie.

À partir du mois d'août et jusqu'à début septembre, le régiment participe à des sorties continues dans la région de Chréa. Au cours de l'une de ces sorties, je vois subitement apparaître mon chien *Calou* que nous pensions ne plus revoir depuis sa disparition à Marrakech. Il me saute dans les bras pour manifester sa joie. C'est un grand bonheur de le retrouver. Désormais, il me suivra pendant toutes les opérations et sera la mascotte de la compagnie.

Le 6e RPC est ensuite engagé dans des opérations de nettoyage dans l'Atlas blidéen – zone de Takitoun – au cours desquelles quelques accrochages se produisent avec les rebelles appelés HLL (Hors La Loi). Du 13 au 16 septembre, le 6e participe à l'opération " *Merdja* ". Une *katiba* (unité rebelle d'une centaine d'hommes) est surprise dans la vallée du Bou-Hannedès, mais dans sa fuite, n'arrive pas à percer la ligne de hauteurs tenue par nos troupes.

Toutes nos compagnies accrochent sévèrement, mais c'est surtout dans le secteur des 2e et 4e compagnies que les combats sont les plus durs. Les pertes rebelles sont importantes: au total 47 tués, 9 prisonniers, 33 armes dont 3 fusils-mitrailleurs. Du côté du régiment: 1 caporal tué et 3 soldats blessés.

Ce combat représente ma première expérience opérationnelle en Algérie. L'impression qui s'en dégage se confirmera pendant mon temps de commandement en unité de combat. Alors qu'en Indochine, nous avions affaire, la plupart du temps, à de " grandes unités " (brigades, divisions), sur ce nouveau " théâtre d'opérations ", nous avons en face de nous des *katibas* agissant souvent séparément, avec un courage comparable à celui du Vietminh, mais sans la même intelligence. Et surtout sans l'appui de l'artillerie.

À la fin de l'opération " *Merdja* ", nous rejoignons la base de Chréa pour une courte période de repos et de remise en condition tandis qu'un élément du régiment - comprenant un PC opérationnel léger aux ordres du capitaine Marchadier et l'Escadron de Reconnaissance - est mis à la disposition du commandement des troupes du Sahara oriental, pour une durée de six mois.

À la mi-octobre, le régiment s'installe à proximité du poste de la cote 1 450, dans la région de Takitoun (toujours dans l'Atlas blidéen), puis le 20 octobre, il est mis aux ordres du commandant du secteur de Blida.

Le lieutenant-colonel Romain-Desfossés prend les fonctions de commandant du quartier autonome de Blida. La 3e Cie du capitaine Féat est chargée du maintien de l'ordre de la ville. Vers la fin du mois d'octobre, les unités du régiment s'implantent dans Blida ou aux environs de la ville, dans des lieux séparés. Il n'y a pas de cantonnement disponible pour regrouper la totalité du régiment. Ma 1re Cie s'installe dans une ferme dont les propriétaires, absents, sont représentés par un responsable européen à la tête de quelques employés algériens.

Profitant de nos courts répits en base arrière, nous cherchons à améliorer le confort de nos hommes. À cet effet, en vendant un âne puis un cheval de récupération en zone HLL, nous réalisons une modeste " caisse noire ". Grâce à la bonne gestion de ces fonds par mon comptable, le sergent-chef Aliotti – un sous-officier d'origine corse sur lequel je peux compter en toutes circonstances – nous effectuons quelques achats jugés bons pour le bien-être et le moral de la troupe : poste de télévision, fer à repasser, planches pour fabriquer des tables de réfectoire...

Sur le plan familial, après avoir quitté Chréa, nous trouvons un appartement à louer dans le centre-ville, ce qui permet également à Marcelle et à Éric de vivre dans des conditions plus confortables.

Le 5 novembre, le général Gilles [1] commandant les Troupes Aéroportées se déplace à Blida, pour remettre son drapeau au 6e RPC. Nous reprenons nos opérations de fouilles dans la région de Blida ; puis pendant trois semaines à partir de fin novembre, ma Cie et la 4e forment un groupement aux ordres du commandant Gueritte, à la disposition du commandement de la Zone Est Algérois. Dans la région de Michelet, des accrochages ont lieu à l'entrée de grottes et le groupement inflige de légères pertes à l'adversaire : sept tués, trois prisonniers, quelques armes récupérées. Durant cette période, j'effectue une liaison très instructive auprès du PC du général Massu, commandant la 10e Division Parachutiste. Pendant le déjeuner opérationnel auquel je suis invité à la popote, la conversation se porte sur l'affaire de Suez au cours de laquelle les Égyptiens ont pris une véritable raclée. Un lieutenant demande au général la raison pour laquelle il a arrêté, sur ordre, son offensive, alors que le débouché du canal de Suez était à portée de main. Avec sa voix tonitruante, la réponse du général est cinglante et symptomatique : " *Si j'avais su que nous étions gouvernés par des cons, j'aurais ordonné le silence radio et nous serions allés jusqu'au bout du canal.* "

1 - Le général Gilles s'était distingué dans le combat du camp retranché de Na San en Indochine.

Le 1er décembre, Gaston Coudurier à la fois mon camarade de promotion et beau-frère, prend le commandement de la 3e Cie. Pour la première fois, nous nous trouvons dans le même régiment et cette intimité opérationnelle resserre davantage nos liens. De plus, sa famille s'installe dans une habitation à proximité de la nôtre, ce qui établit un contact permanent entre les deux sœurs, Denise l'aînée et Marcelle.

Le 15 décembre, le chef de bataillon Balbin, affecté au 6e, prend les fonctions de commandant en second. Je suis vraiment très heureux de revoir mon ancien chef de corps du 7e BPC et de me retrouver sous ses ordres.

À fin décembre, à peine rentrés de l'Est Algérois, nous sommes engagés, avec le régiment au complet, dans des opérations de ratissage à la recherche de rebelles dans l'Atlas blidéen. Il fait très froid, sur les hauteurs, en plein hiver. Ce jour-là nous voyons le ciel se couvrir progressivement et le soir, juste avant la tombée de la nuit, nous subissons une véritable tempête de neige. Au lieu d'arrêter l'opération pour nous permettre de rechercher un abri le plus rapidement possible avant la nuit, le lieutenant-colonel Romain-Desfossés maintient la poursuite de l'opération. Avec la compagnie, nous frisons la catastrophe.

C'est ma première expérience d'opération dans la neige. Dans la tempête, la distance de visibilité est très courte et nous n'apercevons aucun groupe d'habitations aux alentours. Le plus proche sur la carte se trouve à une dizaine de kilomètres. Nous prenons l'azimut de ce point et marchons dans cette direction. Mais bientôt, dans un relief boisé et alors que la nuit tombe, nous ne voyons plus rien. Je donne l'ordre de ralentir la marche momentanément pour resserrer les distances, car le pire serait de perdre une section, un groupe ou même un homme. Puis la marche reprend à une allure raisonnable, sans arrêt, pour éviter une pause qui risquerait de créer un engourdissement mortel. Nous sommes très vite totalement désorientés. Sans aucun point de repère, nous sommes dans l'incapacité de déterminer notre position. Nous marchons à l'aveuglette sans savoir où nous allons.

Par radio, nous n'avons plus de contact avec le régiment. Le seul contact radio que nous obtenons est celui de la 2e Cie de Lucy de Fossarieu. Son unité se trouve dans un groupe de *mechtas* [(1)], sans doute ces habitations que nous avions repérées sur la carte. Mais nous sommes perdus, incapables de donner la distance qui nous sépare. Je demande à Fossarieu de tirer des coups de feu au commandement. Rien. Nous n'entendons aucune

1 - Mot arabe désignant un ensemble de maisons formant un hameau.

détonation. Je lui demande de tirer une bordée avec toutes les armes de son unité. Nous ne percevons toujours aucun bruit. Enfin, l'idée providentielle : mettre le feu à une mechta. Fossarieu n'hésite pas un seul instant : " *Ok* ". Il fait le nécessaire.

Quelques minutes après il m'informe que le feu est en train de prendre. Et en effet, dans le ciel, nous apercevons les premières lueurs. Puis c'est la lumière salvatrice, saluée par le hourra de toute ma compagnie. Nous marchons à vue et en moins de deux heures nous rejoignons la 2e Cie qui nous a libéré deux mechtas. J'exprime toute ma reconnaissance à Lucy de Fossarieu qui m'a aidé à sortir d'une situation éprouvante qui aurait pu avoir de lourdes conséquences. Les hommes tombent de fatigue et s'installent hâtivement, les uns sur les autres, heureux d'être enfin à l'abri. Une fois de plus, j'apprécie la présence de mon chien *Calou*. Il me tiendra chaud toute la nuit.

Le lendemain matin, nous nous réveillons à la lumière d'un ciel bleu sur un paysage recouvert d'une épaisse couche de neige. Une vraie carte postale. Nous sommes informés par la liaison radio que la 4e Cie du capitaine Babey s'est trouvée bloquée de nuit par la neige. Quelques jours plus tard, à notre retour à Blida, nous apprendrons l'effet désastreux de cette tempête sur les unités bloquées en montagne sans avoir pu trouver d'abri à proximité.

Dans la première quinzaine de janvier, les opérations se succèdent sans répit et sans grands résultats. C'est d'abord " *Merdja II* ". Puis après des journées de marche et une nuit très courte, c'est l'opération " *Diabolo* " dans la région de Champlain, selon le même rythme, dans des conditions météos détestables, avant finalement de démonter l'opération pour rentrer à Blida. Les troupes sont inutilement fatiguées. Le régiment repart au sud de Boufarik dans le cadre de l'opération " *Sulpice* ". Toujours sans résultat probant. Le rendement est nul ou insignifiant alors que l'usure des troupes est bien réelle.

Fin janvier, début février, au cours de fouilles effectuées dans la région de Torch-El-Ouzana, le 6e RPC récupère quelques armes.

Le 8 février, le régiment est enfin engagé utilement dans la région de Soufflat. Le contact est établi avec l'adversaire et, au cours de l'accrochage, les rebelles subissent des pertes notables : 10 tués, 4 prisonniers, 14 armes récupérées dont un FM. Le combat s'est déclenché principalement dans le secteur de la 4e Cie de Babey.

Le 12 février, je passe le commandement de la 1re Cie au capitaine Papet (qui sera remplacé par le capitaine Thomassin en octobre) pour prendre le commandement de la CCS (Compagnie de Commandement et de Services) du régiment. Ma nouvelle unité est installée dans l'établissement des *Moulins Ricci.*

Le 21 février, dans la région d'El Afroun, la 2e Cie de Fossarieu subit le choc de l'adversaire. Sa section de tête, attaquée par surprise par une *katiba*, engage le corps-à-corps. Pour la première fois, l'unité subit des pertes sérieuses : sept parachutistes tués, deux blessés.

Le 1er avril je suis promu au grade de capitaine. Le 13 mai 1958, j'assiste à Alger, sur l'un des balcons du gouvernement général, à la grande manifestation populaire orchestrée par l'armée. Journée historique qui provoquera l'arrivée au pouvoir au général de Gaulle, le 1er juin.

À la suite de cet événement, des Comités de Salut public sont créés dans les principales localités, dont Blida. Dans la période qui suit ma passation de commandement, je suis amené à faire une amère constatation. Alors que jusque-là, le 6e RPC n'avait pas été engagé dans des actions importantes (à l'exception de " *Merdja* " en septembre), les opérations vont s'intensifier par leur rythme et surtout par leur ampleur.

J'assisterai en spectateur aux brillantes interventions de mon régiment. Je cite les principales. Dans l'Est Algérois, de la mi-juin à la mi-juillet, les rebelles perdent : 70 tués, 53 blessés prisonniers, une quarantaine d'armes. De notre côté, le lieutenant Cross et 11 hommes sont tués.

Dans le secteur d'Aumale et la région de Stéphane Gall, entre le 2 et le 9 septembre, une *katiba* est encerclée et détruite par le régiment : 32 rebelles tués, 13 prisonniers, 30 armes récupérées dont 2 FM. De notre côté, 4 soldats tués.

Le 11 septembre, le lieutenant-colonel Ducasse prend le commandement du 6e RPC, en remplacement du lieutenant-colonel Romain-Desfossés.

Du 13 octobre au 11 novembre, dans l'Est Algérois, au cours de plusieurs accrochages, les rebelles perdent 48 tués, 21 prisonniers, 14 armes, 5 postes radio. Pertes amies, 3 tués.

Vers la fin de l'année, le 6e RPC prend l'appellation de 6e RPIMa. Toutes ces opérations donnent à Gaston Coudurier l'occasion de s'illustrer à la tête de sa 3e Compagnie.

Blessure de Claude Calès

Fin novembre, j'apprends que notre camarade Claude Calès [1], commandant l'escadron du 3e RPIMa a été gravement blessé, le 22 novembre, par le rotor de queue d'une *Alouette* lors d'un héliportage.

Avec Marcelle, nous nous rendons aussitôt à Alger pour rendre visite à notre ami dans la clinique où il a été hospitalisé. Son état est jugé très alarmant par l'infirmière qui nous autorise à le voir brièvement. Il a été trépané par un éminent chirurgien. Claude semble inconscient, sa tête est couverte d'un pansement laissant apparaître ses yeux à peine entrouverts. C'est peut-être la dernière fois que nous le voyons, c'est certainement la fin d'une brillante carrière militaire. Marcelle est bouleversée, au bord des larmes. Elle lui parle doucement, lui demande de bouger ses paupières pour voir s'il la reconnaît. Elle devine un léger mouvement, persuadée par ce signe à peine perceptible que Claude est sauvé. Notre retour à Blida s'effectue dans un silence de recueillement.

En fin de séjour, sur le formulaire habituel où l'on mentionne les trois prochaines affectations souhaitées dans l'ordre de préférence, je sélectionne en priorité le 1er BPC (Bataillon de Parachutistes de Choc) en garnison à Calvi en Corse. Il s'agit d'un bataillon chargé de la formation de cadres et d'hommes en vue de l'exécution de missions spéciales. Je suis sans doute influencé, dans mon choix, par mes souvenirs de Résistance, mon goût du secret et des opérations clandestines. Cette affectation me sera confirmée avant mon départ. Le 11 décembre 1958, c'est la fin de ma courte aventure algérienne. En famille, nous embarquons à l'aéroport d'Alger à destination de Paris pour une carrière désormais à dominante pacifique.

Bien après notre arrivée en Métropole, nous apprendrons l'évacuation de Claude Calès au Val de Grâce à Paris. Nous suivrons sa miraculeuse guérison et son étonnante reconversion dans la vie civile.

***

1 - Camarade de promotion avec lequel nous avions rejoint la 1re 1/2 Brigade de Parachutistes à Vannes le 1er juin 1949, à la sortie de l'École, pour partir en Indochine avec le 7e BCCP en juillet 1950. Voir le Chapitre III.

CHAPITRE IX

LA CORSE
1959 - 1960

Congé en Métropole, avant le départ pour la Corse

Bénéficiant d'un congé de deux mois en Métropole, nous le consacrons en priorité à nos familles à Quimper, puis à Draguignan. Nous allons ensuite à Nice pour la fin de notre congé. C'est au cours de ce séjour sur la Côte que nous apprenons, par la presse, la mort en Algérie du capitaine Graziani, commandant la 4e Cie du 6e RPIMa, de son chef de section le lieutenant Chassin, d'un sous-officier et de 32 hommes.

Plus tard, je saurai par mes camarades qu'il s'agit du combat le plus dur livré par le 6e. Les pertes infligées aux rebelles sont particulièrement élevées : 229 tués, 101 blessés, 127 armes récupérées dont 4 FM. C'est la 4e Cie qui a supporté le choc principal de l'affrontement.

Arrivée à Calvi. Le 1er BPC, un bataillon très spécial

Partis de Marseille, nous débarquons à Ajaccio le 9 février 1959 et de là nous rejoignons Calvi. Nous sommes immédiatement conquis par cette ville pittoresque et agréable où une vieille forteresse domine sereinement le port de pêche. Une plage très touristique borde le camp militaire de Lumio.

Alors que Marcelle, déposée au port avec Éric, a décidé de faire un premier tour dans Calvi pour y repérer les rues principales et les magasins qui les longent, je me présente au camp du 1er BPC et suis reçu par le commandant Faury, chef de corps. Il m'explique brièvement le rôle du bataillon, précise mes diverses fonctions et évoque la question du logement familial.

Il s'agit en effet d'un bataillon très particulier par son recrutement, par son entraînement et par ses missions. Composé de recrues d'un bon niveau général, faisant l'objet d'une sélection rigoureuse, le bataillon a mission en premier lieu de former les hommes à l'exécution d'opérations spéciales dans différents types de conflit. Les cadres qui reçoivent la même formation de base suivent ensuite un stage complémentaire en dehors de Calvi. Ils doivent être alors en mesure de participer aux opérations en cours sur le territoire algérien ou, la plupart du temps, hors de ce territoire mais toujours dans le cadre d'opérations spéciales. À priori, ce sont des actions originales, tout à fait différentes des opérations conventionnelles pour lesquelles nous avons été formés en début de carrière.

En ce qui me concerne, je dois suivre les différents stages, comme les autres officiers du bataillon, tout en remplissant mes fonctions de commandant de la Compagnie de Commandement et de Services, (fonction que j'ai déjà remplie), également d'officier d'ordinaire chargé de contrôler l'alimentation de la troupe et enfin la fonction d'officier de tir.

Pour le logement familial, j'arrive trop tôt ou trop tard. Le commandant Faury m'informe que toutes les habitations militaires du camp de Lumio sont occupées. En attendant qu'un appartement devienne disponible, je devrai trouver une location dans le secteur civil. En fait, paradoxalement, cette situation sera la grande chance de notre séjour en Corse. La suite va nous le montrer rapidement.

À mon retour de ce premier contact avec le commandant Faury, je retrouve mon épouse, la mine réjouie, à l'endroit où nous nous étions donné rendez-vous sur le port. Marcelle qui adore faire la connaissance de gens qu'elle est appelée à croiser, a spontanément sympathisé avec plusieurs personnes qu'elle a rencontrées au cours de sa découverte de Calvi. Elle a ainsi appris de son côté que l'hébergement dans le camp militaire n'est pas toujours garanti à l'arrivée. Qu'à cela ne tienne ! Grâce à l'assistance chaleureuse de ses interlocuteurs qui l'ont accompagnée dans sa démarche, elle a déjà jeté son dévolu sur un logement qui lui plaît particulièrement. Situé dans une vieille maison sur le front de mer, Marcelle lui trouve un charme typiquement corse. De l'appartement situé au 2e étage, nous avons une vue imprenable sur toute la baie de Calvi. À gauche, la citadelle, en face et en contrebas, le port de pêche, en arrière-plan la plage de sable en bordure du camp.

Dans la foulée, découvrir les principaux petits commerces de la vieille ville n'a été que simple formalité pour Marcelle.

Nous nous installons dans cet appartement et le soir même nous sommes invités par le propriétaire et quelques voisins pour prendre l'apéritif sur le port. C'est un accueil formidable, si spontané et si chaleureux ! Nous nous sentons immédiatement adoptés par cette petite communauté. Pendant tout notre séjour dans ce quartier, et même après notre installation au camp, nous garderons ces contacts chaleureux avec nos voisins corses.

Nous comprenons vite pourquoi une telle spontanéité, une telle simplicité et un tel accueil. La plupart des cadres du bataillon ont en effet tendance à vivre en circuit fermé, comme les Américains sur leur base. Les approvisionnements en vivres, pour la troupe comme pour les cadres, proviennent essentiellement de Métropole (du " continent " suivant l'expression locale). Les cadres disposent même d'une coopérative, à l'intérieur de la citadelle, à l'image du PX américain[1]. La symbiose Armée-Nation est loin d'être réalisée dans un pays traditionnellement proche des forces armées. Étant la seule famille d'officier logée en ville, nous sommes donc pris en charge, adoptés et choyés.

Dans mes fonctions de commandant d'unité, j'ai la chance de pouvoir m'appuyer sur Désiré Parrour, mon adjudant de compagnie, un sous-officier attachant dont je découvrirai rapidement les qualités remarquables : trapu, pète-sec mais à l'écoute des hommes, sportif, débordant de dynamisme. Comme officier d'ordinaire, ma première préoccupation est de donner instruction à l'adjudant responsable des approvisionnements d'accorder une priorité aux achats locaux, à prix égal et à qualité égale. C'est le cas notamment des légumes et du vin. J'ai découvert en effet avec stupéfaction que le très bon vin corse peut être obtenu à un prix inférieur à celui du " picrate " (le " gros rouge ") fourni par l'intendance. Il me paraît donc normal de permettre à nos soldats d'apprécier ce vin corse, au lieu de leur servir le picrate réglementaire.

L'information circule facilement dans la petite communauté de Calvi. Très vite les habitants apprennent que l'Armée fait des efforts pour s'approvisionner localement. Ce geste, même très modeste, suffit à donner un nouvel élan aux relations entre militaires et civils. À tel point que je serai bientôt contacté dans mes fonctions d'officier de tir par de bons amis corses pour la fourniture de cartouches. Le motif avancé est toujours le même : une difficulté d'approvisionnement en cartouches de 9 mm pour le pistolet personnel, celui qui justement a été récupéré sur les Italiens ou les Allemands pendant la guerre. À défaut d'utilisation, le canon du pistolet risque de rouiller.

1 - Magasins coopératifs à l'usage exclusif des militaires US.

Ma réponse est invariablement la même : " *Pour les légumes ou le vin, pas de problème. Mais pour les cartouches, c'est un* " *niet* " *clair et définitif. Faites-le savoir une fois pour toutes à tous vos copains.* " Après quelques nouvelles tentatives, le message est entendu.

La vie à Calvi s'écoule très agréablement. Avec Marcelle nous sommes attentifs à rester à la charnière des deux communautés, civiles et militaires, qui apportent l'une et l'autre beaucoup d'agrément à notre vie sociale. Mais cela n'a rien d'un exploit. Dans ma jeunesse à Draguignan, il y avait plusieurs Corses dans notre voisinage, je n'ai donc aucune difficulté à m'adapter, et le rayonnement naturel de mon épouse ajoute à la facilité des relations. Nous avons aussi le privilège de faire la connaissance de personnalités remarquables, comme l'adjudant Costa du bataillon et son frère, l'aumônier militaire, connu et estimé dans le milieu parachutiste. Nous retrouvons Aliotti, mon ancien chef comptable de la 1re Cie du 6e RPC et son épouse qui vivent dans leur village natal au bord de la mer. Des pêcheurs professionnels, devenus mes amis, m'invitent à participer à des sorties en mer, restées inoubliables. Et puis, en sillonnant l'île en voiture les jours de congé, Marcelle et moi apprenons la Corse. Nous découvrons ses paysages et ses villages et nous nous attachons de plus en plus à ses habitants.

Cette vie agréable nous fait vivre parfois des situations cocasses. C'est ainsi qu'un après-midi de *week-end*, alors que nous faisions paisiblement la sieste, nous voyons tout à coup entrer dans notre chambre notre fils Éric accompagné d'un prêtre, tous deux à la tête d'une joyeuse cohorte d'habitants. La cause de ce déferlement était tout simplement, selon la tradition locale, leur intention - louable - de bénir le logement nouvellement occupé. Éric avait donné son accord.

Ces initiatives de notre fils, parfaitement à l'aise avec le voisinage, nous réservent aussi des surprises en période électorale, alors que nous sommes consignés au camp de Lumio ou à domicile. Ces jours-là, lorsque l'arsenal d'armes corses, pistolets, fusils-mitrailleurs et mitrailleuses lourdes se déploie en action, les bruits de tirs arrivent jusqu'à nous. Nous pouvons peu après contempler le spectacle annoncé lorsque le cortège des manifestants en voitures défile sous nos fenêtres. C'est amusant de regarder, même distraitement, des bras et des jambes qui s'agitent aux portières des véhicules. Le spectacle le devient beaucoup moins lorsque tout à coup nous apercevons notre fils âgé de six ans juché sur le toit d'une camionnette, en train de crier avec les autres passagers : " *C'est Orabona, Orabona qu'il nous faut !* "

Les stages spéciaux

La nature de notre entraînement intensif, dont le but est de pouvoir mener à bien des opérations clandestines, fait aussi la part belle à l'inattendu dans notre vie professionnelle en général très programmée.

Nous apprenons à effectuer différents types de sabotages, à accueillir de nuit une équipe en provenance d'un sous-marin [1] ou un parachutage sur une zone de saut discrète, ou encore à exfiltrer des agents par voie aérienne ou maritime. C'est une formation de base de l'agent secret dans toute sa discrétion. Pour les cadres, le couronnement de cette formation s'opère au CERP (Centre d'Entraînement des Réserves Parachutistes), dans la région parisienne.

Au cours d'un ou de plusieurs stages, nous sommes formés à exécuter des opérations spéciales montées par le Service Action, une branche du SDECE (Service de Documentation Extérieure et de Contre-Espionnage, aujourd'hui DGSE). Il s'agit tout d'abord de connaître les bases du métier, apprendre à vivre en situation de clandestinité dans un pays étranger, à utiliser une couverture, à communiquer avec un chef de mission, un correspondant ou les membres d'une équipe, à utiliser les armes ou les équipements nécessaires. Nous sommes entraînés à remplir une mission très pointue, dans une gamme étendue d'activités diverses, depuis la récupération d'un document précieux... jusqu'à l'élimination physique d'un agent ennemi. En somme, c'est une école qui aurait pu former " *Bond, James Bond* ".

Le stage se termine par un exercice pratique, exécuté en région parisienne, dans des conditions réelles. Il s'agit de remplir une mission sans faire de bavure et sans se faire prendre par les services de sécurité. Car en cas d'échec, la règle est simple : c'est l'interdiction formelle de faire référence à notre appartenance. De toute façon, le stagiaire n'est pas connu par l'autorité officielle (tout au moins pendant " un certain temps "). Et en tout cas, après avoir passé de mauvais moments avec la police, il y a de fortes chances pour qu'il change d'affectation et d'orientation.

Pour ce qui me concerne, avec un camarade, notre mission de fin de stage est simple : ramener le plan d'une importante usine électrique de la région, avec le maximum de renseignements sur les principaux points sensibles. Nous réussissons notre mission, avec les félicitations de notre ordonnateur. Sans entrer dans le détail du déroulement, nous avons utilisé

1 - Le centre de " nageurs de combat " d'Ajaccio se situe hors des prérogatives du 1er BPC.

l'arme redoutable du téléphone [1], une couverture convaincante et une bonne dose de culot. Tout juste si le sympathique directeur de l'usine ne nous a pas invités à déjeuner!

Après le stage au CERP, nous rejoignons Calvi et nos fonctions habituelles. Plus tard, en cas de nécessité, le Service Action est en mesure de faire appel à nous. Quitte à nous faire suivre un stage préalable d'entraînement, en fonction de la mission prévue. Le 1er BPC joue le rôle de " vivier " à la disposition de ce Service. C'est ainsi que, de temps en temps, nous voyons disparaître sans préavis... puis réapparaître un officier ou un sous-officier. L'absent est officiellement et invariablement en stage... ou en permission, pour une durée non définie. Il est d'usage de ne jamais poser la moindre question.Et des questions, s'il y en a, ce sont les épouses qui les posent lorsque le mari ne revient pas ou revient dans d'autres conditions. Ce cas ne s'est produit qu'une seule fois pendant la durée de mon séjour.

À l'époque, les missions concernent surtout la guerre d'Algérie, directement ou indirectement. Elles sont souvent exécutées hors du territoire algérien. Nous suivons évidemment de près l'évolution de la situation politique en Algérie. En septembre 1959, reconnaissance du droit à l'autodétermination par le général de Gaulle, en janvier 1960, émeutes sanglantes à Alger, en juin de la même année, les premiers entretiens secrets avec les représentants politiques rebelles à Melun.

À Calvi, j'ai la chance de faire la connaissance d'officiers remarquables. Parmi eux, le capitaine Bichelot, commandant en second le 1er BPC (j'aurai l'occasion de le revoir à Dakar lors de mon affectation suivante) et le capitaine Gildas Lebeurier, du 11e Choc (un autre bataillon très spécial) de passage à Calvi pendant quelques semaines. Je connaissais déjà Lebeurier et sa réputation de guerrier d'une valeur exceptionnelle. Pendant cette courte période, j'ai le privilège d'apprécier sa grande modestie, sa simplicité, sa chaleureuse camaraderie... et aussi ses performances physiques comparables à celles d'un sportif " increvable ".

Visite à Calvi d'un détachement des Forces Spéciales US

Au cours de mon séjour à Calvi, je prépare et réussis le 2e degré de mon diplôme d'anglais. " *Thank you again Mister Bayle, God bless you.* " Aussi, quand la visite d'un détachement des Forces Spéciales US est annoncée,

1 - Plus tard, dans la vie civile, cette expérience me sera utile: je saurai me méfier du téléphone.

je suis chargé de cornaquer ce groupe composé d'une dizaine d'officiers et sous-officiers, appartenant au corps des fameux " Bérets Verts " dont les missions s'apparentent de loin à celle du 1er Bataillon. Leur responsable est le capitaine Fontaine, un officier originaire de la Louisiane qui ne connaît que quelques mots de français.

Le groupe est accueilli très amicalement. Un exposé a été prévu pour donner une information générale sur le 1er BPC. Pendant deux semaines, nos camarades américains font le tour de nos Centres d'Instruction et participent à certains exercices. Mais les relations du 1er BPC avec le Service Action, ainsi que les missions spéciales se rapportant à la guerre d'Algérie et exécutées hors du territoire national, sont classées " top secret ". Elles appartiennent évidemment à un domaine tabou, d'accès interdit. Nous n'en parlons donc pas. En fait, les Américains ne sont pas dupes et nous avons l'impression qu'ils ont une assez bonne idée de nos activités très spéciales.

De toute façon, le séjour se déroule dans une bonne ambiance de " franche " camaraderie. Vers la fin du stage, nous effectuons ensemble un saut après avoir échangé nos équipements : nos invités utilisent nos parachutes et nous-mêmes leur " *T 10* " dont la voilure est beaucoup plus importante que la nôtre. Le résultat est concluant : les " Bérets Verts " ont des arrivées assez brutales mais sont sur la ZS (Zone de Saut), tandis que certains " Bérets Rouges " (dont je fais partie) arrivent au sol nettement hors zone à cause de la grande dérive des parachutes américains. Au moment de nous séparer, après le " pot de départ ", le capitaine Fontaine me remet son parachute à titre de souvenir et de remerciement.

Bien plus tard je constaterai que les bonnes relations militaires sont parfois précieuses. Elles permettent, dans certains cas, d'établir une coopération efficace sans en référer nécessairement aux autorités hiérarchiques.

Visite de mon ami Mademba-Sy ; affectation en ZOM N° 1

En plein cœur de l'été, nous recevons la visite de deux touristes : Claude Mademba-Sy et son épouse Josette. C'est un grand plaisir. Mademba est mon ancien compagnon d'armes du 6e RPIMa d'Algérie. Il est le descendant d'une grande famille sénégalaise qui a joué un rôle majeur lors de la colonisation de l'AOF (l'ancienne Afrique Occidentale Française). Saint-Cyrien de la promotion " *Victoire* ", il a fait une brillante campagne en Indochine. Au 6, il commandait la 2e Cie en remplacement de

Lucy de Fossarieu. À ce titre, il s'est particulièrement distingué, fin mai 1959, dans le Djebel Tsameur, au cours des combats engagés par le 6e qui ont abouti à l'anéantissement de 200 rebelles. C'est sa compagnie qui a eu un rôle décisif dans la découverte d'Amirouche, le chef de la *Wilaya IV*[(1)] couvrant la Kabylie.

Au cours de nos conversations, Mademba m'informe qu'à la suite d'un accord politique entre Paris et Dakar, il envisage la possibilité d'être transféré dans l'Armée Malienne, en vue de la formation de celle-ci, dans le cadre de l'indépendance de la Fédération du Mali (formée par l'union du Sénégal et du Soudan).

Cette visite amicale mérite d'être évoquée, car elle va avoir une répercussion très prochaine sur la suite de ma carrière lorsque, inscrit au tour de départ Outre-Mer, je suis affecté en ZOM N° 1 (l'ancienne Afrique Occidentale Française).

Embarqués en famille à Ajaccio le 5 juillet 1960 sur le *MS Napoléon*, nous arrivons à Marseille le lendemain. Je repars seul sur le *SS maréchal Foch*, le 7 juillet, à destination de Dakar pendant que la famille s'installe en attente à Quimper.

***

1 - On appela Wilaya IV, la zone de l'Algérois. C'était l'une des six Wilaya résultant du découpage territorial décidé lors du Congrès de la Soummam en 1956. La Wilaya IV était elle-même divisée en trois zones (mintaka). Chaque zone était divisée en régions (nahia), chaque région en secteur (kasma), chaque secteur en douar. Des six wilayas de l'organigramme révolutionnaire, la Wilaya IV était le pivot autour duquel la guerre d'Algérie évoluait. Cette région devint la wilaya modèle de la révolution algérienne. Elle fut le centre de tous les événements dont les dénouements ont transformé l'Algérie et la France.

CHAPITRE X

LE SÉNÉGAL
1960 - 1963

Arrivée à Dakar ; détaché auprès de l'Armée Malienne ; l'ONU Congo sous l'uniforme malien

J'arrive à Dakar ce 15 juillet 1960, en pleine période de décolonisation. Je suis accueilli par le commandant Mademba-Sy [1] qui a été mis à la disposition des Forces Armées de la Fédération du Mali, à la demande du Président Modibo Keita. Il est désormais conseiller militaire de Mamadou Dia, Vice-Président du gouvernement, chargé de la Défense. J'apprends que tout en étant affecté administrativement au 7e RPIMa [2], je suis mis, sur sa demande, à la disposition de l'État-Major des Forces Armées de la Fédération du Mali, comme conseiller technique pour la formation de la 1re Compagnie Parachutiste.

Dans les 48 heures qui précèdent mon débarquement à Dakar, à la suite de troubles graves ayant éclaté au Congo (ex-Belge) et de la demande du gouvernement de ce pays [3], le Conseil de Sécurité de l'ONU vient d'adopter une résolution concernant l'intervention d'une force de sécurité dénommée " ONUC ". Ainsi, un mois après la proclamation de l'indépendance du Mali (en date du 18 juin 1960) et alors même que l'armée est en cours de constitution, la Fédération du Mali décide d'envoyer un détachement précurseur à Léopoldville auprès du commandant des forces de l'ONU en vue de préparer l'arrivée du bataillon malien, commandé par le chef

1 - Voir fin du chapitre précédent.

2 - Régiment de Parachutistes d'Infanterie de Marine, basé à Dakar et commandé par le colonel Langlais, ancien adjoint du général de Castries, à Dien Bien Phu.

3 - Dont l'indépendance a été proclamée le 30 juin 1960.

de bataillon Mademba-Sy. Ce détachement sera ensuite chargé d'assurer la liaison auprès de l'État-Major de l'ONU au Congo, après avoir établi un contact avec l'État-Major français de Brazzaville [1]. Sur proposition de Mademba, je suis désigné comme chef de ce détachement.

Initialement, l'EM des Forces Armées de la Fédération envisage de m'adjoindre un sous-officier malien spécialiste des questions administratives (l'adjudant N'Diaye Daouda). Puis, pour des raisons politiques, il est décidé, juste avant mon départ, de désigner également un officier malien (le sous-lieutenant N'Diaye Djibrill) pour représenter officiellement le bataillon du Mali auprès de l'EM de l'ONU au Congo.

Je deviens donc en titre le conseiller du détachement de liaison, tout en conservant officieusement l'entière responsabilité de la mission.

Le dossier mis à ma disposition comporte:
- le tableau des effectifs [2] et de dotation [3] du bataillon
- une note succincte sur la formation du bataillon
- un ordre de mission pour Léopoldville, et un autre pour Brazzaville: tous deux signés de la main de Mamadou Dia, le Vice-Président du gouvernement chargé de la Défense.

D'autre part, compte tenu de l'absence totale d'informations émanant de l'ONU, il m'est remis, par l'EM Fédéral, un questionnaire concernant l'emploi du bataillon, l'administration, la logistique et les liaisons. Ce questionnaire est complété par des demandes et instructions verbales formulées par le colonel Fall, chef du cabinet militaire du Ministre de la Défense.

Le sous-lieutenant N'Diaye Djibrill désigné *in-extremis* n'ayant pas rejoint, je suis mis en route sur Léopoldville avec l'adjudant N'Diaye Daouda le 25 juillet 1960 par voie aérienne. Départ de Dakar à 00h30 locale par *C 124 US*, arrivée à Accra au Ghana à 7h45. Accueil par monsieur Poincaré de l'Ambassade de France et un conseiller " culturel " peu discret. Il a le tort de porter des chaussures noires de l'Intendance française. Départ d'Accra à 15h35 par *C 130 US* à bord de l'avion

1 - ZOM (Zone d'Outre-Mer) N° 2

2 - Au total 574 militaires dont 13 gendarmes de la prévôté (avec un encadrement de 18 officiers et 116 sous-officiers) comprenant 317 Sénégalais et 257 Soudanais, inégalement répartis dans les compagnies. Car la 1re est surtout soudanaise (117 sur 120), alors que la 4e est surtout sénégalaise (105 sur 120). Cette répartition inégale présentera par la suite un sérieux problème potentiel.

3 - Le matériel est essentiellement français: armement, radio et véhicules (un parc auto très réduit comprenant des " jeeps ", des " dodges " et des camionnettes).

transportant le contingent libérien. Atterrissage à Léopoldville le même jour à 20h05 locale. Conformément aux ordres reçus au départ de Dakar, dès notre arrivée à Léopoldville (aujourd'hui Kinshasa), je me présente officieusement à l'EM de l'ONU. En attendant le sous-lieutenant N'Diaye Djibrill, officier de liaison de l'Armée Malienne, nous prenons le maximum de contacts afin de fournir par télégramme, à l'EM Fédéral, les renseignements les plus urgents, en vue du déplacement du bataillon malien.

Dès le premier jour, à la suite de mes conversations avec les différents bureaux de l'EM de l'ONU Congo, je me rends compte que l'ONUC a très peu de moyens à mettre à notre disposition. Dans un pays immense [1], livré à l'anarchie générale, ne disposant plus des services publics belges après la fuite justifiée des responsables, dans une ville soumise au pillage, nous devrons donc nous débrouiller par nos propres moyens. Notre mission de liaison, va se dérouler dans une ambiance chaotique, parfois dans des conditions " acrobatiques ".

À titre d'exemple, nous devons commencer par trouver un logement. Le choix est très large. Nous disposons de la plupart des maisons européennes du centre-ville. Mais elles sont abandonnées et pillées. Il y a bien des lits (difficiles à emporter) mais pas de linge de maison. À nous de partir à la recherche du minimum indispensable.

Le 27 juillet, nous nous rendons à Brazzaville, de l'autre côté du fleuve, pour nous présenter au général Sizaire commandant la Zone Outre-Mer N° 2 (ancienne Afrique Équatoriale Française), à son EM, puis à monsieur Bourges, Haut-Commissaire de France, pour mettre au point principalement notre système de communications. Ayant appris, par TO (Télégramme Officiel) de Dakar, le départ du sous-lieutenant N'Diaye Djibrill, nous retournons à Léopoldville pour accueillir le 28 juillet l'officier de liaison. Et conformément aux instructions reçues, le détachement précurseur au complet se présente officiellement au général von Horn, commandant des forces de l'ONU au Congo.

Le général est un homme d'une prestance superbe, un hobereau rigide ne cherchant pas toujours à adapter les plans prévus aux circonstances du moment, un peu coincé dans l'exercice de ses hautes fonctions pour lesquelles il n'est pas préparé, aussi à l'aise en Afrique qu'un général africain le serait au Groenland ou en Sibérie. Au premier abord, il donne l'impression de " pédaler à côté de la bicyclette ".

1 - Quatre fois la superficie de la France, 2 000 km du nord au sud, et d'est en ouest : voir carte dans les Annexes.

Nous inspirant des directives données avant le départ par l'EM Fédéral, nous attirons, dès le début, l'attention du commandement des Forces de l'ONUC sur l'intérêt d'implanter le bataillon à proximité de Léopoldville en raison des facilités de soutien logistique pouvant être accordées par Brazzaville. L'implantation du bataillon ayant déjà été prévue dans la province du Kivu, le général von Horn se montre peu enclin à modifier son *planning* compte tenu des perspectives d'une opération future (au Katanga). Toutefois, compte tenu de la rapidité de la formation du bataillon, de son manque de cohésion et de l'absence de toute action psychologique au départ, nous insistons sur la nécessité de maintenir le bataillon groupé, pendant un minimum de huit jours, avant de le déployer sur une large superficie. Quoique réticent, le commandement de l'ONUC admet cette considération impérative.

Nous nous présentons ensuite à l'Ambassade de France à Léopoldville. À partir de cette date et jusqu'à mon retour à Dakar, je joue le rôle de " conseiller militaire " tout en conservant au fond la direction du détachement. Dès le début, ce rôle s'avère indispensable mais particulièrement délicat. Il s'agit d'actionner une équipe en restant à l'arrière-plan tout en poussant vers l'avant l'officier de liaison et en dirigeant son activité suivant les exigences de la mission. Le 30 juillet, le général von Horn ayant confirmé sa décision relative à l'implantation du bataillon à Kasongo (Province du Kivu), l'EM Fédéral à Dakar en est informé par TO via Brazzaville. Le sous-lieutenant N'Diaye Djibrill, officier de liaison est mis en route sur Kindu par voie aérienne pour préparer l'accueil du bataillon à son arrivée sur cette base et son implantation à Kasongo en liaison avec la compagnie irlandaise stationnée à Kindu. Le 31 juillet, conformément aux directives du TO adressé par monsieur Modibo Keita, en présence de l'adjudant N'Diaye Daouda, j'expose de nouveau au général von Horn le point de vue de l'EM Fédéral relatif à la zone d'implantation et à la nécessité du regroupement préalable. Le général donne son accord sur le deuxième point (le regroupement initial) mais il ne modifie pas son planning d'implantation.

Une rencontre surprenante à Léopoldville

Dans les premiers jours du mois d'août, je fais une rencontre à laquelle je ne suis pas du tout préparé. Alors que je me rends à l'EM de l'ONU, ma voiture croise celle d'un officier américain. Nous nous reconnaissons et garons nos véhicules. Il s'agit du capitaine Fontaine des Forces Spéciales US que j'avais rencontré lors de son stage au 1er BPC de Calvi et qui avait alors eu la courtoisie de m'offrir son parachute à titre de remerciement à la fin de son séjour. Nous nous donnons l'accolade. Mais comme il est en tenue d'aviateur, Fontaine devine mon étonnement et me fait comprendre, d'un signe du doigt sur ses lèvres, que le sujet est tabou. Nous allons prendre un pot dans le bar le plus proche. Voyant mon écusson du Mali et mes signes distinctifs de l'ONU, à son tour il se montre perplexe. J'ai beau m'expliquer et lui montrer ma carte d'identité de l'Armée Malienne (avec le cachet du Ministre de la Défense), il a des difficultés à me croire, mais me complimente sur l'ingéniosité de " ma couverture " " *You, French officers are super…* " Après lui avoir parlé du bataillon malien et de la petite équipe dont je suis simplement le conseiller militaire, il finit poliment par me croire, tout en étant persuadé que je remplis une mission parallèle, ce qui évidemment est faux. En tout état de cause, nous convenons d'établir une coopération personnelle basée sur l'amitié qui nous lie depuis Calvi. Cette rencontre sera providentielle pour l'exécution de ma mission, car lorsque l'EM de l'ONUC ne sera pas en mesure de me fournir des moyens qui nous sont nécessaires, notamment pour le transport aérien à partir de Léopoldville, je m'adresserai à Fontaine. Il me donnera satisfaction chaque fois qu'il disposera d'un avion, même si un *C 124* ou un *C 130* est disproportionné pour le transport d'une simple équipe ! En signe de bonne volonté, il commence par nous dépanner le jour même en nous fournissant le linge de couchage qui nous fait défaut. C'est de la magie pure à nos yeux.

En contrepartie, je lui rends de menus services, faciles à obtenir auprès de l'EM de l'ONU ou grâce à l'esprit coopératif de mes contacts personnels. Il s'agit, la plupart du temps, de l'effectif des contingents nationaux, du nom d'un chef de détachement, en précisant parfois sa tendance quand il est question de pays ouverts à l'influence soviétique. Il est évident que dans un pays livré à l'anarchie et dirigé par un fou furieux comme Lumumba, le monde libre a tout intérêt à éviter que le Congo, avec son potentiel exceptionnel, devienne le foyer insurrectionnel de l'ensemble du continent. À partir de mon arrivée, les événements vont se dérouler à une cadence effrénée. Ce séjour opérationnel au Congo est sans aucun doute l'un des plus dense de ma carrière. Qu'on en juge :

Le 2 août, le chef d'EM des forces de l'ONU m'informe que le départ du bataillon malien n'aura pas lieu avant le 4 août. Le 3 août au matin, l'EM me fait savoir que le bataillon doit être regroupé à Kindu et non pas à Kasongo. Puis vers midi, je suis informé par un télégramme transmis par l'Ambassade de France via Brazzaville, que l'aérotransport du bataillon a commencé le 2 août à 10 heures Je rends compte à l'EM de l'ONU au Congo (grosse surprise). J'obtiens un avion pour me rendre le plus rapidement possible à Kindu. J'informe le sous-lieutenant N'Diaye Djibrill par le réseau PTT en l'absence de réseau radio militaire, en lui demandant de maintenir le bataillon à Kindu. L'EM me remet en fin de soirée l'ordre d'opération N° 1 relatif à l'occupation du Katanga (le bataillon du Mali reste dans le Kivu et n'intervient pas au Katanga).

Le 4 août au matin, j'arrive à Kindu par avion en compagnie du lieutenant-colonel Lee, officier de liaison de l'Armée Irlandaise et de l'adjudant N'Diaye Daouda. J'apprends que le chef de bataillon, arrivé la veille avec une compagnie, a déjà fait mouvement de Kindu à Kasongo (par VF et par route) conformément à l'ordre initial (périmé) transmis verbalement par le sous-lieutenant N'Diaye Djibrill. Le télégramme postal destiné à Djibrill annonçant mon arrivée et demandant le maintien du bataillon à Kindu me sera remis par les PTT le 4 août au soir vers 17 h 00. Après avoir vainement essayé de contacter le chef de bataillon par des moyens de communication civils (gare, sociétés privées, PTT...) je parviens finalement à obtenir une liaison directe grâce au réseau de commandement des Troupes Belges (le bataillon para implanté à Kindu). Ordre transmis au commandant Mademba-Sy : regroupement du bataillon à Kindu, un élément léger à Kasongo (cet élément du bataillon sera renforcé par la compagnie irlandaise qui doit faire mouvement de Kindu à Kasongo, en prévision de l'occupation de la province du Katanga, en état de sécession vis-à-vis du gouvernement central).

Le lieutenant-colonel Lee et l'adjudant N'Diaye Daouda retournent à Léopoldville, par avion, tandis que je reste sur place à Kindu pour attendre le retour du chef de bataillon. Le 5 août au matin, la compagnie irlandaise fait mouvement comme prévu de Kindu à Kasongo, tandis que le commandant Mademba-Sy effectue le mouvement contraire avec les éléments du PC du bataillon, ayant laissé la compagnie malienne à Kasongo comme prévu. L'aérotransport du reliquat du bataillon en provenance de Dakar sur Kindu se poursuit durant la journée par un *C124 US*. Pendant ce temps, les Troupes Belges évacuent la ville de Kindu et sont aérotransportées à Usumbura [1] (Burundi). En fin de soirée le commandant Mademba-Sy rejoint Kindu, reçoit par mes soins l'ordre d'opération N° 1 (concernant le Katanga) ainsi que diverses directives. Il transmet aux commandants d'unité ses ordres pour le lendemain.

---

1 - Aujourd'hui Bujumbura à 1 600 km à l'est de Léopoldville à vol d'oiseau: voir carte dans les Annexes.

Le 6 août, je rejoins Léopoldville avec le sous-lieutenant N'Diaye Djibrill à bord d'un *C124 US*. Le 7 août, fin de l'aérotransport du bataillon. Implantation : le bataillon regroupé à Kindu à l'exception d'une compagnie détachée à Kasongo. Le 9 août : ordre d'opération N° 2 modifiant le précédent. Occupation du Katanga le jour J (en principe le 14) par les troupes marocaines, suédoises, éthiopiennes et maliennes. Le bataillon irlandais basé dans le Kivu et destiné initialement à occuper le nord du Katanga est remplacé dans cette mission par le bataillon du Mali. Le sous-lieutenant N'Diaye Djibrill est chargé de remettre l'ordre opérationnel N° 2 au commandant Mademba-Sy à Kindu. Toujours en l'absence de réseau radio ONUC permettant de communiquer avec le bataillon du Mali, je réussis à adresser un message au PC du bataillon irlandais basé à Goma (Kivu) par l'intermédiaire d'un radio amateur belge habitant Léopoldville – message retransmis à Kindu via Kasongo (réseau intérieur irlandais et malien) pour annoncer l'arrivée du sous-lieutenant N'Diaye Djibrill. Dans la pagaille congolaise régnante, il faut se débrouiller par tous les moyens.

Le 10 août, l'officier de liaison du Mali se rend à Kindu auprès du bataillon. Le 13 août au matin à Léopoldville, je me présente au colonel Roulle qui vient d'être nommé Attaché Militaire auprès de l'Ambassade de France. Le 14 août, le bataillon fait mouvement vers le sud en direction du Katanga. Fin probable du mouvement le 15 août au soir.

Le 16 août au matin à Léopoldville, la gendarmerie congolaise occupe les accès de l'*Hôtel Royal* (siège de l'EM/ONU) et procède à des vérifications d'identité d'une façon absolument arbitraire. Je suis en train de déjeuner tranquillement avec d'autres officiers et je refuse tout d'abord de me soumettre à cette vérification rocambolesque. Mais pour éviter d'aggraver l'incident et sur le conseil du général de brigade Otu [1] de l'Armée Ghanéenne conforté par d'autres officiers de l'État-Major de l'ONU, je présente ma carte d'identité d'officier de l'Armée Malienne portant le cachet de la Présidence du Conseil des Ministres. Malgré ce document officiel et la vive réaction de mon entourage onusien, je suis arrêté. Considéré comme " flamand, espion belge " [2] je suis conduit, en *jeep* sous escorte armée, au Commissariat Central de Police, suivi par le général Otu qui a tenu à m'accompagner. Après une nouvelle vérification et le témoignage du général ghanéen, je suis libéré avec les excuses

1 - Détaché par le commandement de l'ONU, comme conseiller auprès du général Lundula, lequel est un ancien sergent devenu commandant de l'Armée Congolaise.

2 - Je suis suspecté à cause de mon brevet parachutiste et de ma connaissance de la langue française. De plus, je suis officier malien blanc, au lieu d'être noir.

du Commissaire. À mon retour, je me présente au Dr Bunch, représentant politique de l'ONU Congo. Il m'indique qu'une vive protestation a été adressée au gouvernement congolais pour les nombreux actes de violation commis dans la journée à l'encontre de plusieurs contingents internationaux. J'en informe immédiatement l'Ambassade de France, chargée d'affaires du Mali, ainsi que l'EM Fédéral à Dakar.

J'aurai droit aux honneurs de la presse belge locale, car cette affaire marque le déclenchement d'une longue série d'incidents qui vont s'échelonner pendant plusieurs semaines entre les troupes congolaises échappant à tout contrôle et les forces de l'ONU.

Le 17 août, je quitte Léopoldville par avion pour effectuer une liaison auprès de Mademba-Sy (avec l'ordre d'opération N° 3). Aucune nouvelle du bataillon depuis le 14. En principe il devrait être implanté au nord du Katanga, dans le district du Tanganyika : à Albertville [(1)] (PC bataillon) et à Kongolo, Kabalo, Manono. J'arrive à Élisabethville [(2)] à 8 h 25 et me présente au commandement territorial qui vient d'être créé : le Commandement Est groupant les provinces du Kivu et du Katanga.

Le 18, l'avion prévu pour Albertville rentre à Léopoldville via Kamina en ayant à son bord le général von Horn : retour précipité par suite d'un incident grave survenu à l'aéroport de Léopoldville où des officiers canadiens ont été brutalisés par l'Armée Congolaise. L'ONU n'étant pas en mesure d'assurer mon transport sur Albertville, je m'adresse à l'EM belge, ma demande est acceptée, le départ est prévu le lendemain. Le 18 au soir, au cours du dîner, tout à fait par hasard, je fais la connaissance de monsieur Thyssen, conseiller civil de monsieur Tshombé, Président de la province du Katanga. Le 19 au matin, sur le terrain d'aviation, j'ai l'occasion de rencontrer le général Gheisen, commandant les Troupes Belges au Congo, ainsi que le colonel Champion, commandant les Troupes Belges du Katanga. Puis j'effectue le voyage Élisabethville - Albertville à bord d'un appareil *Dove* de l'aviation militaire belge. Liaison auprès du commandant Mademba-Sy : tour d'horizon de la situation et des difficultés rencontrées par le bataillon, principalement en raison d'une implantation très étendue [(3)]. Ma mission de liaison auprès de l'ONU à Léopoldville pouvant être prise en charge par le sous-lieutenant N'Diaye Djibrill (reparti à Léo), le chef de corps envisage mon retour à Dakar.

1 - Aujourd'hui Kalima sur le lac Tanganyika à 700 km au nord d'Elisabethville (aujourd'hui Lumumbashi).

2 - Aujourd'hui Lumumbashi à 1 600 km au sud-est de Léopoldville, à vol d'oiseau.

3 - 250 km d'est en ouest et 275 km du nord au sud : voir carte dans les Annexes.

Le 20 août au matin, Radio-Dakar annonce l'éclatement de la Fédération du Mali et la proclamation de l'indépendance du Sénégal. Le Soudan prend l'appellation de République du Mali sous la présidence de Modibo Keita et se retire de la " Communauté ". Le Sénégal présidé par Léopold Sédar Senghor demande son admission à l'ONU.

Le chef de bataillon Mademba-Sy réunit immédiatement ses officiers et sous-officiers, adresse des paroles de circonstance pour calmer les esprits et maintenir la cohésion du bataillon. En tête à tête avec le commandant nous étudions la situation du bataillon, compte tenu des événements politiques du Mali. Les mesures suivantes sont envisagées :

- liaison du chef de bataillon auprès de ses unités, par avion dès le lendemain matin ;
- regroupement du bataillon soit entièrement à Albertville, soit à la fois à Albertville et Kabalo ;
- établissement d'une liaison radio entre Albertville et Élisabethville ;
- mon départ pour Dakar par la première occasion pour demander des instructions précises.

À 12 heures, je prends l'avion à destination d'Élisabethville où, dès mon arrivée au PC, j'expose la situation et suggère au nom du chef de corps les mesures à prendre. L'ONU ne pouvant pas mettre d'avion à la disposition du commandant Mademba avant le 22, je m'adresse une fois de plus à titre personnel à l'EM belge et j'obtiens satisfaction. Un avion militaire belge se rend le 21 en première heure d'Usumbura à Albertville pour se mettre à la disposition du chef de bataillon. Un officier d'EM d'Élisabethville se rendra par ailleurs le 21 au matin à Albertville pour étudier sur place les modalités de regroupement du bataillon. Malgré plusieurs essais effectués par les opérateurs marocains basés à Élisabethville, aucune liaison radio avec le PC du bataillon du Mali. L'avion belge se met en place comme prévu, pour permettre au commandant Mademba de remplir sa mission.

Le 20 au soir puis le 21 à midi, nouveau contact à titre privé avec monsieur Thyssen, auquel j'expose les difficultés rencontrées par le bataillon, les fautes commises par l'administration katangaise et les mesures à prendre pour améliorer l'ambiance de travail. Le 21 à 16 h 10, départ pour Léopoldville à bord d'un *C 124 US*. Arrivée à 20 h 10. Vers 22 heures Radio-Bruxelles annonce que le commandant du bataillon du Mali a demandé le retrait de son bataillon. Le 22 au matin, le chef de bataillon Mademba arrive subitement à Léopoldville. Je suis surpris de le rencontrer à l'*Hôtel Royal* (siège de l'EM/ONUC). Le chef de bataillon m'indique que cette liaison inopinée a été nécessitée par l'évolution de l'état d'esprit du bataillon.

Contact avec l'EM du général von Horn. La déclaration diffusée par Radio-Bruxelles la veille au soir est formellement démentie par le chef de bataillon. Mon départ pour Dakar est fixé à 24 heures (Appareil *North Star* de l'Aviation Canadienne). J'effectue le circuit ONU - Ambassade de France pour faire mes adieux ; je passe mes dernières consignes au sous-lieutenant N'Diaye Djibrill. Impossible de me rendre à Brazzaville ou de téléphoner avant mon départ (toutes les liaisons sont coupées sur ordre du gouvernement Lumumba).

En fin de soirée, le commandant Mademba m'accompagne au terrain d'aviation de N'Djilli, me donne ses dernières instructions et me demande de transmettre au colonel Fall, dès mon arrivée à Dakar, son point de vue sur les mesures à prendre impérativement : retrait du bataillon le plus rapidement possible, au maximum avant trois semaines. Le chef de bataillon m'informe qu'il doit quitter Léopoldville le 23 à 10 heures à destination d'Albertville via Élisabethville.

Décollage de l'avion *North Star* à 1 h 30 ; arrivée à Dakar à 12 h 30 ; présentation au commandant Delaunay (à l'EM de l'Armée Sénégalaise) à 15 heures ; à 16 heures présentation au colonel Fall, exposé de la situation. Je me présente également au général commandant la ZOM N° 1, à son PC de Dakar. C'est ainsi que se termine ma mission à l'ONU-Congo sous la bannière malienne.

La fiche en annexe, destinée au gouvernement, relate l'essentiel de mon exposé. Elle reflète fidèlement le point de vue du commandant Mademba. Elle souligne particulièrement la nécessité de mettre fin, de façon urgente, à une situation explosive dans laquelle se trouve le chef de corps : à la tête d'un bataillon portant le nom d'une fédération qui n'existe plus. Un cas sans doute unique dans les annales des interventions de l'ONU.

Considérations sur la phase initiale d'intervention de l'ONU-Congo

L'effondrement d'un pays dans les jours suivant l'indépendance

L'indépendance a été accordée prématurément à un pays non préparé à la recevoir. La colonisation belge s'était attachée au bien-être matériel de l'autochtone [1] beaucoup plus qu'à la promotion intellectuelle des

1 - Le niveau de vie des autochtones était l'un des plus élevés du continent africain.

individus[1]. Entreprise tardivement, la formation des élites a été restrictive, lente, mal conçue, inadaptée à l'évolution prévisible du phénomène de décolonisation. En particulier, le trilinguisme (français - flamand - lingala) a été développé par principe, ce qui n'a pas contribué à améliorer la communication, le contact, la cohésion entre Européens et Africains.

Tout en étant comblé par les bienfaits du paternalisme belge, l'Africain s'est retrouvé en situation d'infériorité totale sur le plan culturel. De cette différence de niveau flagrante est née la pratique d'une ségrégation de fait qui a blessé l'âme africaine dans sa dignité. L'absence d'élites africaines, le manque de communication étroite, les ressentiments dus à la ségrégation ont été les principaux facteurs du bouleversement qui a secoué le Congo et effacé en quelques jours les traces d'une colonisation belge, exemplaire sur le plan matériel par ailleurs.

C'est ainsi que le 6 juillet, six jours seulement après la proclamation de l'indépendance de la République du Congo, une violente mutinerie des militaires de la " Force publique congolaise " éclate à Léopoldville, puis dans les autres garnisons. Orientée au départ contre le gouvernement Lumumba, la rébellion devient immédiatement anti-belge et prend une tournure raciale anti-blanche. Dans un climat d'insécurité totale, elle entraîne le départ massif des Belges et des Européens, l'arrêt du fonctionnement des affaires et des services publics, l'effondrement des structures administratives et économiques. C'est l'anarchie !

Comme Lumumba non seulement n'assume pas ses responsabilités, mais encourage les mutins en leur donnant de l'avancement, les forces belges interviennent le lendemain à Léopoldville et dans les principaux centres, pour assurer, à juste titre, la sécurité de leurs concitoyens.

C'est dans ces conditions, et à la suite de la demande pressante formulée par le Président Kasavubu et son Premier Ministre Lumumba, que le Conseil de Sécurité de l'ONU prend la décision de mettre sur pied une force d'intervention destinée à rétablir la sécurité au Congo sous le contrôle de l'ONU.

La situation chaotique s'aggrave davantage encore du fait des luttes ethniques, de la sécession du Katanga sous la direction de Moïse Tschombé soutenu par l'Union Minière et des rivalités de personnes au sein du gouvernement entre Fédéralistes (Kasa Vubu) et Unitaires (Lumumba).

---

1 - Au total, moins de vingt diplômés d'université: aucun médecin, avocat, ingénieur... ni officier.

Les Forces de l'ONU au Congo

L'immensité du territoire concerné, la multiplicité des contingents nationaux, l'importance de leurs effectifs engagés font de l'intervention de l'ONU au Congo, sans aucun doute, l'opération de la plus grande envergure réalisée sur le continent africain. C'est sans doute aussi le plus bel exemple d'intervention chaotique qui ne fait pas honneur aux Nations Unies.

À ma connaissance, c'est aussi la seule opération de l'ONU dans laquelle un seul officier français s'est trouvé engagé officiellement sous l'uniforme et au titre d'un État étranger. L'expérience a été de très courte durée… mais riche en enseignements.

Mise en place dès le 16 juillet à Léopoldville sous la responsabilité du Docteur Ralph Bunch, l'organisation des Nations Unies au Congo est articulée en deux parties distinctes :

- une organisation civile : pour la gestion des personnels, des finances, des affaires administratives et économiques. (Pour mémoire).

- une organisation militaire aux ordres du général suédois von Horn, comprenant :

• un État-Major
• les contingents nationaux
• quelques très rares services

L'État-Major

Il est resté sous une forme embryonnaire pendant la période de démarrage (deuxième quinzaine de juillet), puis s'est complété progressivement grâce à des apports les plus divers : Australiens, Anglais du Ghana, Birmans, Canadiens, Danois, Indiens, Irlandais, Italiens, Norvégiens, Suédois, Zélandais.

Le général, commandant en chef, dispose :

- d'un chef de cabinet, le colonel Berthioume, Canadien français

- d'un commandant en second, le général Kettani, Marocain, chargé par ailleurs de la formation de l'Armée Congolaise

- d'un chef d'État-Major, le général Yassou, Ethiopien

En dehors de mes contacts avec le général von Horn, j'ai surtout affaire au colonel Berthioume, un officier de contact agréable, direct, compétent, plein de bon sens. C'est lui qui fait tourner l'organisation, en apportant principalement un certain réalisme dans ce désordre total. Courageux, on le retrouve sur le terrain chaque fois qu'il y a un incident grave. Il fait tout ce qui est en son pouvoir pour calmer l'excitation congolaise.

Dans l'ensemble, l'EM est organisé suivant le principe anglais:
- Branche Logistique - Administration
- Branche Opérations - Renseignements

L'aviation de transport, minuscule, est commandée par un colonel canadien qui dispose d'un État-Major particulier.

Les contingents nationaux

Ils sont fournis par douze pays: Éthiopie, Ghana, Guinée, Indonésie, Irlande, Libéria, Mali, Maroc, RAU, Soudan, Suède, Tunisie. D'autres contingents suivront. Mais par souci d'indépendance vis-à-vis du Conseil de Sécurité et pour éviter en principe toute interférence de sa part, il est convenu de ne pas engager de contingent provenant de l'un des pays membres permanents.

De toute évidence, les contingents d'expression française ont les meilleures facilités pour établir des contacts avec la population congolaise. De plus, les Tunisiens et surtout les Marocains s'imposent rapidement grâce à la qualité et à l'expérience guerrière des cadres dont beaucoup ont fait la campagne d'Indochine. Il en est de même pour le bataillon malien dont la troupe et les cadres ont, en partie, participé à la guerre d'Algérie. Les autres contingents de pays ayant connu la colonisation ont une tendance naturelle à se montrer favorables aux positions congolaises. C'est le cas notamment des Guinéens dont les liens avec la France ont été rompus brutalement dès le début de la décolonisation. Leurs unités politisées subissent apparemment les effets de l'influence soviétique.

Quant aux Suédois et Irlandais, ils font un peu le " complexe du blanc ". Par réaction, ils ont tendance à pencher du côté africain, souvent au détriment de la communauté belge dont les forces de l'ONU ont pourtant le devoir indiscutable d'assurer la sécurité… surtout après le départ des troupes belges, exigé par l'ONU.

Dans un certain nombre de localités de brousse, la honte de l'ONU est d'avoir abandonné des familles belges isolées livrées aux exactions de bandes congolaises incontrôlées, en présence de troupes de l'ONU. De leur côté, bien que mal préparées à ce type d'engagement, les troupes belges, notamment les unités parachutistes, ont fait le maximum avant leur repli pour remplir leur mission visant à sauvegarder leurs concitoyens, dans des conditions extrêmement difficiles. Elles ont fait leur devoir, parfois malgré les carences politiques ou du commandement et souvent en situation de légitime défense.

En ce qui me concerne, lorsque l'ONU se montre incapable de m'aider à remplir ma mission, je n'hésite pas à m'adresser à l'Armée belge qui répond toujours à ma demande de coopération en faveur de " mon " bataillon malien malgré le paradoxe de notre situation.

Les entretiens à cœur ouvert que j'ai avec les camarades des troupes aéroportées belges me font comprendre leur rancœur vis-à-vis de l'ONU... parfois aussi vis-à-vis de leur propre pays. L'expérience vécue à la fin des combats en Indochine et plus tard celle de mes propres camarades à la fin de la guerre d'Algérie permettent de mieux comprendre cet état d'esprit... et leurs conséquences parfois.

Les déficiences de l'organisation militaire de l'ONU ont déjà été signalées lorsque j'évoquais ma courte expérience dans la phase initiale d'intervention au Congo. Elles se manifestent par l'inexpérience d'un commandement peu préparé à conduire une opération d'une telle envergure, l'absence d'une réserve générale aéroportée à Léopoldville capable d'intervenir rapidement sur un immense territoire, l'ignorance des notions de guerre psychologique, la quasi-inexistence de la logistique [1], l'absence d'un véritable service de renseignement, le parti pris idéologique de certaines troupes dont la présence est plus néfaste qu'utile.

Mais la déficience la plus grave est celle des transmissions. En l'absence totale de réseau de commandement, il faut communiquer par des moyens de fortune : le réseau des PTT (problématique), celui de la compagnie aérienne *Sabena*, des compagnies privées, des radios amateurs (incroyablement efficaces).

Le procédé de communication le plus courant et le plus sûr reste celui de l'officier de liaison. Et, aujourd'hui, l'avion a remplacé le cheval.

Dans ce contexte chaotique, Lumumba peut se permettre de faire bloquer l'action de l'ONU par quelques " trublions " et mener sa politique démentielle [2] qui plongera son pays, aux richesses potentielles [3] pourtant considérables, dans une misère de très longue durée qui s'étendra bien

1 - Même dans le simple domaine de la " Poste aux armées " : 2 à 3 semaines de délai pour les lettres familiales entre Dakar et Léopoldville.

2 - Heureusement pendant une période limitée : d'abord évincé du pouvoir, il sera tué en janvier 1961.

3 - Sans doute l'un des plus riches, en ressources, du continent africain.

au-delà du départ définitif des troupes de l'ONU [1]. C'est le prix payé par un double échec : celui de la décolonisation belge (sous la pression des événements) et celui de l'ONU.

Conseiller militaire parachutiste auprès de l'Armée Sénégalaise

Mon arrivée à Dakar, c'est aussi le retour au bercail. En effet, pendant mon séjour au Congo, Marcelle et Éric ont rejoint Dakar et sont installés dans un appartement de l'armée, dans le centre-ville. En mon absence, Marcelle a été accueillie par Josette, l'épouse du commandant Mademba-Sy et par le lieutenant Desmottes mon adjoint. Elle a pu ainsi se faire une idée de notre nouvelle garnison, tandis qu'Éric est déjà entouré de bons copains, les enfants de la sympathique tribu Mademba. Sa reprise scolaire débute à l'École publique et se poursuivra dans de très bonnes conditions à l'École de la Cathédrale à partir du dernier trimestre 1960.

Après l'aventure congolaise, je retrouve donc les fonctions pour lesquelles j'avais été affecté à Dakar, celles de conseiller militaire parachutiste auprès de mon armée d'appartenance, portant désormais l'appellation d'Armée Sénégalaise. Tout en étant administrativement rattaché au 7e RPIMa commandé par le colonel Langlais [2], je suis affecté à l'État-Major général de l'Armée du Sénégal, au même titre que les autres conseillers militaires.

En étroite liaison avec le 7e RPIMa dont la coopération sera précieuse, il s'agit de mettre sur pied la 1re Compagnie Parachutiste Sénégalaise commandée par le lieutenant Sissoko, puis ultérieurement le groupement parachutiste à deux compagnies, commandé par le pittoresque capitaine Pereira. Parallèlement, avec le lieutenant Desmottes qui m'apporte un concours remarquable dans ce domaine, nous effectuons un recensement complet des ZS (Zones de Saut) du Sénégal. Grâce à l'assistance amicale du capitaine Schmitt du 3e Bureau de l'EM de la ZOM N° 1, nous utilisons les dossiers de ZS déjà disponibles et les complétons à l'occasion de nos reconnaissances aériennes, puis terrestres.

Nous sommes impressionnés par ce pays qui est un véritable carrefour de peuples et de civilisations rurales : les Ouolofs les plus nombreux, les Peuls, les Serers, les Doualas, les Toucouleurs, les Malinkés, les Mandingues. Avec l'accord spontané des deux chefs de corps successifs du 7e RPIMa, le colonel Langlais, puis le colonel Cortadellas, nous

1 - Juin 1964.

2 - Le commandant opérationnel de Dien Bien Phu, en Indochine.

participons à l'organisation de manœuvres interarmes, dans le cadre des accords de coopération avec l'Armée Française. Ces manœuvres communes contribuent à renforcer les liens franco-sénégalais.

Les relations entre officiers parachutistes sont particulièrement cordiales. À tel point que nos camarades sénégalais répondent spontanément à l'invitation faite au camp Leclerc par le 7e RPIMa, pour " Bazeilles ", fête traditionnelle des troupes coloniales (aujourd'hui d'Outre-Mer).

À la fin de l'année 1960, lors de la première célébration de cet anniversaire depuis l'indépendance, nous voyons avec plaisir le capitaine Pereira lever son verre de vin rouge en exprimant le souhait coutumier " *et au nom de Dieu, vive la Coloniale!* ", à une époque sensible où le vocable " colonial " présente un caractère maudit pour la plupart des hommes politiques africains. Ce qui prouve que la colonisation n'a pas été globalement négative comme semblent le prétendre certaines élites politiques et que la décolonisation se déroule très bien dans le domaine militaire, avec les troupes d'Outre-Mer.

La famille s'élargit en 1960 avec l'arrivée de Gaston Coudurier à Dakar, accompagné de sa femme Denise (la sœur aînée de Marcelle) et de leurs enfants: Marie-Christine, Brigitte, Jean-Louis. Gaston est affecté au 7e RPIMa comme commandant de compagnie sous les ordres du colonel Cortadellas. À cette époque, nous sommes installés dans un nouveau logement, dans le quartier des Almadies, une villa avec jardin à proximité de la mer et de l'aéroport. Nous recevons à plusieurs reprises la visite de mon cousin Kévork, capitaine au long cours, sur un bateau de la CGM faisant la ligne Marseille-Dakar.

Tandis que Marcelle prend des rondeurs et que l'espérance grandit de semaine en semaine, avec tous mes camarades nous suivons les événements d'Algérie avec une anxiété évidente. Dès le mois de mars 1960, nous apprenons que les premières négociations ont commencé avec le GPRA (Gouvernement Provisoire de la République Algérienne)[1]. Puis le 21 avril nous sommes secoués comme par un coup de tonnerre: c'est le putsch d'Alger et le mouvement insurrectionnel déclenché dans toute l'Algérie par nos camarades parachutistes. Un mouvement qui sera réprimé rapidement mais qui laissera de profondes traces dans nos esprits et dans nos cœurs pendant de longues années. Plus tard nous apprendrons la fin de la guerre, le départ massif des " pieds-noirs ", le lâche abandon des harkis, leurs massacres...

---

1 - Après les entretiens de Juin 1960, à Melun, qui n'ont abouti à aucun résultat concret.

Le 19 juillet 1961, un événement merveilleux nous comble de bonheur, la naissance de notre fille Valérie, notre " Sénégalaise " qui symbolisera notre fidèle attachement à ce superbe pays.

" Une révolution de velours "; émotion au départ de Dakar

Après avoir suivi de loin l'éclatement de la Fédération du Mali, nous allons vivre plus intimement un événement politique, heureusement de très courte durée : " la tentative de coup d'État " du Président du Conseil, Ministre de la Défense Mamadou Dia, à mi-décembre 1962.

En fait, c'est une confrontation politique très dure entre le Président Senghor et son Président du Conseil Mamadou Dia de tendance progressiste. À la suite du dépôt d'une motion de censure qui pourrait amener Senghor à le démettre de ses fonctions, le 17 décembre, Mamadou Dia prend l'initiative malencontreuse de mesures militaires considérées comme une menace pour la sécurité de Senghor. La balance des forces qui semblait hésitante dans la journée du 17, va pencher en faveur du Président de la République le 18 décembre, après la fraternisation de troupes entourant la Présidence.

Dans ce genre de situation, le conseiller militaire se garde bien de jouer le moindre rôle ou de donner le moindre avis, d'autant plus que l'affaire passe par-dessus notre tête. Tout se joue essentiellement entre les officiers qui détiennent la force : notamment entre le capitaine Pereira, commandant le groupement parachutiste et le lieutenant-colonel commandant la gendarmerie sénégalaise.

Le 17 décembre après-midi, pendant la courte période de répit avant le choix qu'il devra faire, Pereira fait les cents pas sur la terrasse face à nos bureaux. Habituellement décontracté à l'extrême, rigolard, toujours prêt à plaisanter, il semble préoccupé. Plongé dans ses pensées, il se livre visiblement à un difficile débat interne. J'essaie de le détendre par quelques boutades du genre : " *Ne t'en fais pas, Pereira, tout finira par s'arranger, entre frères d'armes… Comme disait Napoléon, il n'y a pas de situation restée sans issue* ". Ces " encouragements " tombent à plat et sont sans aucun effet pour le dérider. J'ai parfois l'impression qu'il veut engager la conversation, mais ce n'est qu'une fausse impression, car dans sa tête, cette affaire est la sienne et pas la nôtre. Il a bien raison.

Après une longue et lourde journée d'hésitation, le lendemain 18 décembre Pereira disparaît, sans doute pour rejoindre ses deux unités sur le terrain autour de la Présidence. Je reçois alors un coup de téléphone du commandant Bichelot [1] dont j'ignorais la présence à Dakar et qui souhaite me rencontrer dans un lieu neutre. Je me rends compte à cette occasion que les anciens stagiaires de Calvi sont marqués et suivis à la trace. C'est en fait une visite amicale dont le but est très simple : mon interlocuteur souhaite connaître le résultat de la crise ou tout au moins l'issue probable, sans doute pour en informer Paris dans les plus courts délais.

Pas de problème, j'ai une grande estime pour Bichelot, je vais essayer de m'informer pour lui rendre service. D'un coup de *jeep*, je me rends dans la zone sensible de la Présidence à la recherche de mon commandant de groupement, franchis quelques barrages de parachutistes ou gendarmes sénégalais sans trop de difficultés et aperçois mon cher Pereira. Il a retrouvé sa forme habituelle enfin détendu, la mine réjouie, un peu gêné de me voir dans ces parages. Il m'annonce la nouvelle sans que j'ai à poser la moindre question : " *C'est fait, c'est réglé à l'amiable. Mamadou Dia vient d'être arrêté, maintenant Senghor a tous les pouvoirs.* "

À mon retour dans le bistro du coin, j'informe Bichelot apparemment très content d'apprendre la nouvelle ; puis je rejoins l'État-Major de l'Armée Sénégalaise où les conseillers militaires et même le chef de l'assistance militaire (le chef de bataillon Delaunay) ne sont pas encore au courant.

Le lendemain, en lisant " *la Une* " des journaux locaux, ils connaîtront le dénouement pacifique de la crise : " *Après le coup d'État manqué de Mamadou Dia* [2]*, Léopold Sédar Senghor forme un nouveau gouvernement dont il assure lui-même la présidence, tout en continuant à assumer les fonctions de Président de la République.* "

Par contre, nous apprendrons avec beaucoup de tristesse et de regret que le général Fall,[3] chef d'État-Major général de l'Armée du Sénégal, notre chef direct, un officier d'une belle prestance, estimé et respecté pour sa compétence et sa droiture, est mis en " résidence surveillée " sur l'île de Gorée au large de Dakar. J'ai su par la suite que le général Fall, avec sa raideur militaire, n'avait pas voulu s'impliquer dans le débat politique et était resté neutre. Le vainqueur, en l'occurrence le Président Senghor, l'a sans doute sanctionné pour sa neutralité.

---

1 - Voir Chapitre IX : " Les Stages Spéciaux ".

2 - Emprisonné à Kédougou, il ne sera libéré que dix ans plus tard, à la suite d'une mesure de clémence prise à l'égard de tous les détenus politiques, dans le cadre d'une certaine libéralisation du régime.

3 - Il venait d'être promu général.

Par la suite, l'avenir montrera qu'en Afrique, dans toutes les nouvelles républiques promues à l'indépendance, les rivalités pour le pouvoir politique sont réglées par les chefs militaires, car ce sont eux qui disposent de la force, celle des armes, celle qui est la marque du pouvoir dans la plupart de ces pays.

Le résultat des courses : le commandant Diallo [1] est promu lieutenant-colonel chef d'État-Major général de l'Armée du Sénégal en remplacement du général Fall. Normalement, cette haute fonction aurait dû revenir au chef de bataillon Claude Mademba-Sy en raison de sa formation, de sa compétence dans les commandements opérationnels et de son ancienneté. Mais il a quitté le Sénégal après son retour du Congo pour d'autres fonctions hors du territoire national [2]. " Les absents ont toujours tort " suivant le vieux dicton. C'est un peu l'histoire du coucou qui s'installe pour toujours dans le nid d'un autre oiseau, en son absence.

En raison de mes bonnes relations avec mes deux anciens chefs, le commandant Mademba, au Congo et le général Fall à Dakar et de la haute estime que j'ai pour eux, je m'attends à être viré et remis à la disposition du 7e RPIMa. Toutefois mes relations avec le groupement parachutiste étant très étroites, le colonel Diallo, notre nouveau chef avec lequel j'ai des relations impersonnelles, prend le parti de me ménager et de me supporter pendant les trois derniers mois qui me restent à passer au Sénégal.

Après le tumulte de fin d'année, le premier trimestre 1963 s'écoule dans une totale quiétude. Nous retrouvons le plaisir des week-ends sur la magnifique plage de N'gor en compagnie de la famille Coudurier et de quelques amis.

En fin de séjour, juste avant de quitter le Sénégal, je demande l'autorisation de rendre visite au général et à madame Fall, sur l'île de Gorée. Le général ne s'attendait pas à ma visite. Parmi les membres de l'assistance technique, je suis le premier à le voir. Il est ému aux larmes. Moi aussi. Grandeur et servitude du métier des armes, après avoir servi la France (une brillante campagne en 1939-1940) et le Sénégal, comme il l'a fait pendant plus de 40 ans...

---

1 - Ancien capitaine du génie de l'Armée Française, nommé commandant à l'issue de son transfert dans l'Armée Sénégalaise en 1960, marié à une Française.

2 - D'abord à Brazzaville, puis à Ouagadougou comme chef d'État-Major général de l'UAM (Union Africaine et Malgache) ; par la suite, attaché militaire à l'Ambassade du Sénégal à Paris, pour finir par une longue carrière diplomatique... dans des postes assez éloignés de Dakar.

Le 22 mars 1963 [1], nous embarquons en famille à Dakar sur le *SS Ancerville* à destination de Marseille où nous arrivons le 11 avril après une escale de quelques jours à Las Palmas dans les Canaries.

***

1 - 41 ans après, le gouvernement sénégalais se souviendra et je serai nommé Officier dans l'Ordre National du Lion sur proposition de Claude Mademba-Sy.

CHAPITRE XI

PARIS
ÉTAT-MAJOR DE LA PREMIÈRE RÉGION MILITAIRE
1963 - 1966

Officier parachutiste régional à Paris. L'achat de notre premier appartement

Arrivés à Marseille, nous sommes une nouvelle fois partagés sur la direction à prendre pour débuter nos vacances. Dans le sud-est chez mes parents ou à Briec en Bretagne dans la famille de Marcelle.

Notre fils Éric qui adore intervenir dans nos décisions n'est pas là pour " *mettre son grain de sel* " et trancher. Nous l'avons laissé dans la famille Coudurier pour lui permettre de finir à Dakar son année scolaire.

Ayant appris ma présence en Métropole, mon camarade Paul Gambini [1] me contacte et me demande si je suis intéressé par le poste d'officier parachutiste régional à Paris dont il me donne un descriptif très sommaire. Ce poste est disponible. Il peut me l'obtenir et suggère de me donner de plus amples informations à l'occasion d'une prochaine rencontre.

J'accepte d'emblée sa proposition à la fois parce que je serai dans de meilleures conditions à Paris pour préparer le concours d'entrée à l'École de Guerre. J'aurai aussi la garantie d'être maintenu dans une affectation parachutiste. Car, en cette période de déchirure, après le putsch d'Alger conduit principalement par les unités parachutistes, le commandement pratique " l'osmose " des anciens parachutistes sous l'impulsion politique du gouvernement.

---

1 - Notre officier de renseignement en Indochine, pendant le premier séjour: voir Chapitre IV.

Cette politique d'affectation a pour but de renouveler les personnels dans toutes les unités parachutistes en commençant par les cadres les plus anciens, sous le prétexte de réaliser " l'osmose " entre les corps TAP et non TAP (Troupes Aéro Portées). En réalité pour casser l'esprit de corps (appelé l'esprit de caste pour les besoins de la cause). Une vue de l'esprit qui, en fait, n'a pas résisté à l'épreuve du bon sens.

Notre congé, Marcelle et moi décidons de le prendre à Paris, dans le double but de compléter mon information sur l'affectation proposée et d'acheter un appartement. Paul Gambini m'explique, dès notre première entrevue, la raison de son offre. Il est affecté à la direction de la SM (Sécurité Militaire). Dans le secteur dont il a la charge, il recherche des officiers non impliqués dans la tourmente qui a suivi la fin de la guerre d'Algérie pour l'encadrement de la PMP (Préparation Militaire Parachutiste). Son objectif est de ramener le calme dans l'esprit des jeunes prémilitaires.

Pour éclairer sa démarche, il me cite des faits précis tels certaines participations à des manifestations politiques de jeunes portant le béret rouge ou certaines actions violentes conduites par des cadres réservistes et des jeunes de la PMP. Tout en comprenant son objectif, je lui précise de façon formelle qu'en aucun cas je n'accepterai l'immixtion de la SM dans les affaires de la Préparation Militaire Parachutiste. Pendant tout mon séjour à Paris l'accord conclu sur ce point a été parfaitement respecté, sauf une fois, une seule. Mais c'était après le départ de mon ami Gambini, qui n'était donc pas impliqué dans cette dérive. Ce cas d'exception a failli très mal tourner, comme la suite le montrera.

Compte tenu de la situation géographique de mon futur bureau, (aux Invalides), des possibilités de transport et... des prix, nous déterminons avec Marcelle la zone de prospection dans laquelle nous devons acheter notre premier appartement: le Bois de Vincennes, avec si possible vue sur le Bois et à proximité d'une station de métro. Pendant que je pars à la rencontre de mes bons camarades, Marcelle entame ses recherches. Avec la chance qui la caractérise, elle trouve à Fontenay-sous-Bois, au N° 15 de l'avenue de la Belle Gabrielle (nom très évocateur) un appartement au premier étage d'un immeuble ancien (avec porte cochère pour les voitures à chevaux) donnant, d'une part sur le Bois, d'autre part sur une cour intérieure avec garage. C'est l'idéal pour nous. L'école privée Albert de Mun où nous inscrirons Éric qui nous rejoint en juillet se trouve à 200 m de la maison. Quant à Valérie, elle pourra s'amuser dans le Bois ou dans la cour de l'immeuble. Affaire conclue grâce à la loi Lamine Gueye [1], au moins pour payer l'apport initial.

Le 1er août 1963, je rejoins donc ma nouvelle affectation aux Invalides, à l'État-Major de la 1re Région Militaire commandée par le général d'armée Dodelier [2] dont le nom évoque pour moi le souvenir du combat de Xom Sui au Tonkin le 10 décembre 1951.

Mon bureau se trouve sur l'aile gauche de ce majestueux bâtiment lorsqu'on pénètre par le portail principal des Invalides. L'intérieur est évidemment très vétuste (l'armée est encore très pauvre à cette époque), mais de la fenêtre j'ai une vue princière sur les jardins et plus loin sur la promenade qui conduit à la Seine.

Un poste remarquable à la fois par cette vue privilégiée et par son autonomie. Car, à proprement parler, je n'ai pas de véritable chef direct (comme plus tard à Oberammergau). Il y a bien un colonel d'infanterie métropolitaine très ancien qui couvre de son autorité l'ensemble de la Préparation Militaire, mais il ne semble pas s'impliquer dans la PMP qui reste " ma chasse gardée ". Il y a aussi le colonel Renon qui commande la SSV (Section de Saut en Vol) dont le PC est à Romainville, mais il s'occupe uniquement des sauts. C'est un colonel certainement très occupé. En trois ans je ne l'ai jamais vu une seule fois dans mon beau bureau.

" Ma chasse gardée " de la Préparation Militaire Parachutiste couvre les trois départements de la région militaire : la Seine, la Seine-et-Marne, la Seine-et-Oise. Pour l'instruction parachutiste et principalement pour l'entraînement au sol qui a lieu dans chaque département sous le contrôle d'un officier responsable, nous disposons d'un encadrement à la fois d'active et de réserve. Ensuite les sauts sont effectués à Orléans sous la conduite de la SSV qui fournit les parachutes et assure la liaison avec la Base Aérienne de Bricy. Ils ont lieu soit en fin de semaine, soit pendant des " périodes bloquées " c'est-à-dire pendant les vacances scolaires, ce qui permet d'ouvrir de larges possibilités d'entraînement aux prémilitaires en fonction de leurs activités d'étudiants ou d'employés.

Nos stagiaires représentent toutes les catégories de la Nation avec toutefois une forte majorité d'étudiants de bon niveau. Tous sont unis par le même goût du parachutisme. C'est un réel plaisir d'instruire

1 - Loi proposée par le Député sénégalais qui porte le même nom et qui institue une prime de départ et de retour colonial, dont des générations de cadres coloniaux ont bénéficié.

2 - Voir Chapitre IV : " Indochine, premier séjour ".

et de commander ces jeunes gens. Ils ont l'audace et l'enthousiasme. La discipline de rigueur est acceptée comme telle et ne leur pose pas de problème. Nos relations avec eux sont excellentes. À l'issue de leurs quatre sauts de brevet, les prémilitaires sont affectés dans les unités parachutistes pour l'exécution de leur service militaire.

En dehors d'activités professionnelles intenses, une vie très studieuse au détriment de la vie familiale

À priori, cette nouvelle vie professionnelle bien planifiée peut paraître routinière. Pendant les " périodes bloquées " de 8 à 10 jours, les prémilitaires et leurs cadres se regroupent à Orléans. Pour suivre ces stages complets qui conduisent nos jeunes stagiaires aux sauts de brevet, nous sommes alors hébergés dans le quartier du régiment de Spahis commandé par le colonel Méry [1]. C'est la vie de caserne.

En dehors de ces périodes, du mardi au vendredi, je rejoins les Invalides avec ma 2 CV militaire. C'est une vie de bureau entrecoupée par le déjeuner pris à l'École Militaire ou dans l'un des trois centres départementaux: parfois à Melun ou Versailles, beaucoup plus souvent au Fort de Vincennes. Lorsque je vais déjeuner à l'École Militaire, la plupart du temps j'ai le plaisir de me trouver en compagnie d'un camarade ancien et fort sympathique, le commandant Bour de la Légion Étrangère, anglophone travaillant à l'État-Major de l'Armée au bureau des stages à l'étranger.

Ensemble nous échangeons nos dernières trouvailles en calembours anglais ou américains, nos souvenirs d'Indochine et nos projets de séjour militaire à l'étranger. Sous forme de boutade, Bour me signale que si ma préparation à l'ESG (École Supérieure de Guerre) se termine en cauchemar, j'aurais en revanche une sérieuse chance de réaliser mon rêve américain. À bon entendeur, salut!

Je retrouve ma famille assez tard le soir. Mais le samedi après-midi, je repars à Orléans rejoindre notre groupement de PMP chez les Spahis, en vue du saut du dimanche, le matin à l'aube ou l'après-midi selon la météo. Le retour du dimanche soir à la maison a lieu aussi à une heure généralement tardive. Le lundi devient ainsi la journée de récupération.

Sur cette vie professionnelle bien réglée, viennent se greffer mes activités estudiantines. C'est la préparation au concours d'entrée à l'ESG: une séance par semaine le soir à l'École Militaire

1 - Futur CEMA, Chef d'État-Major des Armées.

qui s'ajoute aux études par correspondance, avec la bien célèbre *Revue Verte*. C'est la poursuite de mes cours d'anglais, dans le cadre de la garnison de Paris, le soir aussi, une fois par semaine, pour obtenir le 3e degré qui représente, dans l'Armée, le niveau linguistique supérieur.

Tout compte fait, il reste peu de temps à consacrer à une vie familiale se déroulant à contretemps. Quand les enfants sont libres en fin de semaine ou pendant les vacances saisonnières, je suis à Orléans. Le soir, ma disponibilité est partielle à la maison. Mon emploi du temps n'est décidément pas celui d'un père de famille idéal. Stoïque comme la plupart des femmes d'officiers, Marcelle fait preuve de la plus grande compréhension. Elle me remplace vaillamment dans l'éducation d'Éric et de Valérie pour me permettre d'atteindre mes propres objectifs et combler les absences d'un père de famille que nos enfants voient passer comme un météore.

En décembre, puis en janvier, ces absences vont se renforcer en raison de ma participation à deux cours consécutifs : un stage d'armes spéciales à Lyon et celui d'appui aérien en Allemagne. Entre les deux cours, j'ai tout de même le temps de faire une apparition à Paris pour finir en famille l'année 1964 comme tout bon Père Noël.

Deux contacts imprévus

Durant mon séjour aux Invalides, deux entrevues m'ont particulièrement marqué. Elles méritent d'être relatées. L'une va me ramener au 10 décembre 1951 en Indochine, l'autre va me plonger dans l'horreur de la période policière connue par l'Armée après la fin des hostilités en Algérie.

Le général d'armée Dodelier commandant la 1re Région Militaire m'informe qu'il souhaite me voir et me fixe un rendez-vous. Comme je n'ai aucun rapport direct avec le général placé au sommet de la hiérarchie de la Région Militaire, je suppute le sujet de l'entretien. J'avais entrevu le colonel Dodelier à son PC de Yen Cu sur la RC 6, il y a plus de 12 ans, quand l'ambulance me transportait à l'Hôpital Lanessan d'Hanoï avec d'autres blessés. Je ne l'avais pas revu depuis cette rencontre et comme je n'avais pas été reçu par le général lors de mon affectation en 1re Région (j'imagine qu'un général d'armée, de ce niveau, n'a pas le temps de recevoir tous les officiers subalternes individuellement… ou collectivement), je n'avais pas éprouvé le besoin de me rappeler à son mauvais souvenir.

Le général Dodelier me reçoit dans son magnifique bureau style Empire. Après quelques banalités verbales, il se lance dans la relation des événements ayant conduit au combat de Xom Sui, au cours duquel la 2e Cie à laquelle j'appartenais avait été " rayée des contrôles " du Corps Expéditionnaire. Il explique et justifie sa conduite des opérations, de bout en bout, car il était le vrai patron de cette action d'envergure engageant plusieurs sous-groupements de bataillons, sous les ordres directs du général Salan.

À l'issue de son exposé type École de Guerre, dans lequel il s'agit de " *couper des lignes de communication, de barrer un axe, de protéger le flanc droit ou le gauche* ", il me demande de lui rappeler les conditions du combat au niveau du bataillon (pour nous, au raz du sol, sur le terrain, là où les termes employés n'ont aucun sens, face aux Viets qui n'ont pas eu besoin de faire l'École de Guerre pour nous empêcher de " reprendre l'initiative "). Je me contente de centrer ma brève intervention sur les principales déficiences constatées lors de notre action dont le but était de rechercher le contact avec une division VM : l'absence totale de surveillance aérienne, le fait que les hauteurs dominantes n'avaient pas été occupées par les autres groupements au moment où nous avons pénétré dans la cuvette avec la compagnie, l'intervention tardive de l'aviation alors que la compagnie avait cessé d'exister. En regardant le général dans les yeux, je pense à Carrié, à Danjaume, à Rosamond, à nos braves sous-officiers et hommes du rang parachutistes. À la fin de notre entretien insolite, au moment de prendre congé en saluant à six pas, je préfère ma place de modeste capitaine, plutôt que celle de mon interlocuteur le général d'armée…

Rappeler la deuxième entrevue citée, c'est relater la visite de la SM (Sécurité Militaire) dans mes locaux, c'est révéler l'état d'esprit de l'Armée à cette époque. L'incident est symptomatique. D'une façon inopinée, sans le moindre appel téléphonique préalable, deux cadres de la SM se présentent en civil dans mon bureau. Après avoir décliné leur identité, ils entrent dans le vif du sujet en me disant que deux ou trois jeunes de la Préparation Militaire Parachutiste portant le béret rouge ont participé à une manifestation en faveur de l'Algérie Française, contre le gouvernement. Ils me demandent de leur donner le nom de ces deux ou trois personnes.

L'entretien sera de très courte durée. J'indique à mes visiteurs que je ne connais pas ces jeunes gens et que je ne tiens pas à les connaître. Même si ces prémilitaires sont connus, je vais donner des instructions à mes officiers des trois départements pour ne pas donner la moindre suite à cette demande irrecevable. Par ailleurs, je vais immédiatement informer de cette démarche et de ma position le chef d'État-Major de la Région. En conséquence je demande à mes visiteurs de quitter mon bureau, sur-le-champ. Ce qui est fait. Je contacte aussitôt le colonel chef d'État-Major du général pour un entretien en urgence. Le colonel, un officier de Chasseurs Alpins, sec comme une trique, me reçoit. Au fur et à mesure que je l'informe de la visite que j'ai reçue, je m'aperçois qu'il est aussi choqué que moi. D'autant plus que la hiérarchie normale vient d'être court-circuitée par une autre hiérarchie. Je demande à " avoir le rapport " du général commandant la Région et je termine mon compte rendu en lui précisant que si je suis désapprouvé, je préfère quitter le service des armes, car je ne veux pas servir dans une armée politisée obéissant à deux hiérarchies. Le colonel m'approuve sans restriction. Il sait que le général a une position tranchée dans ce domaine et connaît par avance sa vive réaction. Il n'est donc pas nécessaire de le voir. Il va le tenir informé et " régler définitivement " cette affaire dans les plus brefs délais au nom du commandant de Région. Je n'ai plus jamais revu les membres de la SM.

Par respect pour la mémoire de Paul Gambini, je dois préciser que mon camarade avait quitté la SM depuis plusieurs mois. Je reste persuadé que cet incident ne se serait pas produit en sa présence. Par des témoignages irréfutables, je sais que Paul Gambini a réglé un certain nombre de questions, dans un contexte extrêmement difficile, à titre personnel, souvent sans faire intervenir la hiérarchie. Il a évité l'arrestation d'officiers qu'il connaissait bien, en engageant sa propre responsabilité pour calmer le jeu. Cette visite de la SM dans mes fonctions d'officier parachutiste régional me laisse une impression amère et troublante. À cette époque, la carrière d'un grand nombre de camarades (parmi les meilleurs) se trouve brisée par l'immixtion sordide de ce service. La vocation militaire de beaucoup d'autres a été profondément perturbée par ces agissements contraires aux traditions des Forces Armées.

Le cauchemar de la préparation à l'École de Guerre

L'ESG, École Supérieure de Guerre, est une étape importante dans la carrière d'un officier de l'Armée Française. Mais il ne suffit pas d'y entrer, il faut surtout en sortir honorablement, par la grande porte, car d'après nos vénérables anciens, le couperet tombe suivant la règle des trois tiers, si on prend le risque de sortir par la petite porte. Très schématiquement, les officiers du premier tiers ont de sérieuses chances de jouer en 1re sélection ; ceux de la deuxième tranche sont destinés à suivre le match des premiers en attendant sur le banc des remplaçants ou à passer en 2e ligue ; quant aux officiers du dernier tiers, ils feraient mieux de retourner au vestiaire se rhabiller pour choisir un autre sport.

Ayant commencé à Dakar ma préparation au concours, grâce à la *Revue verte*, je suis surpris d'être reçu à l'écrit dès le premier essai en janvier 1964. Dans la foulée, quelques semaines après, je me " fais étendre " à l'oral, sans doute par manque de préparation et excès de confiance, conséquence de la réussite facile à l'écrit.

En fait, après réflexion, je réalise que je dois aussi cet échec à mon attitude anti-conformiste. En effet, à l'épreuve de combat (coefficient le plus important) au lieu de me battre contre l'ennemi, je m'accroche avec l'examinateur, adversaire bienveillant, qui pourtant me tend la perche pour m'aider à choisir la solution classique. Il s'agit d'un combat retardateur contre un ennemi motorisé, dans lequel suivant l'expression consacrée " *il faut échanger l'espace contre le temps* ". Au lieu de retarder l'ennemi frontalement, je décide de le combattre sur ses arrières en laissant un voile à l'avant... comme l'auraient fait nos anciens adversaires Viets. À la fois pour ne pas faire comme d'habitude et par esprit de contradiction. Mais aussi parce que dans les guerres révolutionnaires contemporaines, cette technique a montré son efficacité. À l'issue de ma belle manœuvre, en voyant la tête crispée de l'examinateur - un colonel métro qui apparemment (d'après sa barrette de décorations) avait fait une campagne marginale en Indochine, je comprends que je viens de perdre le combat retardateur.

C'est seulement à la lecture des résultats, quelques semaines plus tard, que je réalise que j'avais en fait non seulement perdu le combat mais la bataille... tout au moins dans sa première phase.

L'année suivante, j'ai la chance de rencontrer le colonel Gras [1], instructeur à l'ESG. Ayant appris mon échec - ce qui ne le surprend pas outre mesure - il me donne quelques conseils essentiels. Il s'agit d'abord de savoir ce que l'on veut. Si réellement on veut entrer à l'ESG... et surtout en sortir honorablement, il faut accepter de se conformer à un principe élémentaire : entrer dans le moule, ne pas en sortir. Dans ce moule, il faut aussi connaître et appliquer les règles du jeu comme au bridge. Ne pas faire preuve d'originalité, ne jamais s'opposer à l'examinateur, lui donner raison. Il m'intègre aussitôt dans sa " chapelle " avec mon camarade Vincendon. En quelques mois, entraînés intensivement par le colonel Gras, nous devenons des acrobates accomplis pour le combat type ESG. Connaissant toutes les règles, nous sommes prêts à affronter l'adversaire imaginaire de l'oral, après un écrit contre lequel nous nous sentions déjà aguerris.

---

1 - Notre ancien capitaine commandant la 1re Cie du premier 7e BPC en 1949-1950. Voir Chapitre III.

Quelques semaines après les épreuves écrites passées apparemment sans difficultés, je reçois la visite de Vincendon dans notre petit appartement de Fontenay-sous-Bois. En voyant sa mine déconfite, je devine notre résultat : c'est Waterloo ! À cet instant précis, j'ai l'impression que ma vie professionnelle s'écroule comme un château de cartes.

Marcelle, qui a subi pendant deux ans les contraintes de cette horrible préparation, nous réconforte en disant que ce résultat est sans doute l'annonce du succès d'une nouvelle vie.

Le colonel Gras, étonné par cette élimination, se renseigne confidentiellement pour en connaître la cause. Sur l'épreuve écrite principale, je me suis littéralement planté (avec une note irrattrapable) alors que je pensais avoir une note mirobolante.

Le sujet était pourtant passionnant. Il portait sur " *la guerre électronique dans le renseignement* ". À cette époque, l'électronique est la panacée guerrière. Je reconnais que c'est une arme précieuse à la disposition du combattant. " Mais il faut raison garder ". La tendance étant d'attacher de plus en plus d'importance aux techniques et de moins en moins à l'homme, j'avais pris le contre-pied de la thèse en vigueur en rappelant que l'homme reste essentiel puisqu'il est à chaque bout de la chaîne du renseignement (fût-il électronique).

J'avais souligné que dans l'avenir, même en disposant des meilleures armes électroniques de recherche, on risquait fort de perdre la guerre du renseignement parce qu'un excès de confiance dans une technique restait dangereux et risqué. Au concours, écrit ou oral, l'échec est parfois le prix de l'anti-conformisme. De même qu'à l'inverse, l'échec dans la guerre peut être parfois aussi la conséquence du conformisme. Ainsi, paradoxalement l'électronique peut rendre des services catastrophiques, comme cela a été le cas bien plus tard en Irak dans la recherche des Armes de Destruction Massive (ADM).

Avec le temps, cet échec personnel au concours peut paraître insignifiant aujourd'hui. La vie nous conduit à juger dérisoires certains événements passés, alors que sur le moment, projetés dans l'avenir, ils prennent une dimension démesurée.

De toute façon, les échecs font partie de l'école de la vie. Ils sont souvent le début d'une nouvelle réflexion, d'une nouvelle orientation, d'une nouvelle aventure et peut-être d'une réussite qui ne serait pas produite autrement. L'important réside dans la volonté de rebondir.

Le stage des chefs de bataillon; une heureuse coïncidence familiale

De juin à juillet 1965, je participe au stage des chefs de bataillon au Valdahon, un camp d'entraînement situé dans le Doubs. Stage intéressant par le niveau et la qualité de son enseignement, mais aussi par la présence d'autres camarades stagiaires de toutes armes avec lesquels on peut confronter réflexions et expériences.

À mon retour, j'apprends ma promotion au grade de chef de bataillon. Je suis également informé, par ma famille, de l'arrivée en Métropole de mon beau-frère et camarade de promotion, le commandant Gaston Coudurier. Capitaine, " Gaston " (très connu par son prénom dans les Troupes de Marine, surtout parmi les parachutistes) était déjà Commandeur de la Légion d'Honneur avec 17 citations dont six avec palmes [1].

À l'issue de son affectation à Dakar, Gaston est en congé de " fin de séjour OM ". Au cours de ce séjour au Sénégal, il avait effectué un saut opérationnel avec sa compagnie pour détruire une bande rebelle au Sahara espagnol en coopération avec les unités militaires de ce territoire. La coïncidence veut qu'au même moment, le colonel de Vigny, notre grand patron à la Préparation Militaire, désigné pour prendre la direction du Service Action [2] de la DGSE (Direction Générale de la Sécurité Extérieure anciennement SDEC), me demande si je connais un officier ayant le profil voulu pour prendre le commandement du CERP, Centre d'Entraînement des Réserves Parachutistes de Cercottes près d'Orléans. Nous sommes encore à l'époque où le commandement vire un grand nombre d'anciens cadres parachutistes. Sans hésiter, je dis au colonel qu'il a beaucoup de chance. J'en connais un, parmi les meilleurs, immédiatement disponible, si toutefois l'officier concerné est d'accord. C'est le commandant Gaston Coudurier, connu de tous ses pairs pour ses capacités guerrières... par ailleurs mon beau-frère. Je donne au colonel son numéro de téléphone et aussitôt après je préviens Gaston. À toutes fins utiles, connaissant la passion de Gaston, je lui précise qu'il pourra faire des chasses magnifiques dans la forêt d'Orléans. Le lendemain, le colonel de Vigny vient me voir avec un beau sourire sous sa magnifique moustache pour me remercier et me dire que l'affaire est en très bonne voie. Ainsi jusqu'à la fin de notre séjour parisien, Gaston et sa femme, devenus orléanais d'adoption, nous offrent leur hospitalité familiale pour les *week-ends* et les " périodes bloquées ". Marcelle et les enfants en sont enchantés.

1 - Voir Annexe 2, ses états de service.

2 - Voir Chapitre IX : " La Corse, les stages spéciaux ".

Quant à moi, ce long séjour en région parisienne me permettra de revoir mon oncle Édouard et ma tante, à Clamart, à plusieurs reprises. Je resterai toujours très surpris et intrigué par le fait que la vie, en silence, tisse notre toile avec les fils de nos actions. Elle les façonne, les garde en mémoire et les entrecroise un jour à sa manière. Je pense que nous appelons cela " des coïncidences ".

Le rêve américain

Au début de l'année 1966, suivant les recommandations amicales de mon camarade légionnaire Bour, je rédige et transmets ma demande pour être admis à suivre le prochain cours de l'École de Guerre américaine. Simultanément, je m'inscris à l'examen du 3e degré d'anglais. D'après Bour, bien placé pour prédire l'avenir dans ce domaine, je suis sur la bonne piste de décollage pour les États-Unis.

Au mois de mai, j'apprends mon succès à l'examen d'anglais et peu de temps après, ma désignation pour partir aux États-Unis. C'est le rêve américain qui se réalise. " *Thank you Mister Bayle, God bless you!* "

***

CHAPITRE XII

SÉJOUR AUX ÉTATS-UNIS
1966 - 1968

Fort Leavenworth, Kansas, USACGSC - US Army Command and General Staff College, 16 juin 1966 - 10 juin 1967

Dès qu'elle apprend ma désignation comme stagiaire à l'École de Guerre américaine, Marcelle décide de trouver une jeune aide familiale, ce qui lui permettrait de profiter pleinement de son séjour aux États-Unis sans avoir à consacrer une grande partie de son temps aux tâches ménagères. Cette idée me paraît quelque peu farfelue et coûteuse (s'ajoutant en plus aux billets d'avion pour la famille), mais je ne m'y oppose pas. Après tout, pourquoi pas ? Grâce à sa mère résidant à Briec près de Quimper, elle ne tarde pas à trouver la perle bretonne, Marie-Hélène, une jeune fille d'une vingtaine d'années. La nouvelle fera très vite l'actualité du village.

Pressés par le temps, après avoir pris toutes les dispositions inhérentes à ce genre de départ (location de l'appartement, vente de la voiture, garde-meuble…), nous embarquons le 15 juin au soir à Orly, en famille, avec les enfants et Marie-Hélène. C'est l'excitation du grand départ. La découverte du Nouveau Monde. À bord, au moment du décollage, j'ai une nouvelle fois une pensée pour mon inoubliable professeur. " *Thank you Mister Bayle, God bless you* ".

Après une escale à New York, nous partons pour Kansas City et arrivons à Leavenworth (une petite localité de 15 000 habitants à la limite est du Kansas) le 16 juin au soir. Le stagiaire français précédent, mon camarade de promotion Berger de Nomazy et son épouse, nous accueillent, nous présentent leur logement au 317 North Esplanade et le propriétaire des lieux en nous passant des consignes succinctes.

Tout est réglé en un clin d'œil. Nous nous retrouvons dans une maison sur deux étages entourée d'un beau jardin. Elle donne sur une route en bordure d'un très grand fleuve que le propriétaire, un homme aux allures de *cow-boy* avec un accent impossible du *Middle-West,* appelle le *Mesoura.* C'est un ancien de *World War I* (1re Guerre Mondiale) qui a combattu dans l'est de la France, en avant d'une localité appelée *Rimz.* Après quelques rasades de *bourbon* bues en sa compagnie, nous finirons par comprendre qu'il s'agit bien du fleuve Missouri et de la ville de Reims.

Le lendemain matin, pendant que Marcelle s'installe et s'occupe des enfants, je me présente au *College* où je fais la connaissance d'autres stagiaires. L'accueil, exemplaire à tous points de vue, permet de découvrir les installations et de comprendre facilement l'organisation et le fonctionnement de notre nouvelle institution. Une grande " université militaire ", dans un camp immense au bord du Missouri.

Le soir même, Marcelle et moi sommes reçus au domicile de nos *sponsors* (1) : le colonel B.D. Capshaw, officier de Cavalerie, deuxième adjoint au commandant de l'École et Georgia son épouse. Un couple inoubliable. Leur hospitalité et leur gentillesse spontanée préfigurent l'accueil qui nous sera réservé partout, pendant toute la durée de ce séjour aux USA.

À l'occasion de cette réception intime, nous faisons la connaissance du deuxième stagiaire français, le capitaine Jacques Bottrie (2), de son épouse Anne-Marie accompagnés de leurs propres *sponsors* le colonel Drake, également cavalier et son épouse.

Georgia Capshaw propose à Marcelle de l'aider à inscrire Valérie dans une *kindergarten* (école maternelle) et Éric au *Patton Junior High School* (son programme est chargé car il est également inscrit aux cours par correspondance de Vanves). Georgia propose aussi à Marcelle de lui faire découvrir le *College* et la ville de Leavenworth. Sur ce dernier point, elle nous met en garde contre un piège de la langue américaine pour les Français souvent indécis sur l'emploi du *in* ou *at* concernant Leavenworth

1 - Suivant une coutume typiquement américaine, chaque stagiaire étranger (dénommé " officier allié ") est parrainé par un officier sponsor (parrain attitré), désigné par l'École.

2 - Brillant officier de Légion, blessé à la jambe en Algérie puis affecté dans les Transmissions à cause de son handicap. Bottrie se distinguera par son classement dans les premiers du CGSC ; plus tard, il sera Attaché Militaire Terre avec le grade de général, à l'Ambassade de France à Washington.

qui pourrait compromettre notre réputation [1].

Le *commandant* (même titre qu'en Français) de l'USACGSC est le *major general* (général de division) monsieur S. Davison. Son premier adjoint est le *brigadier* (général de brigade) R.C. Taber. La promotion est imposante par le nombre (au total 781 officiers), par la qualification, et l'origine très diverse des stagiaires :

- 704 officiers US (Terre : 677 - Air : 14 - Mer : 3 - Marine : 10)
- 77 officiers alliés représentant 43 pays différents dont un pays communiste, la Yougoslavie n'appartenant pas au Pacte de Varsovie.

L'enseignement de niveau supérieur est sans doute celui que l'on dispense dans la plupart des écoles de guerre. Les exercices tactiques se déroulent principalement au niveau de la division US, les conférences sont données par de hauts responsables politiques et militaires ou par des professeurs d'université. Nos instructeurs nous dessinent ainsi la politique de défense américaine. Ils nous permettent d'acquérir une très bonne connaissance de l'Armée de Terre US et de sa doctrine d'emploi.

Dans l'organisation des études, l'accent est mis sur le travail en équipe. Les thèmes d'opérations se caractérisent par la variété des zones d'action : ils se déroulent sur tous les continents, sous toutes les latitudes. Nous engageons nos grandes unités sur des théâtres d'opérations divers, mais chaque fois avec des " appuis feux " particulièrement puissants et un soutien logistique considérable.

Le type de conflit varie également. Nous passons de la " grande guerre ", conventionnelle ou atomique, aux actions anti-guérilla ou aux conflits limités. À l'époque, c'est la stratégie de la *flexible response*.

Cette formation " universitaire " dans le cadre de l'École est complétée par de multiples voyages qui nous permettent d'aller à la rencontre du pays réel, de sa population, de sa gigantesque économie et de l'organisation de sa défense.

Parmi ces rencontres, l'événement le plus spectaculaire est sans doute le dîner organisé par l'association " *People to People* " à Kansas City sous la présidence d'Eisenhower, ancien Président des États-Unis, de Bob Hope et de Walt Disney [2], en l'honneur de personnalités locales et des " officiers alliés " du USACGSC.

---

1 - Par exemple, en parlant de notre habitation à Leavenworth : " Ne jamais dire " in Leavenworth ", car cela laisserait entendre que nous sommes dans la prison fédérale de Leavenworth, mais dire " at Leavenworth ".

2 - Peu de temps avant sa mort le 15 décembre 1966.

La salle immense aux décorations exubérantes de drapés, cocardes, banderoles et fleurs réunit plus de mille convives. Nous avons été placés à la même table que nos amis italiens et libanais, le lieutenant-colonel Pietro Pozzi et son épouse Maria, le major Antoine El-Dahdah et son épouse Lisette, à proximité de la table d'honneur. Dans une ambiance décontractée et non formaliste, typiquement américaine, des sourires et signes de tête amusants s'échangent entre Eisenhower, Bob Hope, Walt Disney et nos jeunes épouses. Vers la fin du repas, Marcelle se lève, va vers la table officielle et, avec une audace souriante, demande au Président Eisenhower l'autorisation de conserver son verre, à titre de souvenir. Cette demande, accueillie par le Président avec une extrême gentillesse, est saluée par une bruyante manifestation de joie. C'est ainsi que nous détenons précieusement le verre d'Eisenhower et en supplément, le menu dédicacé par Bob Hope et Walt Disney.

Ce soir-là, comme à de multiples occasions, nous réalisons l'extrême simplicité de comportement des hauts responsables américains lorsqu'ils ne sont pas en service et la facilité avec laquelle ils peuvent être abordés. Lorsque le commandant de l'École reçoit, il n'est pas surprenant de voir le général en tenue, avec tablier, préparer des barbecues et les servir à des stagiaires. Par contre dans le service, la rigueur reste la règle et reprend ses droits.

Au cours des voyages d'études, dans les villes où nous passons, le lieutenant-colonel Olry, stagiaire parachutiste israélien, est invité la plupart du temps par la communauté juive qui improvise une réception en son honneur. Comme notre formation parachutiste crée un lien naturel et spontané entre nous, lui et son épouse (caporal de réserve) nous demandent souvent, qu'à titre amical, Marcelle et moi acceptions de les accompagner. Je mesure ainsi l'importance du soutien de la puissante communauté juive vis-à-vis de l'État israélien, notamment durant la guerre des Six-Jours vers la fin de notre stage à Leavenworth.

Sur le thème *Know your world* (La connaissance de votre monde) et dans le cadre de ces rencontres et de ces échanges, nous sommes conviés à présenter, soit au sein de l'École, soit dans celui d'une université, mais toujours sous la présidence du *commandant*, un exposé à caractère général sur notre pays devant un auditoire complet regroupant tous les personnels du *College* ainsi que leurs familles. Ces exposés ont pour but de donner une vision personnelle des pays d'origine des stagiaires alliés. La présentation concernant la France, préparée en étroite coopération avec le capitaine Bottrie a lieu le 20 mars. Nous l'avons accompagnée d'une distribution d'échantillons de parfums aux épouses, à la sortie de l'amphithéâtre.

À l'Université de Topeka, à proximité de Kansas City, après un bref exposé sur la Défense Nationale française, de nombreuses questions me sont posées sur la position de la France vis-à-vis de l'OTAN. C'est la question d'actualité, car il faut rappeler que notre séjour US se déroule dans une période où les relations politiques entre la France et les États-Unis sont assez tendues. C'est l'époque des réactions vives provoquées par le retrait de la France de l'organisation militaire de l'OTAN. Il n'est pas toujours facile d'expliquer un point de vue politique quand on ne le partage pas intimement : c'est un exercice acrobatique devant un auditoire attentif.

Notre séjour se situe effectivement dans un contexte très particulier. Car c'est aussi le début de l'intervention massive américaine au Vietnam.

Dans ce domaine, mon expérience personnelle après deux séjours consécutifs en Indochine est sans doute plus affirmée que celle de mes chers camarades américains pour lesquels le Vietnam est devenu l'un de leurs sujets d'actualité. Considérant que l'amitié sincère est basée sur la franchise, j'exprime librement mes idées au cours de nos conversations personnelles ou à l'occasion du traitement d'un thème opérationnel portant sur l'Asie. À plus forte raison lorsque l'intérêt national américain est la donnée de base essentielle.

À ce titre j'expose avec conviction que l'engagement au Vietnam, a priori long et coûteux, me paraît contraire à cet intérêt national car l'action militaire dans ce type de conflit est vouée à l'échec, même si la puissance mise en œuvre est sans commune mesure avec les moyens engagés lors de l'intervention française. De plus, je souligne que cette guerre contribue à rapprocher politiquement le Vietnam de la Chine, alors qu'il existe une opposition séculaire [1] entre ces deux pays. J'ajoute que cette opposition potentielle se trouve amplifiée par l'attraction d'Hanoï sur l'orbite soviétique. Pour enfoncer le clou, je rappelle qu'une intervention massive des forces aériennes US aurait été beaucoup plus conforme à l'intérêt national US au mois de mars 1954, car il existait alors une occasion unique d'anéantir la quasi-totalité du corps de bataille Vietminh concentré autour de Dien Bien Phu [2], sur un périmètre réduit.

---

1 - Quelques années plus tard, l'intervention chinoise au Tonkin prouvera la réalité de cette opposition historique.

2 - Voir Chapitre VII: " Réflexions sur la guerre d'Indochine. Dien Bien Phu... L'aviation ".

Ma liberté d'expression, pourtant inspirée par des sentiments d'amitié et de sympathie, n'est pas perçue en ce sens par mes camarades américains. Je le devine à leur regard, à leur changement d'attitude, à l'air distant qu'ils prennent à mon endroit. Un désaccord sur un important sujet national est malheureusement interprété comme la manifestation d'un esprit anti-américain par des Américains supposés enrichir leurs réflexions en se mettant à l'écoute de celles des autres, fussent-ils des alliés venus d'Europe. C'est la conclusion que je tire en allant me confier au colonel Capshaw. Mon *sponsor* est formel. Il approuve ma franchise et m'en félicite. Il me recommande de continuer dans cette voie et m'assure que le nécessaire sera fait pour éclairer ses concitoyens et normaliser l'ambiance. Effectivement, dans les jours qui suivent, les visages retrouvent leur sourire et les relations leur jovialité habituelle.

Ce qui reste formidable avec les Américains, c'est la générosité de leur accueil. Nos activités professionnelles se prolongent par d'innombrables activités sociales qui laissent peu de place à la vie familiale. Heureusement que Marie-Hélène est là pour s'occuper des enfants et de la maison. D'ailleurs, la nouvelle de sa présence a rapidement fait le tour du Campus. Car il s'agit d'un cas unique au CGSC de Leavenworth. Un cas unique, pas pour longtemps, comme la suite va le montrer.

Pour nous permettre d'être intégrés agréablement à la vie sociale américaine, nous avons aussi des *sponsors* civils : Barbara et Wayne Engelhardt résident à Abilene, une localité bourgeoise à une centaine de kilomètres à l'ouest de Leavenworth. C'est une famille qui fait preuve à notre endroit d'une grande disponibilité. Très hospitalière, elle va contribuer largement au confort de notre séjour. Ainsi, nous sommes enrôlés dans une série de manifestations diverses à Leavenworth et dans les environs : danses indiennes, rodéos, musiques folkloriques, bal international, soirée des officiers parachutistes chez le camarade US Fendler, réception des stagiaires européens organisée par Viviane, l'épouse de notre camarade britannique, le major Sims.

Au cours de l'une de ces soirées, alors que nous sommes absents de la maison, un officier stagiaire musulman francophone, le sachant, se présente chez nous et a une attitude pour le moins équivoque à l'égard de Marie-Hélène. Nous l'apprenons à notre retour. Pour éviter toute méprise à l'avenir, nous jugeons préférable qu'elle rejoigne son bercail breton et prenons des dispositions rapidement en ce sens.

Nous continuons à recevoir et à rendre des invitations à la maison. Marcelle s'est organisée pour disposer d'une bonne réserve de vins français à domicile et nombreuses sont les occasions qui nous permettent de promouvoir nos vins et l'amitié franco-américaine. Il suffit d'évoquer le nom de Lafayette pour lever nos verres et faire " cul sec " *(down the hatch)*. Nous sommes très loin des tensions de l'OTAN.

Et puis avant la fin de notre séjour à Leavenworth, nous recevons la branche américaine de ma famille paternelle : l'oncle Souren et son épouse résidant dans le Connecticut, à Noroton. Nous sommes invités à participer à une grande réunion de famille qui sera organisée chez eux lors de notre prochain stage en Virginie. Si mon père voyait ça !

Une soirée mondaine à Washington, mémorable par son incidence ; la " graduation "

Vers la fin de notre séjour à Leavenworth, un voyage d'étude à Washington est organisé par l'École. Invité à une grande réception par l'Attaché Militaire français, je suis présenté à un général américain de l'État-Major interarmées et, au cours de la conversation qui s'engage, bien anodine en la circonstance, il me demande incidemment s'il me plairait de faire un stage dans une unité US particulière durant l'intervalle de deux mois séparant la fin du stage de Leavenworth et le début de celui de Norfolk. Compte tenu de ma formation au " 1er Choc " en Corse, de ma coopération avec les " Bérets Verts " (Forces Spéciales US) à Calvi et au Congo, je n'ai pas à réfléchir pour lui dire que je rêve d'aller à Fort Benning, la maison-mère des Bérets Verts.

Le surlendemain, je me présente au bureau de l'Attaché Militaire Terre avant notre retour à Leavenworth. Je me trouve en face d'un colonel surexcité, fou de rage, au bord d'une possible crise cardiaque. Sans me demander au préalable la moindre explication, il me reproche de m'être " *affranchi de la voie hiérarchique normale* " pour le choix de ma prochaine destination. Puis il fait acte d'autorité : " *Puisque vous voulez aller à Fort Benning, vous irez à Fort Campbell.* "

Le colonel ne connaît pas mes antécédents avec les " Bérets Verts " ; il ne les connaîtra jamais. C'est dans ces conditions que j'apprends ma prochaine destination officielle : la 101e Division Aéroportée. Mes relations militaires avec l'Ambassade prennent déjà une mauvaise tournure. Cela me ramène 15 ans en arrière et me rappelle la démonstration d'autorité faite par le colonel commandant les Troupes Aéroportées Nord sur la RC 6 en Indochine [1].

1 - Voir Chapitre IV : " Rocambolesque visite au colonel de Rocquigny ".

La remise des diplômes (*graduation*) a lieu le 9 juin 1967. Cérémonie officielle grandiose, spectaculaire, dans un amphithéâtre contenant plus de mille personnes. C'est l'émotion du départ, celle de la séparation de camarades stagiaires qui ont noué de solides liens d'amitié pendant une année de travail en commun. C'est également l'adieu très amical des familles qui nous ont apporté une sollicitude si touchante et si joyeuse pendant notre séjour.

Au cours de ces adieux, mes camarades américains apprennent que j'envisage de faire un périple à travers les États-Unis pendant un long mois, avant de transiter par la *One-O-One* (la 101e Division Aéroportée) et rejoindre Norfolk pour effectuer mon deuxième stage complémentaire de six mois. Tous m'invitent à aller les voir, ce qui est matériellement impossible, mais quelques-uns me proposent d'organiser une réunion informelle pour m'aider à établir mon programme de voyage. Ils se chargent aussi des réservations dans les Bases US et souvent le choix se porte sur une AFB (*Air Force Base*).

C'est vraiment formidable de leur part. Finalement tout se règle au cours d'une longue soirée arrosée de bons vins français. Le lendemain, les réservations sont faites par téléphone.

Carnet de route d'un voyage à travers les USA. 10 juin-15 juillet 1967

Le 10 juin au matin, en famille, nous nous lançons sur les routes américaines, pour une randonnée de plus d'un mois. Nous ne nous rendons pas compte que la traversée en long et en large des États-Unis avec une voiture confortable mais d'occasion ressemble davantage à une expédition aventureuse qu'à un voyage touristique d'agrément. Il nous faudra d'abord six jours pour atteindre la côte ouest.

Première nuit au camp Carson : très bon accueil, la réservation fonctionne bien. Le 11 juin, Colorado Springs au pied des Montagnes Rocheuses, la maison mère de l'*Air Force Academy* (École de l'Air) ; traversée du Colorado, nous sommes déjà à 4000 m d'altitude. Nuit à Steamboat Springs.

Le 12 juin, visite d'un lieu touristique exhibant l'impressionnant squelette d'un dinosaure ; traversée de Salt Lake City, puis du désert portant le même nom, le champ d'essais de voitures dans l'Utah. Nuit à Elko dans le Nevada. Le 13 juin, Col de Golconda (à 1 700 m d'altitude). Deux nuits à Sparks. Nos premiers ennuis mécaniques commencent dans cette région du Nevada. Le moteur chauffe. Les stations service ont tendance à changer le bouchon du radiateur " mal adapté ", considéré comme étant la cause principale du problème. Nous finirons par avoir trois ou quatre bouchons différents, sans toutefois réduire la surchauffe.

Le 15 juin, traversée de la Sierra Nevada en Californie. Vue sur le lac Tahoe (à 2 500 m d'altitude). Enfin, arrivée le 15 au soir à San Francisco, sans doute la plus belle ville des États-Unis. Installation à Oakland Army Terminal. Consultation d'un mécanicien : remplacement du radiateur. Visite jusqu'au 18 juin matin : le pont Oakland - San Francisco, Broadway, la Montagne russe, Ness Avenue, City Hall, Market Street, Chinatown, le port, le Golden Gate, Sausalito (les Anges de l'Enfer).

Le 18 juin, nous longeons la côte ouest en direction de Los Angeles. Monterey, une petite localité portuaire, très attachante par son charme particulier. Nuit à Fort Ord. Le 19, Solvang, un village danois. Arrivée en fin d'après-midi à Los Angeles, ville immense qui n'arrête pas de s'étendre en surface. Séjour jusqu'au 23 matin : Dysneyland, Marineland, le rêve pour Éric et Valérie. Hollywood, Beverley Hill, Universal City.

Le 23 juin, en route vers l'est pour Las Vegas, la ville des machines à sous, le rêve de Marcelle. Traversée du désert de Mojave, en milieu de matinée. En plein désert et en période de chaleur, panne de voiture qui chauffe comme une locomotive. Aucune circulation sur la route (j'apprendrai par la suite que les Américains préfèrent traverser le désert en fin de journée ou de nuit pour éviter les fortes températures). Un vieux fermier avec son tracteur vient nous dépanner momentanément. Il semble avoir l'habitude des pannes du système de refroidissement et nous garantit que nous pouvons aller jusqu'à Las Vegas. Arrivée à Baker, contrôle mécanique sommaire avant de passer la nuit : RAS (Rien A Signaler).

Le 24 juin, arrivée à Las Vegas, de nouveau dans le Nevada. Installation à *Robinson Motel*. Halte jusqu'au 28 matin afin de faire une nouvelle vérification mécanique de la voiture. Nous en profitons pour visiter la ville. Marcelle bénit ces pannes qui lui permettent de tenter sa chance dans les principaux casinos, à Freemont Street ou à Las Vegas Boulevard. Pour les enfants, c'est la féerie lumineuse de la ville, la nuit.

Le 28, la vue grandiose du Grand Canyon dans l'Arizona à partir de la bordure des hauteurs sud. Le 29, la Forêt pétrifiée, le *Painted Desert*. De nouveau, toujours dans le désert, l'éternel problème de surchauffe du moteur. Comme les garagistes ne semblent pas très compétents en mécanique générale et ont plutôt tendance à faire du tourisme dans le moteur, je décide d'aller consulter le chef mécanicien de la prochaine

Base Aérienne pour éviter de remplacer pièce par pièce tout le système de refroidissement. Direction Sandia AFB [1] près d'Albuquerque, au Nouveau Mexique. Présentation comme stagiaire de Leavenworth, accueil très cordial par le colonel commandant la Base. Le diagnostic du chef mécanicien est immédiat : " *It is your head gasket!* " (C'est votre joint de culasse). Après une nuit passée sur la Base, la réparation est faite en priorité par un garagiste d'Albuquerque recommandé par le chef mécanicien. Grâce à ce chef béni des Dieux, le cauchemar mécanique est enfin terminé.

Le 30, El Paso dans le Texas sur la frontière mexicaine. Trois nuits à Fort Bliss. Visite de Juarez au Mexique, retour à El Paso. Le 3 juillet, en route pour Fort Campbell dans le Kentucky en traversant quatre États du Sud en plusieurs étapes. Arrêt à Big Spring, Texas, nuit à Webb AFB. Le 4, Dallas au Texas, pèlerinage en mémoire de John Kennedy. Nuit à Barksdale AFB, près de Shreveport, en Louisiane. Le 5, Natchitoches en suivant la Rivière Rouge (*Red River*), Baton Rouge puis arrivée à la Nouvelle Orléans. Séjour jusqu'au 8 matin : rue Royale, Jackson Square, Beauregard, rue Bourbon, le restaurant *Les Deux Sœurs*, défilé folklorique le long de Canal Street.

Le 8 juillet, arrivée à Fort Walton Beach. Nuit passée dans une caravane, puis dans un motel, ensuite à Eglin AFB près de Destin, jusqu'au 15 matin, en Floride. Le 15, nuit passée à Maxwell AFB dans l'Alabama. Le 16, arrivée à Fort Campbell dans le Kentucky, ma destination pour le stage à la 101e Division Parachutiste. Ainsi se termine mon premier grand périple sur le continent nord-américain. Au-delà de la grande diversité des paysages qui se déroulent sur des espaces infinis, au-delà des écarts de température d'est en ouest, du nord au sud, au-delà des agglomérations aux architectures imprévues, ce long périple nous a marqués par l'extrême gentillesse et la grande hospitalité de la population américaine.

Stage à " One-O-One ", la 101e Division Aéroportée, à Fort Campbell 16 - 29 juillet ; intérim à l'Ambassade de France auprès de l'Attaché Militaire 30 juillet - 10 août 1967

Deux courts séjours intimement liés dans ma mémoire : l'un représente l'image d'une grande et remarquable unité opérationnelle, l'autre l'exemple d'une bureaucratie courtisane cherchant beaucoup plus à plaire qu'à servir.

---

1 - Air Force Base.

Comme dans toutes les Bases américaines où nous avons eu l'occasion de nous arrêter au cours de notre périple, l'accueil à Fort Campbell est chaleureux. Je suis reçu par le général commandant la 101e Division Aéroportée, par son État-Major. Puis nous nous installons en famille dans une petite villa coquette située dans le quartier des officiers en bordure de ce camp étendu à perte de vue. Le programme arrêté a été préparé dans le moindre détail pour me permettre de suivre un stage très complet.

Pendant que Marcelle et les enfants sont pris en charge par les familles du Camp, mon stage débute par un entraînement parachutiste qui est un condensé spécialement conçu pour un officier de passage, sous la conduite de moniteurs rigoureux : tests de contrôle de la condition physique, entraînement au sol, puis sauts de jour, de nuit à partir d'hélicoptères et d'avions *C 130*.

Après cette " mise en jambe " au cours de laquelle j'ai à peine le temps de souffler, je participe aux exercices, manœuvres et sauts dans chaque régiment. Je partage en même temps la vie de tous les jours des unités élémentaires.

Tous les matins, réveil en fanfare : c'est la clique du *One-O-One* qui défile dans les principales artères pour que la journée débute dans la bonne humeur. Stage oblige.

J'éprouve un vrai bien-être à vivre ces quinze jours dans une unité parachutiste aussi performante et qui est à juste titre la fierté de l'US Army. Par son niveau opérationnel, ses traditions et surtout son état d'esprit, c'est une division comparable à notre 11e Division Aéroportée. J'envisage de faire ressortir ces qualités dans l'ébauche du rapport de stage destiné à l'Attaché Militaire Terre français à Washington.

Je suis heureux de cette expérience inoubliable, au milieu de frères d'armes partageant le même idéal, celui de servir son pays. À la fin du stage, après le traditionnel pot de départ, nous reprenons la route en famille, le 29 juillet matin. Destination Washington où nous devons séjourner jusqu'au 10 août avant de rejoindre Norfolk. en Virginie, pour clôturer notre séjour aux USA.

Nous arrivons à Washington (à près de 600 km à vol d'oiseau) le même jour en fin de soirée. Nous nous installons provisoirement dans un motel, pas très loin du bureau de l'Attaché Militaire auprès de l'Ambassade de France où je dois assurer l'intérim du colonel adjoint Terre pendant dix jours. Plus tard, nous trouverons un meublé agréable sur la Connecticut Avenue.

Le lendemain 30 juillet, au N° 1759 R Street N.W., je me présente à l'Attaché Militaire Terre. Un général de brigade, polytechnicien d'origine, qui n'a pas eu l'occasion de faire de longues campagnes depuis 1939… apparemment tout au moins, en tout cas d'après sa barrette de décorations : une seule croix de guerre, celle de 39-45 avec une seule citation.

Après les préliminaires habituels sur mon voyage et sur mon séjour à Fort Campbell, d'emblée le général me demande ce que je pense de la *101e Airborne Division*. Je lui remets mes deux pages de rapport de stage. Il prend le temps de les lire, fait la moue et fronce les sourcils à plusieurs reprises. Il pose mon rapport sur la table et m'exprime de sérieuses réserves. Il trouve mon texte trop élogieux et me demande de modifier un paragraphe.

Pour comprendre sa remarque, il faut se souvenir qu'à l'époque [1], il était payant de se " mettre dans le vent " de la politique française pour plaire à ses chefs civils ou militaires.[2]

Je lui exprime mon net désaccord, en faisant prévaloir que mon expérience personnelle me permet de porter ce jugement. Mais je me permets de faire remarquer respectueusement au général, peu habilité à mon avis à porter un jugement fondé sur la *One-O-One*, qu'il est libre de donner son point de vue personnel sur son " avis de transmission ".

J'apprendrai plus tard que ce contact abrupt, faisant suite à l'accès de colère du colonel-adjoint Terre peu de temps auparavant, aura pour moi une répercussion fâcheuse, comme le chapitre suivant le montrera.

Ce bref séjour à l'Ambassade me permet toutefois d'avoir un aperçu du rôle de l'Attaché Militaire, de participer avec Marcelle à quelques brillantes réceptions… et de mettre sur pellicule nos principaux souvenirs de la capitale, cette ville verdoyante marquée par l'histoire, bien ordonnée, tracée au carré : Arlington, la tombe de Kennedy, le soldat inconnu et le Monument des *Marines*, Lincoln *Memorial*, Rochambeau *bridge* sur le Potomac, le Capitole, *Japonese cherry trees* (les cerisiers japonais) face au Jefferson *Memorial*, et Lafayette *Square* face à la Maison Blanche.

Le 11 août, nous reprenons la route pour Norfolk en Virginie, destination finale de mon stage aux USA.

---

1 - Après le retrait de la France de l'organisation militaire de l'OTAN, puis l'intervention américaine au Vietnam.

2 - Dans ce contexte, il est de bon ton de ne pas célébrer les louanges de l'Armée Américaine.

Norfolk, Virginie. US Armed Forces Staff College. 11 août 1967 - 19 janvier 1968

À Norfolk, important port de guerre sur l'Atlantique, nous sommes logés dans la base navale, comme la plupart des stagiaires.

Le stage à l'USAFSC (*US Armed Forces Staff College)* se déroule du 21 août 1967 au 19 janvier 1968. Nous avons donc largement le temps de prendre nos marques, de découvrir la ville et les installations de la base, de faire la connaissance des stagiaires dont les arrivées s'échelonnent. Nous inscrivons Valérie, maintenant âgée de 6 ans, dans la première classe de l'école élémentaire et Éric à l'école primaire de la Base US.

Lors de l'inscription de Valérie, la directrice nous demande sa nationalité. Nous ne sommes pas tellement surpris par cette question, car Valérie parle l'américain d'une façon courante... de plus avec l'accent du Kansas. Mais nous ne nous attendons pas à la question suivante. Prudente, la directrice nous demande si nous voyons un inconvénient à ce que Valérie participe à la cérémonie des couleurs de l'école, le matin avant le début des cours. Nous acceptons spontanément, avec plaisir. Notre interlocutrice est ravie. C'est ainsi que dès la rentrée, Valérie apprendra à saluer les couleurs en plaçant sa main sur son cœur. À nos yeux, une excellente leçon de civisme.

Éric est inscrit au *North Side High School* et continue à suivre des cours par correspondance comme à Leavenworth. Il est parfaitement à son aise dans le milieu scolaire et sportif américain. Nous constatons avec joie que cette vie exceptionnelle, dans un contexte international favorable, lui donne une maturité précoce qui contribue à favoriser son application scolaire.

Avant le démarrage des cours, un stagiaire pilote d'avion, le lieutenant-colonel Pat Wilson, me propose de faire un survol au-dessus de la région de Norfolk : Fort Monroe, Hampton *bridge tunnel*, Chesapeak *bridge*, Virginia *beach*... Une façon originale de découvrir la côte vue du ciel, avec un pilote connaissant bien la région.

Nous faisons aussi la connaissance du deuxième stagiaire français, le lieutenant-colonel Salvan de l'Armée de l'Air et de son épouse. Notre séjour en sera agrémenté.

Le 21 août, au cours de la cérémonie officielle marquant l'ouverture du stage, nous rencontrons le commandant du *College*, l'amiral L.R. Daspitt.

Notre promotion (la *42nd Class*) se compose de 270 stagiaires: 248 officiers US représentant les composantes des Forces Armées [(1)], 11 hauts fonctionnaires de l'Administration, et 11 officiers alliés issus de quatre pays [(2)].

Ce stage à l'USAFSC est l'homologue du " Cours Supérieur Interarmées " français (le CSI de l'époque) qui fait suite au cours de l'École Supérieure de Guerre. Il complète le stage de Leavenworth, en donnant une formation interarmées dans le cadre de la politique de défense américaine. Les thèmes opérationnels se déroulent au niveau du corps d'armée ou de l'armée. Ils font intervenir les quatre principales composantes (avec le corps des *Marines*) des Forces Armées et sont précédés de conférences politiques.

Le style de travail est semblable à celui de Leavenworth. Dans le cadre d'une équipe ou d'un groupe, l'étude du thème d'intervention commence toujours par la définition de l'intérêt national américain. Cela représente un exercice d'adaptation, car nous devons nous mettre dans la peau d'un citoyen américain, ce qui n'est pas toujours évident.

Il est vrai qu'à Leavenworth, avec 43 pays différents, cette acrobatie intellectuelle était encore plus délicate. Surtout lorsqu'il s'agissait d'officiers " alliés " représentant des pays qui n'étaient pas membres de l'OTAN ou à plus forte raison d'officiers " alliés " [(3)] communistes (nos chers camarades stagiaires yougoslaves). Mais en fait il s'agissait d'une définition de pure forme, car la plupart du temps, " pour retomber sur nos pieds ", il suffisait de s'aligner sur la position définie par nos camarades US mieux à même d'en juger.

Fort heureusement, comme à l'USACGSG de Leavenworth, nos grandes manœuvres en salle sont entrecoupées de voyages d'étude très divers touchant les principales activités de défense. Dans ce domaine, la démonstration la plus spectaculaire est sans doute celle du Camp Lejeune, le siège du corps des *Marines*. Assis sur de longues plateformes mobiles, nous passons en revue une brigade de *Marines* en tenue de combat, impeccablement alignée sur une longue avenue. Une démonstration impressionnante, suivie, quelques heures après, d'un exercice de

1 - US Army: 115, Navy : 33, Air Force : 80, Marine Corps : 18, Coast Guard : 1, Service hydrographique : 1.

2 - Australie: 3 (Air, Mer, Terre); Canada: 1 (Air); France: 2 (Air, Terre); G.B: 5 (Air, Mer, Terre).

3 - Il faut reconnaître que dans ce cas notamment, l'appellation d'officier allié (allied officer) avait un effet cocasse.

débarquement grandeur nature, avec appui naval et aérien : c'est le film " *Le jour le plus long* " vécu en direct sur le terrain ou encore une version de la séquence assourdissante de " *Saving private Ryan* " (Il faut sauver le soldat Ryan).

Nous profitons de courtes vacances pour faire des échappées régionales en famille. En octobre, nous visitons en particulier Williamsburg au nord de Norfolk : un village construit à l'image de ceux des premiers émigrants, avec les ateliers reconstitués et les tenues de l'époque portées par les habitants. Puis, en novembre, à l'occasion des fêtes du *Thanksgiving Day*, invités chez mon oncle paternel Souren Terzian, nous nous rendons à Noroton dans le Connecticut. À cette occasion, Souren a réuni aussi notre famille paternelle ayant survécu au génocide de 1915 et vivant dans différentes régions des États-Unis. L'oncle Souren nous raconte alors le pèlerinage qu'il vient de faire en Turquie.

À Gueyvé, la propriété de ses parents, jadis prospère, est désertifiée. La vénérable église orthodoxe du village est devenue un amas de pierre. À Zongouldak, sur le bord de la Mer Noire, la résidence luxueuse de mon grand-père maternel est squattée. L'intérieur pillé, les fils électriques arrachés, les carreaux de fenêtre remplacés par des cartons. Un spectacle de désolation et de régression sauvage.

C'est une nouvelle fois un moment de communion avec les victimes de la tragédie de 1915 et des exactions qui ont suivies. Marcelle et les enfants partagent cette grande émotion familiale. L'un des moments les plus forts de ma vie.

Nous décidons de visiter la Floride pendant les vacances de fin d'année, toujours avec la même voiture ragaillardie depuis le changement de son *head gasket*. Le logement est prévu soit dans les bases militaires soit chez des amis, anciens stagiaires de Leavenworth, soit parfois à l'hôtel. Nous prenons la route le 22 décembre en passant par Fort Bragg en Caroline du Nord. Le 23 nous sommes à Charleston en Caroline du Sud sur la côte Atlantique.

Le 24 décembre en début de soirée nous arrivons, comme prévu, sur une base militaire située à proximité de Jacksonville en Floride. En ouvrant la porte de la chambre qui nous est réservée, une grande surprise nous attend. Un arbre de Noël a été dressé. Il est illuminé. L'atmosphère est déjà chaleureuse. Éric et Valérie sont ébahis, tout comme Marcelle et moi d'ailleurs. Le frigidaire est garni. Il ne manque rien, même pas la boîte d'allumettes pour allumer les bougies.

Après une longue route, cet accueil anonyme mais généreux d'un soir de Noël ne peut pas être oublié. Nous en gardons un souvenir attendri et une profonde reconnaissance.

Après Saint Augustine et Daytona *Beach*, nous quittons la mer pour aller à Orlando où nous sommes accueillis à bras ouverts par l'épouse d'un ami, un lieutenant-colonel parti au Vietnam à l'issue du stage de Leavenworth. Nous nous quittons à regret le 28 pour aller à Cap Kennedy que j'avais déjà visité avec mes camarades stagiaires.

Nous passons ensuite la nuit du Nouvel-An dans un hôtel de Miami. Marcelle préfère prolonger son séjour avec les enfants dans cette luxueuse ville, pendant quelques jours. D'autant plus que sur la plage, elle a fait la connaissance d'un sympathique groupe de femmes d'officiers de l'Armée de l'Air.

Le 1er janvier, je prends l'avion pour rejoindre Norfolk et reprendre mes cours. Le lendemain, Marcelle m'apprend par téléphone qu'elle est désormais prise en charge avec les enfants chez ses nouvelles amies qui l'ont accueillie à Homestead AFB à une cinquantaine de kilomètres au sud de Miami. Je suis étonné d'apprendre qu'elle a atterri sur ce site. Il s'agit d'une base du *Strategic Air Command* où il faut, normalement, montrer patte blanche avant d'entrer. Elle est invitée jusqu'à notre départ par ces Américaines qui trouvent formidable leur *little Frenchie*. C'est la fête programmée tous les soirs en l'honneur de l'invitée, l'entente cordiale franco-américaine en quelque sorte.

Au téléphone, le mari, lieutenant-colonel, et son épouse me demandent avec insistance de venir les rejoindre à Homestead. Ils n'ont pas l'air de comprendre que je ne suis pas en vacances, mais en stage donc pas libre de mon temps. Quelques jours plus tard, Marcelle me rappelle pour m'informer que la voiture est vendue grâce à ses amies. Nous convenons de nous retrouver à l'aéroport de New York pour notre retour en France.

À Norfolk, la cérémonie de remise des diplômes a lieu le 18 janvier 1968 dans le cadre de l'AFSC, solennelle comme à Leavenworth et toujours aussi chargée d'émotion au moment des séparations.

Le 19 janvier, je quitte Norfolk par avion pour l'aéroport de New York où je retrouve comme prévu Marcelle et les enfants, enthousiasmés par leurs vacances à Homestead AFB.

L'intérêt professionnel de mes différents stages, doublé des relations nouées avec les stagiaires de diverses nationalités, a été indiscutable. Il s'est enrichi, pendant ce séjour, de la découverte d'une Amérique insoupçonnée dans sa dimension réelle grâce à mes nombreux voyages d'études [1] et bien sûr aussi touristiques avec ma famille. Ces voyages nous ont révélé la puissance, le gigantisme et le dynamisme de l'Amérique.

Les paysages majestueux d'une beauté à couper le souffle nous ont éblouis et enthousiasmés. Et nous réalisons, au moment de quitter les États-Unis, notre grand privilège d'avoir côtoyé ces Américains si fiers de leur pays, de leur nation, très engagés dans son évolution et sa défense. Ils nous ont impressionnés par l'accueil attentif qu'ils nous ont accordé. Nous leur en sommes profondément et sincèrement reconnaissants.

Et le jour où la nation américaine, qui n'admet pas d'être mal aimée, parviendra à comprendre que la véritable marque d'amitié réside dans une totale sincérité et dans la capacité à recevoir les désaccords qui peuvent lui être exprimés, cette magnifique nation atteindra la plénitude de sa grandeur.

À partir des USA, nouveau " centre de gravité de la planète " aux yeux des Américains, j'ai surtout une autre vision de la France, de l'Europe et du Monde.

***

---

1 - En particulier: le Pentagone, l'Académie Militaire de West Point, le Cap Kennedy, les usines Boeing.

CHAPITRE XIII

L'ALLEMAGNE
1968 - 1971

Lyon, stage d'Armes Spéciales. Avril - juin 1968

Arrivés de New York le 20 janvier à Orly, nous commençons par récupérer notre appartement de Fontenay-sous-Bois dans des conditions difficiles. Notre locataire, un commercial " de bonne famille ", est parti en y laissant quelques affaires, sans avoir mis fin au bail et sans avoir payé de loyer pendant la majeure partie de notre séjour hors de France. Le notaire que nous avions contacté depuis les États-Unis nous laisse entendre que la reprise des lieux demandera de longs délais juridiques. Face à l'état d'urgence, je règle l'affaire *manu militari* et nous nous retrouvons maître des lieux par des moyens totalement illégaux.

Après ce retour au bercail pour le moins insolite et tandis que Marcelle s'occupe de notre réinstallation, je me présente au Bureau des Troupes de Marine pour connaître mon prochain point de chute. Une nouvelle surprise m'attend. Le colonel m'apprend que mon affectation est prévue en qualité de chef de cabinet du général à la 4e Division d'Infanterie - dont la formation est envisagée à Verdun.

Cette affectation inattendue ne me convient pas du tout. Je le lui dis très respectueusement. Elle ne correspond ni à la formation que je viens de recevoir aux USA... ni à mon tempérament. Le colonel se montre ouvert à mes arguments et me propose de revoir la question auprès de la Direction des Personnels de l'Armée de Terre (DPMAT). Deux jours plus tard, par téléphone, je reçois une nouvelle proposition d'affectation : officier de liaison à l'École des Systèmes d'Armes de l'OTAN en Haute-Bavière, sous la dépendance lointaine de l'État-Major des Forces Françaises en Allemagne, à partir du mois de juillet. Marché conclu, faute d'autres alternatives. Mais avant, je dois effectuer un stage à l'École des Armes

Spéciales de Lyon du 22 avril au 29 juin. Il s'agit d'une formation en rapport avec le futur poste prévu en Allemagne.

Après le *gymkhana* habituel entre l'ouest et le sud-est de la France pour revoir nos parents, nous décidons de profiter de la douceur de l'hiver en nous installant à Cannes pour la durée du congé qu'il me reste à prendre. Une nouvelle fois, nous devons résoudre le problème des inscriptions scolaires - surtout pour Valérie qui fait son entrée dans une école française pour la première fois. Éric, pour le moment, poursuit ses cours par correspondance avec le Centre de Vanves. Nous décidons de rester à Cannes, où nous sommes hébergés par Tiger dit le Tigre, mon camarde para du 3e, jusqu'à l'ouverture du stage de Lyon. Et par la suite, chaque fin de semaine, je ferai la navette entre Lyon et Cannes pour me retrouver en famille. Ce stage se déroule en pleine période de crise politique française. Manifestations massives à Paris. Voyage mystérieux de de Gaulle à Baden-Baden. Cette situation nous préoccupe et nous trouble profondément. Nous nous posons beaucoup de questions entre nous ou gardées par-devers nous. Si le nucléaire, objet principal de nos études sur les armes NBC (Nucléaires Biologiques Chimiques) a fait ses preuves d'efficacité pour le maintien de la paix internationale par la dissuasion, on peut s'interroger sur l'avenir et l'intérêt d'une force de frappe dans un pays sur le point de basculer dans le chaos.

Oberammergau, Allemagne : École des Systèmes d'Armes de l'OTAN. Juillet 1968 - novembre 1971

À l'issue de mon stage lyonnais, je rejoins seul Baden-Baden, le quartier général de l'État-Major des Forces Françaises en Allemagne. Je me présente d'abord au colonel chef du 2e Bureau de l'État-Major auquel je suis rattaché, puis au général d'armée Massu [1] commandant en chef. De sa voix rauque et sur un ton sec, le général m'exprime un souhait qui s'apparente à un ordre : " *J'espère que vous n'allez pas faire comme votre prédécesseur Baxerre et vous contenter de faire du ski!* "

Vivre caché pour vivre heureux

Après cette brève introduction, à bord de la voiture de service qui m'est affectée, je prends le lendemain la route de Oberammergau, en Haute Bavière, à une vingtaine de kilomètres de la station de ski de

1 - Notre premier chef de corps à la 1re 1/2 BCCP Vannes - Meucon à la sortie de Saint-Cyr, en 1949. Voir Chapitre III : " Notre première journée à Meucon ".

Garmisch-Partenkirchen et à moins de 100 km de Munich. L'organisation de l'École est typiquement américaine.

À l'intérieur du camp situé à proximité du village, un appartement de fonction [(1)] entièrement équipé est mis immédiatement à ma disposition avec toutes les facilités habituelles. À l'intérieur du camp, il y a une infrastructure logistique complète qui apporte assistance si nécessaire. Aucun problème. Tout est prévu et réglé par avance dans le moindre détail. Marcelle peut donc me rejoindre avec les enfants qui sont en vacances. À nous de régler à nouveau le problème des inscriptions scolaires de nos enfants.

Je fais la connaissance de mon prédécesseur, le chef de bataillon Baxerre des Troupes de Marine et des deux autres officiers français : un commandant de l'Armée de Terre [(2)] et un capitaine, " basier " de l'Armée de l'Air.

Baxerre me parle sommairement des exposés donnés en anglais et de la participation des officiers français à leur traduction simultanée en langue française [(3)], traductions destinées aux stagiaires francophones. Il aborde ensuite la question qui le passionne visiblement : la pratique du ski sur place et dans la région. Il conclut son information par un conseil d'ancien que lui-même a mis de toute évidence en application. Pour vivre heureux à Oberammergau, dans les Alpes bavaroises à 300 km de Baden-Baden, il suffit de se faire oublier en se gardant surtout de rédiger " des papiers " (des rapports) : c'est la meilleure façon de faire du ski en toute tranquillité. Les deux collègues français hochent de la tête, en signe de totale approbation.

Je me présente ensuite au captain Walter E. Scholz USN (capitaine de Vaisseau de l'US Navy) commandant le " *Nato Weapon Systems Department* " (École des Systèmes d'Armes de l'OTAN). Après les souhaits de bienvenue d'usage, le captain Scholz me donne un aperçu du fonctionnement de l'École et des cours, et me parle des stagiaires de l'OTAN que reçoit l'École. Il précise que les Français suivent le programme commun à l'exception de quelques cours " *classified* " auxquels ils ne peuvent accéder en raison de la position particulière de la France qui a pris la décision de se retirer de l'organisation militaire de l'OTAN. Ouverts

1 - Au 755 F. Gullion village.

2 - Moins ancien dans le grade, bien qu'étant issu de la promotion Cyr précédente.

3 - Pour cette tâche, les officiers français sont également assistés par deux officiers belges et ultérieurement par un " commander " de la Marine Britannique.

aux officiers de tous grades, les stages s'adressent à une majorité d'officiers supérieurs, à quelques généraux et amiraux. Par systèmes d'armes, il faut surtout entendre le nucléaire, mais une information succincte est aussi donnée sur les armes chimiques et biologiques.

Après une initiation plus approfondie au fonctionnement de l'institution, je réalise que le programme d'instruction est très intéressant pour les cadres de l'Alliance Atlantique. Les principaux thèmes abordés comprennent :

- la menace soviétique
- la mission et la doctrine de défense de SACEUR *(Supreme Allied Command in Europe)*
- les effets des armes et analyses d'objectifs
- les systèmes d'armes employés par l'Armée de Terre, la Marine, l'Armée de l'Air
- les plans et la doctrine tactique d'emploi des systèmes d'armes par SACEUR
- les " Forces Extérieures " : en particulier le SAC (*Strategic Air Command* américain).

Les présentations générales sont faites par les instructeurs de l'École et, de temps en temps, des conférences sont données par de hauts responsables militaires de l'OTAN.

Pour un officier de liaison, l'École constitue un point d'observation exceptionnel en information ouverte, surtout en raison de la position française hors de l'organisation militaire de l'OTAN… et de l'absence d'information qui en résulte.

Des officiers de liaison, sans chef de mission

Dans ce contexte, j'estime indispensable que l'EM de Baden-Baden ou l'EM des Armées à Paris désigne un chef de mission en subordonnant les deux autres officiers de liaison français à l'autorité du " plus ancien dans le grade le plus élevé ". Il s'agit de donner du poids localement à la représentation française, d'orienter et de coordonner la mission.

Dans l'immédiat, comme par le passé, ces deux officiers s'obstinent à limiter leur rôle à celui d'interprète, alors que nous devrions pouvoir déployer une activité plus étoffée… tout en continuant, éventuellement, à faire du ski. Il me paraît donc urgent d'aller à Baden-Baden pour régler ce problème. Ce sera aussi l'occasion d'inscrire Éric au Lycée français pour la rentrée prochaine.

À Baden-Baden, je rencontre donc le colonel chef du 2e Bureau de l'EM. Il partage tout à fait mon point de vue, d'autant plus qu'il n'a jamais reçu le moindre rapport émanant d'Oberammergau. Mais, comme le deuxième officier de liaison appartient à l'Armée de l'Air, la décision incombe au chef interarmées, le général Massu. Je suis rassuré par ces propos qui me paraissent nets et clairs. L'organisation envisagée qui fait l'objet de ma démarche à Baden-Baden semble constituer une simple formalité de régularisation : une question de bon sens élémentaire dans l'intérêt de la mission. J'ai le sentiment de pouvoir compter sur l'État-Major de Baden-Baden. Mais la suite va me montrer, une fois de plus, que ce qui est simple et évident pour l'exécutant ne l'est pas forcément pour le commandement.

Nous profitons de ce déplacement à Baden-Baden pour inscrire Éric au Lycée français. Par une chance extraordinaire, nous rencontrons un camarade de promotion, le commandant Pierre Bonnard en poste à l'État-Major qui accepte spontanément de s'occuper de notre fils en devenant son correspondant. Pendant plus de trois ans, le commandant Bonnard et son épouse s'occuperont d'Éric comme de leur propre fils. Nous leur en serons infiniment reconnaissants. Car dorénavant, nous reverrons notre fils soit lors de mes liaisons à Baden-Baden, soit à Oberammergau pendant les vacances scolaires.

Dans les montagnes bavaroises de mon affectation, nous nous sentons réellement rassurés de savoir que nous pouvons compter sur nos amis et qu'Éric ne se sentira pas seul. Quant à Valérie, inscrite d'abord à l'école communale allemande du village, elle ne s'y sent pas très à l'aise. Alors peu de temps après nous l'inscrivons à l'école américaine du campus où elle s'intègre immédiatement comme si elle retrouvait son milieu naturel.

Nous-mêmes nous adaptons très vite dans ce milieu interallié, tant sur le plan social grâce à l'aisance acquise par Marcelle pendant notre séjour américain que sur le plan professionnel en ce qui me concerne.

Le " *Nato Weapon Systems Department* ", durant mon affectation, compte très peu d'instructeurs américains diplômés de l'USACGSG ou de l'AFSC et aucun officier n'est diplômé des deux Écoles à la fois. La formation que j'ai reçue aux États-Unis me place donc dans une position privilégiée vis-à-vis des cadres de l'École.

Parfois, des officiers américains me consultent sur l'organisation et l'emploi des grandes unités US. Ou encore, il m'arrive de les alerter discrètement quand ils font un faux pas dans un exercice ou un exposé.

C'est très paradoxal, cocasse, mais compréhensible.

Mon voisin de pallier britannique et le commander Hollingsworth, traducteur de la Royal Navy, viennent aussi me voir pour me demander des précisions sur la signification de certains mots ou expressions de la terminologie militaire américaine.

Au début, je considère cette démarche comme une plaisanterie du style " d'outre-Manche "... mais ce n'est pas le cas. Dans ces conditions, mon travail d'officier de liaison se développe dans la bonne humeur et dans un esprit de coopération étroite. C'est au point où nos camarades américains, dans leurs relations de travail avec moi, ne tiennent pas compte la plupart du temps de la position spéciale de la France dans le cadre de l'OTAN et ne semblent pas faire de distinction avec les autres officiers alliés belges, allemands ou britanniques de l'École. Volontairement ou par omission, je ne le sais pas.

Au fond, ils pensent peut-être utile que le commandement français soit au courant de certaines informations, jusqu'à une certaine limite. C'est ce que j'imagine. En tout cas, une seule fois, un camarade américain me rapporte la remarque d'un instructeur britannique (mon cher camarade voisin de palier) concernant un cours *classified* (interdit aux Français). Mais d'une façon générale, nos instructeurs d'outre-Atlantique ne semblent pas attacher une importance capitale à la règle.

D'ailleurs en pratique, lors de conversations habituelles dans un groupe d'officiers alliés, il est difficile d'exhiber " un carton rouge " pour différencier ce qui est " tabou ".

Mes relations avec le colonel du 2e Bureau de Baden-Baden se développent également au fur et à mesure de mes liaisons. À chaque voyage je lui remets une fiche succincte résumant les informations recueillies d'une façon ouverte, en ma qualité d'officier de liaison.

Pendant de longs mois, j'ai l'impression de travailler dans le vide, car je ne suis pas en mesure de porter le moindre jugement sur l'intérêt de mes fiches. De plus, le Bureau fait preuve d'un grand mutisme en se contentant de dire que mes papiers sont transmis à Paris. J'en arrive à me demander si Baxerre n'avait pas raison. C'est seulement au bout de deux ans que je reçois un premier écho positif.

Le colonel de Baden-Baden me fait savoir que l'EM des Armées apprécie beaucoup le résultat de mon travail d'officier de liaison. Il fait même allusion à une lettre de satisfaction émanant de Paris.

C'est beaucoup plus tard… en 1974, au moment où je m'apprêterai à faire mes " adieux aux armes "[(1)] que je prendrai connaissance de la lettre du général Lecointe, commandant les Forces Françaises en Allemagne (en remplacement du général Massu), m'exprimant la satisfaction du Ministre de la Défense.

Tout au long de ces deux années, je m'interroge sur l'utilité de mon travail, rappelant au colonel ma démarche initiale suggérant la désignation d'un chef de mission. Pour toute réponse, j'apprends que c'est le général de brigade, chef des Éléments Air des Forces Françaises en Allemagne, qui s'oppose à cette désignation parce qu'il tient à garder un contact direct avec son capitaine de l'Armée de l'Air.

Dans le courant de l'année 1969, lors d'une dernière entrevue avec le général Massu, je fais le même rappel, en me permettant de remémorer le " souhait " exprimé à mon arrivée. Le général m'assure que le nécessaire sera fait. Mais atteint par la limite d'âge, il sera sans doute davantage préoccupé par son départ. Au-delà d'un certain temps, par lassitude, je ne repose plus la question. Mes deux collègues français continuent à faire leur travail de traducteurs, je fais le mien, celui que je m'impose de faire, sans la moindre directive écrite, avec la seule recommandation verbale de Baden-Baden : " *Merci de continuer à nous tenir au courant.* "

En dehors de ma participation à la traduction simultanée, j'assiste à toutes les présentations et conférences qui me paraissent intéressantes. Je propose à mes deux collègues français intéressés par leur rôle d'interprète de réaliser un lexique donnant la traduction en français de la terminologie américaine utilisée pour les systèmes d'armes NBC (Nucléaires, Biologiques, Chimiques) en coopération avec les trois autres membres impliqués dans cette tâche (deux Belges et un Britannique). Après un long travail en commun qui apporte sa modeste contribution à la défense de la langue française, je transmets ce lexique, imprimé par les soins de l'École, à l'État-Major des Armées à Paris sous le couvert de Baden-Baden, en vue de son approbation ou de corrections éventuelles. Comme pour ma démarche précédente, jusqu'au terme de mon affectation je ne recevrai aucune réponse. Je continue à penser à mon prédécesseur Baxerre en me demandant s'il n'avait pas raison.

---

1 - Voir dans les Annexes, la lettre du général de Corps d'Armée A. G. Lecointe commandant en chef les Forces Françaises en Allemagne, faisant état de la note N° 3 167/DN/EMA/REN/2/CD du 10-11-70. Notifiée sous N° 5 985 /2e CA/CCFFA/2/OI du 24-11-70. En réalité, je n'ai reçu ni cette notification figurant dans mon dossier, ni la note du Ministre d'État chargé de la Défense Nationale (ne figurant pas dans mon dossier).

Malgré ce double hiatus dans la chaîne de commandement, mes relations avec le chef du 2e bureau de Baden-Baden restent très confiantes et chaleureuses. À tel point qu'à l'occasion de ma notation annuelle, le colonel me fait part de sa surprise en me montrant mon propre dossier, en particulier l'annotation précédente établie par l'Attaché Militaire Terre de Washington qui n'a pu me juger que dans son bureau [1], lors de notre entretien qui, de toute évidence, avait mal tourné. Une annotation surprenante et en totale contradiction avec celle du général commandant l'USACGSC et celle de l'amiral commandant l'USAFSC qui figurent également dans le dossier. Le colonel comprend ma vive réaction. Je réagis en lui disant que je demande à avoir un entretien à Paris avec le général de la Direction du Personnel de l'Armée de Terre (DPMAT) et dans l'heure qui suit je remets au colonel une demande écrite dans ce sens. Dans le courant de la semaine suivante, à l'EM de la DPMAT à Paris, mon entretien avec le général sera de courte durée. Après avoir consulté mon dossier et écouté mes explications, le général reconnaît qu'il y a eu une erreur manifeste. Il me propose de procéder à une simple régularisation en ramenant le niveau général à celui antérieur à mon départ pour les États-Unis… afin de " *gommer la baisse de niveau* ". Car paradoxalement, à l'initiative de l'Attaché Militaire de Washington, mon niveau avait baissé à l'issue de ma formation aux USA. Ainsi mon stage de 18 mois aux États-Unis aura été " ni productif, ni contre-productif " pour ma carrière… et ma décision sera prise de quitter l'Armée à la première occasion, sans amertume et avec le sentiment d'avoir fait mon devoir. Ce contretemps fâcheux n'a pas d'incidence majeure sur mon activité. Nous vivons dans une excellente ambiance à Oberammergau. Dans notre petite communauté militaire, nous travaillons en étroite coopération et, en dehors du service, nos loisirs sont multiples. Presqu'en toute saison, nous avons la possibilité de faire du ski sur les hauteurs avoisinantes qui culminent à plus de 2900 m sur le Zugspitze.

En hiver, nous avons une piste familiale à quelques centaines de mètres du bureau ou les pistes très connues de Garmisch-Partenkirchen, à une trentaine de kilomètres. Au printemps et en été, nous rayonnons en Bavière, en Autriche ou dans le sud-est de la France [2], avec une caravane achetée dès le début de notre séjour.

---

1 - Voir Chapitre XII: " Séjour aux États-Unis ".

2 - Ce qui nous permet de faire une prospection immobilière et de porter notre choix géographique sur Toulon où nous achetons un appartement au " Mourillon " face à la mer.

Les réceptions entre les familles d'officiers alliés sont nombreuses. Marcelle excelle dans ces activités mondaines. Grâce à son expérience américaine et à la qualité des vins français disponibles dans la garnison de Baden-Baden, elle organise des soirées mémorables au cours desquelles bon nombre d'officiers américains se retrouvent au tapis après avoir levé leurs verres à la mémoire de Lafayette. Cette amitié franco-américaine se manifeste aussi plus officiellement à l'occasion d'un événement national. À la mort du général de Gaulle le 6 novembre 1970, nous improvisons une cérémonie religieuse dans l'église du campus. Malgré la froideur des relations politiques de cette période particulière, nous constatons que l'église est pleine à craquer.

Vers la fin de mon séjour en Haute Bavière, l'EM de Baden-Baden me fait savoir que l'autorité militaire de l'EM des Armées, destinataire des informations recueillies et transmises par Baden-Baden, souhaite me voir à Paris lors d'une prochaine visite. Rendez-vous est pris par Baden-Baden, sans que le motif en soit précisé. Peu de temps après à Paris, je me retrouve dans un bureau de l'EMA (à la Division Renseignements, je crois) face à un colonel d'Infanterie de Marine. Le colonel me reçoit chaleureusement. Il me félicite pour le travail accompli à Oberammergau en ajoutant alors qu'il reçoit autant d'informations sur les systèmes d'armes NBC par mon intermédiaire que par l'ensemble des officiers généraux détachés comme officiers de liaison auprès des grands commandements de l'OTAN. Un peu abasourdi par ce compliment inattendu, je ne peux m'empêcher de penser dans mon for intérieur que ces officiers de liaison, à défaut de ski, doivent avoir d'autres hobbies passionnants.

Puis il m'interroge à brûle-pourpoint :

— *À votre prochain départ d'Oberammergau, dans quel Territoire d'Outre-Mer souhaitez-vous servir ?*

Ma réponse est rapide et brève :

— *En Nouvelle-Calédonie !*

Le colonel me garantit cette affectation. C'est la réalisation d'un rêve de jeunesse. Car dès l'école primaire, à la vue de la mappemonde tachetée de rouge affichée dans toutes les classes, j'avais rêvé de servir un jour dans cette île du Pacifique en forme de cigare.

Vers la fin de notre séjour en Allemagne, en juin 1971, Éric réussit son Baccalauréat de français au Lycée de Baden-Baden. Il nous rejoint ensuite à Oberammergau pour passer ses vacances avec nous.

Avant de quitter définitivement notre garnison isolée, nous avons le plaisir d'accueillir sur place le chef de bataillon Hubert de Boisboissel, parachutiste des Troupes de Marine et son épouse Jacqueline. Bien que nous soyons tous les deux issus des " paras coloniaux ", nous n'avions pas eu l'occasion de nous rencontrer au cours de nos carrières parallèles, à Vannes, en Indochine ou en Algérie.

Je quitte mon poste confiant, car je sais que la représentation française sera bien assurée à Oberammergau par mon camarade et ancien de Boisboissel. Elle sera, sans aucun doute, à la hauteur de sa réputation et de celle de sa famille [1].

Et sans grande transition, la vie militaire va nous conduire des montagnes enneigées de Bavière au soleil de Nouméa.

***

1 - Le père de Hubert de Boisboissel a servi avec Lyautey pendant onze ans. Voir la biographie " Le général Yves de Boisboissel des Troupes Coloniales (1886 - 1960) ", ouvrage d'Henri, l'un des fils du général. L'Harmattan, 2002. Prix Lyautey 2003 de l'Académie des Sciences d'Outre-Mer.

CHAPITRE XIV

LA NOUVELLE-CALÉDONIE
1972 - 1974

L'arrivée sur le Territoire, 8 février 1972

Après avoir suivi un stage d'Outre-Mer à Paris, de novembre à décembre 1971, je rejoins ma famille à Briec en Bretagne. L'année scolaire d'Éric doit commencer en février selon le calendrier scolaire calédonien. Nous prenons donc tous les deux l'avion à Orly le 6 février 1972 à destination de Nouméa alors que Marcelle et Valérie restent provisoirement en Bretagne.

Le 8 février, nous atterrissons à Tontouta, l'aéroport international de Nouvelle-Calédonie, où nous sommes accueillis par le chef de bataillon Pitié, mon prédécesseur.

Après une installation sommaire dans un logement de passage militaire à proximité du quartier, en haut de la Place Bir-Hakeim en plein centre-ville, je découvre la caserne Gally-Passebosc. Construite en 1874, la caserne porte le nom du colonel commandant militaire de la Nouvelle-Calédonie[1] de 1876 à 1878. Après avoir combattu en Indochine, puis en France, Gally-Passebosc devient, l'année de sa promotion en 1875, le plus jeune colonel de l'Armée française. Il est gravement blessé le 3 juillet 1878 pendant la répression de l'insurrection canaque et meurt la nuit suivante.

---

1 - " Gally-Passebosc, François, Eugène, Oscar… Sort le 402e sur 416 de Saint-Cyr comme sous-lieutenant en 1856… très mal noté: mauvaise conduite, tenue négligée, d'une légèreté qui lui nuit beaucoup… magnifique soldat dont l'âge mûr démentit si curieusement les notes accordées par ses premiers chefs… ". Extrait de: " Calédoniens, Répertoire bio-bibliographique de la Nouvelle-Calédonie " du Père O'Reilly. Publication de la Société des Océanistes. N° 3. Musée de l'Homme. Paris, 1953.

Je me présente au colonel Pompon, commandant le BIMaP, Bataillon d'Infanterie de Marine du Pacifique. Le chef de corps est un " blindé colonial " de formation. Vieux soldat ayant participé à la plupart des campagnes depuis 39-40, jovial et décontracté, c'est un officier avec qui servir est un plaisir. Il m'attribue les fonctions de commandant en second et de chef des Services Techniques.

Le BIMaP est l'héritier du bataillon du Pacifique. Son épopée légendaire a commencé en Lybie-Tripolitaine par le fait d'armes de Bir-Hakeim. Elle s'est poursuivie en Tunisie et en Italie, pour se terminer en France en participant à la libération du territoire national.

Le bataillon est implanté sur trois sites: Nouméa, Nandaï et Plum. À Nouméa, il y a le Poste de Commandement, la Compagnie de Commandement et de Service (comprenant une section parachutiste), deux compagnies d'infanterie et un peloton blindé. À Nandaï près de Bourail sur la côte ouest sont implantées une batterie d'artillerie et une compagnie d'infanterie. C'est à Plum, près du Mont Dore, au sud-est de Nouméa, que se situe le centre d'instruction du bataillon.

Marcelle et Valérie nous rejoignent à la mi-février dès qu'un logement " conventionné " est en vue. Notre première préoccupation concerne évidemment l'inscription scolaire des enfants. La rentrée scolaire, décalée par rapport à celle de la Métropole, commence au cours de la deuxième quinzaine de février. Pour Eric qui a son Bac de Français, son admission en classe terminale est prévue au Lycée Lapérouse sans difficulté. Mais pour Valérie, c'est une autre affaire. Car il n'y a pas de correspondance entre les classes américaines et françaises et Valérie parle et écrit l'américain. Elle s'exprime évidemment dans sa langue maternelle, mais ne sait écrire le français que phonétiquement. Quelques cours à la maison ou durant un bref passage, en " étoile filante ", dans une école entre deux affectations, avant et après Oberammergau, ne lui ont pas permis de maîtriser le français écrit. Après avoir négocié avec le directeur d'établissement, elle est finalement admise dans la classe de son âge et sera considérée comme une élève de nationalité étrangère. Un sursis d'un an qui sera en fait prorogé. Car il faudra au moins deux ans à Valérie pour acquérir un niveau moyen en orthographe et grammaire. En contrepartie elle aura l'avantage de parler l'anglais couramment (je devrais plutôt dire l'américain) avec un mélange d'accent du Kansas et de la côte Est américaine.

En fin d'année à " Lapérouse ", Éric est reçu à l'examen du Baccalauréat et commence aussitôt sa préparation au concours d'entrée à l'École de Santé des Armées.

Aux États-Unis nous avions eu tout loisir d'apprécier les qualités de l'habitat militaire américain. Ce fut d'autant plus difficile de nous adapter aux logements médiocres mis à notre disposition par la garnison de Nouméa. En deux ans de séjour nous occuperons six logements différents, une façon comme une autre de bien connaître Nouméa, ses quartiers et leurs habitants.

Malgré les inconvénients de cette errance, nous sommes tout de suite séduits par le charme et la beauté de la Nouvelle-Calédonie. " *L'île la plus proche du Paradis* " [1]. Température exceptionnelle, plages de sable souvent désertes en semaine, sérénité du lagon, fonds marins transparents, couchers de soleil aux couleurs changeantes, immenses étendues d'une brousse déserte. C'est aussi un pays d'une très grande richesse potentielle, à la fois par son sous-sol [2], par l'océan qui l'entoure et par sa population. Le mélange harmonieux des races qui y vivent préfigure déjà l'humanité de demain.

Notre premier regard est spontanément teinté de sympathie et nous ressentons déjà, d'une façon inexplicable, un attachement pour ces îles du bout du monde. Dès notre arrivée, Marcelle et moi avons eu le sentiment d'être un peu chez nous sur ce Territoire. Quant aux enfants, ils nous donnent l'impression d'y être nés, comme si rien n'avait existé pour eux avant la Nouvelle-Calédonie. Ce sentiment va se confirmer et se renforcer avec le temps.

Le BIMaP en Nouvelle-Calédonie

Les recrues du Bataillon d'Infanterie de Marine du Pacifique sont le reflet d'une population d'origine européenne, mélanésienne et wallisienne. La vie en commun dans les chambrées et dans le cadre d'exercices et de manœuvres de cet amalgame équilibré donne une belle image du Service National de l'époque. Elle est un exemple remarquable de cohabitation au regard de la population pluriethnique de la Nouvelle-Calédonie et devrait être aussi une source de réflexion pour les responsables politiques appelés à définir l'avenir de ce Territoire.

Aux liaisons fréquentes de commandement avec Nandaï et Plum, s'ajoutent les exercices et manœuvres sur le terrain qui nous permettent de rayonner de part et d'autre de la Grande Terre et dans les îles. C'est idéal pour découvrir et mieux connaître ce joyau du Pacifique. Plusieurs fois

---

1 - Titre d'un livre écrit par un auteur japonais.

2 - Riche en nickel, pour lequel la Nouvelle-Calédonie est le 3e producteur mondial.

par an, chaque unité effectue une mission de présence dans la zone qui lui est définie par le commandement. À l'écoute des habitants, elle apporte, en brousse, sa contribution à la vie des tribus. C'est ainsi que naissent des relations cordiales entre l'Armée et la population.

Et puis il y a la reprise des sauts qui donne à la section parachutiste l'occasion de montrer son savoir-faire lors des manœuvres terrestres. Nous inaugurons également des sauts en mer au-dessus de la Baie des Citrons, c'est un spectacle distrayant offert au public des plages en même temps qu'il permet aux jeunes parachutistes de jouer aux héros de films d'action largués du ciel.

En cas de cataclysme naturel, le BIMaP est largement mis à contribution, car à cette époque les communes ou parfois même les particuliers ont encore l'habitude de faire appel directement au bataillon. J'ai l'occasion de m'en rendre compte lors d'une pluie torrentielle ayant suivi une queue de cyclone, deux mois après notre arrivée. En l'absence du chef de corps appelé en Métropole, nous sommes quelque peu consternés au PC de voir le BIMaP se déplumer au fur et à mesure des appels téléphoniques.

C'est le jour où Marcelle a dû se débattre avec l'aide de ses voisins dans notre logement du Faubourg Blanchot, inondé par un mètre d'eau, alors que les enfants se réjouissaient de voir leur chien, un petit cocker, nager dans la salle de séjour. Charité bien ordonnée ne commence pas toujours par soi-même. Mais ce fut une bonne raison pour quitter cette habitation qui était déjà la troisième depuis le début de notre séjour.

En dehors de ces turbulences cycloniques, le paysage politique calédonien n'est pas encore chargé de nuages menaçants. Il est juste de préciser que la Nouvelle-Calédonie a la chance d'être gouvernée par un Haut-Commissaire hors du commun : Jean Gabriel Eriau. Il sera l'un des rares représentants de l'État jouissant d'une estime aussi large auprès de la population. Et pour un officier des Troupes de Marine peu intéressé par les joutes oratoires de l'Assemblée Territoriale, c'est le calme plat du séjour Outre-Mer.

Dans cette situation paisible, on serait enclin à céder à un optimisme béat. Pourtant l'attention du colonel commandant le BIMaP est attirée par deux petits incidents symptomatiques : l'un sur la côte est à Poindimié, l'autre aux îles Loyautés à Maré.

À Poindimié, un restaurant est incendié un soir par des clients mélanésiens éméchés parce qu'on a refusé de leur servir des boissons alcoolisées. Bien que cet incident concerne uniquement la gendarmerie sur le plan de la sécurité, le chef de corps me demande d'aller voir ce qui se passe sur la côte est. Je rencontre le restaurateur surpris de voir un officier de l'Armée s'intéresser à son problème. Je l'interroge sur les circonstances de l'incident et la suite qu'il lui a donnée : " *Après avoir refusé, à juste titre, de servir vos clients enivrés, pour quelle raison n'avez-vous pas prévenu la gendarmerie, dès les premiers signes d'agressivité ?* "

Sa réponse est immédiate : " *Commandant, je suppose que vous venez d'arriver sur le Territoire. Car ici, en brousse, chacun sait que les gendarmes ne se déplacent jamais la nuit en cas d'incident. Ils se contentent de venir le lendemain matin pour établir un Procès-verbal.* "

Surpris par cette réponse inattendue, à mon retour à Nouméa je rends compte à mon colonel, aussi étonné que moi-même. Sur sa demande expresse, je vais voir le colonel commandant les forces de gendarmerie pour le tenir au courant de l'incident et de la réaction du restaurateur. Le colonel de gendarmerie confirme et justifie la position de son unité de Poindimié. Il me précise que la gendarmerie n'intervient que si elle a la garantie d'avoir des forces suffisantes pour rétablir l'ordre (en pareil cas face aux trublions). À mon retour à Gally-Passebosc, nous partageons avec le colonel Pompon la même perplexité vis-à-vis d'une force qui risque de perdre sa crédibilité si elle n'est plus dissuasive. L'avenir nous dira si nous avions de justes raisons d'être perplexes.

À Maré, le problème n'est pas du même ordre. Un jeune sous-préfet dont l'affectation dans cette île des Loyauté est le premier poste de responsabilité, intervient dans un débit de boisson pour une question qui, en fait, est du ressort de la gendarmerie. Cette action insolite entraîne une vive altercation, avec le jeune chef Nidoish Naisseline présent sur les lieux. Des propos jugés injurieux à l'égard du représentant de l'État sont tenus. L'incident verbal provoque un certain malaise à Maré. Pour éviter toute manifestation qui pourrait porter atteinte à l'autorité du jeune préfet inexpérimenté, le Haut-Commissaire demande à l'autorité militaire de bien vouloir assurer une présence militaire à Maré sous le couvert d'un exercice.

La section parachutiste est envoyée pour remplir cette mission. Quelques jours après, le colonel Pompon me demande d'aller vérifier à Maré si cette présence est vraiment justifiée. Sur place, après avoir vu le chef de section, puis avoir consulté le chef de brigade de gendarmerie, il m'apparaît de toute évidence que la présence parachutiste non seulement est inutile, mais contribue à donner de l'ampleur à un incident, minime au départ, qui aurait pu être réglé en douceur par la gendarmerie. Après mon retour, le colonel Pompon décide de ramener la section sur Nouméa dans les plus brefs délais. Cette simple affaire n'entraîne aucune répercussion.

Mais à la lumière de cet incident, on peut juger regrettable la désignation pour l'Outre-Mer de trop jeunes hauts fonctionnaires insuffisamment qualifiés par manque d'expérience et de maturité. De même, l'exercice et le maintien de l'autorité civile en Nouvelle-Calédonie doivent faire l'objet d'une attention permanente. Veiller à ne pas la laisser se dégrader, c'est éviter des réveils douloureux.

En avril 1973, je suis promu au grade de lieutenant-colonel. Et comme les bonnes nouvelles s'enchaînent souvent, trois mois plus tard, nous apprenons avec une très grande joie le succès d'Éric au concours d'entrée de l'École de Santé des Armées. Il nous quittera au mois de septembre de la même année pour rejoindre son école à Lyon.

Après le départ du colonel Pompon dont le séjour a pris fin, j'accueille avec plaisir et amusement le colonel Victor Fontaine, mon nouveau chef de corps et son épouse Michelle. C'est une nouvelle expérience qui débute. Pour la première fois je me trouve sous les ordres d'un camarade de promotion.

Avec Victor, après notre sortie de l'École Spéciale Militaire, nous nous étions rencontrés en Indochine lors de mon premier séjour. Victor s'était notamment distingué dans la défense d'un poste du Delta tonkinois, tenu par sa compagnie et attaqué de nuit par un bataillon Viet. Submergé par l'adversaire après avoir résisté jusqu'à l'aube, il avait dû sa survie à l'intervention rapide d'une unité de réserve commandée par le lieutenant Weber, un ancien de la promotion précédente. Je me souvenais de cette anecdote, car dans le vacarme des armes, en arrivant à proximité du poste face aux Viets qui commençaient à décrocher, Weber, un magnifique Alsacien aux cheveux blonds, hurlait de sa voix tonitruante : " *Totor, c'est moi, j'arrive !* " Ces souvenirs de campagne qui se racontent dans les popotes laissent des traces dans nos mémoires.

La visite de l'Inspecteur des TDM - Troupes de Marine ; le voyage en Polynésie

Avec Victor Fontaine, ma fin de séjour se déroule en douceur.

Cette période est surtout marquée par la visite du général Quilichini, inspecteur des Troupes de Marine. Elle aura une répercussion directe sur mon orientation professionnelle.

Lors d'un entretien avec le général portant sur mes perspectives de carrière, je lui demande si mes diplômes américains, de Leavenworth et de Norfolk, peuvent être homologués et assimilés au Brevet de l'École Supérieure de Guerre française. N'étant pas en mesure de me donner une réponse immédiate, le général me recommande d'adresser un courrier à l'État-Major de l'Armée de Terre. Ce qui est fait dès le lendemain.

Peu de temps après cette inspection et sur l'insistance pressante de Marcelle, nous décidons d'effectuer un voyage à Tahiti puisque je bénéficie d'une permission de détente accordée en fin de séjour. Nous partons heureux. Nous allons découvrir ce territoire du Pacifique si mondialement connu et, faisant d'une pierre deux coups, nous nous faisons une joie de rencontrer notre ancien camarade Paul Gambini [1], devenu civil. Il s'est installé à Papeete et exerce une activité à la société *Hachette Pacifique*, nous avait-on dit. Nous ne l'avions pas revu depuis mon affectation à Paris.

Nous rencontrons notre ami au sein même de la société où il exerce les fonctions de directeur, dans un bureau situé au-dessus de la principale librairie de Papeete. Paul nous explique sa rapide reconversion dans la vie civile. Affecté à Tahiti pour un séjour de plus de deux ans comme chef du Bureau d'Études [2] du Haut-Commissaire de la Polynésie Française, avec le grade de chef de bataillon, il a eu sous ses ordres personnels Didier Millet, un soldat de 2e classe diplômé de Sciences Po, volontaire pour servir Outre-Mer. À l'issue de son service militaire, démobilisé sur place, Didier Millet a pris l'initiative de créer une filiale Hachette à Papeete, avec l'accord de principe du siège parisien et le soutien financier d'un notaire à Tahiti. En sa qualité de PDG [3], Didier Millet a aussitôt proposé à son ancien chef de bataillon de le seconder comme directeur de cette jeune affaire. C'est ainsi que Paul Gambini est devenu directeur de société aux ordres de son précédent subordonné. Une situation originale et cocasse qui fonctionne parfaitement comme nous le constatons.

En effet, durant notre entretien, nous voyons apparaître Didier Millet portant des tasses de café sur un plateau. Il se présente comme " *PDG d'Hachette Pacifique, chargé de servir le café aux visiteurs sympathiques* ". C'est une façon inédite de faire connaissance avec grande simplicité.

---

1 - Voir Chapitre IV : " Indochine, premier séjour ", et Chapitre XI : " Paris, État-Major de la 1re Région Militaire ".

2 - Bureau chargé de recueillir les renseignements au profit du représentant de l'État dans la zone impartie à celui-ci.

3 - En même temps directeur des " Éditions du Pacifique ".

Au cours de la conversation qui s'ensuit, sans me consulter, Paul propose à son jeune supérieur ma candidature pour occuper le futur poste de directeur (ou de directeur adjoint) de la future filiale *Hachette Calédonie* dont la création est envisagée. Il décline tous les arguments imaginables pour me convaincre de faire le grand pas dans la vie civile.

Didier Millet, toujours de bonne humeur et prêt à plaisanter, hoche de la tête en signe d'assentiment et précise que les propositions de Paul Gambini sont toujours considérées comme recevables. La conversation professionnelle s'arrête là et nous convenons de nous revoir bientôt tous les trois à Nouméa.

Grâce à l'hospitalité amicale et chaleureuse de Paul, la découverte de Papeete et de l'île se poursuit pendant une semaine dans une bonne humeur propre à Tahiti. Traditionnel tour de l'île, visites des principaux points touristiques, voyage à Moorea, repas en ville, soirées en famille chez notre hôte et sa compagne tahitienne Esther qui habitent une grande villa dominant le lagon.

Après ce séjour polynésien gai et dépaysant qui m'aura incidemment ouvert des perspectives d'avenir inattendues, nous rejoignons Nouméa. Mon retour à la caserne Gally-Passebosc est moins joyeux. Victor Fontaine, mon chef de corps me remet, désolé, la réponse de l'État-Major de l'Armée de Terre. Ma demande est considérée comme non recevable. L'homologation d'un brevet étranger n'est pas encore prévue dans la réglementation en vigueur dans l'Armée Française.

L'adieu aux armes

Le jour même, je rédige ma lettre de démission. Cette décision, prise avec regret mais sans amertume, a été mûrement réfléchie. Ma vocation pour le service des armes était réelle et profonde et cette décision a été d'autant plus difficile à prendre. Mais je sais déjà que je prendrai ma " retraite " en Nouvelle-Calédonie.

J'ai deux bonnes raisons de quitter l'uniforme. N'étant pas considéré comme breveté de l'École Supérieure de Guerre, je n'ai même pas la certitude de commander un régiment ou un bataillon. Avec un horizon qui s'arrête là, je ne veux pas terminer dans la peau d'un colonel aigri. Et puis aussi je ne souhaite pas quitter ce territoire auquel ma famille et moi-même sommes tant attachés. Je pense pouvoir me reconvertir dans la vie civile. C'est un défi exaltant de prendre un nouveau départ sur un terrain totalement inconnu. La Nouvelle-Calédonie est jeune, elle peut m'ouvrir de nouvelles perspectives professionnelles… Il faut reconnaître que ce pari est loin de me déplaire, il me suffit de continuer à me battre… mais désormais dans la vie civile.

Promu Officier de la Légion d'Honneur en juillet 1974, je suis décoré à l'occasion de la prise d'armes du 14 juillet sur l'Anse Vata, en bordure de l'Océan Pacifique.

La cérémonie est émouvante, c'est l'une des plus émouvantes de ma carrière militaire. Devant le front des troupes en armes et sur un fond de musique martiale, défilent en quelques minutes dans ma mémoire les principales séquences d'une vie consacrée au service de l'État. Et je sais que la cohorte de mes camarades frères d'armes disparus, officiers, sous-officiers, hommes du rang qui me regardent sans doute de là-haut, participe à cette cérémonie.

Ce moment tellement fort et tellement important marque la fin d'un long périple militaire, mais il s'ouvre aussi avec espoir sur le chapitre d'une nouvelle vie qui sera dorénavant la mienne.

***

CHAPITRE XV

LA VIE CIVILE
HACHETTE CALÉDONIE
1974 - 1989

Le grand pas

En juillet, alors que je suis encore en uniforme, je reçois, comme prévu, la visite de Didier Millet, Paul Gambini et leur associé [1]. C'est la direction de la société *Hachette Pacifique* de Tahiti qui se déplace en force pour envisager, à Nouméa, la création d'une filiale et me proposer de participer à cette création.

Hachette Pacifique a déjà établi une " tête de pont " à Nouméa avec l'achat de la Librairie Brizard [2] sur l'avenue Foch et le recrutement d'un jeune directeur à l'allure de jeune premier qui assure la responsabilité de ce magasin de détail. Il s'agit de créer la société de distribution de livres et de papeterie *Hachette Calédonie* et de lui donner les moyens d'exercer son activité : louer un dock dans la nouvelle zone industrielle de Nouméa à Ducos, recruter des cadres et employés, négocier avec le *Groupe Hachette International* pour bénéficier du statut de filiale, rechercher enfin un soutien bancaire local pour cette vaste opération. Mon ancien compagnon d'armes, Paul Gambini, avec l'accord tacite de son PDG et du bailleur de fonds, me propose – comme il m'en avait parlé à Papeete – de participer à cette grande aventure pour seconder le jeune directeur actuel dont la responsabilité immédiate se limite à celle de la librairie.

---

1 - Notaire à Papeete et actionnaire principal "d'Hachette Pacifique ". Il sera aussi, à sa création, l'actionnaire principal " d'Hachette Calédonie ".

2 - Du nom de son propriétaire précédent, très connu sur le Territoire. Pendant quelques années, les Calédoniens continueront, par habitude, à maintenir l'appellation de " Librairie Brizard ".

Dans un dernier scrupule, je lui exprime une objection de pure forme en lui rappelant que le fait de savoir tirer des coups de fusil ne me prédispose pas forcément à la conduite des affaires civiles pour lesquelles je n'ai aucune expérience. Au-delà de l'esprit de camaraderie qui l'anime, j'interprète sa réponse comme une marque de confiance et un appel à ma détermination : " *Raison de plus, tu auras des idées neuves. De toute façon je te connais, je te fais confiance, tu es condamné à réussir.* "

Ma décision est prise sur-le-champ. En fait elle mûrissait en moi depuis un certain temps. Car dans les jours précédant cette visite et cette proposition, j'avais reçu la réponse officielle à ma demande de démission de l'Armée. Une réponse brève qui mettait un terme à 29 ans de service actif : "*... Rayé des contrôles du BIMaP le 08.08.74... placé sur sa demande en position de retraite à compter du 1er novembre 1974, RDC*[1] *de l'Armée d'Active pour compter du 01.11.74...* "

Bien que je me sois préparé pendant des jours et des nuits à cet événement, tout au moins je le croyais, ce document, dans sa sécheresse administrative traditionnelle, a eu sur moi un effet de couperet. Maintenant, c'est l'Armée qui me quitte. Cette séparation dite " d'un commun accord " est un véritable déchirement que beaucoup d'autres ont vécu avant moi. Le cordon ombilical est coupé. Pourtant je constate, presque avec étonnement, que mon cœur continue à battre à son rythme. En abandonnant tout état d'âme, je n'ai plus maintenant qu'à franchir le pas.

N'étant disponible qu'à compter du 1er novembre pour exercer mes nouvelles fonctions, nous sommes convenus qu'à l'issue d'un congé en Métropole, je passerai quelques jours à Paris pour prendre contact avec la direction du *Groupe International Hachette* (GIH) et ses principaux services d'exportation. Puis, sur le chemin du retour, j'effectuerai un stage d'information à Tahiti pour m'initier avec l'aide de Paul Gambini au fonctionnement de cette société avant de revenir à Nouméa en octobre.

En Métropole je revois tout d'abord mes parents. Je réalise l'étendue du travail auquel mon père s'est attelé pour aller jusqu'au bout de ses projets : la rédaction de deux ouvrages [2] qu'il souhaiterait voir publier. Il s'agit désormais de trouver un éditeur qui accepterait de prendre en charge ces deux titres dont le tirage sera probablement limité. C'est un objectif difficile lorsque l'on ne connaît personne dans le milieu de l'édition. Je promets à mon père, dans le cadre de mes nouvelles activités professionnelles,

---

1 - Rayé des contrôles.

2 - Voir Chapitre III : " Visite à mes parents avant mon départ pour l'Indochine. "

de faire le maximum le plus rapidement possible pour trouver une solution. Son regard trahit l'émotion profonde qu'il ressent en réalisant que je m'intéresse à ses travaux. C'est la dernière fois que je pourrai aborder avec lui [1], en toute sérénité, ce sujet qui lui tient tellement à cœur.

À Paris auprès du GIH, mon séjour se déroule comme prévu. Je me retrouve dans un milieu nouveau où je dois me familiariser avec un vocabulaire qui m'était jusque-là étranger : celui des ventes, de l'export, des stocks et des résultats…

À Tahiti, mon arrivée a été annoncée. En pénétrant dans la librairie située sur l'avenue Bruat en plein centre-ville, je suis accueilli par les vendeuses et secrétaires d'une façon typiquement polynésienne, directe et joviale : " *Comment vas-tu, Monsieur Terzian?* " Tutoiement et embrassades, le ton est donné. Le stage de quelques jours s'effectue dans cette même atmosphère familière et détendue, mais aussi dans un souci pratique car cette société, par son organisation et son fonctionnement, s'apparente à celle que nous allons créer à Nouméa. Les appréhensions de ce monde civil inconnu qui traînaient dans mon subconscient s'estompent progressivement en découvrant l'amitié, le soutien et les encouragements que Paul Gambini et Didier Millet me portent.

Le démarrage

À mon retour à Nouméa, nous sommes à la fin du mois d'octobre 1974, la société commence déjà à prendre forme, sous l'action conjuguée de notre directeur et de deux cadres de la maison mère, venus pour nous épauler dans la phase de démarrage, l'un, spécialisé dans les livres, l'autre dans la papeterie.

Le dock de Ducos et les bureaux sont déjà équipés sommairement. Les premières livraisons de fournisseurs métropolitains commencent à se mettre en place grâce à l'ardeur de deux manutentionnaires nouvellement recrutés dont Cyprien Wawiné, originaire de Lifou, qui restera l'employé le plus ancien de la société.

D'emblée, je me charge du recrutement du personnel, en commençant par les principaux responsables qui deviendront réellement les piliers d'*Hachette Calédonie*. Pierre Criffo (futur directeur général de la CAFAT à Nouméa) puis Maurice Charrin en qualité de chef comptable, Jacques Germain secondé par André Bull pour la papeterie, Dominique Collette

1 - Mon père décédera une annnée plus tard, le 24 novembre 1975, et ma mère le 27 mai 1982.

pour le scolaire. Ils sont les principaux artisans du lancement de l'affaire. D'autres viendront par la suite renforcer cette équipe surprenante de dynamisme qui va se dévouer sans compter en s'identifiant à l'entreprise qu'ils contribuent à créer.

La première grande épreuve

Pour notre société, un bon départ signifie une rentrée scolaire réussie puisqu'en Nouvelle-Calédonie, l'année scolaire débute en février.

Mais subitement, l'affaire ne se présente pas sous de bons auspices. Mon jeune directeur me fait savoir qu'il a décidé de prendre un congé sabbatique de six mois. Son épouse est hôtesse de l'air à la compagnie aérienne UTA, ce qui lui permet de bénéficier, en qualité de conjoint, des facilités offertes par cette compagnie pour " découvrir le monde et profiter de la vie sans attendre l'âge de la retraite ". Notre siège de Tahiti, tenu informé, est surpris par cette décision inattendue et insensée. J'éprouve moi-même le même sentiment, mais débutant dans la vie civile..., il me reste probablement à découvrir des us et coutumes qui m'étaient jusque-là inconnus... Il n'en demeure pas moins que, désarçonné, je me retrouve au pied du mur.

" *Contre mauvaise fortune, bon cœur* ". C'est le moment de faire ses preuves. De Tahiti, Paul Gambini me renouvelle sa confiance, persuadé que je serai à la hauteur de la situation... " *comme au combat* ".

La rentrée scolaire sera donc mon " baptême du feu " et un défi pour l'ensemble du personnel de la société. Véritable challenge. Nous devons montrer qu'à Tahiti ils ont eu raison de nous faire confiance! C'est finalement l'occasion " inespérée " de serrer les rangs, de tester la cohésion de l'équipe et de surprendre nos concurrents persuadés que nous allons " prendre le bouillon ", faute d'expérience dans un contexte de récession économique [1].

Pendant de longs mois, je ne verrai plus le coucher de soleil, ce spectacle magnifique de couleurs changeantes sur le lagon. Il en sera de même pour mes assistants et pour une grande partie des employés. D'une façon spontanée, sans états d'âme, c'est pour tous le branle-bas de combat. J'observe avec admiration et avec gratitude ces jeunes qui m'ont suivi et ont pris à bras-le-corps le destin de cette entreprise en s'y consacrant chaque jour sans compter.

1 - En Nouvelle-Calédonie, la période 1974 - 1975 marque la fin du " boom " économique, le début de la crise du nickel qui va perdurer.

Avec mes assistants directs qui, pour la plupart, n'ont pas plus d'expérience que moi, nous cherchons des solutions innovantes, simples, opérationnelles, à la limite du risque calculé. Nous consultons la base et suscitons l'éclosion d'idées à chaque niveau de compétence, ce qui renforce la cohésion, l'esprit de compétition et d'équipe et par-dessus tout l'esprit d'entreprise (j'allais dire, pourquoi pas, " l'esprit de corps ").

Nous innovons en groupant nos commandes de livres scolaires (ce sont les plus importantes) avec une contremarque par école. Cette technique nous permet une gestion sans stock et sans manutention. De cette façon nous réduisons les prix de revient et par voie de conséquence nos prix de vente... Nous enlevons ainsi, dès notre introduction sur le marché, la presque totalité des soumissions et la majeure partie des ventes de gré à gré. L'énergie déployée par nos commerciaux Dominique Collette et Jacques Germain (fils d'un officier Saint-Cyrien) est impressionnante. Elle nous rapproche de notre clientèle en la fidélisant.

Simultanément, nous exploitons la synergie existant en papeterie, entre les produits scolaires et les produits de bureau. Dans ce domaine, Jacques Germain met en œuvre ses talents de... *rugbyman* pour cumuler ses réussites, avec les conseils avisés de Maurice Charrin, qui n'hésite pas à outrepasser ses attributions administratives pour nous apporter son savoir-faire.

Adaptation, jouvence et couronnement

Dans cette atmosphère extraordinaire de " combat " sans l'odeur " grisante " de la poudre, règne une ambiance exaltante. Je vis une deuxième vie dans un milieu professionnel nouveau pour moi. La force des circonstances m'impose une mue, un changement de profil et d'habitudes. Maurice Charrin, à la fois chef comptable et directeur adjoint, lui-même ancien militaire de carrière, m'aidera parfois dans ce passage délicat par le calme de sa personnalité et ses remarques avisées. Quand il m'arrive de me laisser emporter, il n'hésite pas à me rappeler discrètement que je ne suis plus dans une cour de caserne.

En effet, il me faut avancer mais en gardant le contrôle dans ce grand virage. Pour ne pas être tenté de jeter même furtivement un regard sur le passé que je ne renie pas, mais qui risquerait de me conduire à une nostalgie rejetée, j'ai rangé mes tenues militaires hors de ma vue, dans le fond de l'armoire ou d'une cantine. Ma coupe de cheveux " style commando " disparaît progressivement. Pendant de longs mois, je ne passe plus devant la caserne Gally Passebosc, comme on évite, selon un dicton, de passer devant la maison de son ancienne maîtresse. Je ne fréquente plus le mess de garnison et modifie mes itinéraires en voiture pour éviter de tomber dans " l'embuscade " de ce passé. Je reprends mon entraînement physique en l'intensifiant pour retrouver mon souffle de commandant d'unité ou de chef de section, façon de me prouver que je ne suis pas encore " rouillé " et que je peux m'endormir le soir, l'âme en paix.

En réalité, ce changement a une grande vertu que je découvre chaque jour avec bonheur. Il produit les effets d'un délicieux bain de jouvence. En première ligne, au milieu de mes jeunes recrues, j'ai l'état d'âme d'un jeune sous-lieutenant sortant de l'École qui doit faire ses preuves sur le terrain. En période de pointe, à l'arrivée d'énormes livraisons, quand le personnel de manutention est submergé et à bout de souffle, j'abandonne mon bureau pour participer au coup de feu en transportant de lourds cartons de livres, torse nu dans la mêlée. Mes braves assistants n'hésitent pas à suivre le mouvement ou à le devancer et nos secrétaires, elles aussi attentives au bon déroulement des déchargements, quittent leur bureau pour venir nous apporter leur soutien en transportant quelques colis à la mesure de leur taille, sous les lazzis de nos " poids lourds " wallisiens.

La réussite de notre première rentrée scolaire est le couronnement de nos efforts en commun, de notre travail en équipe. C'est un succès pour chacun de nous, pour tous, pour la société *Hachette Calédonie*, pour une entreprise inconnue six mois plus tôt, et qui vient d'acquérir ses premières lettres de noblesse. Trois mois après cet " exploit ", le jeune directeur en titre, " parti visiter le monde ", rejoint l'entreprise. Paul Gambini ne tarde pas à surgir à Nouméa, venant de Tahiti, pour lui faire comprendre qu'il arrive après la bataille et que la société n'a plus besoin de ses services.

Désormais, j'assume mes fonctions de chef d'entreprise à titre plein et définitif, avec Maurice Charrin comme directeur adjoint et Jacques Germain comme assistant commercial.

Le développement de l'entreprise

Pendant une quinzaine d'années, le rythme du temps va s'accélérer. À un point tel que je n'aurai ni le sentiment de voir les années s'écouler, ni le temps de voir grandir mes petits-enfants [1].

1 - Caroline et François en Métropole; Guillaume à Nouméa. Il en sera de même plus tard avec Emmanuelle dont la naissance coïncidera avec le démarrage de mon activité civile suivante.

En 1975, le Département scolaire est créé, prenant à sa charge les ouvrages scolaires et les jeux éducatifs destinés aux établissements d'enseignement.

Une autre branche, appelée Département de la diffusion du livre et des jouets, assure la grande distribution aux librairies de détail et aux magasins de grande surface. Après un changement de responsable, sa direction sera assumée par Christian Fradet, professionnel confirmé venant de Métropole, issu du *Groupe Hachette*. Un expert dans son domaine, souriant, détendu, sûr de lui, parfois obstiné jusqu'à l'extrême dans ses certitudes. Christian donnera à son département un style personnel et une nouvelle dimension.

Une activité complémentaire, la vente par courtage, vient compléter la panoplie commerciale du livre : elle concerne les ouvrages de collection du *Livre de Paris*, l'une des filiales du *Groupe Hachette*. Un nouveau secteur dont les ventes, prises en charge par des francs-tireurs travaillant sur commission, sont difficilement contrôlables. L'un de ces démarcheurs se croyant invulnérable finira ses activités au pénitencier de Nouville, ce qui sera un excellent avertissement pour ses confrères.

La publication de livres sur la Nouvelle-Calédonie et le Pacifique occupe une place de plus en plus importante dans nos activités. En quinze ans, une vingtaine de titres sont publiés par les *Éditions du Pacifique* sous l'impulsion de Didier Millet - son fondateur - en étroite liaison avec notre société qui en assure la distribution et la promotion.

Au cours de ses nombreux déplacements à Nouméa, je découvre la personnalité exceptionnelle de Didier Millet. Breveté parachutiste prémilitaire, diplômé de Science Po, Didier est le type même de l'homme d'action à la fois intellectuel et marathonien. Brillant, doué d'une grande culture générale, décontracté, imprévu et plein d'humour, capable de prendre des décisions rapides, parfois sur le fil du rasoir, il dirige ses sociétés en suscitant l'adhésion, l'enthousiasme et l'amitié. Didier Millet est sans doute la personnalité qui m'a le plus marqué dans ma carrière civile.

Lorsqu'il commence à faire imprimer ses livres à Singapour par l'intermédiaire du *Groupe Times*[(1)], je profite de mes escales lors des vols long courrier à destination de Paris pour m'arrêter dans cette ville en pleine expansion et rencontrer nos nouveaux associés.

1 - Principal éditeur de presse (et d'ouvrages) de Singapour, devenu par la suite actionnaire d'EDIPAC, puis " d'Hachette Calédonie ".

Notre position géographique privilégiée dans la région Asie-Pacifique, une zone en plein essor sur le plan économique, m'amène à diversifier progressivement nos sources d'approvisionnements en ouvrant des relations d'affaires avec les principaux pays du Sud-Est asiatique, d'abord le Japon, puis la Corée, Taiwan, Hongkong et enfin la Chine. Il m'a paru en effet évident que pour réduire nos coûts de moitié, nous devions importer directement d'Asie. Car importer d'Europe vers la Nouvelle-Calédonie des produits fabriqués pour la plupart au Japon n'a pas de sens à mes yeux puisqu'aux délais de livraison allongés s'ajoutent des frets supplémentaires. Cette stratégie nous permet d'être hautement concurrentiel et de donner un nouveau potentiel à la société en améliorant son " trésor de guerre ".

L'année 1978 est celle du lancement du magazine régional *Télé 7 Jours Nouvelle-Calédonie*. La décision est prise à Paris lors d'un déjeuner organisé par Didier Millet avec les principaux responsables du magazine national et auquel j'étais convié. Sur le chemin du retour, avant de rejoindre la Calédonie, je fais un saut à la Réunion, pendant quelques jours, accompagné de mon épouse, pour voir le fonctionnement récent du premier *Télé 7 Jours* d'Outre-Mer.

À mon retour à Nouméa, je me retrouve dans la peau d'un directeur de publication, avec Bernard Villechalane comme rédacteur en chef, débauché en toute facilité de la *France Australe* [1], un quotidien en train de sombrer. La décision est prise hâtivement afin de faire coïncider le numéro " un " , à la fois avec l'élection de Miss Calédonie et la Coupe nationale de football, mais je n'ai encore personne pour prendre en charge la publicité, le service nourricier de toute publication. C'est donc Marcelle qui viendra à mon secours pendant plusieurs semaines, avant de passer la main à une démarcheuse enthousiaste et efficace.

Après le numéro " zéro " d'essai, le numéro " un " sort en juin, avec 3 000 ou 3 500 exemplaires. Il n'y aura presque pas d'invendus. C'est un succès qui surprend les " spécialistes " de la presse locale, dont les mauvais augures prévoyaient une survie de quelques mois au maximum.

Une nouvelle fois, cette réussite est possible grâce à ceux et à celles qui ont contribué à son lancement et à son développement dans la période difficile du décollage : Bernard Villechalane, rédacteur imaginatif, André Puglia et Gilles Ragani, monteurs scrupuleux, Danielle Laurent et Dominique Brault infatigables démarcheuses de publicité...

---

1 - Le plus ancien quotidien de Nouvelle-Calédonie, filiale de la SLN, " Société le Nickel ".

Un succès qui surprend aussi la direction parisienne du GIH que nous n'avions pas tenu informée. Notre direction va considérer le magazine *Télé 7 Jours NC* comme notre " danseuse ", persuadée que le compte d'exploitation d'un magazine à petit tirage ne peut pas être positif. En réalité, tout en ayant un résultat net toujours positif, bien que très modeste, notre publication contribue à renforcer la synergie interne de la société et à mettre en valeur la notoriété de l'entreprise.

L'année 1979 est marquée par la naissance des *Éditions du Cagou.* Encouragés par notre distribution des ouvrages des *Éditions du Pacifique*, enhardis par notre récente expérience de l'édition locale de *Télé 7 Jours,* nous créons les *Éditions du Cagou* qui nous permettront de publier une quinzaine de titres intéressant le Territoire avec la participation d'auteurs du pays dont l'un des plus connus, Luc Chevalier, est la mémoire vivante de la Calédonie.

En janvier 1983, notre société est rattachée aux NMPP (*Nouvelles Messageries de la Presse Parisienne)* à la suite d'une opération interne au *Groupe Hachette*. La même année, notre secteur de distribution, à l'étroit dans ses locaux, déménage et s'installe dans un nouveau dock, plus spacieux et remarquablement situé à l'entrée de la zone industrielle de Ducos. Encore une décision prise en plein accord avec Didier Millet sans consultation du siège parisien, où l'on se réunit beaucoup avant de prendre des décisions devenues inutiles lorsqu'elles parviennent à Nouméa… parce qu'il est alors trop tard et que les opportunités ont repris leur envol vers d'autres décideurs…

En mars 1986, nous inaugurons la deuxième librairie à l'enseigne de *Hachette Scolaire* offrant ainsi, en pleine ville, un service qui manquait jusqu'alors en Nouvelle-Calédonie. Presque simultanément débutent les travaux d'extension et de modernisation de l'ancienne librairie de littérature générale, située sur la même voie centrale à 200 mètres de distance. Trois mois plus tard, nous amorçons l'informatisation de la société, sur IBM 36.

En décembre 1987, à l'issue de longues tractations conduites par le siège parisien, l'entité *Les Nouvelles Messageries Calédoniennes de Presse*, détenue précédemment par Michel Pentecost, entre dans le giron de la société *Hachette Calédonie*.

Pour accueillir ce fleuron sur une surface de 600 m^2, un grand chantier est lancé en contrebas de notre dock de distribution en gros, en bordure de la route principale de Ducos.

En même temps que se poursuit le développement de la société sur le Territoire, notre secteur géographique d'activité s'étend sur la zone francophone du Sud Pacifique.

Ce sont d'abord, à l'époque du Condominium, les Nouvelles Hébrides [1] que nous ciblons. Notre projet se concrétise grâce à l'aide précieuse d'Yves Brault et de sa femme Thérèse, amis installés aux Hébrides depuis 1958, heureux de prendre part à notre volonté de participer au maintien de la présence française dans ces îles.

Nos activités commerciales s'étendent par la suite à Wallis et Futuna, puis à quelques universités d'Australie, de Nouvelle Zélande et des Fidji. Ce qui peut paraître au cours de ces années une " boulimie " de développement est en réalité l'expression des potentiels d'une jeune entreprise, au sein de laquelle l'ensemble du personnel regroupé en une équipe très soudée a travaillé dans un même esprit de " conquête " et de réussite. Cette communion dans un même objectif a été forgée jour après jour par le respect, l'attention et l'intérêt porté à chacun de ses membres.

Le virage asiatique. Intervention en Chine et au Vietnam

Mes multiples voyages dans le Sud-Est asiatique, au Japon, en Corée, à Singapour, à Taiwan, à Hongkong et en Chine, qui intensifient le développement de nos affaires avec les fournisseurs asiatiques, contribuent largement à la croissance de la société en Nouvelle-Calédonie et à son extension commerciale dans notre environnement géographique. Notre direction parisienne se réjouit, de loin, de cette orientation. Elle considère notre société comme la tête de pont du *Groupe Hachette* dans le Pacifique et, à ce titre, est amenée à me demander d'intervenir en sa faveur en Chine et au Vietnam. Ce qui donnera une importance accrue à notre filiale calédonienne, tant sur le plan local qu'aux yeux des dirigeants parisiens.

La première et principale intervention qui m'est confiée par les NMPP, à l'occasion de ma tournée asiatique d'avril 1984, a lieu en Chine. Il s'agit d'une mission d'information dont le but est d'examiner la diffusion de la presse française dans la région et principalement en République Populaire de Chine. Le résultat est assez alarmant.

Puis, à trois reprises, en avril 1985 et l'année suivante en avril et en octobre, je rencontre à Canton, à l'occasion de la Foire Internationale

1 - Qui a pris le nom de " Vanuatu " depuis l'indépendance.

qui a lieu deux fois par an, au printemps et en automne, Liang Wen Yao, un haut fonctionnaire chinois [1], responsable à Pékin de l'importation de la presse étrangère pour l'ensemble de la Chine. Issu d'une famille chinoise installée à Hanoï jusqu'à l'indépendance, Liang est un francophone, imprégné de culture française et passionné par son métier au service de son pays. Dès notre première rencontre, nous sympathisons et des relations amicales se développent spontanément. Grâce à lui, je découvre la Chine telle que les Chinois la vivent réellement et telle qu'elle fonctionne. J'apprends aussi beaucoup sur l'importation de la presse étrangère et réalise en particulier le rang déplorable de la nôtre classée en 6e ou 7e position, bien après la presse allemande et espagnole. Ensemble, nous examinons les mesures susceptibles de favoriser la diffusion de la presse française dans ce pays, dont le potentiel de développement économique à l'échelle mondiale apparaît déjà d'une façon éclatante à tous ceux qui le visitent et le découvrent.

Dans le cadre de mesures mises immédiatement en application, Liang est invité aux *Journées de la Presse Française* à Paris en février 1987. Sur le chemin du retour, je l'accueille en Nouvelle-Calédonie pour lui montrer le système de distribution de la presse sur un petit territoire. Notre action conjuguée aboutit à l'amélioration substantielle de la diffusion de nos titres nationaux dans son pays. Ce voyage reste pour lui mémorable car à cette occasion il a pu réaliser le rêve de sa vie : revoir ses vieux parents réfugiés à Brisbane [2] après leur départ de Hanoï.

Au cours de nos nombreux entretiens, surtout lors de son séjour à Nouméa, il me parlera longuement de la Chine et me racontera notamment la Révolution Culturelle qu'il a vécue comme un véritable calvaire. Ma deuxième intervention va me conduire au Vietnam. En octobre 1986, quand la direction des NMPP à Paris me fait part du sérieux problème financier qu'elle rencontre au Vietnam et qui risque de remettre en cause la diffusion de notre presse nationale dans ce pays. Voici trois ans que Hanoï n'a pas effectué de paiement et une mission précédente accomplie par un membre de l'équipe parisienne n'a donné aucun résultat malgré les promesses formelles qui lui avaient été faites. Paris me demande donc de faire un crochet par Hanoï, au cours de ma tournée asiatique, pour régler ce problème auprès de *Xunhasaba*, l'organisme d'État chargé d'importer et de distribuer la presse étrangère.

---

1 - Deputy Director de " International Periodical Department ", l'une des subdivisions de " China National Publications Import Export Corporation ".

2 - Capitale de l'état de Queensland en Australie.

Cette mission m'emballe et je l'accepte avec un plaisir non dissimulé. Car, tout en me donnant l'occasion de redécouvrir le Vietnam… après plus de 30 ans [1], ce voyage va me permettre de faire " d'une pierre trois coups " [2].

Après un arrêt à Bangkok pour obtenir un visa pour le Vietnam, j'arrive donc le 24 octobre 1986 à Hanoï – où je suis accueilli à l'aéroport par monsieur Tri de *Xunhasaba*. Dès notre premier contact, monsieur Dan, directeur de cet organisme de presse, me promet de faire le nécessaire pour régler le problème en suspens. Puis les entretiens se succèdent et se terminent sur la même promesse. De mon côté, j'insiste à plusieurs reprises sur l'importance capitale d'avoir la preuve du règlement avant mon départ, en rappelant les conséquences inéluctables découlant d'une nouvelle promesse non honorée.

Lors de ma visite de courtoisie à l'Ambassade de France, monsieur Amigues, Ambassadeur et monsieur de Bourgues Consul général, informés de l'objet de ma mission, se montrent très sceptiques sur son succès. Les caisses de l'État sont vides… À moins que le règlement se fasse à partir des fonds alloués au Vietnam par la France pour le transfert en Métropole des tombes regroupées au cimetière français de Ba Huyn ! L'Ambassadeur souhaite vivement que l'affaire se règle au mieux, car, m'explique-t-il, la présence de la presse française est un aspect non négligeable du maintien de bonnes relations entre la France et le Vietnam. Malgré la pression mise sur monsieur Dan lors de nos entretiens, il me faudra attendre la soirée du 28 octobre, la veille de mon départ, pour recevoir la photocopie de l'avis de virement concernant le paiement de la moitié de la dette (l'autre moitié devant être payée dans les trois mois à venir). À Paris, la direction des NMPP se montre très satisfaite du règlement de ce problème épineux.

Au cours des quelque trente voyages effectués en Asie entre 1975 et 1990, j'ai pu suivre les progrès économiques réalisés par chacun des pays visités et leur évolution fulgurante. J'ai pu constater le bond en avant d'une Chine en plein essor. D'évidence la zone Asie-Pacifique allait être appelée à devenir le centre de gravité d'un monde économique en pleine mutation. Mais le nombre d'hommes d'affaires français conscients de l'ampleur de cette évolution est alors très réduit. Je m'en aperçois en constatant la

1 - Voir Annexe 12.

2 - Voir Chapitre XVII.

faible participation française aux Foires de Canton [1], le scepticisme de mes dirigeants parisiens ne cherchant pas à tirer les conclusions de cette évolution, la méfiance tenace de nos propres clients.

Le boom chinois fera du bruit en France quand il sera déjà trop tard pour réagir… Je garde en mémoire la " conduite de la guerre " en Indochine. Là non plus on n'avait pas su s'adapter ni anticiper l'avenir.

Le Groupe Hachette

Avec le *Groupe Hachette* (GIH, puis NMPP), mes relations sont sinusoïdales. Jusqu'à ma dernière année au sein de ce Groupe, je suis un cas particulier. " Le colonel " à la tête d'une singulière entreprise, à la fois la plus petite du Groupe et géographiquement la plus éloignée de la Métropole, mais qui enregistrait des résultats d'exploitation peu conformes à ce schéma réducteur. Ce particularisme m'entraîne à juger sans concession et en toute indépendance cette immense organisation dénommée le *Groupe Hachette*.

D'intouchables sous la présidence de Didier Millet, nous nous retrouvons en " première ligne " après son départ du *Groupe Hachette.* Et l'informatisation de la société nous fait perdre notre bienheureuse autonomie. Cédant à la tentation de la centralisation à partir de la Métropole, Paris décide que toutes les filiales doivent se ressembler, doivent avoir les mêmes structures, la même organisation. Il n'est pas question de tenir compte des spécificités de chaque Département ou Territoire d'Outre-Mer ni de tirer profit de la souplesse découlant de la régionalisation. Mais à l'échelon parisien, les statistiques qui pourront dorénavant être coulées dans le même moule prennent du galon.

Un nouveau départ

À plus de 62 ans, je pense qu'il est temps de partir… avant d'en être prié un jour ou l'autre. Je le fais savoir en haut lieu, mais mon nouveau PDG me demande expressément de prolonger mon mandat de deux ans.

Cependant les sujets de désaccord ne vont pas tarder à apparaître. Au nom du maître mot " stratégie du Groupe ", il me demande de remodeler la société en supprimant quelques secteurs d'activité : le courtage, la librairie de littérature générale, *Télé 7 Jours Nouvelle-Calédonie*, l'édition

1 - Visiblement, la participation française est très faible par rapport à celle des Allemands, Anglais, Italiens, Espagnols.

de livres. En fait, il me demande de détruire ce que nous avons construit en plusieurs années avec succès. À " stratégie " je réponds donc " synergie ". Mais je ne suis pas entendu.

Je négocie mon départ en fixant une condition majeure non négociable : mon remplacement par Maurice Charrin, mon adjoint, qui saura garantir la continuité du développement de l'entreprise avec l'aide inestimable de la solide équipe qui nous entoure et à laquelle je reste très attaché. Soulagé de voir partir un directeur de société " incommandable " et de pouvoir enfin appliquer sa " stratégie ", Paris finit par accepter le remplaçant que je lui impose alors qu'il avait en tête, depuis quelque temps déjà, le nom d'un poulain inconditionnel.

C'est un nouveau départ. Un nouveau pincement de cœur. Mais je ne peux pas concevoir " d'en rester là ". Une nouvelle aventure sous une autre forme, pourquoi pas ?

***

CHAPITRE XVI

LE REBONDISSEMENT EURAPAC

Création de la société EURAPAC: 1990

L'aventure sous une nouvelle forme, pourquoi pas? Afin d'éviter toute rupture d'activité et toute nostalgie du passé, j'imagine une petite entreprise d'importation et de distribution de produits asiatiques, principalement chinois, et je crée la société EURAPAC [1].

Fort de mes fréquents voyages en Asie pendant ces quinze dernières années, je sais quels produits chinois sont adaptés aux besoins de la clientèle européenne. J'ai eu aussi largement le temps de me familiariser avec les circuits commerciaux de la zone. Il ne reste plus qu'à mettre en application mes idées, mais cette fois sans être soumis à la pression contraignante d'une direction parisienne centralisatrice. J'organise cette activité commerciale nouvelle avec une structure ultralégère et des frais de fonctionnement réduits au minimum. Au démarrage, une assistante, ma fille Valérie et un bureau équipé d'un téléphone-fax installé au rez-de-chaussée de la maison que nous avions fait construire cinq ans plus tôt. Je limite les premières importations à quelques produits bien ciblés qui correspondent à une forte demande et à des commandes fermes pour éviter tout stock. Puis la gamme des produits importés s'enrichit progressivement, au rythme de l'amélioration de leur qualité.

Le développement; la redécouverte de l'Asie du Sud-Est

Au fond, en lançant cette nouvelle activité, je veux me prouver que je suis capable de créer une société par mes propres moyens, sans le soutien

1 - Sigle d'abréviation pour: Europe, Asie, Pacifique.

pesant et conditionnel d'un groupe. Et puis je veux voyager. L'Asie m'attire. Surtout la Chine et Taiwan, son ancienne province émancipée. La Corée aussi, dans le voisinage immédiat.

À Taiwan, je reprends contact avec Peter Mei, un imprimeur originaire de la province de Canton avec qui j'avais précédemment imprimé quelques ouvrages calédoniens, publiés sous le sigle des *Éditions du Cagou*, en particulier l'Atlas de Nouvelle-Calédonie [1]. Nos relations deviennent rapidement amicales. Grâce à lui, lors de mes séjours, je redécouvre Taiwan et son histoire récente. Peter Mei me raconte l'occupation japonaise et la scène terrifiante qu'il a vécue, dans la région de Canton quand il était enfant. Alors qu'une file d'attente s'était formée à l'extérieur d'un magasin, des cavaliers de l'armée impériale japonaise sont arrivés au galop, sabre au clair et ont décapité les Chinois alignés ; lui-même, plus petit, a eu juste le temps de se mettre en l'abri. Plus tard, engagé dans l'armée de Tchang Kaï-chek, il a fait campagne et s'est retrouvé dans une unité parachutiste à Taiwan avant d'être démobilisé. Ainsi, grâce à lui, j'apprends à connaître l'opinion politique des Taiwanais mieux qu'un livre d'histoire me la ferait découvrir. C'est tout aussi intéressant de la confronter à celle de leurs compatriotes de l'autre bord du détroit de Formose, à une époque où il n'existe pas de relation entre l'île et le Continent. De mon côté, je raconte à Peter Mei la situation en Chine et sers de messager auprès de ses vieux parents résidant à Canton.

En Corée, je connaissais très bien Séoul, ayant séjourné dans cette ville une vingtaine de fois. Des amis coréens me font découvrir la péninsule du nord au sud, visiter le grand port de Pusan et l'île touristique de Cheju au sud, bien connue des jeunes mariés. J'apprends un rudiment d'écriture et de vocabulaire pratique. C'est en écoutant le témoignage de Coréens de ma génération que je réalise combien l'occupation japonaise a marqué les esprits ici comme à Taiwan. Avec le temps, je suis amené à constater que les hommes d'affaires coréens, puis ceux de Taiwan ont de plus en plus tendance à s'implanter en Chine pour fabriquer des produits de grande consommation. C'est pour moi le signe de l'évolution de la République Populaire de Chine. Il me paraît désormais raisonnable de concentrer toute mon attention sur la Chine,. appelée à devenir le principal exportateur de ces produits.

Gery de Saint Martin, mon gendre, rejoint EURAPAC en 1993 pour occuper la fonction de directeur commercial. Avec dynamisme, il apporte

1 - Un ouvrage de référence réalisé par une équipe de professeurs expérimentés et de scientifiques de l'ORSTOM.

à l'affaire un nouveau souffle en augmentant significativement son volume d'activité. Je suis alors en mesure de multiplier mes voyages pour trouver de nouveaux produits et de nouveaux fournisseurs. Ainsi, au lieu de limiter mes prospections à la Foire de Canton, je décide de rechercher des fabricants sur leurs lieux de production, dans les provinces côtières qui sont les plus développées. Mais je me rends compte que la complexité de ce pays rend indispensable le recrutement d'une assistante chinoise.

Lors de la Foire de Canton d'avril 1993, accompagné de ma femme, je fais la connaissance de Sofia Lu Xue Fei [1]. Chinoise originaire du Jilin dans le Nord, diplômée de l'Université de Changchun (capitale de la province de Jilin), Sofia est secrétaire de direction dans une usine de chaussures de Quanzhou à proximité de Xiamen, ville portuaire en face de Taiwan. Mais la rencontre déterminante n'aura lieu que deux semaines plus tard dans le cadre de notre long voyage d'avril-mai. En effet, après la Foire de Canton, Marcelle et moi n'avons pas résisté au plaisir de remonter en bateau la rivière Li à partir de Guilin situé à 450 km au nord-ouest de Canton pour découvrir les célèbres paysages de carte postale offerts à l'admiration des passants. Des masses de calcaires verdoyants bordent le rivage et se reflètent avec des couleurs nuancées dans une eau calme de crépuscule. Trop courte croisière sur la rivière Li, avant de répondre à l'invitation d'une famille chinoise de Quanzhou, puis de partir à Pékin. Nous nous retrouvons donc à Quanzhou, " une petite ville d'un million et demi d'habitants ", dans la famille de Zeng Bin Bin. C'est une jeune Chinoise avec laquelle nous sommes déjà en relation d'affaires et dont le père, chirurgien, est le directeur du principal hôpital de la ville. Pendant trois jours, nous vivons en milieu chinois, dans une maison simple mais coquette et confortable, entourée d'un magnifique jardin. Cette maison appartient à un moniteur de jardinage, en fait le beau-père de Zeng Bin Bin. Nous apprenons ainsi que dans les provinces éloignées de la capitale, beaucoup de maisons privées ont échappé à la confiscation révolutionnaire. Invités, il nous arrive de prendre certains repas chez le père de Zeng Bin Bin. L'appartement, situé dans l'enceinte même de l'hôpital, est minuscule, plutôt misérable. Nous comprenons mal cette différence de niveau de vie entre le jardinier et le chirurgien dont la notoriété dépasse largement la " petite ville " et la province. De plus sa journée de soins ne s'arrête pas lorsqu'il franchit le soir le seuil de son appartement. Pendant le repas et même tard dans la soirée, il continue à donner des instructions par téléphone à ses assistants pour l'exécution de certaines opérations !

1 - Xue Fei : prénom signifiant " neige volante " en mandarin.

Comme prévu, nous rencontrons Sofia Lu Xue Fei dans son usine de Quanzhou. Lors d'un long entretien, nous établissons les bases d'une coopération future, occasionnelle pendant les Foires de Canton, puis à mi-temps et plus tard d'un travail à plein temps. Le lendemain de cet entretien dont l'importance se confirmera ensuite, nous rayonnons en voiture dans la région. Nous découvrons un village isolé de pêcheurs, à trois heures de route de Quanzhou, dans une zone à l'écart des circuits touristiques. Nous regardons avec surprise les jeunes villageoises (portant pour la plupart un chemisier de couleur bleue) s'enfuir et se cacher dans leur logement en fermant portes et fenêtres lors de notre arrivée ; car d'après Bin Bin, notre guide, c'est la première fois qu'elles voient des occidentaux, ce qui nous paraît étonnant.

Après cette mémorable visite, nous rejoignons Pékin au début mai. Nous visitons la Cité Interdite, le Palais d'Été de l'Impératrice, puis plus tard, la Grande Muraille, l'une des rares constructions humaines visible de la lune. Cette muraille, la plus longue et la plus ancienne du monde, a le mérite d'exister. Elle témoigne à travers les siècles que toute barrière est inutile et dangereuse. Inutile, comme la longue histoire de l'humanité l'a prouvé. Dangereuse, par l'illusion qu'elle donne de son utilité. D'autres exemples beaucoup plus récents le confirment : la ligne Maginot, le mur de Berlin… et bientôt le mur d'Israël.

Au cours de l'année suivante, je repars en Chine et je retrouve ma nouvelle assistante à la Foire de Canton. Nous rendons visite à la plupart de nos fournisseurs dans le cadre de cette immense exposition qui permet de voir, regroupée, la majeure partie de la production économique chinoise. Puis nous nous rendons par avion à Fuzhou, dans la province littorale de Fujian, pour visiter de nouvelles usines.

En octobre, nous renouvelons comme au printemps la visite de la Foire de Canton. Et je me rends à Shanghai, le cœur économique de la Chine, pour rencontrer les responsables d'une importante société de textiles. Dès mon arrivée, je suis impressionné par l'immense développement de la ville. Shanghai est un véritable chantier de construction. Partout s'élèvent de grands immeubles, notamment de l'autre côté du fleuve Huang Pu, dans le nouveau centre économique et financier de Pudong. Après mes entretiens avec madame Chen Hui Jun et son directeur concernant des choix de produits textiles, je réponds à une invitation qui m'a été faite lors de la foire de visiter deux îles, Daishan et Zhoushan au large de Shanghai. Ces deux îles sont à l'écart de tous circuits économiques et touristiques. Et je dois y rencontrer d'autres industriels. Le voyage est une véritable aventure, sur un vieux rafiot effectuant une traversée de nuit avec une foule innombrable de passagers. À bord, je suis le seul voyageur occidental (à l'aller comme au retour). Le bateau a un aspect misérable. Mais de nuit, l'ambiance bruyante qui règne à bord est fascinante tant le fourmillement humain qui s'agite dans le noir sur un espace aussi réduit paraît surréaliste.

À Daishan puis à Zhoushan où je suis accueilli d'une façon exceptionnellement chaleureuse, par mon ami de longue date, Mao, accompagné de ses deux secrétaires Jin Xiao Yan et He Lina, je fais des rencontres intéressantes : des fabricants de jouets, de chaussures et de produits de la mer. Au cours de cette expédition, je constate qu'en Chine, plus qu'ailleurs, la qualité des relations personnelles est un atout déterminant dans le monde des affaires. Comme se plaît à le répéter notre assistante Sofia, " *une petite entreprise aura parfois paradoxalement de meilleures chances de réussite si, du fait de sa taille, elle a le culte de la " fibre humaine* ". Je découvre aussi l'émergence d'une jeune génération de directeurs d'entreprise et de directeurs commerciaux diplômés d'université, motivés, ambitieux. Ils n'ont strictement plus rien à voir avec la génération précédente de responsables à l'apparence sénile, membres du Parti, ne connaissant ni leurs produits, ni le processus de fabrication.

Dès mon retour à Shanghai, à peine débarqué du bateau, je prends la direction de la gare pour partir à Nanjing. À cette époque, pour un occidental, voyager seul par le train relève d'un exploit, aussi bien au départ pour prendre un billet à partir d'une file d'attente avoisinant la centaine de voyageurs qu'à l'arrivée. En effet, en gare de Nanjing, à la descente du train, je me coule dans le flot des passagers qui se dirigent vers la sortie ; mais ce n'est pas si simple. Perdu dans cette " marée " chinoise, foule impressionnante où me semble-t-il tout le monde se ressemble, je me rends compte trop tard que c'est la mauvaise sortie, celle des *hard seats* (sièges durs), justement celle de ces marées humaines. J'aurais dû prendre la sortie des *soft seats* (sièges souples), celle réservée aux voyageurs privilégiés (car en Chine, dans une société théoriquement sans classe, l'appellation de 1re classe est remplacée par celle de *soft seat*). C'était à cette sortie que m'attendait mon hôte depuis un bon moment.

Accueilli chez Sumec, une entreprise fabricant et exportant une large gamme d'outillages, je suis reçu comme à Daishan et à Zhoushan par de jeunes directeurs commerciaux compétents, dynamiques et ouverts. Le contact est direct, immédiat. Certains envisagent déjà de quitter l'entreprise d'État pour travailler à leur propre compte, en liaison avec leur société.

Hainan, un paradis chinois peu connu; un nouveau pèlerinage au Vietnam 43 ans après la Bataille de la Rivière Noire

En avril 1995, avec Sofia, avant le début de la foire annuelle de printemps, nous projetons de visiter l'île de Hainan au sud de la Chine. Nous nous retrouvons à Canton et prenons l'avion pour Hainan. Nous visitons Haikou et Sanya où l'on fabrique des filets, cannes et matériels divers pour la pêche. Après notre retour à Canton et à l'issue de la foire, j'entreprends le voyage au Vietnam que j'avais envisagé depuis longtemps. Je veux étudier les possibilités de relations commerciales avec ce pays et, en même temps, retourner sur les lieux de la bataille de la Rivière Noire [1].

J'atterris à Hanoï le 26 avril. Mon voyage va débuter par ce pèlerinage tant souhaité. En liaison avec mon contact vietnamien francophone qui me sert de guide, deux ou trois jours de préparation sont nécessaires. Avec lui, une voiture tout terrain neuve et un bon chauffeur, ce que je souhaite depuis de nombreuses années va enfin se réaliser : revoir en deux jours les lieux du combat de Xom Sui à proximité de la Rivière Noire. Le pays a changé si je le compare à celui que j'ai connu en 1986. Il s'est transformé sous l'impulsion d'une direction politique plus libérale. Il s'ouvre au tourisme. Le niveau de vie s'est visiblement amélioré, mais il est encore misérable, bien inférieur à celui de la Chine. La liberté de circulation semble totale, car aucune autorisation n'est exigée pour rayonner au Tonkin, ce qui n'était pas le cas précédemment. Par contre, ma visite à la Foire de Saïgon s'avère décevante. La gamme des produits de grande consommation est très réduite et les prix n'ont rien de compétitif par rapport à ceux de la Chine. Les entreprises ne sont pas encore structurées pour l'exportation et leurs chefs connaissent à peine les rudiments du commerce international.

Le passage du relais à Nouméa; la descente du Yang Tsé; la libéralisation de la Chine

De retour à Nouméa, je constate que ma société est maintenant sur des rails sécurisés. L'action de notre gendre Gery de Saint Martin continue à dynamiser les ventes et l'entreprise est en pleine expansion. Marcelle et moi pensons qu'il est temps de passer le relais à notre fille Valérie et à son mari. Mais je continue à assurer les relations avec la Chine, tout au moins

1 - Voir le Chapitre IV : " Indochine, premier séjour, le combat de Xom Sui ", et le Chapitre VII : " Réflexions sur la guerre d'Indochine, la Bataille de la Rivière Noire, mes sentiments 43 ans après ".

dans l'immédiat. Cette décision va marquer un tournant important dans la croissance d'Eurapac.

Retour en Chine en octobre et visite de la Foire de Canton d'automne qui est une nouvelle fois l'occasion pour Marcelle et moi de nous accorder un intermède touristique. Du 27 au 31 octobre avec un navire *Holiday Inn*, nous effectuons la célèbre descente du Yang Tse, le plus grand fleuve de Chine, à partir de Chongqing, dans la province du Sichuan, jusqu'au confluent des Trois Gorges ; c'est à cet endroit qu'est prévue la réalisation d'un barrage destiné à alimenter en électricité une grande partie de la Chine. Le projet est gigantesque. Notre voyage n'est pas minuscule non plus, 800 km d'ouest en est au cours duquel nous découvrons de magnifiques paysages et la vie de la Chine intérieure.

Au terme de cette croisière fluviale, à Wuhan, nous rencontrons la direction d'une importante usine de confection de vêtements de soie, puis rejoignons Shanghaï par avion, où nous avons un rendez-vous au *Peace Hôtel* avec madame Chen Hui Jun. Elle vient de quitter la société de textile où nous l'avions rencontrée l'année précédente pour créer sa propre entreprise. C'est une nouvelle étape dans l'évolution de cette Chine qui continue à nous étonner par sa capacité d'adaptation et de croissance.

Pendant mes trente années de voyages réguliers, j'ai vécu l'évolution politique et économique de cet immense pays. Avec *Hachette Calédonie*, à la fin des années soixante-dix, j'avais connu le communisme pur et dur de l'empire de Mao, l'époque des directeurs d'énormes entreprises d'État dont le salaire équivalait celui des employés, avec malgré tout, quelques privilèges. À partir des années quatre-vingt, je découvrais " l'économie de marché socialiste ", le système innovant de Deng Xiao Ping : " *On ne mange plus dans la même gamelle* ". Maintenant, je vois éclore l'entreprise privée qui côtoie étrangement l'entreprise d'État en perdition, bientôt en chute libre. J'entrevois déjà, qui se profile à l'horizon de la prochaine décennie, une Chine galopant dans le peloton de tête des grandes puissances économiques mondiales ; partie prenante dans la mondialisation de l'économie, une Chine en pleine croissance avec ses atouts gagnants en main [(1)], nationalement ambitieuse, autoritaire, capable de maîtriser les violences aussi bien que les techniques de pointe, capable de se dresser face à l'hégémonie américaine… En attendant que l'Europe s'éveille pour jouer son rôle de partenaire stratégique entre l'est et l'ouest

1 - Un " miracle économique " obscurci par de graves problèmes : la croissance d'une inégalité flagrante entre les provinces côtières et celles de l'intérieur, d'une inégalité entre citadins et paysans ; surtout la grande dépendance énergétique.

ou de modérateur entre deux superpuissances potentiellement destinées à s'affronter pour le meilleur comme pour le pire.

La vie à la chinoise, dans le grand Nord chinois

En rentrant à Nouméa, j'apprends que Sofia nous propose de travailler à mi-temps pour Eurapac et à mi-temps pour une petite société américaine tout en restant basée au domicile de sa mère dans le Jilin, au Nord. Après un bref séjour en Métropole, je prends le vol Paris-Pékin, puis la connexion pour rejoindre Changchun, capitale de la Province du Jilin, pour mettre au point les conditions de cette collaboration.

À la descente d'avion, le 11 décembre au soir, j'ai l'impression de me heurter à un bloc de glace. Il fait -20°. Je suis accueilli avec la courtoisie d'usage. Cette fois-ci elle est agrémentée d'un manteau duveté de l'Armée Populaire Chinoise. Nous faisons le trajet Changchun-Jilin (environ 150 km) en pleine tempête de neige, avec une vieille voiture appartenant à un cousin transporteur à son propre compte.

Après deux nuits confortables à l'hôtel, sur l'invitation de Sofia et de sa mère, je m'installe à leur domicile, curieux de cette nouvelle expérience pour connaître mieux encore " la Chine d'en bas ". Dans une immense cité ouvrière, un F2 au 3e étage, sans toilette ni douche dans le logement, j'ai l'impression de me retrouver dans les années trente à Draguignan, au N° 11 de la place de la Tour de l'Horloge ou au N° 35 rue du Jeu de Paume, le froid en plus. Un seul WC à l'étage pour trois appartements. Le matin, douche dans une grande bassine avec une casserole pour l'aspersion (comme en opération au Vietnam).

Nous effectuons une tournée rapide à Jilin, une ville apparemment polluée par ses nombreuses usines. Nous visitons le Musée des " horreurs de l'occupation japonaise en Manchourie " qui contribue à perpétuer le ressentiment anti-japonais que l'on perçoit un peu partout en Chine. Puis nous faisons quelques achats dans un grand marché couvert où le vigile nous fait savoir qu'il est interdit de photographier. Mais il ne nous donne pas de raisons valables.

Le retour en direction de Changchun avec un taxi loué qui roule à vitesse suicidaire sur une route enneigée m'a laissé un souvenir inoubliable. Je n'ai jamais eu une frayeur aussi durable dans ma vie. L'objectif du chauffeur n'est pas tant de conduire en toute sécurité son client à destination que de pouvoir revenir ensuite à Jilin avant la tombée de la nuit. Pour calmer son ardeur, je lui promets une prime attractive à condition qu'il ne dépasse pas une vitesse maximum fixée d'un commun accord. Désormais je comprends mieux les raisons pour lesquelles la Chine détient en pourcentage le record d'accidents mortels : nous avons sans doute une conception différente de la valeur de la vie.

Malgré ce retour dont le souvenir relève du cauchemar, je suis conscient de ma chance d'avoir pu connaître là encore un visage de la Chine que peu d'occidentaux ont eu le privilège de découvrir.

L'installation du bureau à Shanghai; apprentissage culturel et commercial en Chine

La société gérée dorénavant par Valérie et Gery de Saint Martin, mes activités professionnelles ralentissent progressivement.

En Chine, l'année 1995 est marquée par l'installation dans des conditions enfin satisfaisantes de Sofia à Shanghai, avec son frère cadet comme assistant.

Après la foire de printemps, je revois mon ami Peter Mei de Taiwan qui vient également d'ouvrir un bureau de représentation à Shanghai. Nous confrontons nos expériences et j'avoue être amusé lorsque Peter Mei me demande avis et conseils sur les opportunités commerciales se présentant du nord au sud, car il a n'a pas sillonné cet immense territoire comme j'ai pu le faire toutes ces années.

En juin-juillet, nous visitons les principales villes à proximité de Shanghai : Wuxi, et les deux magnifiques villes de Suzhou, Hangzhou. Je comprends ainsi la vraie signification du fameux dicton chinois : " *Là-haut, il existe un paradis céleste ; mais ici-bas, le paradis terrestre est à Su-Hang* " (sous entendu Suzhou-Hangzhou).

Après la foire d'automne, Sofia travaillant désormais à plein temps pour Eurapac, nous partons à la rencontre de fournisseurs situés dans la partie nord de la Chine : Qindao, ancienne concession allemande, marquée par l'architecture germanique de ses anciennes villas et célèbre par sa bière de renommée nationale ; puis Dalian, important port de pêche et Tianjin à l'est de Pékin.

Au cours des multiples contacts que j'ai pu avoir avec les chefs d'entreprise et des entretiens personnels qui suivront ces rencontres, l'aide de notre assistante me sera particulièrement utile pour la compréhension de " *l'incidence des facteurs culturels dans les relations avec le monde des affaires chinois* ". Suivant son intonation j'apprendrai à apprécier la vraie signification du " oui " ou du " non " du chef d'entreprise. J'apprendrai à déceler cette imperceptible zone d'ombre existant entre le oui et le non et je serai moins surpris par les changements d'avis en cours d'élaboration de contrat. Je saurai négocier avec patience. J'aurai une meilleure vision des mesures protectionnistes et autoritaires du gouvernement chinois et découvrirai l'ampleur et la force cachées du nationalisme dans ce pays. Je saisirai surtout la manière de tisser les liens d'amitié qui conditionnent de bonnes relations… à plus forte raison pour une minuscule entreprise [1]. En Chine, il faut apprendre à être modeste. Je me demande combien d'hommes d'affaires français connaissent et pratiquent ces règles indispensables pour négocier à Pékin ou Shanghaï en s'efforçant d'oublier, au moins le temps d'un voyage, leur certitude culturelle et leur arrogance financière.

Sofia Lu Xue Fei remplit les fonctions d'assistante de direction, chargée du bureau de représentation de Shanghai. Avec autorité, elle recherche les produits et les fournisseurs, négocie les prix, passe les commandes suivant nos instructions, suit l'exécution de leur préparation, assure le contrôle de qualité avant l'embarquement, règle la plupart des problèmes avec l'administration locale… Elle s'est impliquée dans son rôle avec une telle conscience professionnelle qu'elle devance les besoins, presse les urgences et ne mesure pas son temps, comme la majorité des cadres et employés chinois. Son objectif, c'est le bon fonctionnement de la société à laquelle elle s'identifie.

Le jour où les Français, d'une façon plus générale les Européens et surtout leurs syndicats, auront compris les motivations du travailleur chinois et les raisons du succès économique de la Chine, il sera peut-être trop tard pour redresser la barre. C'est ce que je pense alors et l'évolution des événements n'est pas de nature à me faire changer d'avis.

Le partenariat EURAPAC; achat d'un appartement et d'un bureau à Shanghai

L'année 1997 est avant tout celle du partenariat d'EURAPAC avec un investisseur calédonien qui va donner une nouvelle impulsion à notre commune entreprise. Un deuxième fait important viendra renforcer cet élan : l'achat d'un appartement destiné à servir de pied à terre à Shanghai

1 - À l'échelle chinoise, par pudeur, on hésite parfois à donner l'effectif de notre société ou le chiffre d'une population (celle de la Nouvelle-Calédonie par exemple, qui représente environ 1,5 % de la population de Shanghai).

et de bureau provisoire. Puis en avril 1998, l'achat d'un bureau est décidé. D'emblée, ma prospection s'oriente sur le quartier financier de Pudong où se situent les immeubles nouvellement construits ou en cours d'achèvement face au parc, à proximité de la Tour de Télévision, près de l'emplacement prévu pour la future tour de Jin Mao [1].

Renouvellement du personnel de Shanghai; voyage en Arménie; ouverture du bureau de Paris

Désormais notre assistante de direction dispose de conditions idéales de travail et de logement. Mais bientôt en septembre, à l'occasion d'un voyage touristique effectué par notre fils Eric, médecin militaire et son épouse Tania, j'apprends le mariage, qui a eu lieu dans la plus grande discrétion, de Sofia avec le vice-consul de France à Shanghai. Il nous faut trouver une remplaçante.

Le parcours du recrutement, à l'initiative de Sofia, débute par la parution d'une annonce dans un journal spécialisé et conduit à la réception d'environ deux cents réponses. Et de sélection en sélection, de candidates sur dossiers en convocation pour tests d'aptitude et entretiens, le choix définitif est arrêté.

Au cours de ces rencontres en groupe ou individuellement, je constate une nouvelle fois la valeur morale de cette jeunesse chinoise [2] : sa farouche motivation, son culte du travail, son attachement aux traditions, au pays et à la famille, son respect de l'autorité… autant de valeurs qui se sont diluées en Métropole pour de multiples raisons dans lesquelles parents, éducateurs, sociologues, religions cherchent leurs propres marques.

Sofia Lu Xue Fei nous quitte au début de l'année 1999 ; mais nous décidons de rester en contact.

En octobre 1999, je pars en Turquie et en Arménie. Devoir de mémoire qu'il me paraît indispensable d'accomplir. Tout d'abord un bref séjour en Arménie pour m'assurer que les écrits et livres de mon père expédiés par avion en juillet 1996 [3] sont bien en place à la bibliothèque nationale d'Erevan. Puis, à mon retour en Turquie après une courte visite à

1 - À sa réalisation, la plus haute tour de Shanghai et de la Chine.

2 - Une jeunesse pourtant bridée politiquement, d'une prudence silencieuse depuis la réaction sanglante de la Place Tian An Men en 1989.

3 - Voir Chapitre XV : " La vie civile, le grand pas : le projet de publication des livres de mon père ".

Constantinople, j'ai le projet de visiter Zongouldak sur la Mer Noire [1]. Je profiterai aussi de ce voyage pour étudier la possibilité d'établir des relations d'affaires avec l'Arménie.

La première partie de mon périple va au-delà de mon attente. D'une façon tout à fait inattendue, ce " pèlerinage ", est aussi pour moi un retour aux sources du christianisme. Partout je découvre avec émotion les marques laissées par les premiers chrétiens et leurs martyrs. La suite est décevante ; j'ai mal planifié mon voyage à Zongouldak. Contrairement à ce que j'imaginais, il n'existe pas de voie ferrée Istambul-Zongouldak et l'autobus populaire reste le moyen principal disponible. En Turquie, les communications semblent peu commodes et peu sûres, surtout pour un voyageur solitaire ne disposant que de peu de temps. Je n'oubliais pas non plus les informations officielles recueillies avant mon départ de Paris précisant que les déplacements par voie terrestre et à titre individuel n'offraient pas une garantie totale. Je suis contraint de différer ce pèlerinage.

De plus les premiers contacts, confirmés par la suite, me font comprendre que l'absence de port et le blocus pratiqué par la Turquie sur sa frontière rendent dans l'immédiat tous projets d'affaires commerciales avec l'Arménie illusoires.

Le deuxième millénaire est marqué par l'ouverture d'un bureau Eurapac à Paris, avec la participation de Sofia Lu qui a rejoint la Métropole. Mais cette coopération sera de courte durée, car, admise à Sciences Po, notre assistante découvrira de nouveaux horizons.

***

1 - Voir Chapitre I: " Les origines familiales, le génocide arménien ".

CHAPITRE XVII

LA SAINT-CYRIENNE
UNE ACTIVITÉ ASSOCIATIVE CONTINUE
À TRAVERS MA CARRIÈRE CIVILE

C'est au combat, au Vietnam puis en Algérie que notre génération a forgé une solidarité née à Saint-Cyr et qui continue à marquer de son empreinte le cours de notre existence.

J'en ai mesuré sa force au décès de mon père à Draguignan le 24 novembre 1975. Mon camarade de promotion Cannet en garnison dans cette ville était là, auprès de moi. Puis ce fut, quelques années plus tard, le 27 mai 1982, le décès de ma mère à Saint-Raphaël. Je venais juste d'arriver de Nouméa sans avoir eu le temps de prévenir quiconque. Mon camarade Michel Rousseau de l'ancien 7e BCCP avec lequel nous étions partis ensemble en Indochine en 1950 et son épouse, tous deux en vacances, étaient aussi à mes côtés.

Le décès de mon père, c'était déjà une partie de ma propre vie qui se déchirait ; puis au décès de ma mère, restée jusque-là le témoin privilégié, attentif et indulgent de ma jeunesse, le sentiment de ne plus avoir d'appui même illusoire s'est imposé à moi. Je réalisais qu'un filet de protection devenu avec le temps de plus en plus fragile avait disparu. Ce sont ces douloureuses constatations qui m'ont donné avec étonnement la mesure de l'affection que je portais à mes parents. La présence de mes camarades qui représentaient à chaque fois toute une promotion m'a apporté alors un réconfort inattendu qui effaçait tout sentiment de solitude.

Alors que je n'exerçais plus d'activités au sein de l'Armée, les circonstances ont voulu que je sois appelé à manifester à mon tour cette solidarité tout d'abord en qualité de délégué de la Saint-Cyrienne à Nouméa, au profit des Forces Armées de Nouvelle-Calédonie pendant " les événements " en 1984 - 1989, puis en intervenant en faveur de deux camarades de promotion à l'occasion de l'un de mes voyages en Asie.

La Saint-Cyrienne en Nouvelle-Calédonie, pendant les événements 1984 - 1989

En août 1984, Marcelle et moi accueillons avec joie à Nouméa le général Michel Franceschi [1], Commandant Supérieur des Forces Armées en Nouvelle-Calédonie et son épouse Geneviève. Dans le passé, nous avions servi ensemble à deux reprises.

En Algérie, au 6e RPC (puis RPIMa) en situation opérationnelle, capitaine je commandais une compagnie, Michel Franceschi était lieutenant chef de section dans une autre compagnie. Sa réputation de guerrier avait vite fait le tour du régiment. Nous nous sommes retrouvés une seconde fois à Dakar dans le cadre du 7e RPIMa au début des années 1960, à l'époque où j'étais détaché du 7e auprès de l'Armée Malienne (puis Sénégalaise) comme conseiller parachutiste.

Notre première rencontre à Nouméa a lieu au Cercle de Garnison lors du cocktail organisé à l'occasion de l'arrivée du général et de son épouse. Je retrouve Michel Franceschi inchangé. Le général Commandant Supérieur est égal à lui-même. Direct et très chaleureux, il a gardé l'esprit combatif d'un jeune lieutenant. Tous les généraux ne se comportent pas de cette manière. Chez certains, le décompte de leurs étoiles obscurcit leur mémoire. Brusquement atteints du syndrome des cimes, ils sont frappés d'amnésie aggravée vis-à-vis de leurs anciens camarades dès qu'ils arrivent au sommet de la hiérarchie militaire. Avec le général Franceschi, nos relations de camaraderie et d'amitié sont renouées spontanément. Nous nous rencontrons très souvent et Michel Franceschi me tient au courant de la situation et des principaux événements, sachant qu'il peut compter sur ma totale discrétion. Ces contacts me permettent d'intervenir au profit des Forces Armées auprès du Président de la Saint-Cyrienne à Paris ou, en ma qualité de délégué de la Saint-Cyrienne, auprès des responsables politiques en visite sur le Territoire.

La première occasion me sera donnée le 2 décembre 1984, alors que je ne suis pas encore nommé Délégué Territorial par Paris. Selon les informations récentes que le général Franceschi vient de nous donner, le pays est dans un état insurrectionnel. Les forces de gendarmerie n'ayant

1 - Saint-Cyrien de la promotion " maréchal de Lattre, 1951 - 1953 ".

pas reçu l'ordre d'intervenir n'assurent plus la protection des populations.

Après avoir célébré le " 2S ", fête traditionnelle des Saint-Cyriens marquant l'anniversaire de la Victoire d'Austerlitz, en plein accord avec mes camarades retraités, j'adresse un télex au général Président de la Saint-Cyrienne [1], en lui demandant de bien vouloir intervenir auprès du Président de la République, chef des Armées.

Une phrase particulière du message présente un caractère prémonitoire : " *Populations abandonnées, sans protection, obligées organiser leur autodéfense, peuvent commettre actes de représailles par désespoir ou subir massacre* ". Trois jours plus tard, c'est en effet la tuerie de Hienghène. La réponse du général Henry, Président de la Saint-Cyrienne me précise que le message a bien été transmis à la Présidence de la République.

À la suite de cette intervention, le général Henry me demande d'assurer les fonctions de Délégué Territorial de la Saint-Cyrienne.

Conformément au souhait exprimé par le Président de la Saint-Cyrienne, je rencontre le Haut-Commissaire Edgar Pisani le 27 décembre pour lui faire connaître mes sentiments, en fait ceux de tous mes camarades retraités. Je lui remets copie de notre message transmis au Président de la République par l'intermédiaire du Président de notre association nationale, en attirant son attention sur la phrase précitée qui engage l'entière responsabilité du gouvernement dans la tuerie de Hienghène. Je développe mon désaccord formel sur deux points capitaux [2] :

- Le laxisme gouvernemental, responsable du renforcement de l'influence indépendantiste.
- La politique de maintien de l'ordre dont la nullité conduit à la situation insurrectionnelle.

Désormais, je tiens informé de toutes mes interventions à la fois notre association nationale à Paris et le général Franceschi. Régulièrement, je reçois des réponses de Paris, sous forme de soutien et d'encouragement. À la suite de la visite éclair de François Mitterrand le 19 janvier 1985, nous sortons un numéro spécial de *Télé 7 Jours Nouvelle-Calédonie*. La " première de couverture ", en appui de l'éditorial, est illustrée par la manifestation tricolore de la population de Nouméa dont le Président n'aura qu'un aperçu vu d'avion.

---

1 - Voir Annexe 16. Ce télex confidentiel est adressé par l'intermédiaire d'un ami directeur de société dans la région parisienne.

2 - Voir Annexe 17. Récit de l'entretien du 27 décembre 1984 avec le Haut-Commissaire Edgar Pisani.

Ce numéro de magazine est transmis par mes soins avec une lettre circulaire aux principaux élus territoriaux, nationaux ainsi qu'au général Lacaze CEMA, Chef d'État-Major des Armées dont l'adjoint direct le sous-chef EMA opérations est mon camarade de promotion, le général Guichard. Dans une lettre personnelle [1], mon camarade Guichard me précise que " *le général Lacaze a été fort intéressé* " par mes deux envois. Plus tard, à l'occasion de la visite de Jacques Chirac à Nouméa, nous consacrerons une autre première de couverture, au général Franceschi avec le Premier Ministre à sa descente d'avion.

Après l'affrontement entre loyalistes et indépendantistes lors du " *pique-nique* " de Thio, le 17 février, lorsque le capitaine de gendarmerie Saffray, destitué sur ordre de Pisani, Haut-Commissaire, fait l'objet d'une décision de rapatriement, je rencontre l'intéressé au Cercle de Garnison pour me faire expliquer les circonstances de son intervention et lui remonter le moral juste avant son départ. J'adresse alors, en qualité " d'ancien ", une lettre au général Henry à Paris pour disculper le capitaine injustement sanctionné. Car en réalité, en appliquant la loi sans avoir besoin de recevoir des ordres pour agir, il n'a fait que remplir sa mission d'officier de gendarmerie : un fait assez rare à l'époque, de la part des principaux responsables de l'ordre public. Pendant cette période dramatique, l'autorité de l'État ne s'exerce pratiquement plus dans la plupart des tribus et des localités de l'intérieur soumises au terrorisme. Dans ce contexte, sur un Territoire prêt à sombrer dans une insurrection généralisée, le général Franceschi représente la seule autorité incarnant l'État français. À ce titre, son rôle est déterminant, notamment le 11 et le 12 janvier 1985 lors de l'émeute loyaliste de Nouméa, quand le pouvoir civil est sur le point de basculer : Franceschi, refuse de placer les Forces Armées [2] aux ordres de Pisani. Il sauvegarde l'honneur de la France et de son Armée, redonne l'espoir aux Calédoniens, tout en contribuant à maintenir l'intégrité du Territoire par la force de dissuasion représentée par ses troupes. Mes actions au titre de la Saint-Cyrienne, bien que modestes par leur portée, contribuent à le soutenir dans l'exercice de ses fonctions.

Les relations tumultueuses de Franceschi avec le Haut-Commissaire traverseront une période de calme après le départ de Pisani le 21 mai 1985 et son remplacement par Fernand Wibaux. Haut fonctionnaire exemplaire,

---

1 - Voir Annexe 18.

2 - En cas d'événements graves, " Forces de 3e catégorie " qui peuvent être placées aux ordres du pouvoir civil quand celui-ci n'est plus en mesure de maintenir la sécurité avec les moyens dont il dispose.

parmi les meilleurs en Nouvelle-Calédonie. En plein accord avec le général Franceschi, il exige de la gendarmerie qu'elle remplisse sa mission, afin de rétablir l'autorité de l'État sur le Territoire. Il sera aidé par l'action du colonel Debarge qui aura la lourde tache de rétablir le prestige des forces de gendarmerie, sérieusement dégradé [1].

Le premier trimestre 1986 marque l'arrivée d'une majorité de droite au Parlement et la cohabitation Mitterrand-Chirac. Quelques mois plus tard, Fernand Wibaux quitte la Nouvelle-Calédonie. Il est remplacé dans ses fonctions par Jean Montpezat dont l'attitude confuse, contradictoire, insidieuse ne sera appréciée ni par les élus du territoire, ni par le général. Le 30 août 1986, j'ai un entretien avec monsieur Jacques Foccart [2] lors de son passage à Nouméa.

De nouveau, le rappel du général Franceschi est dans l'air à la suite d'une sombre intervention de Montpezat auprès du gouvernement. Mais au cours de sa visite à Nouméa le 8 novembre le député Gabriel Kaspereit sera sensibilisé à l'action efficace du général. Ainsi, grâce à la réaction conjointe de notre député Jacques Lafleur dont le rôle politique sera déterminant et à la position tranchée de Kaspereit en faveur de notre fougueux général, Franceschi sera de nouveau sauvé de justesse ; nos élus territoriaux pourront continuer à compter sur la force dissuasive incarnée par le commandant des Forces Armées. Mais tous les drames restent toujours possibles, même ceux qui sont impensables.

L'humiliation de la gendarmerie atteint son sommet dans le coup de force de Tieti le 22 février 1988, une semaine avant le départ du général Franceschi. Un peloton de gendarmerie est agressé par une centaine de manifestants indépendantistes armés de gourdins, de matraques et de *tamiocs* (gourdins mélanésiens). Dix-huit gendarmes sont blessés, neuf gendarmes en armes sont pris en otage par les indépendantistes, leurs véhicules sont incendiés, sans que le chef de peloton, pourtant en légitime défense, ne prenne la décision d'intervenir avec les hommes disponibles de sa troupe en faisant usage de leurs armes.

L'affaire atteint même le comble du ridicule : Jacques Chirac se croit obligé de rendre hommage aux gendarmes " *pour leur calme et leur sérénité au-dessus de tout éloge* ".

---

1 - Cette perte de crédibilité, nous l'avions pressentie avec le colonel Pompon commandant le BIMaP dès 1972, juste après mon affectation. Voir Chapitre XIV : " Le rôle passif de la gendarmerie lors de l'incendie d'un restaurant de Poindimié ".

2 - Cet entretien est confirmé par une fiche confidentielle destinée à l'intéressé, avec copie à Bernard Pons et Jean Montpezat.

Cette épreuve, au-delà de l'humiliation subie, met surtout en évidence la disparition du caractère dissuasif des forces de gendarmerie. Elle présage la tragédie d'Ouvéa qui va suivre.

Le 1er mars 1988, la Nouvelle-Calédonie voit partir avec regret le général Franceschi [1], l'un de ses meilleurs défenseurs. Le général Jacques Vidal [2] assure la relève, avec la même trempe de caractère et le même sens élevé de sa mission au service de l'État et du Territoire.

La tragédie d'Ouvéa, du 22 avril au 5 mai 1988 est la suite évidente de l'affaire de Tieti. C'est la conséquence logique du comportement passif des principaux responsables de la force publique [3]. Mais les indépendantistes commettent une grave erreur d'appréciation en sous-estimant la capacité de réaction des Forces Armées. En franchissant la ligne jaune, ils portent la lourde responsabilité des pertes subies.

Face aux attaques médiatiques qui s'ensuivent en Métropole, visant à porter atteinte à l'honneur des Forces Françaises, je suis amené à intervenir, toujours au titre de Délégué de la Saint-Cyrienne, pour le soutien de l'action des Forces Armées à Ouvéa et du général Vidal.

D'abord le 2 juin auprès de monsieur Stewart, membre de la " Commission de conciliation " venue à Nouméa, puis le 6 juin auprès du quotidien local, les Nouvelles Calédoniennes ; enfin par un article paru dans le *Casoar* [4] de juillet, je rappelle que l'opération militaire " *Victor* " a été décidée par le Président de la République, chef des Armées. Je souligne qu'en libérant les 24 otages détenus par les ravisseurs armés, le général Vidal a rempli la mission qui lui a été confiée, en accomplissant un fait d'armes méritant l'hommage de la Nation.

La tragédie d'Ouvéa servira de leçon aux terroristes en armes et ouvrira la voie aux négociations afin de régler le problème calédonien par le dialogue suivant un processus démocratique. Dès lors, mon rôle de délégué territorial consistera surtout à poursuivre l'information des lecteurs du *Casoar* en publiant une série d'articles sur l'évolution de la situation en Nouvelle-Calédonie :

---

1 - Nommé Inspecteur des Troupes de Marine, dix-sept mois avant la limite d'âge le 1er mai 1989, il est évincé de l'armée par une décision injustifiée du gouvernement socialiste. Rétabli dans ses droits par le Conseil d'État en juin 1995.

2 - Saint-Cyrien de la promotion " Terre d'Afrique " 1957-59.

3 - Malgré le sens élevé du devoir de la plupart des personnels d'exécution qui n'ont pas failli à leur charge.

4 - Revue trimestrielle de la Saint-Cyrienne, magazine à portée nationale.

- Réflexion sur l'avenir politique de la Nouvelle-Calédonie, octobre 1988.
- La Nouvelle-Calédonie à mi-chemin de la période transitoire fixée par les Accords de Matignon, octobre 1993.
- La Nouvelle-Calédonie, solution consensuelle ou autodétermination, juillet 1996.
- L'Accord de Nouméa sur la Nouvelle-Calédonie, octobre 1998.

Intervention à Hanoï, après une rencontre insolite à Bangkok. " D'une pierre trois coups ", octobre 1986

Au début de l'année 1986, Émile Salaun, camarade de promotion, attire mon attention sur le cas de Huynh Ba Xuan d'origine vietnamienne qui avait été officier-élève en même temps que nos camarades Saint-Cyriens à l'École d'Application de l'Armée Blindée et de la Cavalerie de Saumur en 1949-1950. Aide de Camp du général de Lattre de Tassigny en Indochine en 1951, fait prisonnier en 1953, il est le seul rescapé des goulags Vietminh ayant pu rejoindre la France le 13 juillet 1984, après un calvaire de plus de 23 ans de captivité [1].

Malgré de multiples interventions françaises, y compris celle de madame de Lattre de Tassigny, le gouvernement vietnamien refuse d'autoriser son épouse Minh et sa fille Quynh Nhu à rejoindre Huynh Ba Xuan en France. Sachant que je visite régulièrement la Chine dans le cadre de mes activités professionnelles Émile Salaun me remet un dossier que je pourrai emporter à l'occasion d'un voyage à Hanoï.

L'occasion se présente alors que la direction des *Nouvelles Messageries de la Presse Parisienne* me suggère de me rendre durant ma tournée asiatique à Hanoï pour obtenir de *Xunhasaba*, l'organisme d'État chargé de l'importation de la presse étrangère le règlement d'un important retard de paiement [2]. Entre-temps, lors d'un arrêt précédent à Singapour pour des raisons professionnelles [3], j'avais appris tout à fait par hasard, en lisant la presse locale, que mon camarade de promotion cambodgien à l'École d'Application d'Infanterie de Coëtquidan (1949-1950), Sak Sutsakhan venait d'être nommé commandant en chef

1 - Voir l'ouvrage " Oublié 23 ans dans les goulags Vietminh. 1953-1976 ", Huynh Ba Xuan. L'Harmattan, 2003.

2 - Voir chapitre XV: " La vie civile, " Hachette Calédonie ", le virage asiatique ".

3 - À l'époque, la société " Hachette Calédonie " était associée à l'important groupe de presse " Times " de Singapour.

du Front de Libération Nationale du Peuple Khmer [1]. À l'École, c'était mon " voisin de lit " avec qui je sortais régulièrement. Nous nous étions perdus de vue depuis notre départ de Coëtquidan en 1950.

J'avais envoyé un mot au général Sak Sutsakhan en apprenant sa nomination grâce à la coopération du lieutenant-colonel Quilichini des Troupes de Marine, Attaché Militaire en Thaïlande. Et avant de partir au Vietnam, puisque je dois faire un court séjour à Bangkok pour récupérer mon visa [2] auprès de l'Ambassade du Vietnam en Thaïlande, j'envisage de le rencontrer. Un rendez-vous à Bangkok est fixé toujours par l'intermédiaire de Quilichini. Dans le cadre de ma mission financière à Hanoï, je peux donc faire " d'une pierre trois coups ". Le 23 octobre 1986 dans l'après-midi, j'ai la joie de retrouver Sak Sutsakhan au *Sheraton* de Bangkok, puis de dîner avec lui dans un restaurant de Pat Pong, à proximité de l'hôtel.

Sutsakhan m'explique sa position et la situation de son pays. Il a été le Ministre de la Défense du gouvernement cambodgien, sous la direction du Premier Ministre le général Lon Nol en 1968. Puis il a été écarté du pouvoir politique après le coup d'État de mars 1970 exécuté par Lon Nol avec le soutien américain (Nixon, Kissinger), coup d'État qui a précédé la proclamation de la République. Après la prise du pouvoir et l'occupation de Phnom Penh par les Khmers rouges en avril 1975, rescapé de justesse des massacres qui ont suivi, Sak Sutsakhan avait pu se réfugier en Thaïlande. Plus tard, après l'invasion du Cambodge par les troupes vietnamiennes, il avait pris la responsabilité de l'organisation et de la mise en œuvre des forces nationales de guérilla favorables au Prince Norodom Sihanouk.

Désormais, pour la conduite de la guérilla, il regroupe sous son commandement les trois factions du gouvernement de coalition : les Khmers blancs royalistes, les Khmers bleus de Son Sann pro-américain (bien que Son Sann en personne soit écarté du *leadership* de la coalition), les Khmers rouges de Pol Pot les plus nombreux (à l'exclusion des Khmers rouges de Heng Samrin, pro-vietnamiens, jugés peu sûrs). Une coalition bien fragile a priori. C'est la raison pour laquelle il navigue entre son pays où il dispose de PC clandestins et Bangkok où il a ouvert un bureau avec l'aide évidente du gouvernement thaïlandais. Il m'explique également la complexité de la situation politique du Cambodge et les interférences des

1 - Voir Annexe 13.

2 - Compte tenu de la complexité et des délais pour l'obtention d'un visa pour le Vietnam, j'avais contacté " Xunhasaba " pour demander à cet organisme de faire le nécessaire auprès de son Ambassade à Bangkok.

luttes d'influence entre la Chine et les USA. Les deux pays sont hostiles à l'occupation vietnamienne pour des raisons évidemment divergentes, alors que l'URSS soutient financièrement le gouvernement vietnamien pour des raisons apparemment paradoxales à l'égard de la Chine. Une véritable leçon de géopolitique.

De mon côté, au cours du dîner, j'explique à mon camarade les raisons de mon voyage à Hanoï. Mon vol de retour étant prévu avec un arrêt de trois jours à Bangkok à partir du 30 octobre, nous convenons de nous retrouver le 31. En effet, Sak Sutsakhan m'exprime son vif souhait d'avoir un amical " compte rendu d'ambiance " sur la situation au Vietnam [1]. C'est un véritable " parcours du combattant " pour obtenir en temps voulu à Bangkok mon visa pour Hanoï, auprès de l'Ambassade du Vietnam qui ne semble pas avoir été informée par *Xunhasaba*. Je me retrouve finalement à Hanoï le 24 octobre, trente ans après mon départ d'Indochine, dans cette ambiance surréaliste relatée dans mon récit de voyage. [2]

À l'Ambassade de France à Hanoï, le lundi 27 octobre, j'explique à monsieur de Bourgues, consul général, l'objet de ma mission auprès de *Xunhasaba*, puis j'aborde le problème du regroupement familial de notre camarade Huynh Ba Xuan tel qu'il est présenté dans le dossier qu'Émile Salaun m'a préparé.

C'est un des dossiers classés " cas prioritaires " m'indique monsieur de Bourgues qui connaît très bien l'affaire Huynh Ba Xuan. Il me montre la pile de dossiers dans l'armoire de son bureau et m'explique qu'il existe une procédure des transactions entre les autorités françaises et vietnamiennes. Le Consulat a sa liste de personnes dont l'accueil en France est accepté. Les autorités vietnamiennes ont leur propre liste de personnes dont le départ est souhaité pour des raisons non divulguées clairement : individus indésirables ou malades dont les soins coûtent très chers à l'État… selon des motifs subodorés.

C'est un peu un système de marchandage, du " *donnant donnant* " selon des considérations subtiles, parfois complexes et souvent obscures. Des réunions périodiques sont organisées pour prendre des décisions d'un commun accord. Monsieur de Bourgues me promet le maximum pour faire avancer l'affaire. À titre symbolique, il prend le dossier et le place au sommet de la pile. Je m'en réjouis par avance en imaginant avec émotion le bonheur prochain de notre camarade de promotion. Intéressé par le récit

1 - Voir Chapitre XV : " Mon intervention au Vietnam au profit de la presse française, à la demande de Paris ".

2 - Voir Annexe 12.

de mon entretien avec le général Sak Sutsakhan à Bangkok, l'Ambassadeur Amigues me promet de suivre, auprès du Consul général, l'affaire Huynh Ba Xuan jusqu'à son aboutissement.J'ai le sentiment que mon rôle d'intermédiaire officiel en faveur de la presse française va aussi jouer en faveur de Huynh Ba Xuan. Je n'avais pas imaginé que le traitement réactivé de ce dossier allait s'adosser au règlement de l'arriéré de *Xunhasaba* qui, lui, conditionnait la sauvegarde souhaitée de la presse française au Vietnam. Je quitte donc Hanoï avec un résultat satisfaisant pour la presse, de solides assurances pour mon camarade Ba Xuan et des informations précieuses pour Sat Sutsakhan concernant la situation financière désastreuse du Vietnam.

Comme prévu, le surlendemain de mon arrivée nocturne à Bangkok, je rencontre mon camarade Sak Sutsakhan, à l'Hôtel *Sheraton*. Au cours d'un dîner, je lui fais part des difficultés du gouvernement vietnamien pour combler le retard de paiement de la presse française ; je lui transmets les informations recueillies auprès de l'Ambassade sur les réserves en devises de plus en plus réduites et sur l'aide soviétique qui conditionne et oriente la politique vietnamienne à bout de souffle. Mon témoignage ne fait que corroborer ses propres informations. Il paraît évident que le Vietnam n'a plus les moyens de maintenir ses troupes d'occupation sur le territoire cambodgien. Bien que l'indépendance du Cambodge soit en vue, Sak Sutsakhan m'exprime très ouvertement ses sérieuses préoccupations quant à l'avenir politique de son pays, divisé entre quatre factions et soumis aux antagonismes existant entre les trois protagonistes impliqués dans le conflit : URSS, Chine, USA.

Après le départ imminent des troupes vietnamiennes, il souhaite vivement la réunion d'une conférence réunissant les trois puissances mentionnées, le gouvernement de coalition à trois tendances et la représentation des Khmers rouges pro-vietnamiens. Sur la base d'un Cambodge neutre, sans immixtion communiste ou américaine, c'est sans doute un vœu pieux, inspiré par un profond désir de paix après une longue période de déchirement dramatique. Ma rencontre avec Sak Sutsakhan, camarade de promotion et ami, sera la dernière [1]. De retour à Paris, j'annonce à Huynh Ba Xuan au bord des larmes qu'il peut réellement espérer l'arrivée prochaine de Minh et de leur fille Quynh Nhu. Par une lettre

1 - Après l'indépendance du Cambodge, ma lettre en date du 18.03.93 restera sans réponse. Par la suite, j'apprendrai que Sak Sutsakhan, Président du Parti Démocrate Libéral en 1993, est tombé plus tard, victime d'un attentat politique. Cette information me sera transmise par mon ami Mademba-Sy en mission au Cambodge dans le cadre de l'ONU.

de remerciement reçue plus tard à Nouméa, j'apprends l'annonce de leur arrivée tant attendue, à Paris, le 27 mars 1987, après " 2 ans 8 mois et 14 jours de séparation ". La famille est enfin réunie, c'est la fin d'un cauchemar. C'est aussi une intervention marquée du sceau *happy end.*

Le Bicentenaire de Saint-Cyr à Nouméa. Le passage du relais

À la lecture du calendrier des manifestations envisagées dans le courant de l'année 2002 pour la célébration du Bicentenaire de l'ESM (École Spéciale Militaire de Saint-Cyr), je note que pour le défilé du 14 juillet à Paris, il est prévu de faire participer des délégations de Cadets de 14 États de l'Union Européenne et des États-Unis *(West Point)*.

Je constate aussi que l'Outre-Mer n'apparaît pas dans ces manifestations, alors que les Saint-Cyriens ont joué un grand rôle dans tous les Départements et Territoires de l'OM. Après concertation avec quelques camarades et en plein accord avec le commandement militaire territorial, en février 2001 je m'adresse au général d'armée (CR) de Dinechin, Président de la Saint-Cyrienne, pour lui suggérer d'associer l'Outre-Mer à ce Bicentenaire, par une célébration symbolique à Nouméa, aux antipodes de la Métropole, avec la participation de nos voisins immédiats l'Australie et la Nouvelle-Zélande. Grâce au soutien spontané du général de Dinechin qui obtient l'accord de principe du chef d'État-Major des Armées et grâce aussi à l'action déterminante du colonel André Helly, commandant les Forces Terrestres de Nouvelle-Calédonie qui va tout mettre en œuvre pour faire aboutir cette idée, le projet verra le jour.

Le 14 juillet 2002, quelques heures avant la prise d'armes des Champs Élysées, pour la première fois dans les annales territoriales, nous avons la fierté de voir défiler, à Nouméa, en tête des troupes, côte à côte, Saint-Cyriens, Cadets Australiens et Néo-Zélandais. La cérémonie militaire est suivie de plusieurs réceptions officielles. L'événement a une portée politique non négligeable dans le cadre de la coopération entre voisins du Pacifique Sud. Il marque la fin de mes responsabilités associatives. Le relais de délégué de la Saint-Cyrienne est désormais assuré par mon ami, le lieutenant-colonel (e.r) Claude Leroy (promotion 57-59, Terre d'Afrique), devenu magistrat à la Chambre Territoriale des Comptes de Nouméa.

***

ÉPILOGUE

La narration d'une vie n'est jamais vaine. La mienne, qui s'est déroulée au cours d'un demi-siècle dominé par les fanatismes racistes et idéologiques, me permet aujourd'hui de mesurer la portée des événements que j'ai vécus, en commençant par ceux qui ont bouleversé la vie de mes parents.

Ma première jeunesse a été marquée par l'histoire de la tragédie de ma famille. Celle du premier grand génocide du XXe siècle, perpétré par une Turquie flétrie pour longtemps par l'humanité.

Je continue à me demander si les camps d'extermination nazis de 1939-1945 auraient existé si, à l'issue de la première guerre mondiale, lors du Traité de Sèvres en août 1920, la Turquie vaincue avait été condamnée et si les principaux responsables de ce crime avaient été sanctionnés, comme ce fut le cas bien plus tard, en 1945-1946, lors du procès de Nuremberg chargé de juger les criminels de guerre nazis. Existe-il une justice internationale à deux vitesses, l'une réservée au peuple juif et une deuxième aux autres ?

La faiblesse des occidentaux à Sèvres, puis à Lausanne en 1923 a permis à l'histoire de se répéter vingt ans plus tard.

À l'égard de la Turquie qui refuse de reconnaître ce crime indéniable depuis près d'un siècle et qui se montre arrogante quand le problème de Chypre est abordé, il est du devoir des gouvernements d'informer les citoyens des raisons qui s'opposent à l'entrée de ce pays dans l'Union Européenne [1].

L'éditorial de l'*Express* [2] en date du 6 décembre 2004 s'est exprimé sur ce point avec courage et clairvoyance. J'ajouterai une raison capitale qui implique l'enjeu de la sécurité intérieure de l'Europe. Dans un continent

1 - Ils doivent aussi s'interroger sur les raisons pour lesquelles le gouvernement des États-Unis souhaite tellement l'admission de la Turquie dans l'Union Européenne.

2 - Voir Annexe 19.

d'inspiration chrétienne, alors que les pays européens et la France en particulier ont déjà de graves problèmes concernant l'intégration de certains immigrés dans la communauté nationale, quelle serait la situation européenne si les portes de l'Union étaient ouvertes à un pays peuplé de plus de 72 millions de musulmans et ayant des frontières communes avec la Syrie, l'Iran, l'Irak ?

Cet enjeu vital a été l'une des principales causes de l'échec du référendum européen en mai 2005. Les récits de la guerre de 14-18 et les bouleversements politiques qui ont suivi m'ont également beaucoup marqué.

Ma vocation militaire a été incontestablement influencée par la Résistance à l'occupation allemande et la Seconde Guerre Mondiale qui, entre autre, a provoqué une décolonisation prématurée. J'ai vécu l'expérience de cette répercussion ; elle a été inutilement sanglante en Indochine et en Algérie, tumultueuse en Afrique Noire. De par mes activités j'ai constaté sur le terrain les méfaits de ce bouleversement politique mondial, hâtif et non préparé. Plus tard, j'ai pu mesurer la puissance de la suprématie américaine face à la menace soviétique et imaginer l'emploi apocalyptique des ADM (Armes de Destruction Massive). Cette vision terrifiante montre que la survie de l'humanité est peut-être à la merci du pouvoir d'un seul homme lorsqu'il n'y a pas de véritable contre-pouvoir pour empêcher un chef d'État de déclencher un conflit sous des prétextes mensongers ou sous l'inspiration d'un fanatisme religieux.

Le *gymkhana* de mes activités, m'a fait vivre des moments pathétiques au cours desquels le sentiment de se trouver dans l'antichambre de la mort touche au réel. À deux reprises, entre 18 et 25 ans, ma vie a tenu à un fil, celui du miracle, ce fil invisible qui guide la vie et se rompt un jour. Elle a aussi tenu, parfois dans des circonstances tragiques, à la décision d'un seul homme. Ainsi au début des années cinquante, mon destin et celui de mes camarades de bataillon a failli basculer du haut du ciel indochinois dans le piège de la RC 4 au Tonkin ou dans celui de Dien Bien Phu si le général commandant les FTNV (Forces Terrestres du Nord-Vietnam) en avait décidé ainsi [1].

La vie de milliers d'hommes... et le cours de l'Histoire dépendent parfois d'un seul homme, de son jugement. En lisant et en écoutant les témoignages calédoniens, je me demande encore comment un homme d'état de la stature de Charles de Gaulle a pu commettre une erreur de

1 - Dans les deux cas, c'est un autre bataillon qui a été choisi à la place du nôtre, pour des raisons obscures, peu évidentes. Voir Chapitres IV et VI.

jugement, colossale et lourde de conséquences, en désignant l'amiral d'Argenlieu comme Haut-Commissaire en Indochine, après l'échec cuisant de celui-ci en Nouvelle-Calédonie, à un moment crucial avant l'engrenage d'un conflit qui aurait pu être évité.

Ces expériences conduisent à regarder la vie avec reconnaissance, conscient du sursis que le ciel a accordé. Elles font découvrir avec bonheur le précieux et la beauté de l'existence.

Je réalise aussi que la destinée résulte de l'enchaînement de rencontres marquantes. Exaltantes ou regrettables, elles deviennent bénéfiques lorsque notre perception des conséquences nous conduit à élaborer la suite de notre devenir. C'est ainsi qu'après avoir cheminé d'une piste à une autre je me suis retrouvé, en fin de trajectoire, en Nouvelle-Calédonie pour jeter l'ancre.

Changer de vie professionnelle, changer de monde, c'était en quelque sorte " changer de peau ".

À la jonction de deux mondes

À partir de la Nouvelle-Calédonie, un territoire occupant une position privilégiée dans une zone économique appelée à devenir le carrefour principal du monde de demain, et à l'occasion de cet intermède de vie civile, mon témoignage échelonné sur plus d'un demi-siècle d'histoire laisserait un goût d'inachevé s'il ne portait pas un regard sur l'avenir en tenant compte des leçons tirées du passé.

Au cours de ces dernières décennies, la situation économique du territoire s'est améliorée visiblement, mais elle est restée très dépendante des transferts publics métropolitains qui couvrent en majeure partie les déficits commerciaux.

Le pays est loin d'avoir acquis son autonomie économique malgré l'exploitation des mines de nickel qui demeure la ressource essentielle d'exportation [1]. Le rééquilibrage entre le Nord et le Sud, prévu par les Accords de Matignon et de Nouméa, passe évidemment par la transformation, sur le territoire, de ce minerai. Mais le projet de l'usine du Nord étant retardé faute de financement suffisant et de calendrier contractuel bien défini, les hypothèses de fusion de groupes multinationaux puissants en vue de cette réalisation coûteuse laissent planer un risque de

1 - Avec 95 % des exportations, le nickel ne représente pourtant que 12 % du PIB. (Réf : IEOM, Institut d'Émission d'Outre-Mer.)

domination étrangère colossale sur le Territoire. On est donc en droit de se demander quel serait le poids des provinces, de l'État… et de la *Société Le Nickel* face à cette emprise financière dominatrice.

Faute de réflexion et de bonne communication, ce pays n'a pas encore atteint la maturité politique [1] qui nécessite, pour progresser, l'alliance de la démocratie et de l'autorité.

Pourtant, dans quelques années, le corps électoral fixé par l'Accord de Nouméa, tout au moins par son interprétation, sera amené à se prononcer sur l'avenir politique du territoire. Ceux qui légitiment, au nom du droit autochtone, " *l'usage de la force pour se libérer du joug colonial* ", devraient jeter un regard sur le sort peu enviable des peuples décolonisés. En effet, la décolonisation à laquelle se réfère le chant des sirènes indépendantistes a été un véritable échec dans la plupart des pays africains [2]… ou des États insulaires du Pacifique, même dans des pays potentiellement riches (en hydrocarbure ou en minerais) comme le Gabon, le Congo ex-belge, le Nigeria, alors que leurs dirigeants ont su tirer un profit personnel de leur prise de pouvoir.

L'état sanitaire déplorable de ces pays, les ravages provoqués par le *Sida* et la faim, les vagues d'émigrants venant échouer sur les rivages de l'Europe méridionale… ou d'Australie, sont les preuves incontestables de cet échec. Les conséquences fâcheuses d'une décolonisation catastrophique vécue par ma génération devraient être un objet de réflexion pour les Calédoniens, en tout cas pour ceux qui abordent le sujet du colonialisme d'une façon insidieusement tendancieuse.

Disposant d'atouts majeurs pour réussir, la Nouvelle-Calédonie a une chance inouïe et durable. Celle de pouvoir s'amarrer, grâce à la France, à une Europe en marche, tout en gardant son identité héritée de l'histoire et de sa position géographique.

L'Europe et la Nouvelle-Calédonie à la croisée des destinées

La situation internationale a largement évolué depuis les Accords de Matignon en 1988.

Dans un monde multipolaire qui cherche à se regrouper dans de grands

1 - Beaucoup de problèmes se règlent encore à coup de " royalties " de diverses façons et à divers niveaux, au détriment de l'intérêt général.

2 - 40 % des 900 millions d'Africains vivent avec moins d'un euro par jour. (Réf : " Europe sous pression ". L'Express N° 2866 juin 2006.)

ensembles et dans une mondialisation en pleine turbulence, la citoyenneté européenne à l'avantage d'étendre le champ de vision de la Nouvelle-Calédonie à l'Union Européenne, l'un des trois pôles de puissance à l'échelle planétaire.

Dans le Pacifique, pour s'en convaincre et mesurer l'intérêt d'être partie prenante d'un groupe d'états, il suffit de comparer le sort d'Hawaï… ou plus précisément celui des Samoa Américaines avec celui des Samoa Occidentales indépendantes ou encore avec celui d'un pays voisin, le Vanuatu. Les dirigeants de demain devraient éviter le risque d'un choix qui contribuerait à ajouter leur pays à la longue liste des républiques " bananières ", notamment celles qui, ayant rompu leurs anciennes amarres dans le Pacifique, sont appelées à passer sous la dépendance de l'économie asiatique ou de l'aide internationale?

On peut aussi se demander si l'Europe elle-même a des raisons d'avoir sa place dans la zone Asie-Pacifique.

Dans cette région dont le rôle sera déterminant à l'avenir, une Europe à vocation maritime et spatiale a tout intérêt à disposer de bases outre-mer et à être présente dans les territoires français du Pacifique, pour réaliser dans le futur son ambition de puissance mondiale entre les États-Unis et une Chine en pleine émergence. Par le biais de la France, l'Union Européenne disposerait d'une zone économique exclusive de 7,6 millions de km^2 dans le Pacifique, ce qui la placerait en première position dans le monde, bien avant les États-Unis, pour sa zone maritime dont la surveillance serait à la hauteur de sa puissance [1].

Dans ce " pari sur l'intelligence ", c'est la capacité visionnaire de la nouvelle classe politique, en Nouvelle-Calédonie, à Paris et à Bruxelles, qui décidera de cet enjeu d'envergure encore obscur pour beaucoup.

Le soldat de la paix, le civil en guerre

Au terme de mon parcours, j'ai eu le privilège d'atterrir dans ce Territoire voué à faire la jonction entre l'Europe et la région Asie-Pacifique. J'ai eu aussi la chance de faire le joint entre deux mondes différents, celui des armes et celui des affaires, à une époque où la guerre se poursuit davantage sur le plan économique. Mais quelle que soit la nature du conflit, l'homme est au cœur de l'action et reste le maître d'œuvre des succès remportés.

1 - La France est déjà en deuxième position juste après les États-Unis, avec 11 millions de km ^{2}, un espace maritime énorme qui demande des moyens à la mesure de cet espace.

Simultanément, les armées se sont radicalement transformées pour s'adapter aux profondes mutations du monde et aux nouvelles menaces dans la continuité inconsciente des fanatismes du siècle précédent. Comme l'avait pressenti Raymond Aron : " *il n'y a plus de menaces aux frontières, mais aussi il n'y a plus de frontières aux menaces* ".

Dans le cadre d'une défense globale qui implique désormais de nombreux acteurs, tels que les politiques, les scientifiques, les ingénieurs, les chefs d'entreprise... l'officier, devenu un " soldat de la paix ", occupe toujours une place spécifique au service de la sécurité de son pays ou de la paix dans un contexte multinational. Dans un pays qui perd ses repères et son sens de l'autorité, c'est à lui que l'on fait appel, parfois même pour des tâches qui ne sont pas de sa compétence parce que, étranger aux scandales qui secouent la vie politique et celle des affaires, l'officier inspire la confiance de la Nation.

Dans le service des armes du pays, dans la fonction publique ou au sein de l'entreprise, le Saint-Cyrien a le devoir de ne jamais baisser sa garde pour s'adapter en permanence au rythme de plus en plus accéléré des évolutions ; il doit bousculer les habitudes conformistes pour analyser et faire face aux nouveaux défis, avoir le courage de ses opinions, parfois le courage de déplaire quand le devoir de servir s'oppose au désir de plaire, tout comme il a le courage au feu quand son devoir le lui demande. Tant il est vrai que la noblesse du métier des armes, dans la continuité, est toujours celle du service de la Nation et de l'intérêt général.

***

Liste des annexes

1. Citation à l'ordre de la Brigade. Décision N° 781.
2. Gaston COUDURIER, une grande figure des Troupes de Marine Parachutistes.
3. Récit de la mort du lieutenant Gaston LAPÉRROUSAZ du 7e BPC à Yen Cu Ha le 7 juin 1951.
4. Le sacrifice du lieutenant Guy TRUCHOT du 8e BPC en captivité, en juin 1952.
5. Liste des parachutistes de la 2e Cie du 1er BPC, décédés en captivité.

5 bis. Tract de propagande VM concernant ces prisonniers.

6. " *Souvenirs* " de Nikita KHROUCHTCHEV sur la bataille de Dien Bien Phu.
7. Hommage des anciens de la 101e Division Aéroportée US (la " *One-O-One* ") aux combattants de Dien Bien Phu.
8. Ordre de mission en date du 22 juillet 1960 signé par Mamadou DIA, Vice-Président du gouvernement chargé de la Défense de la Fédération du Mali.
9. Ordre particulier concernant le capitaine TERZIAN pour sa mission auprès de l'EM-ONU Congo.
10. Fiche à l'attention du gouvernement sénégalais.
11. Lettre de félicitation en date du 24.11.1970 du général de C.A. LECOINTE, faisant suite à la satisfaction exprimée par le secrétaire d'État chargé de la Défense Nationale.
12. Retour au Vietnam… trente ans après.
13. Article du journal " *Times* " de Singapour concernant la nomination du général Sak SUTSAKHAN à la tête des Forces Cambodgiennes.
14. Membres de ma famille paternelle, victimes du génocide arménien.
15. Chronologie des principaux événements durant la crise calédonienne 1984-1989.
16. Télex adressé le 2.12.1984 au Président de la Saint-Cyrienne lui demandant d'intervenir auprès du Président de la République.
17. Entretien du 27.12.1984 avec Édgar PISANI, Haut-Commissaire de la République en Nouvelle-Calédonie.
18. Lettre du général GUICHARD, sous-chef d'État-Major des Armées, en date du 5 février 1985.
19. Éditorial de " *L'Express* " concernant la Turquie en date du 06.12.04.

ANNEXE I

CITATION À L'ORDRE DE LA BRIGADE
DÉCISION N° 781

REPUBLIQUE FRANCAISE .

GUERRE 1939-1945

C I T A T I O N

DECISION N°- 781 .

LE SECRETAIRE D'ETAT AUX FORCES ARMEES " GUERRE "
C I T E : a l' ORDRE DE LA BRIGADE .

T E R Z I A N , Edouard (F.F.I.)

" Fait partie de la résistance Armée de DRAGUIGNAN des Septembre 1943. A rejoint le maquis des Salettes le 6 Juin 1944, le 23 Juillet participe avec 3 de ses camarades à l'attaque de la prison et a réussi par cet audacieux exploit à libérer Cinq patriotes détenus qui devaient être transférés le jour même par la Gestapo de MARSEILLE .

CETTE CITATION COMPORTE L'ATTRIBUTION DE LA CROIX DE GUERRE AVEC ETOILE DE BRONZE .

Fait a PARIS, le 7 Mai 1948
Signé: MAX LEJEUNE .

POUR AMPLIATION
PARIS, le 25 Mai 1948 /
L'Administrateur de Iere- Classe
B A U L E T
Chef du Bureau" Décorations "
P.O. Le Capitaine LAMOTHE
Signé: LAMOTHE .

Pour extrait certifié conforme,
TOULON, le 10 Juin 1948
Le Chef de Bataillon ORSINI'Alias MARTIN "
Chef de l'Organe Liquidateur F.F.I. de la
Subdivision Militaire de TOULON.

ANNEXE 2

Gaston Coudurier
une grande figure des Troupes de Marine Parachutistes

Extrait du bulletin de la promotion "général Leclerc, 1946-1948" de décembre 1990

Gaston est né au Touvet dans l'Isère le 31 décembre 1925. À 17 ans, sous l'occupation allemande, il abrège ses études pour rejoindre le maquis de l'Oisans en Savoie et s'illustre déjà dans ses premiers combats pour la Libération.

Après le débarquement des Forces Alliées, il s'engage pour participer à la campagne de France et d'Allemagne. Deux fois cité comme caporal, il reçoit la Croix de Guerre 1939-1945.

La guerre à peine terminée, il est volontaire pour continuer le combat en Indochine. Nommé sergent, il participe aux premiers engagements du Corps Expéditionnaire. De nouveau cité, il est proposé pour la Médaille Militaire. S'étant distingué par ses qualités guerrières exceptionnelles, il est sélectionné pour préparer le concours d'entrée à l'ESM - École Spéciale Militaire. Reçu, il rejoint la Promotion à Coëtquidan. Il est affecté à la 2e section de la 3e Compagnie avec Mace de Gastines, notre Major. Titulaire de la Médaille Militaire et de trois citations, il figure parmi les élèves-officiers les plus décorés de l'École : il fait évidemment partie de la Garde du Drapeau.

Après l'ESM et à la sortie de l'École d'Application d'Infanterie en 1949, il est affecté au 3e Régiment d'Infanterie Coloniale puis, sur sa demande, à la 1re Demi-Brigade Coloniale de Commandos Parachutistes en Bretagne, commandée à l'époque par le colonel Massu. C'est, pour lui, la voie la plus rapide pour repartir en Indochine, et pour se retrouver à la pointe du combat. Juste avant de partir, il prend le temps de se marier avec Denise Laurent, une jolie Quimpéroise (dont la sœur, Marcelle, est devenue par la suite mon épouse après mon premier séjour en Indochine).

Gaston s'illustre de nouveau dans de nombreuses opérations avec le 2e Bataillon de Parachutistes Coloniaux, de novembre 1950 à février 1953, bataillon commandé par les commandants Tosse, puis Lenoir. Fait assez rare dans les TAP, on lui confie le commandement d'une compagnie parachutiste alors qu'il est jeune lieutenant.

De retour en Métropole, après un congé de fin de campagne, il rejoint la garnison parachutiste de Quimper, puis de Mont-de-Marsan. Affecté " en séjour colonial " à Dakar (Sénégal) en décembre 1953, à la tête d'une compagnie, il est parachuté dans le Rio De Oro (zone espagnole) pour participer à une opération en Mauritanie. Il est de nouveau cité pour faits exceptionnels.

Après Dakar, il rejoint l'Algérie en septembre 1957 pour commander la 3e Compagnie du 6e RPIMa et participe brillamment à une série d'opérations: plusieurs fois cité.

Après un séjour opérationnel bien rempli en Algérie, il est affecté à Bayonne en 1959 pour commander le Centre d'Instruction Parachutiste. Puis de 1962 à 1965, il est de nouveau à Dakar au 7e Régiment Parachutiste d'Infanterie de Marine. Toujours comme commandant de compagnie, il intervient une deuxième fois avec succès en Mauritanie, à Nema.

De 1965 à 1970, avec le grade de chef de bataillon, il sert comme chef de corps au CERP, Centre d'Entraînement des Réserves Parachutistes près d'Orléans.

En 1970, il rejoint pour la troisième fois Dakar pour être affecté à l'EM interarmées sous les ordres de l'amiral FLECHY et du général PASCAL. En 1972, il prend le commandement du Bataillon de Commandement et de Services d'une brigade mécanisée à Offenbourg en Allemagne – sous les ordres successifs du général LE MATTRE et du général MALDAN.

De 1974 à 1977 il est chef d'EM de la Brigade Parachutiste de Tarbes sous les ordres du général DROUIN, puis du général LONGERET.

En 1977, il est affecté au Gabon comme chef de l'assistance technique et conseiller militaire du Président de la République Gabonaise. Ses services éminents sont reconnus - sur le plan militaire comme sur le plan politique. Il est nommé général de brigade le 31 décembre 1982 - puis est admis en 2e section.

En mars 1983, il est rappelé au Gabon à titre civil, à la demande du Président de la République Gabonaise et sert comme conseiller militaire du Ministre de la Défense pendant quatre ans.

En 1986, il rejoint la Métropole pour prendre une retraite bien méritée à Estibeaux près de Dax, dans les Landes. Il continue cependant à mener une vie très active, comme Président de la société de Chasse, Secrétaire de la section de Tennis et membre de la section de Bridge. Son activité physique favorite reste le *cross*. Il le pratique tous les jours pour maintenir ses performances, avec acharnement… jusqu'au dernier souffle [(1)].

Marié en 1950, Gaston COUDURIER a trois enfants: Marie Christine mariée à un ingénieur allemand Michaël MÜLLER vivant à Stuttgart, Brigitte mariée à Marc GUIN (de la famille de notre camarade GUIN), adjudant au 8e RPIMa Castres, et Jean-Louis, adjudant au SMA (Service Militaire Adapté) de Guadeloupe, marié, également père de famille. Au total 8 petits-enfants.

Gaston est titulaire de 17 citations dont 6 avec palmes, ainsi que de plusieurs décorations étrangères dont l'Étoile Équatoriale Gabonaise comme Commandeur.

---

1 - Gaston COUDURIER est décédé le 20 août 1990, à Estibeaux près de Dax, à l'issue d'un cross, par " accident cardio-vasculaire ".

Je me permets de rappeler que COUDURIER a été promu dans l'ordre de la Légion d'Honneur dans des conditions toujours exceptionnelles :

- " Chevalier " en 1951 en Indochine sur le front des troupes, comme jeune lieutenant
- " Officier " en 1953 à son retour d'Indochine, toujours comme lieutenant
- " Commandeur " en 1960 comme capitaine
- " Grand Officier " en 1978

À ma connaissance, il est alors le seul colonel en activité de l'Armée Française à porter le titre de " Grand Officier ". Au fil des ans, " GASTON " est devenu une figure légendaire dans les Parachutistes et les Troupes de Marine.

***

RÉCIT DE LA MORT DE GASTON LAPÉRROUSAZ, CHEF DE SECTION DE LA 13e COMPAGNIE DU 7e BPC, TOMBÉ AU COMBAT LORS DE LA DÉFENSE DU POSTE DE YEN CU HA (1) LE 7 JUIN 1951

Extrait d'un récit du capitaine SAUSSE (2) commandant la 13e Cie.

...

L'après-midi, le général, commandant des troupes du Tonkin, qu'accompagne notre chef de bataillon, rend visite à la garnison. Elle est assurée d'une aide puissante, rapide, de l'Artillerie, de l'Aviation, de la Marine et des éléments d'intervention. Le soir, les *Hellcats* bombardent les environs au *napalm* et bientôt, en direction du sud est, 14 appareils évoluent simultanément : spectacle rare et fort prisé d'un semblable carrousel aérien ; et c'est sous leur protection lointaine qu'en fin de soirée les *coolies* des villages voisins, ramenés par ceux de la 14e, bouchent les emplacements individuels récemment creusés par les Viets.

La nuit arrive, la compagnie reste seule.

20 heures : des équipes légères de quelques hommes appelés " Sonnettes " se mettent en place à 400 mètres au sud-est et au sud-ouest, à 200 mètres à l'est et à l'ouest. Le poste s'endort, confiant en la vigilance de ces éléments avancés.

22 heures : dans le lointain, plein sud, une rafale.

La sonnette sud-ouest, celle du sergent BOCQUET, vient de rendre compte : à quelque 600 mètres du poste, une rafale a été tirée ; des cris en annamite ont été poussés. Tiens, curieux, les Viets se sont heurtés.

Bonne occasion pour faire appel à l'Artillerie. Le tir " MARINETTE " est déclenché, suivi de quelques coups de mortiers de 81. Le sergent BOCQUET repart, plus près cette fois-ci, à la corne sud-ouest des barbelés.

23 heures 45 : à son tour, la sonnette du sergent BOUCHAIN, postée au sud-est donne l'alerte : cette fois-ci les nôtres ont tiré. BOUCHAIN rentre rapidement pour signaler une forte infiltration dans le secteur sud-est. Il s'est dégagé avec peine.

Qu'à cela ne tienne, l'Artilleur, par deux fois, demande " JEANNETTE 5 " et pour conclure " MARINETTE " s'abat sur la face ouest. 81 et 60 interviennent aussi ; les Viets sont ainsi assurés d'être attendus.

Mais sont-ils vraiment venus pour attaquer en masse ?

Depuis 10 mois les alertes ont été fréquentes. D'ailleurs : pourquoi ne pas dormir dans son trou pour être en pleine forme s'ils se décident à donner l'assaut ! Aussi la fatigue aidant, la plupart trouvent vite le sommeil. Seuls, les guetteurs sur chaque face redoublent de vigilance.

---

1 - À 10 km au sud-est de Ninh Binh, au sud du Delta tonkinois.

2 - Le capitaine SAUSSE sera tué au combat, quelques mois plus tard.

3h15: du guetteur de la première section: " *Halte-là* " (pas de réponse); il tire. Juste ciel! Qu'a-t-il déclenché? La compagnie n'est pas près d'oublier ce déluge de flammes et d'acier, cette âcre fumée qui bientôt noie le poste. De partout semble-t-il, que ce soit des barbelés ou des lisières éloignées, les coups pleuvent. Durant un quart d'heure se succèdent rafales continues, explosions d'obus et de charges creuses sur les murs d'enceinte, de mortiers aux abords immédiats et dans le poste même.

La riposte est rapide, immédiate, consciente: nos armes à leur tour se déchaînent et, dès cet instant, magnifiquement. Sans répit, l'Artillerie actionnée par son DLO (Détachement de Liaison et d'Observation) entre en action. Combien n'ont pas eu de pensée émue pour sa vaillante antenne... Avec quel brio, mais aussi combien de calme, de sang-froid n'avez-vous pas dirigé vos tirs pendant trois heures, cher lieutenant CAPY?

De 3h30 à 4h15 environ, les vagues d'assaut se succèdent aux abords des barbelés et à l'intérieur des réseaux, sur la face sud et sud-ouest. Tombent les premiers, le commandant en second de la compagnie, le lieutenant LAPÉRROUSAZ. Son adjoint, le sergent-chef FROEHLY qui, blessé par la suite ne prendra aucun soin, le remplace. PHILIPOFF, BARETJE, tués par les mortiers ennemis; les blessés sont nombreux: le sergent-chef HUGUET, deuxième chef de section, le caporal KORDEK, CARNET, GRAVIER, GAREL, LANGLOT, GABRIEL, le sergent TUY mis hors de combat et d'autres encore. Un troisième chef de section est touché, le lieutenant CHEVROT, chef de section de la section Nung (autochtones). Il ne quitte pas ses hommes, tenant jusqu'au bout malgré ses blessures pansées sommairement. Le PC devient infirmerie, vite insuffisante. Les galeries retentissent des cris et plaintes des blessés; la fumée recouvre le poste et chacun tire sans faiblir, épaulé à droite, épaulé à gauche.

...

De 4h45 à 5h30: de nouveaux assauts sur la face nord-nord ouest. Les deux FM ouest s'enrayent: ils ont tiré plus de 1000 cartouches; des éléments ennemis parviennent à la tour nord-ouest et déposent une charge d'environ 25 kg d'explosif qui sera retrouvée à l'aube, intacte. Ils s'emparent d'un Nung de la 3e section, tiré ou tombé du parapet, nul ne le sait, et dont le corps sera retrouvé le lendemain dans les barbelés extérieurs. D'autres éléments atteignent le réseau intérieur sur la face est.

...

Mais en face, des proches barbelés, nous vient le réconfort " *Oi gioi oi* " gémissent les rebelles martelés par l'Artillerie, cloués au sol par nos rafales. Et la voix du lieutenant CALÈS, dominant l'ensemble, nos paras de reprendre " LE PAQUET ". " *OK* "... joyeux déjà de s'en tirer avec... netteté.

Depuis des mois, la compagnie cherchait sa devise : sur l'heure, la voilà trouvée - " LE PAQUET " - figurera en lettres d'or sur son fanion. Et quand un peu avant 4 heures le colonel qui suivait la lutte du voisinage demandait son capitaine en personne à la radio, par son indicatif " *Rapace-bleu* ", il fixait à l'unité son insigne : un aigle d'azur sur fond bleu, en heureux présage de la venue à l'aube des chasseurs porteurs de *napalm*.

D'ailleurs, le jour se lève, les fumées des charges creuses qui brûlent çà et là aux abords du parapet qu'elles n'ont pu entamer le retardent ; peut-être facilitent-elles le repli de l'ennemi. Les défenseurs déjà le devinent.

...

Mais l'ennemi ?

Dans les barbelés ou sur leurs abords immédiats, 99 cadavres sont dénombrés ; parmi eux, un chef de bataillon et un commandant de compagnie. 118 seront ensevelis le lendemain... Toutes ces unités appartenaient à la Brigade 308, quelque 2 500 hommes armés de nombreuses mitrailleuses et mortiers.

...

La 13, cette nuit-là, a eu les Dieux pour elle.

***

ANNEXE 4

Le sacrifice du lieutenant Guy Truchot

chef de section du 8e BPC dans les combats du Pays Thaï (octobre 1951)

puis en captivité (octobre 1951 – juin 1952)

Pour faire face à la menace de la Division 312 VM centrée sur Nghia Lo dont la défense conditionne la protection du Pays Thaï au nord-ouest du Vietnam, le général SALAN décide de parachuter le 8e BPC (Bataillon de Parachutistes Coloniaux) commandé par le capitaine GAUTIER, le 2 octobre 1951 sur Gia Hoï, au nord de Nghia Lo.

Après de violents combats de jungle vers Tan Kouen dans la journée du 3 octobre, le 8e BPC est contraint de se replier sur le col de Ban Van sous la pression de l'adversaire, pour éviter l'encerclement.

La situation du 8e BPC étant jugée critique, le 2e BEP, Bataillon Étranger de Parachutistes est également largué sur Gia Hoï, le 4 octobre après-midi. Il s'empare du village de Bo Sieng le 5 octobre, tandis que le 8e BPC reçoit l'ordre de pousser de nouveau en direction de Tan Kouen.

" ... le lieutenant-colonel de ROCQUIGNY donne l'ordre au 8e BPC de " tenter de soulager le BEP en effectuant une action violente sur les arrières viets ". Vers 17 heures, le capitaine GAUTIER se porte lui-même en avant avec la 16e Compagnie, la seule disponible à ce moment. Une heure plus tard, parvenue à hauteur de Tan Kouen, elle tombe sur un dispositif ennemi d'une puissance de feu considérable. La section TRUCHOT, trop engagée dans la jungle, est tout de suite isolée. Le capitaine GAUTIER tombe, grièvement blessé. Cernée de toutes parts après quelques minutes de combat, la compagnie réussit à décrocher par la Nam Minh, en amenant ses blessés. Demeurés seuls, environnés d'une multitude de Viets, le lieutenant TRUCHOT et ses quarante-deux hommes se défendent avec acharnement. Lorsque les survivants cessent le combat, à bout de munitions, tous sont blessés. Quelques jours plus tard, on retrouvera sur les lieux de l'affrontement les corps de dix-huit parachutistes au milieu de plus de quatre-vingts cadavres viets... " [1]

Capturé par le Vietminh, le lieutenant Guy TRUCHOT refuse de se soumettre à la propagande et à l'action psychologique de ses geôliers VM. Au cours des séances collectives d'endoctrinement du commissaire politique, il prend le contre-pied des discours idéologiques.

Le sergent WIDENT du 1er BPC, fait prisonnier le 10 décembre 1951 à Xom Sui et libéré le 4 juillet 1952, rend témoignage au comportement courageux

1 - *Extrait de " Paras d'Indochine, 1944-1954 " de Jean-Pierre PISSARDY, SPL, 1982.*

de notre camarade de promotion qui accepte toutes les conséquences plutôt que de se soumettre à l'idéologie de ses tortionnaires.

Privé de nourriture et de soins, affaibli par la dysenterie amibienne, il résistera jusqu'au bout et s'éteindra en juin 1952, sans avoir la moindre chance d'être libéré.

Après avoir évoqué les circonstances de la mort de Guy TRUCHOT, dans un article de la *Revue de l'armée* [1], le lieutenant-colonel GRAS, son ancien commandant de compagnie du 7e BCCP conclut : " *Une promotion de Saint-Cyr s'honorerait de porter son nom* ".

En effet, la mémoire de ce sacrifice sublime, sans doute unique, mériterait d'être gravée dans le marbre de nos promotions.

***

1 - 1970. N° 4, Nghia Lo, 1951.

Liste des prisonniers de la 2e Cie du 1e BPC, décédés en captivité

Adjudant Hubert - fin avril 1952 au Camp 15 (mort subite dans la nuit)
Sergent Boucher - début mai 1952 au Camp 15 (béribéri et dysenterie)
Sergent Legrand - fin mars 1952 au Camp 15 (paludisme – anémie)
Sergent Montol - le 8 mai 1952 au Camp 15 (en traitement syphilis avant sa capture. Paludisme et dysenterie)
Sergent Sallabéry - février 1952 au Camp 113 (insolation)
Caporal-chef Padois - fin juin 1952 au Camp 113 (paludisme, anémie)
Caporal-chef Lafitte - début mai 1952 au Camp 15 (dysenterie)
Caporal Vairy - début avril 1952 au Camp 15 (dysenterie et béribéri)
Caporal Charlet - fin avril 1952 au Camp 15 (maladie de poitrine suite blessure)
Caporal Thullier - fin avril 1952 au Camp 15 (béribéri et dysenterie)
1re Classe Léaud - Noël 1951 au 1er Camp provisoire (suite de ses blessures)
Boscher - fin février 1952 au Camp 15 (dysenterie et paludisme)
Couvreur - fin février 1952 au Camp 15 (dysenterie)
Besson - fin juin au Camp 14 (paludisme, anémie)
Plaindoux - fin juin au Camp 113 (paludisme)
Tramaille - tué par artillerie Mont Bavi (nuit du 11 au 12 décembre 1952)
Marin - début juin au Camp 113 (paludisme et dysenterie)
Legros - 15 juin au Camp 15 (dysenterie)
Lavalette - fin mai au Camp 15 (dysenterie)
Duranton - fin juin au Camp 113 (dysenterie, paludisme, anémie)
Sergent Imbert - fin juin au Camp 113 (paludisme, anémie)
Caporal Taris - avril 1952 au Camp 15 (dysenterie)
1re Classe Noue - fin janvier 1952 au Camp 15 (dysenterie)

***

Restant au Camp n° 14

Caporal Joulin - bonne santé, moral déficient
Caporal Depême - santé médiocre, sujet au paludisme, assez bon moral
Caporal Le Bihan - état demi comateux à notre départ. Libérable, n'a pu être transporté.
Pardo - état comateux. Paludisme et dysenterie amibienne chronique.
Carjuza - était dans le coma à notre départ (4 juillet) et serait décédé selon certains renseignements apportés par une délégation du Camp 14 venue nous faire les adieux au Camp 113.

NB : copie d'une liste manuscrite établie par le sergent Wident du 1er BPC, ex-prisonnier libéré le 4 juillet 1952, transmise au lieutenant Édouard Terzian du 10e BPCP, par le commandement en chef des Forces Terrestres, Aériennes et Navales en Indochine.

À la lecture de cette liste, une constatation édifiante s'impose. Sur les 29 parachutistes, faits prisonniers le 10 décembre 1951 au cours du combat de Xom Sui, et " traités correctement " (selon le tract de propagande, voir Annexe suivante), dans un délai de 7 mois après la capture : 23 sont morts en captivité ; 5 sont encore au Camp 14 (dont 3 dans un état comateux, l'un d'eux supposé décédé) ; 1 est libéré, le sergent Wident.

Le taux de mortalité, dans un délai aussi court, est donc de 79 % (sans inclure les malades comateux).

***

Tract de propagande VM concernant les prisonniers de la 2e Compagnie du 1e BPC

(Voir fin du Chapitre IV et Annexe 5 donnant la liste)

Aux camarades

DU C.E.F.E.O. !

« Le 10-12-51 la 2ème Cie du 1er BPC était anéantie par les TROUPES VIETNAMIENNES.

Beaucoup d'entre nous, en voie de rapatriement ont été tués dans le combat et ne reverrons plus jamais leur famille.

Durant les quelques jours passés en captivité nous avons toujours été traités correctement, nous avons beaucoup vu, nous avons réfléchi et nous nous sommes rendus compte :

— Que la prétendue victoire à HÔA BÌNH dont le Général DE LATTRE DE TASSIGNY a tant parlé n'est qu'apparente

— Que l'ARMÉE VIETNAMIENNE est bien organisée, disciplinée, plus forte que nous ne pensions, parce qu'elle est aidée par le peuple entier

— Que les TROUPES VIETNAMIENNES sont déterminées à infliger à leurs ennemis des pertes chaque jour plus graves et à lutter pour l'indépendance de leur pays jusqu'à la victoire finale.

— Que le PEUPLE VIETNAMIEN n'a pas de haine contre le PEUPLE DE FRANCE et ne veut que vivre libre et en paix.

— Que la guerre que nous menons ici, loin de la France, est une guerre injuste qui ne fait que salir l'honneur de la France et la faire miner en or et en sang.

NOUS VOUS APPELONS TOUS :

— A ne pas mourir inutilement au champs de bataille pour une cause qui n'est pas celle de la France.

— A demander la cessation immédiate de cette sale guerre et le rapatriement de tout le C. E. F. E. O. »

Signé : Widen René (Sergent) 2ème Cie, 1r BPC
représentant un groupe de 28 prisonniers tous de la 2ème Cie du 1er BPC

ANNEXE 6

"SOUVENIRS" DE NIKITA KHROUCHTCHEV

Robert Laffont, 1971

(Extrait "Ho Chi Minh et la guerre au Vietnam", page 457)

......

À l'issue d'une de ces séances dans la salle Catherine, au Kremlin, Chou En-lai me tira par la manche pour m'entraîner à l'écart. Il dit : " *Le camarade Ho Chi Minh m'a dit que la situation au Vietnam est désespérée, et que si nous n'obtenons pas un cessez-le-feu, les Vietnamiens ne pourront pas résister plus longtemps aux Français. En conséquence, ils ont décidé de battre en retraite jusqu'à la frontière chinoise, si cela devient nécessaire, et ils veulent que la Chine se tienne prête à envoyer des troupes au Vietnam, comme elle l'a déjà fait pour la Corée du Nord. Autrement dit, les Vietnamiens veulent que nous les aidions à chasser les Français. Or il nous est parfaitement impossible d'accéder à cette demande du camarade Ho Chi Minh. Nous avons déjà perdu trop d'hommes en Corée, où la guerre nous a coûté très cher. Nous ne pouvons pas, dans la situation présente, nous lancer dans un nouveau conflit.* " (1)

Je fis à mon tour une requête au camarade Chou En-lai : " *La lutte qui se déroule en ce moment est de première importance, dis-je, et les Vietnamiens se battent bien. Les Français subissent de lourdes pertes. Vous n'avez aucune raison de dire à Ho Chi Minh que vous lui refuserez votre aide si ses troupes doivent reculer jusqu'à la frontière chinoise. Au contraire, laissez-le croire que vous êtes prêts à le soutenir en cas de besoin, et cette idée permettra aux Vietnamiens de redoubler d'énergie dans leur résistance contre les Français.* " Chou En-lai accepta de ne pas dire au camarade Ho Chi Minh que son pays ne voulait pas entrer dans la guerre contre les Français en territoire vietnamien.

Puis le miracle eut lieu. Au moment où les délégations arrivaient à Genève, les résistants vietnamiens remportaient une grande victoire en s'emparant de la place forte de Dien Bien Phu. Dès la première session de la conférence, Pierre Mendès France, alors chef du gouvernement français proposa de ramener les troupes de son pays en deçà du 17e parallèle. J'avoue que la nouvelle, quand elle nous parvint, nous laissa bouche bée de stupéfaction et de plaisir. Nous n'avions rien espéré de tel. Le retrait en deçà du 17e parallèle était en fait la revendication maximum à partir de laquelle nous comptions négocier...

***

1 - Tout le monde, à l'ouest, ignorait que la situation des Vietnamiens fût aussi désespérée.

ANNEXE 7

Hommage des anciens de la 101e Division Aéroportée US (la " one-O-one ") aux combattants de Dien Bien Phu

7 mai 1954, c'était un vendredi,
mais pas un vendredi ordinaire.
Car ce jour-là,
les survivants exténués d'une valeureuse Force française,
couverts de sang et de la crasse des combats,
virent leurs trois couleurs nationales sombrer dans la boue
d'un endroit nommé Dien Bien Phu.
Cinquante-quatre jours durant ils tinrent bon
en s'arc-boutant les uns aux autres.
Un continent plus loin, personne ne s'en souciait!
L'élan joyeux du peuple de Paris hier libéré des nazis
avait disparu sous la croûte de l'indifférence
tandis que les Paras assiégés luttaient à mort
pour faire ce que leur gouvernement leur
avait demandé de faire, à Dien Bien Phu,
par obéissance et fierté pour leur pays.
Alors le soleil s'est couché sur les Français à Dien Bien Phu,
et il s'est levé sur les Américains!
Le témoin était passé,
l'Histoire s'apprêtait à se répéter
et des millions de jeunes américains
devancèrent ou acceptèrent l'appel de leur pays
pour servir au bout du monde, au Vietnam.
Eux aussi, par obéissance et fierté.

***

ANNEXE 8

FÉDÉRATION DU MALI
UN PEUPLE — UN BUT — UNE FOI

N° 105

VICE-PRÉSIDENCE DU GOUVERNEMENT

DAKAR, LE

XXXXXXX

ETAT-MAJOR FEDERAL

22 JUIL. 1960

VISA :
Finances

ORDRE DE MISSION

M. TERZIAN Edouard

Qualité et Grade : Capitaine

se rendra en mission à LEOPOLDVILLE

Objet de la mission : Liaison auprès du Commandant des Forces de l'O.N.U. au CONGO

Moyen de transport : Voie aérienne

Date de départ : Juillet 1960

Date de retour : Mission terminée

Imputation budgétaire : Budget du Ministère de la Défense du MALI.

Frais de transport :

Indemnité de déplacement :

DAKAR, le

LE VICE-PRESIDENT DU GOUVERNEMENT
CHARGE DE LA DEFENSE

Signé : Mamadou DIA

AMPLIATIONS :
Finances (Solde)
Finances (Matériel)
Cabinet
Régulation aérienne
Intéressé

Dakar le 23.7.60
EM Fédéral

Ordre particulier
concernant le Cne Terzian

—

(En cas où le Cne Terzian ne pourrait partir avec un officier Malien) –

– Le Cne Terzian est conseiller de la Liaison – détachement précurseur du Mali.

Il se présentera officieusement ainsi et rejoindra Brazzaville où il se présentera au GCS zone 2

Un officier Malien sera envoyé à Brazzaville dans les meilleurs délais – Le Détachement précurseur du Mali ainsi constitué pourra contacter officiellement le Commandement ONUC.

Tout indication complément nécessaire lui sera transmise par le canal GCS. 2 éventuellement

Le chef d'Etat Major

ANNEXE 10

Fiche à l'intention du gouvernement sénégalais [1]

Dès son arrivée au Congo, le bataillon malien s'est trouvé dans une ambiance générale très néfaste. Sur tout le territoire du Congo, la haine du Belge est solidement ancrée dans tous les cœurs, et dans l'esprit des Congolais ; les événements actuels représentent avant tout l'aspect d'une lutte anti-belge. Dans l'excitation des esprits, cette lutte anti-belge prend souvent la tournure d'un conflit racial entre Blancs et Noirs. Le bataillon, étant en contact étroit avec les Congolais, subit l'influence de cet esprit malsain ; par ailleurs, il est le témoin de la désorganisation des structures d'un pays - (dans tous les domaines) - et de l'agitation politique et psychologique qui découle de cette désorganisation.

Au Katanga plus particulièrement, le bataillon se trouve en face d'une situation politique mal définie : situation d'une province appuyée par la Belgique et en sécession par rapport au gouvernement central. De plus, l'ambiance est différente au nord et au sud ; en effet, si le sud de cette province est dans l'ensemble favorable au gouvernement Tshombé (60 à 70 % de la population), le nord par contre (district du Tanganyka, chef-lieu Albertville) est unanimement contre le gouvernement provincial - à l'exception de l'administration qui est totalement coupée de la masse. Or, ce district d'opposition est précisément la zone d'implantation du bataillon (Albertville, Kongolo, Kabalo, Nyunzu). De ce fait, comme les forces locales chargées du maintien de l'ordre (d'importance minime) se trouvent en butte à toute une population, le bataillon devient le seul support véritable du gouvernement provincial ; et vis-à-vis des cadres - le bataillon semble devenir l'instrument d'une politique de sécession. Cette situation met à rude épreuve le sentiment de solidarité africaine et crée un trouble psychologique aigu.

Dans ce cadre général, les événements politiques qui viennent de se dérouler au Mali [2] ont eu des répercussions profondes sur l'état d'esprit d'un bataillon déjà sensibilisé. Après le choc psychologique et le désarroi qui s'en est suivi, une certaine dissociation morale commence à se manifester - en particulier sous l'action de quelques éléments subversifs. La solidité du bataillon qui avait été hautement appréciée par le commandement de l'ONU, subit un choc violent et la discipline soumise à une rude épreuve risque de se dégrader très rapidement.

Devant cette situation de fait, et les risques d'une détérioration rapide, le chef de bataillon manifeste une inquiétude grandissante en ce qui concerne la cohésion du bataillon. Le danger d'une rupture est envisagé, si le gouvernement ne prend pas immédiatement ses responsabilités. Le commandant Mademba pense pouvoir maintenir la cohésion voulue pendant trois semaines au maximum - après quoi,

1 - Fiche établie à mon retour à Dakar en fin août 1960, après accord préalable avec le commandant Mademba. Voir Chapitre X.

2 - Allusion à l'éclatement de la Fédération du Mali.

il ne répond plus de la conduite des cadres. En dehors du risque d'incidents possibles à l'intérieur du bataillon, le commandant souligne le risque d'une subversion pouvant mettre en jeu la sécurité future du Sénégal après le retour du bataillon. Ce risque est d'autant plus grave que les éléments sénégalais de ce bataillon sont appelés à constituer le noyau de notre Armée.

Dans ces conditions, il est préconisé dans l'immédiat, le retrait du bataillon de sa zone d'implantation actuelle et son regroupement dans une zone relativement plus saine. Par ailleurs, une décision doit être prise très rapidement en ce qui concerne la destination de ce bataillon. Compte tenu de la nouvelle situation politique du Sénégal et malgré les risques d'incidents que comporte obligatoirement la dissociation du bataillon, trois solutions sont à envisager :

- Dissociation du bataillon sur place et maintien des Troupes Sénégalaises au Congo dans le cadre de l'ONU. Le risque encouru vient d'être exposé.
- Retrait des Troupes Sénégalaises.

Le Soudan accusera le Sénégal de " torpiller " le bataillon de l'ONU, et de ce fait tirera toute une argumentation pour entraver l'admission du Sénégal à l'ONU ; cependant, la sécurité du pays sera assurée et le danger de subversion écarté - surtout si certaines dispositions élémentaires sont prises par mesure de sûreté (fractionnement, mutation...)

- Retrait simultané des Troupes Sénégalaises et Soudanaises ; mise en route directe par voie aérienne sur Dakar et Bamako à partir du Congo.

Une pareille opération suppose une prise de contact préalable auprès du gouvernement soudanais pour obtenir un accord à l'amiable. Cet accord pourrait être facilité par le fait que le bataillon étant dissocié, les unités se trouvent décapitées d'une partie de leurs cadres (peu d'officiers et sous-officiers soudanais). De toute façon, l'appréciation de la situation réelle, les mesures à prendre sur place et en particulier les modalités de retour, nécessitent impérativement l'établissement d'un contact direct avec le chef de bataillon sous forme d'une très courte mission de liaison effectuée par un officier auprès du bataillon au Congo.

***

En conclusion, la situation présente et les perspectives d'une évolution future, exigent une action très rapide :

- Contact immédiat avec Bamako par l'intermédiaire d'un émissaire pour obtenir un accord à l'amiable
- Demande de retrait des Troupes Sénégalaises (en cas de retrait simultané, retour des éléments soudanais directement sur Bamako)
- Envoi d'une mission de liaison.

N° 6

CONFIDENTIEL DÉFENSE

2ème CORPS D'ARMEE

ET

COMMANDEMENT EN CHEF DES F.F.A

-

ETAT - MAJOR - 2ème BUREAU

-

Tél : 82.10

A S.P 69 094, le 24 NOV. 1970

N° 5985 /2°CA.-CCFFA/2/CI

Clt :

Le Général de C.A G. LECOINTE
Commandant le 2ème Corps d'Armée
Commandant en Chef les Forces Françaises en Allemagne

à

Monsieur le Chef de Bataillon TERZIAN
Officier de Liaison auprès de l'Ecole
des Systèmes d'Armes de l'O.T.A.N
à OBERAMMERGAU

OBJET : - Lettre de félicitations.

REFERENCE : - Note n° 3167/DN/EMA/REN/2/CD du 10 novembre 1970.

Le Ministre d'Etat Chargé de la Défense Nationale m'a chargé de vous exprimer sa satisfaction pour les renseignements sur des sujets de grand intérêt que vous avez transmis le 24 juillet 1970.

En vous transmettant un exemplaire de la note du Ministre, je vous adresse mes félicitations personnelles pour la qualité des informations ainsi fournies.

Signé
Le Général de Corps d'Armée G. LECOINTE
Commandant le 2e Corps d'Armée
Commandant en Chef les Forces Françaises en Allemagne

- COPIE à :
- M. le Colonel, Chef du 1° Bureau de l'E.M/2°CA/CCFFA
"POUR INSERTION AU DOSSIER DE L'INTERESSE"

22 MARS 1995

Document établi avec les seuls renseignements en ma possession photocopie certifiée conforme à l'original qui nous a été présenté

Le Commandant du Bureau Central d'Archives Administratives Militaires
Pour le commandant du BCAAM
par ordre
le lieutenant ... TROMMETET
chef du groupement archives individuelles

CONFIDENTIEL DÉFENSE

NB : C'est seulement à Nouméa, avant mon départ de l'Armée, que j'ai pris connaissance de l'existence de cette note dans mon dossier d'officier.

RETOUR AU VIETNAM, 30 ANS APRÈS... OCTOBRE 1986 [1]

Extrait d'un texte destiné au bulletin de ma promotion, relatant à chaud mes impressions de séjour à Hanoï du 24 au 29 octobre 1986 (Voir Chapitre XV " Le virage asiatique " et documents photographiques)

L'avion d'*Air Vietnam* - un *Iliouchine* - me fait penser à ce que l'on appelait, autrefois, le " car chinois ". Un amoncellement de cartons dans tous les sens. Apparemment c'est la *nomenklatura* vietnamienne qui se déplace sur la Thaïlande, elle en profite pour faire ses emplettes. Dans l'avion, bavardage instructif avec ma voisine, une fonctionnaire vietnamienne qui me présente un tableau assez optimiste de son pays.

Vers 15 h 00, survol des approches de l'aéroport international et des campagnes avoisinantes au nord de Hanoï. Ma voisine me montre, à travers le hublot, les traces des bombardements américains : une multitude de trous d'eau utilisés par les paysans pour irriguer les rizières.

15 h 10 : atterrissage sur cet aéroport qui n'est pas celui de Gia Lam, bien connu à notre époque. Premier contact avec le sol Tonkinois après plus de 30 ans ! Un grand moment d'émotion. J'ai une pensée intime pour mes camarades de promotion, pour tous les camarades de combat, officiers, sous-officiers, hommes du rang morts pour la France, sur cette terre à laquelle nous nous sommes tant attachés... Tout en suivant le flot des voyageurs, je tiens à fixer cet instant sur ma pellicule photo. L'aboiement synchronisé de plusieurs policiers me ramène à la réalité. J'ai bien compris : il est formellement interdit de photographier à l'intérieur de l'aéroport.

Puis devant le contrôle de Police, une longue file d'attente dans le plus grand désordre. Les fiches de débarquement et de douane sont imprimées en deux langues : le russe et l'anglais. C'est un premier choc au cœur ! Les fonctionnaires de douane nous adressent la parole en russe. Parfois un mot en français, cela nous réconforte.

À la sortie du premier contrôle, c'est de nouveau la bousculade pour récupérer les valises entassées dans un petit local. Dans notre langage traditionnel d'École, cela s'appellerait : un " 240 de valises ". À la sortie de ce parcours du combattant, mes hôtes m'attendent avec un panneau portant mon nom. Présentations officielles : monsieur TRI, mon hôte, avec lui son " chef du protocole " [2] et son chauffeur. Comme je prends mon appareil de photo pour saisir le trio, les premières recommandations commencent à tomber, tout en me montrant le symbole de l'interdiction de photographier affiché en gros plan sur le mur dans le hall de l'aéroport.

1 - Je suis sans doute l'un des premiers officiers du Corps Expéditionnaire (peut-être même le premier) à avoir visité Hanoï après la guerre.

2 - Appellation utilisée par monsieur TRI.

À l'extérieur, une grande *jeep* de fabrication soviétique nous attend pour nous conduire à l'hôtel Thong Nhat à Hanoï. Problème de démarrage. Il faut pousser la voiture à trois. Le trajet semble long… peut-être parce que je suis pressé de revoir Hanoï, mais surtout parce que la route est en très mauvais état.

Nous sommes arrosés par une pluie fine : c'est la mousson tonkinoise. Paysage inaltérable de rizières ininterrompues, avec ses petits villages, les mêmes scènes habituelles : les paysans avec les balanciers sur les diguettes, les mêmes buffles avec un enfant sur le dos. J'ai l'impression de revenir 30 ans en arrière. Un vrai bain de jouvence.

La conversation porte d'abord sur la Nouvelle-Calédonie, son statut politique actuel, la communauté vietnamienne. Mon hôte semble bien informé. De mon côté, je pose quelques questions sur le Vietnam, le niveau de vie. Le dialogue est triangulaire. monsieur Tri (un profil de Vietminh quinquagénaire) parle très bien le français, mais il traduit à son adjoint " chef du protocole " (russophone) et après un bref conciliabule, il me donne la bonne réponse. Il s'avère ainsi que le salaire mensuel se situe entre 1 000 dongs (pour un employé) et 2 000 dongs (pour un haut fonctionnaire, Ministre). Le cours officiel donné par mon hôte étant de 20 dongs pour un dollar US, cela représente a priori, en USD un salaire comparable aux salaires de Chine Populaire. J'apprendrai plus tard que les chiffres donnés ne sont pas du tout conformes à la réalité des faits.

Le " chef du protocole " (probablement un bon commissaire politique) semble très intéressé par mes activités présentes… et aussi passées. Ses questions traduites par monsieur Tri sont très insidieuses, car j'ai le sentiment qu'il est parfaitement informé. " *Connaissez-vous le Vietnam ?* ". " *Avez-vous déjà été à Hanoï ?* " Ma réponse, (toujours la même pendant la durée du séjour) semble satisfaire mes interlocuteurs : " *Oui, comme vous le savez, j'ai connu le Vietnam, il y a longtemps… fort longtemps.* "

La nuit commence à tomber. Nous traversons le Pont Doumer et doublons les cyclistes et piétons. Question : " *C'est bien le Pont Doumer ?* " Réponse : " *Oui, il est toujours très solide, malgré les bombardements* ". Enfin Hanoï. Sous la pluie, dans la semi-obscurité, le long du Fleuve Rouge il est difficile de me situer. Nous arrivons à notre hôtel de résidence. En face, je reconnais l'ancienne Résidence Supérieure. Par déduction, je fais la remarque : " *Mais nous sommes à l'Hôtel Majestic ?* " Réponse abrupte : " *Non, c'est l'Hôtel Thong Nhat, en Vietnamien, l'Hôtel de la Réunification.* " En effet, sans le bâtiment de la Résidence, j'aurais eu de la difficulté à identifier le *Majestic,* car dans mon esprit, j'imaginais un hôtel luxueux, ruisselant de lumière, avec portiers en uniforme blanc à l'entrée.

Le " chef du protocole " nous quitte, je reste seul avec monsieur Tri. En pénétrant dans l'hôtel par la porte tournante (toujours la même), ma joie se transforme en morosité. À l'intérieur du hall, rien n'a changé depuis le départ du " Corps Expéditionnaire ", mais tout est vieillot [1], délabré. À la réception, nouvelle fiche de police, avec contrôle d'identité. Attribution de ma clé : j'ai la chambre 335 (en Vietnamien, c'est la *Ba, Ba, Nam*). Information succincte pour le règlement, par la réceptionniste : les cartes de crédit et chèques de voyage ne sont pas acceptés, règlement en dollars US. Nous prenons un rafraîchissement avec monsieur TRI, désormais plus détendu, pour fixer le programme du lendemain. Puis nous prenons congé. Avant de rejoindre ma chambre, je vais aux toilettes. Je n'ai aucune difficulté à me diriger et à trouver les urinoirs : on s'oriente, non pas de mémoire, mais sur la trace de l'odeur : un état de saleté lamentable.

Pressé de retrouver ma chambre, j'ouvre la porte de l'ascenseur. La réceptionniste, une dame sympathique d'un certain âge, donc francophone, me fait un signe négatif de la main : " *Il ne marche pas depuis très très longtemps* " ; puis avec un petit sourire : " *Il est trop vieux, il est fatigué.* " Dans les escaliers, le carrelage est d'époque : les carreaux cassés sont remplacés par du ciment. Je vais de surprise en surprise. La chambre *Ba Ba Nam*, la porte n'a pas de poignée, on l'ouvre avec la clé en la poussant.

À l'intérieur, on retrouve l'ancienne apparence : le parquet en bois, les hauts plafonds, le ventilateur d'époque digne du musée du souvenir, mais il ne fonctionne plus qu'à une seule vitesse. Le mobilier de luxe a disparu, il est remplacé par des chaises de bistro, et des sièges en rotin. Les prises murales ont également disparu, les interrupteurs sont encore d'époque, mais évidemment très fatigués. Le téléphone est probablement considéré comme superflu. Au milieu de la chambre, une cuvette en plastique pour recueillir l'eau d'infiltration… car il pleut dans la chambre à travers le plafond, et je ne suis pourtant pas à l'étage supérieur. La salle de bain a aussi une ancienneté certaine car elle date de l'époque coloniale : tout est fissuré, déglingué, d'une propreté douteuse ; les fenêtres sans targette et les volets aux lattes manquantes n'ont pas dû être entretenus depuis plus d'une génération.

Par contre, un grand changement par rapport à l'époque coloniale : il y a un gros climatiseur, mais déception, il ne marche pas…

À la recherche du passé

J'ai une folle envie de m'évader de cette " chambre d'arrêt ", pour redécouvrir le centre-ville, revoir le Petit Lac. À l'extérieur de *l'Hôtel de la Réunification,* j'ai l'impression de débarquer sur la lune. Dans la lumière blafarde rappelant celle d'une ville en guerre, je suis complètement déboussolé. À gauche en sortant, au coin de la rue Nga Quyen [2] (anciennement Henri Rivière), une librairie encore ouverte,

1 - Pour le lecteur non averti, il faut rappeler que le " Majestic " était un hôtel de classe internationale, sans doute le plus luxueux d'Indochine.

2 - Du nom du général qui vainquit les agresseurs chinois au Xe siècle et mit fin à plusieurs siècles de domination (extrait du Guide de Hanoï, édition du Fleuve Rouge).

à demi éclairée : à l'intérieur, une profusion de livres de propagande, pas de presse française (malgré les achats non payés), mais la *Pravda*.

Avec les jeunes employés, la communication se fait en vietnamien ou en russe. Enfin une vendeuse d'un âge mûr, donc francophone, ravie d'apprendre que je suis Français. Très coopérative, voyant que je suis un peu désorienté, elle me propose de m'accompagner, malgré la pluie fine. À la sortie de la librairie, elle me montre la rue Paul Bert : j'ai de la peine à la croire, je le lui fais confirmer. C'est la *Pho* (rue) Trang Tien. Elle doit penser que j'ai une perte de mémoire, car la rue Paul Bert ne peut pas s'oublier. Je lui indique la direction du Petit Lac, en haut à droite, et voyant que ma mémoire est revenue, elle prend congé, sans doute par discrétion.

La plupart des magasins ne sont pas éclairés. Dans cette semi-obscurité, dans ce centre-ville sans animation, j'ai des difficultés à me repérer. Tout semble vieillot, inhabituel, très différent de ce que l'on a connu. C'est une vision cauchemardesque, avec l'impression déprimante de revivre, dans la grisaille et la solitude, une vie antérieure dont on a perdu les repères. Enfin, je rencontre un vieillard (en fait à peine âgé de 60 ans), un ancien instituteur, très content de bavarder en français et de rappeler le bon vieux temps.

Avec lui, je redécouvre la *Taverne Royale*, en face du Petit Lac, devenu un Centre d'Information du Commerce Extérieur, le Crédit Foncier, l'ancien Opéra (au 1er étage). Puis, de l'autre côté de la rue Paul Bert, les *Grands Magasins Réunis.* Plus loin, dans la Pho Hang Bai, perpendiculaire à la rue Paul Bert, j'arrive à identifier grâce à mon guide, l'ancien *Lido*, le 1er étage où nous allions danser, entre deux opérations, avec les *Taxi-girls* ou nos copines eurasiennes. En face du *Lido*, l'ancien bar *Marianne* très connu à l'époque. Retour rue Paul Bert, l'ancien me situe le *Normandie* (où officiait la célèbre Betty), le restaurant le *Coq d'Or*, le *Bodega* (le nom est encore lisible sur la façade dans un sinistre état), la Banque Franco-Chinoise au carrefour du boulevard Henri Rivière. Tout à fait au fond de l'artère principale, on devine l'ancien Théâtre. Mon guide me récite par cœur tous ces noms disparus, comme si ce passé était gravé dans sa mémoire. Tout reprend forme, tout se met progressivement en place dans mon imagination et je retrouve enfin la rue Paul Bert telle qu'elle nous apparaissait au début des années cinquante.

Dans la rue, un cyclo-pousse de temps en temps, ou un cycliste avec sa petite amie à l'arrière, en amazone. Au carrefour, quelques vieilles personnes accroupies à côté d'une échoppe de soupe chinoise établie sur un chariot à peine éclairé par une lampe tempête. En bavardant sur le chemin du retour, mon vieux guide me fait quelques confidences. Si le cours officiel du dong est de 20 pour 1 USD, en réalité, dans la rue, le dong s'échange à 1 USD pour 400 ou 500. La réalité est donc bien différente de celle qui m'avait été présentée à l'arrivée. Depuis l'indépendance, la vie est devenue de plus en plus misérable pour la plupart des Vietnamiens.

Pour survivre, il faut exercer plusieurs activités, recevoir de l'argent ou des colis de parents vivant à l'étranger - ou utiliser le système " D " propre à la plupart des pays communistes.

J'invite le vieil instituteur à prendre un pot au *Majestic*. Il décline mon invitation en disant que c'est trop dangereux pour lui. Avons-nous été suivis ? Je ne sais pas, mais mon guide ne semble pas très rassuré. Nous convenons de nous donner rendez-vous le lendemain pour visiter la ville avec un cyclo. Je n'ai plus revu mon brave instituteur de l'époque coloniale.

À mon retour à l'hôtel *Thong Nhat*, j'ai peu d'appétit. Le restaurant est presque vide, à peine éclairé, lugubre. J'ai encore en mémoire ces repas gastronomiques dans un cadre princier, servis par des personnels stylés en " grand blanc ". On a l'impression qu'un ouragan est passé par là. Au plafond, la batterie de ventilateurs fonctionne toujours, avec un bruit de moteurs mal graissés. Je fais un repas frugal en regardant un film de propagande sur une télévision en noir et blanc. L'addition : 300 dongs plus 50 dongs pour une bière, soit au total, le tiers du salaire mensuel d'un ouvrier vietnamien.

Après le repas, toujours " assoiffé de passé ", je retourne vers le Petit Lac, tout à fait en haut de la rue Paul Bert, vers l'ancien commissariat de Police, à la recherche de notre petit restaurant chinois, dans une traverse en cul-de-sac, face au Lac, où nous avions l'habitude de prendre une soupe chinoise, dans la rue, assis sur des tabourets. Plus rien, aucune trace, comme si tout avait disparu dans un mauvais rêve. Balade autour du Petit Lac, dans un grand silence.

En repassant devant l'ancienne *Taverne Royale* j'aperçois un immense panneau, sur le frontispice avec un texte de propagande illisible dans la nuit. À l'arrivée à l'hôtel, je demande à notre réceptionniste la signification du texte. C'est la devise du Président Ho Chi Minh : " *La chose la plus précieuse pour l'homme, c'est l'indépendance et la liberté* ". Un beau sujet de réflexion avant de m'endormir pour la première nuit dans un Vietnam communiste. En arrivant dans la chambre 335, une surprise très agréable : le climatiseur a été réparé, il fonctionne. Décidément on ne pourra pas dire que rien ne marche.

Samedi 25 octobre, réunion à " Xunhasaba " [1]...

En fin de réunion, le " chef de protocole ", toujours par personne interposée, me demande de bien vouloir lui remettre mon passeport pour une " *formalité d'enregistrement par la Police de l'arrondissement* ". En fait, le passeport ne me sera rendu que le matin de mon départ… " *en raison de la longueur des formalités* ". Puis l'on m'expose le programme de visite du lendemain, dimanche. Pas très réjouissant :

1 - Organisme d'État chargé de l'importation de la presse internationale : voir Chapitre XV : " le virage asiatique ", mon intervention en vue du paiement de la presse française.

le palais de la Révolution, le Mausolée de Ho Chi Minh, le Musée de Dien Bien Phu, etc. Je fais savoir que je préférerais faire une visite générale de la ville pour revoir certains quartiers ou édifices connus " *il y a fort longtemps* ". Finalement, nous parvenons à un compromis entre les deux formules. J'exprime également le désir de voir le cimetière français de Ba Huyn où se trouvent regroupées toutes les tombes des camarades tombés au Nord-Vietnam. Comme le cimetière est situé au nord du Fleuve Rouge, dans une autre province, monsieur DAN [(1)] me fait savoir que l'autorisation va demander un certain temps.

En début d'après-midi, je me présente à l'Ambassade de France. Comme l'Ambassadeur monsieur AMIGUES doit inaugurer " l'Exposition des affiches françaiscs " à l'École des Beaux-Arts, je suis invité à cette exposition. Cette visite me donne l'occasion de rencontrer l'Ambassadeur, ainsi que les principales personnalités de la petite colonie française de Hanoï.

Dimanche 26 octobre, visite de la ville

Le matin, comme convenu, mes deux hôtes arrivent au rendez-vous dans la salle de restaurant de l'hôtel : monsieur TRI et, toujours présent, " le chef de protocole " incapable de communiquer en français ou en anglais, et dont le rôle reste intriguant. Je les invite à prendre le petit-déjeuner avec moi ; cela ne semble pas possible pour monsieur TRI (peut-être en raison de la présence du " chef de protocole "). Avec la voiture, toujours un problème de démarrage : cette fois-ci, on fait fonctionner la manivelle.

Dès le départ, rappel des interdictions de photographier : en général, les bâtiments publics (dans le doute, il suffit de demander). Nous commençons la visite suivant mes indications. Premier arrêt, la Cathédrale, *Nha Tho* en vietnamien, édifice construit en 1883. Nouveau moment d'émotion. En mémoire, la foule des fidèles – Français, Vietnamiens – les jours de grand-messe... mais surtout le drapeau tricolore recouvrant le cercueil de camarades, au retour des grandes opérations. Sur le plan au 1/30 000 (en russe, en anglais, mais aussi en français) que j'ai réussi à acquérir, la Cathédrale se devine par son esquisse à proximité du Petit Lac, mais elle n'apparaît pas en légende.

Les portes de l'édifice sont fermées et verrouillées. La Cathédrale n'a sans doute pas été repeinte depuis "*fort longtemps* ", et elle semble peu fréquentée. Mon guide m'affirme qu'elle est parfois ouverte, " *mais malheureusement pas aujourd'hui* " (c'est pourtant le jour du Seigneur). Des enfants jouent sur le parvis, transformé en lieu de récréation [(2)]. Voyant que je commence à mettre mon appareil de photo en batterie, monsieur TRI me fait

1 - Le directeur de " Xunhasaba ".

2 - Voir documents photographiques.

savoir qu'il faut éviter de prendre des photos de notre groupe avec la Cathédrale en arrière-plan. Il me laisse entendre que cela pourrait être mal interprété. Puis, on longe l'Hôpital Lanessan - où j'ai séjourné à trois reprises - lieu très connu du Corps Expéditionnaire au Tonkin : évidemment interdit de photographier.

Arrêt suivant : le Palais de la Présidence de la République (anciennement résidence du gouverneur général, me fait remarquer mon guide avec un petit sourire) : rutilant de peinture, on le remarque de très loin, car en dehors des bâtiments publics importants, tout est gris et en mauvais état à Hanoï. La teinte dominante, à défaut de peinture, est une couleur moisissure. Puis, le Grand Lac au nord de la ville, toujours majestueux, avec un monument à l'emplacement où un bombardier US a été abattu. Partout, beaucoup de bicyclettes, des cyclo-pousses, quelques voitures militaires, très peu de voitures civiles, mais il n'est pas rare de voir des chariots tractés par des buffles, même sur de grandes avenues, comme par exemple la voie longeant le Parc Lénine.

Enfin, un arrêt apparemment très important : le Mausolée de Ho Chi Minh. Là, avec le gigantesque monument en arrière-plan, j'ai toute facilité pour prendre des photos de groupe. Comme mon manque d'empressement est apparent, monsieur Tri me dispense gentiment de la visite de ce monument national et me propose le retour à l'hôtel : c'est d'ailleurs l'heure du déjeuner.

À l'arrivée, monsieur Tri me propose de reprendre le circuit de visite après le déjeuner. Je lui fais savoir très courtoisement que je préfère disposer de mon après-midi. Il me recommande vivement de ne pas m'aventurer en ville sans guide vietnamien, pour prendre des photos… d'autant plus que je n'ai pas de passeport ! Car en cas de problème, sa propre responsabilité serait engagée. Je prétexte d'une visite à l'Ambassade qui pourrait durer longtemps et nous nous quittons en prenant rendez-vous pour une réunion de travail le lundi à 13 h 30.

En début d'après-midi, je me rends à l'Ambassade, en cyclo, après avoir repéré mon itinéraire sur la carte. Monsieur Jorland, conseiller culturel, très amicalement me prête sa bicyclette : une jolie *Peugeot* de course, toute neuve. C'est le moyen de locomotion idéal pour Hanoï. Je fais d'abord une grande tournée dans le quartier du centre-ville, en prenant toutes les rues en parallèle, puis dans le sens perpendiculaire, afin d'essayer de repérer les lieux connus autrefois. Malgré ce ratissage systématique, je n'arrive pas à identifier le boulevard Carreau, avec l'*Hôtel Splendid* et son annexe qui nous servait de logement. Faute de guide, avec des habitants qui comprennent un peu le russe, mais pas le français, dans une ville qui semble avoir été sinistrée, ce n'est pas très facile. En fin d'après-midi, j'ai une chance exceptionnelle, alors que je me trouve au bord du Petit Lac.

Dans l'immense cohue des cyclistes du dimanche, j'entends une voix française ; je suis abordé par une sympathique dame : c'est ma libraire du premier soir. Évidemment, un Européen en vélo, de plus sur une *Peugeot* de course, cela doit se remarquer; ma compagne de route me fait visiter l'ancien quartier avec ses rues aux noms évocateurs: la Rue de la Soie, la Rue du Sucre, du Riz, du Papier, des Vermicelles, du Chanvre, du Coton, des Nattes, des Orfèvres... Après 30 ans, le spectacle n'a pas changé: mêmes activités, même grouillement, mêmes attitudes, mêmes odeurs. Seule la couleur de l'environnement a évolué: le jaune ocre des maisons coloniales a été remplacé par le gris de la décrépitude sur l'ensemble des façades. Tout est rafistolé: des tuyaux d'eau dans tous les sens, des raccords de fils électriques à faire pâlir nos inspecteurs chargés de la sécurité des bâtiments. Mais dans ce délabrement généralisé, le flux multicolore apporte une note de gaîté; et puis, le charme féminin est omniprésent. Beaucoup de jeunes filles en vélo, de plus en plus élégantes avec leur *Ké Koan* translucide dans la lumière crépusculaire.

Après une bonne heure de promenade, nous nous séparons car " *ce n'est pas recommandé de rester ensemble trop longtemps* ". Je fais une halte en bordure du Petit Lac. À la lumière du coucher de soleil, la grisaille disparaît et tout redevient magnifique dans ce cadre exceptionnel. Auprès d'un bar ambulant, je prends une citronnade: 20 dongs. C'est presque un luxe: une demi-journée de salaire au SMIG. À la nuit tombante, retour à l'Ambassade. À l'occasion d'un dîner sympathique, entretien intéressant avec monsieur JORLAND conseiller culturel et son épouse, sur l'assistance culturelle principalement, mais aussi sur des sujets divers: le niveau de vie, les mariages mixtes, les relations entre Vietnamiens, Vietnamiennes et étrangers, en fonction des nationalités... le souvenir de la présence française, le déclin de la langue française au Vietnam.

Lundi 27 octobre: entretiens à l'ambassade et réunion à " Xunhasaba "

Le matin, une petite surprise au moment où je m'apprête à poster mon courrier: pas de colle sur les enveloppes (peut-être pour les ouvrir plus facilement!) ... mais non plus sur les timbres. Visite à l'Ambassade de France. Tout d'abord, entretien avec monsieur de BOURGUES Consul général. Nous abordons le cas de l'épouse de notre camarade HUYNH Ba Xuan [1]... Puis entretien avec monsieur l'Ambassadeur...

Monsieur AMIGUES me paraît intéressé par la relation de mes rapports personnels avec notre camarade de promotion le général Sak SUTSAKHAN [2]. Il me fait un tour d'horizon de la situation au Vietnam, au Cambodge, et me promet de suivre, auprès du Consul général, l'affaire HUYNH Ba Xuan jusqu'à l'aboutissement. Je suis invité au restaurant de l'Ambassade.... Après ce déjeuner très instructif, retour à *Xunhasaba*. Nouvelle promesse: le règlement financier est différé au lendemain...

Je rappelle le souhait exprimé dès mon arrivée pour la visite du cimetière français: la réponse est attendue pour demain mardi. Avant de prendre congé, pour détendre

1 - Voir Chapitre XVII.

2 - Voir Chapitre XVII et Annexe 13.

l'atmosphère, j'invite nos hôtes à dîner. Nous nous retrouvons donc le soir, au *Restaurant de la Réunification* (le *Thong Nhat*). Nous sommes quatre à table avec monsieur DAN, monsieur TRI et monsieur SIBERCHICOT conseiller culturel de l'Ambassade. La conversation s'oriente sur le niveau de vie au Vietnam et je " recoupe " avec intérêt les informations concernant un produit alimentaire de base : le riz. Prix du kilo de riz subventionné : 5 dongs. Au marché libre : 75 dongs. Allocation mensuelle de riz subventionné, par famille : 13 kg. Si l'on se limite à cette allocation minimum, le prix de l'alimentation en riz représente donc plus de la moitié des ressources quand le chef de famille est le seul à travailler, d'après le montant du salaire minimum donné par nos interlocuteurs vietnamiens. Par contre, le travailleur vietnamien peut se permettre de lire la *Pravda* tous les jours : elle ne coûte que 0,5 dong !

Mardi 28 octobre, bonne nouvelle avant la tournée dans le grand Hanoï

Le matin, réunion à *Xunhasaba*. J'apprends la bonne nouvelle : l'avis de virement bancaire me sera remis le soir, à l'occasion d'un dîner auquel je suis invité... En fin de matinée, retour à l'Ambassade, j'informe monsieur JORLAND qui paraît très surpris d'apprendre la bonne nouvelle et je récupère auprès de lui, la belle bicyclette *Peugeot*.

Après un déjeuner rapide, c'est le circuit dans le Grand Hanoï. Direction le Fleuve Rouge, arrêt sur la berge. Je suis envahi par une horde de gamins sympathiques mais agressifs. Ils prononcent d'abord quelques mots en russe - car pour eux, tout Européen est en général Soviétique - et me font comprendre qu'ils veulent des cigarettes (probablement pour les vendre au détail). J'ai à peine le temps d'ouvrir un paquet ; il est immédiatement pillé. Il s'ensuit une petite bagarre entre gamins. Entre-temps, un gosse a dégonflé ma bicyclette : c'est peut-être une plaisanterie, mais aussi une façon de gagner un peu d'argent. Dans la minute qui suit, on me récupère un " gonfleur de bicyclette " (un métier très populaire : il y a un " gonfleur " à presque tous les coins de rue). Je connais le tarif : 2 dongs le gonflage, 4 dongs la réparation.

Je démarre en coup de vent pour semer les enfants. Direction le Pont Doumer. En cours de route, je me retrouve dans un flot de vélos. Les cyclistes hommes ou femmes se rapprochent pour regarder la bicyclette. J'ai l'impression qu'ils sont curieux de connaître ma nationalité. Le mot de passe c'est *Phap* (Français en vietnamien). Alors, ils me font des signes d'amitié, prononcent quelques mots de français, plaisantent en faisant des signes : on me propose de changer de montre, et surtout de bicyclette.

Je m'engage sur le Pont Doumer jusqu'à mi-course, puis, me souvenant des recommandations de monsieur TRI et ne voulant pas engager sa responsabilité, je fais demi-tour. Il y a des agents de police à presque tous les carrefours, mais personne ne m'arrête, car je passe peut-être pour un Soviétique.

Après le marché couvert, direction la Gare. Là, dans l'immense cour, une masse innombrable de passagers en attente d'un train hypothétique : couchés, assis, souvent accroupis à côté de leur balancier, des paysans pour la plupart. Je prends furtivement quelques photos sans insister, car je ressens une réticence agressive. De la gare, j'emprunte la route Mandarine plein sud, puis je quitte cette voie monotone pour prendre un chemin de campagne.

De digues en diguettes, je me trouve perdu en pleine rizière, traversant des petits villages et croisant des paysans ébahis. Je finis par m'arrêter pour voir la réaction de ces braves villageois. Quelques mots de vietnamien, puis le mot magique *Phap*. Je suis rapidement entouré par une masse de curieux jetant un regard admiratif sur la bicyclette : c'est sans doute un événement, la première bicyclette *Peugeot* conduite par un *Phap* dans ce village depuis des temps immémoriaux. Invitation à prendre le thé. En échange de leur gentillesse, distribution de cigarettes aux anciens, puis je reprends le vélo pour rejoindre la route Mandarine. D'abord direction plein nord, je quitte la " route de Hué " vers le Petit Lac.

L'après-midi se termine par du *shopping* dans le centre-ville. En bavardant avec une vendeuse, j'apprends la présence d'une Vietnamienne originaire de la Nouvelle-Calédonie. Je vais lui rendre visite : elle travaille dans un magasin de vente de peintures sur soie. Un couple de Soviétiques m'interroge sur le choix d'une peinture. Réalisant que je suis Français, la vendeuse intervient. La conversation porte d'abord sur la Nouvelle-Calédonie, puis sur sa vie sans espoir au Vietnam " *dans un tunnel dont on ne voit pas la sortie* ", sur la décision regrettable prise par ses parents quand ils ont fait le choix de retourner dans leur patrie d'origine : " *la plus grande faute de notre vie* ". Que peut-on dire en pareilles circonstances pour réconforter une personne ayant perdu tout espoir, dans une situation présentant peu de chance d'amélioration à court terme ? Je la quitte en lui promettant de contacter quelques parents et amis restés à Nouméa, à mon retour.

Après avoir rendu la bicyclette à l'Ambassade, je rejoins l'hôtel où m'attendent déjà monsieur DAN et monsieur TRI. Ils m'amènent dans un restaurant vietnamien. Excellent repas, bien meilleur que celui du *Thong Nhat* - dans une ambiance chaleureuse. monsieur DAN me remet la copie du chèque de virement, en fait, la moitié du montant de la somme due…

Mercredi 29 octobre, le départ

À l'*Hôtel Thong Nhat*, réveil surprenant au chant du coq. Apparemment on doit faire l'élevage de volaille à l'hôtel ou dans les maisons environnantes. C'est le jour du grand départ. Je suis à la fois content de partir, et en même temps peu empressé, car beaucoup de souvenirs me retiennent sur cette terre. Petit-déjeuner au milieu de tables occupées par des Soviétiques : probablement une nouvelle vague…

Communication téléphonique avec l'Ambassade, puis visite d'adieux à *Xunhasaba*. Toujours pas d'autorisation pour aller à Ba Huyn ; comme ce cimetière, situé au nord du Fleuve Rouge, n'est pas éloigné de la route menant à l'aéroport, je propose de partir plus tôt et de faire un crochet en cours de route. Ma proposition ne paraît pas recevable, car le véhicule n'est pas immédiatement disponible, et les formalités de Police et de Douane sont longues. monsieur TRI m'accompagne à pied à l'hôtel. Sans la présence pesante du " chef du Protocole ", nous bavardons plus librement…

En fin de matinée, départ pour l'aéroport avec monsieur TRI et son chauffeur. En cours de route, j'aperçois les *blockhaus* de la ligne de défense " de Lattre " (ils avaient été conçus pour assurer la protection du Delta tonkinois). Au sommet de l'un de ces *blockhaus*, au gré du vent, une paysanne passe le riz au tamis. Belle vision de paix sur un ouvrage de guerre !

Vers 12 h 30, arrivée à l'aéroport. Sur le trottoir, à l'extérieur du hall, des groupes de paysans accroupis à côté de leurs baluchons ; des visages burinés sous le chapeau de paille traditionnel. Au moment où je prends, en gros plan, les dernières photos pour finir la pellicule, je reçois une tape dans le dos. Un fonctionnaire de police en civil, me fait comprendre qu'il est interdit de photographier, alors qu'il n'y a aucun panneau d'interdiction à l'extérieur du hall. Un fait banal, bientôt un véritable incident qui va durer une heure, fera intervenir toute la hiérarchie policière de l'aéroport… et retardera le départ de l'avion. Comme je refuse catégoriquement de remettre les bobines de photos se trouvant dans mes bagages à main (au total cinq pellicules), voyant que l'incident risque de prendre une mauvaise tournure, monsieur TRI transformé en ange gardien me demande de le laisser parlementer. En bon diplomate, il parvient à un accord : je remets seulement la pellicule se trouvant dans l'appareil (objet du délit) et la Police s'engage à me transmettre les diapositives par l'intermédiaire de l'Ambassade de France, après vérification. Sur ma demande, nous établissons et signons un protocole d'accord : il est contresigné par monsieur TRI. Je ne reverrai jamais plus cette sixième pellicule pourtant inoffensive. Mon guide semble soulagé de me voir partir.

En pénétrant dans l'avion de la *Thai Airways*, accueilli par une hôtesse souriante, j'ai l'impression de respirer enfin un air de liberté.

***

ANNEXE 13

Article du journal " *Times* " de Singapour concernant la nomination du général Sak Sutsakhan (1) à la tête des Forces Nationales Cambodgiennes

New guerilla command formed without Son Sann

BANGKOK, Sat. — Military leaders of non-communist guerilla factions fighting Vietnamese troops in Cambodia have formed a joint command, the clandestine guerilla radio station said today.

This is without the consent of Khmer People's National Liberation Front (KPNLF) President Son Sann, who is struggling to regain control of the movement, one of his aides said.

The radio named the KPNLF's General Sak Suthsakan as commander-in-chief of a joint command of KPNLF troops and fighters loyal to Prince Norodom Sihanouk.

Mr Son Sann lost effective control of the KPNLF this month to dissidents led by Gen Sak and others, and Thai authorities have denied Mr Son Sann entry to KPNLF camps.

The guerilla factions are part of the government of Democratic Kampuchea, an uneasy coalition with the communist Khmer Rouge, the strongest of the anti-Vietnamese forces. — Reuter.

***

1 - *Réelle orthographe du nom.*

ANNEXE 14

Membres de la famille paternelle, victimes du génocide

TERZIAN	Assadour	1848-1915	TERZIAN	Parsam, née Gadédian	?-1915
"	Gulgul, née Kodjabeyekian	1858-1915	"	N..., Mme... Arakel	1879-1915
"	Hampig	1884-1915	"	Khatoun Mme Assadourian	1886-1915
"	Arménouhie	1895-1915	"	Lucie	1890-1915
"	Choghig, née Kontchiguian	?-1915	"	Vartouhi	1893-1915
"	Quissag	1913-1915	TERZIAN	Antranig	1854-1915
TERZIAN	Serpouhi, née Bodourian	1862-1915	"	S... née S...	1861-1915
"	Pérouzig Mme Islahian	1884-1915	"	Hosanna	1898-1915
"	Araxi Mme Kodjabeykian	1887-1915	TERZIAN	Osgan	1865-1915
"	Garabed	1894-1915	"	Péprone, née M...	1837-1915
"	Vahan	1899-1915	"	Saténig née Parinian	1886-1915
TERZIAN	Prêtre Grégoire	1860-1915	"	... (fils d'Osgan)	?-1915
"	Tigranouhi Yéritzouhi née Mavian	1867-1915	TERZIAN	Alexandre	1860-1915
"	Sirouhi	1899-1915	"	S...née Papazian	1865-1915
"	Vartouhi	1913-1915	"	Paul	1865-1915
"	Léon	1915-1915	"	Aznir Mme Piligoian	1887-1915
TERZIAN	Pierre	1865-1915	TERZIAN	Gulgul née Chamlian	?-1915
"	Pénbé née Dobadjian	1870-1915	"	Aghavni Yéritzouhi Chamlian	?-1915
"	Léond	1892-1915	"	Archalouis Chamlian	?-1915
"	Yéranouhi Mme Kassabian	1897-1920	TERZIAN	Andranig Chamlian	?-1915
"	Baïdzar	1901-1920	"	Païladzou Chamlian née Agonayan	?-1915
"	Narcisse	1904-1915			

NB: cette liste figure sur un tableau en bois sculpté représentant le Mont Ararat en arrière-plan, réalisé à la demande de mon père. (Voir Chapitre I).

ANNEXE 15

CHRONOLOGIE DES PRINCIPAUX ÉVÉNEMENTS DURANT LA " CRISE CALÉDONIENNE " 1984 - 1989

- 19 avril 1984 : rejet par l'Assemblée Territoriale du projet de statut LEMOINE.
- 25 août : prise de fonction du général Michel FRANCESCHI.
- 24 septembre : création du FLNKS (Front de Libération Nationale Kanake et Socialiste).
- 18 novembre : insurrection générale destinée à empêcher le scrutin territorial.
- 4 décembre : remplacement de ROYNETTE par PISANI, comme Haut Commissaire et Délégué du gouvernement.
- 5 décembre : sanglante embuscade loyaliste à Hienghene, contre des indépendantistes. Mort du frère de TJIBAOU.
- 11-12 janvier 1985 : visite éclair de MITTERRAND.
- 17 février : incident de Thio entraînant la destitution du capitaine de gendarmerie SAFFRAY.
- 26 février : importante manifestation loyaliste à Nouméa.
- 10 mai : visite éclair d'HERNU, Ministre de la Défense.
- 21 mai : relève de PISANI, remplacé par F. WIBAUX.
- 10 juillet : sabordage du *Rainbow Warrior* à Auckland, Nouvelle-Zélande.
- 29 septembre : élections territoriales, échec pour les indépendantistes.
- 19 mai 1986 : majorité de droite au Parlement, cohabitation MITTERRAND-CHIRAC.
- 12 août : relève de WIBAUX par MONTPEZAT.
- Fin août : visite de Jacques CHIRAC et de Bernard PONS à Nouméa.
- 15 novembre : sanglants affrontements à Thio.
- 9 septembre 1987 : imposante manifestation loyaliste à Nouméa.
- 13 septembre : référendum d'autodétermination en Nouvelle-Calédonie, nouvel échec des séparatistes.
- 17 septembre : visite éclair de Jacques CHIRAC.
- 18 au 29 octobre : procès à Nouméa des auteurs de l'embuscade de Hienghene.
- 28 novembre : MONTPEZAT remplacé par BOUHIN.
- 22 février 1988 : coup de force de Tieti, capture et désarmement de gendarmes par des indépendantistes.
- 1er mai : remplacement du général M. FRANCESCHI par le général J. VIDAL.
- 22 avril au 5 mai : tragédie d'Ouvéa.
- 23 avril : premier tour de l'élection présidentielle en Métropole, suivi par la réélection de François MITTERRAND.
- 26 juin : signature des Accords de Matignon.
- 6 novembre : référendum national de ratification des Accords de Matignon.
- 6 mai 1989 : assassinat à Ouvéa, de TJIBAOU et de YEWEINÉ par un indépendantiste.
- 9 novembre : chute du mur de Berlin.

Pour mémoire : 21 avril 1998 : signature de l'Accord de Nouméa.

ANNEXE 16

TÉLEX ADRESSÉ LE 2 DÉCEMBRE 1984 AU PRÉSIDENT DE LA SAINT-CYRIENNE

(lui demandant d'intervenir auprès du Président de la République)

200=42696033+
FILNO A 696033F
338 0506 *
HACHCAL 096NM

PRIERE TRANSMETTRE TOUTE URGENCE PAR PLANTON SPECIAL MESSAGE SUIVANT AU GENERAL PRESIDENT DE LA ST CYRIENNE 6 AVENUE SULLY PRUDHOMME 75007 PARIS - SOULIGNE CARACTERE STRICTEMENT CONFIDENTIEL CE MESSAGE ET VOUS PRIE BIEN VOULOIR VOUS ASSURER PERSONNELLEMENT DESTRUCTION TOUTES ARCHIVES ET ME TELEXER PAR RETOUR EXECUTION DE LA TRANSMISSION A SON DESTINATAIRE - AVEC TOUS MES REMERCIEMENTS
E. TERZIAN

'' A L'ATTENTION PERSONNELLE GENERAL PRESIDENT DE LA SAINT CYRIENNE''
CE JOUR ANNIVERSAIRE 2S, HONNEUR APPELER VOTRE ATTENTION SUR EXTREME GRAVITE SITUATION EN NOUVELLE CALEDONIE.

PRIMO - MALGRE RENFORCEMENTS (OPERES TRES TARDIVEMENT) ET DU FAIT QUE LES FORCES MO N'ONT PAS RECU LA MISSION DE RETABLIR L'ORDRE,LA SECURITE DES PERSONNES ET DES BIENS N'EST PLUS ASSUREE,EN DEHORS DE NOUMEA, DANS LA PLUPART DES LOCALITES- OU L'ETAT INSURRECTIONNEL DECLENCHE PAR DES EXTREMISTES MINORITAIRES, INSPIRES PAR L'ETRANGER, AGISSANT PAR LA TERREUR, DIRIGES PAR DES CHEFS EN CONTACT AVEC POUVOIR POLITIQUE FRANCAIS ET BENEFICIANT DE L'IMPUNITE, A DEJA ENTRAINE MORTS ET BLESSES PAR ARMES A FEU, AINSI QUE NOMBREUSES EXACTIONS- DONT OCCUPATION PLUSIEURS GENDARMERIES.
POPULATIONS ABANDONNEES SANS PROTECTION, OBLIGEES ORGANISER LEUR AUTODEFENSE, PEUVENT COMMETTRE ACTES REPRESAILLE PAR DESESPOIR OU SUBIR MASSACRE
SITUATION PARTICULIEREMENT PREOCCUPANTE DANS CERTAINES LOCALITES ENCERCLEES OU POPULATION FRANCAISE PRISE EN OTAGE PAR HORS LA LOI SUBIT PIRES SEVICES AVEC MENACES ASSASSINATS.

SECUNDO - DANS UNE LOCALITE CONTROLEE PAR INDEPENDANTISTES, EN PRESENCE 4 GENDARMES CONTRAINTS PAR LA FORCE, DRAPEAU FRANCAIS DESCENDU, PIETINE, BRULE ET REMPLACE PAR DRAPEAU ''KANAKE''.

DANS CES CIRCONSTANCES DE GRAVITE EXCEPTIONNELLE, VOUS PRIE BIEN VOULOIR INTERVENIR AUPRES PRESIDENT DE LA REPUBLIQUE, CHEF DES ARMEES, GARANT DES INSTITUTIONS ET DE L'INTEGRITE DU TERRITOIRE NATIONAL, POUR LUI FAIRE PART VIFS RESSENTIMENTS EPROUVES PAR ENSEMBLE ST CYRIENS CIVILS RESIDANT EN NOUVELLE CALEDONIE FACE A CES OFFENSES ET LUI DEMANDER PRENDRE DISPOSITIONS IMMEDIATES PREVUES PAR CONSTITUTION, EN DEHORS DE TOUTE CONSIDERATION IDEOLOGIQUE, POUR QUE CONFORMEMENT A LEUR VOCATION PREMIERE, FORCES DE MO OU FORCES ARMEES ASSURENT SECURITE EFFECTIVE POPULATIONS FRANCAISES TOUTES ETHNIES AVANT QU'IL NE SOIT TROP TARD

INSISTE SUR URGENCE CAR TOUT RETARD RISQUE AVOIR CONSEQUENCE TRAGIQUES ET COUTEUSES EN VIES HUMAINES.

SI HONNEUR DE LA FRANCE ET DU DRAPEAU BAFOUE IMPUNEMENT, VOUS REND COMPTE ST CYRIENS CIVILS ENVISAGENT DEMANDER LEUR RADIATION DE L'ORDRE NATIONAL DE LA LEGION D'HONNEUR - DONT LE PRESIDENT DE LA REPUBLIQUE EST LE GRAND MAITRE ET DONT LE GRAND CHANCELIER EST LE FRERE AINE DE MON CAMARADE DE PROMOTION MORT POUR LA FRANCE.

VOUS ASSURE CARACTERE CONFIDENTIEL ET APOLITIQUE PRESENTE DEMARCHE INSPIREE PAR NOTRE ETHIQUE SAINT CYRIENNE.

RESPECTEUSEMENT
EDOUARD TERZIAN
PROMOTION GENERAL LECLERC 1946-48
OFFICIER LEGION D'HONNEUR

*
FILNO A 696033F
HACHCAL 096NM

ANNEXE 17

ENTRETIEN DU 27.12.84
AVEC MONSIEUR EDGAR PISANI
HAUT COMMISSAIRE DE LA REPUBLIQUE EN NOUVELLE CALEDONIE
ET DELEGUE DU GOUVERNEMENT

E.T. : Monsieur le Ministre, je suis sur le Territoire de la Nouvelle CAlédonie depuis plus de 12 ans, dans l'Armée d'abord, puis dans la vie civile, où j'assume les fonctions de Directeur Général de la Société HACHETTE CALEDONIE et de Directeur de Publication de l'édition régionale TELE 7 JOURS.
Saint Cyrien de formation, j'appartiens à la promotion Général LECLERC 1946-48 qui a payé un lourd tribu en Indochine et en Algérie.

A ce titre, étant le Cyrard le plus ancien sur le Territoire, dès le 2 décembre j'ai adressé un telex au Général HENRY, Président de la St Cyrienne, pour lui rendre compte de l'extrême gravité de la situation locale et lui demander de bien vouloir intervenir auprès du Président de la République, chef des Armées (texte joint). Au passage, vous noterez dans ce message une phrase prémonitoire qui engage l'entière responsabilité du Gouvernement dans l'affaire de la fusillade de Hienghène :"populations abandonnées sans protection, obligées organiser leur autodéfense, peuvent commettre actes représaille par désespoir..." En effet, le telex date du 2 décembre, et la fusillade s'est produite dans la nuit du 5 au 6 décembre. C'était à prévoir.

A la suite du souhait exprimé par le Président de la St Cyrienne dans sa réponse à mon telex (texte joint), je vous ai demandé de bien vouloir me recevoir pour vous faire part de mes sentiments ou plutôt de mon désaccord sur deux points qui me paraissent essentiels pour l'avenir du Territoire et celui de la démocratie française :

- le renforcement de l'influence indépendantiste grâce au laxisme gouvernemental,
- la politique de rétablissement de l'ordre.

A la date du 18 novembre, le FLNKS n'était pas majoritaire chez les Mélanésiens : c'était d'ailleurs la raison essentielle de son boycott des élections territoriales

La preuve : si l'on déduit des abstentions du 18 novembre les abstentions habituelles (celles des consultations précédentes) on a l'ordre de grandeur de son électorat, soit 45% - 30% = 15%.

Par le "laisser faire" du Gouvernement - avant, pendant, après les élections - (la preuve en est donnée par le rapport de la Commission Sénatoriale), par la lenteur actuelle des réactions, le FLNKS a été, de fait, encouragé à contrôler la majeure partie de la brousse en faisant fuir les éléments hostiles : il a étendu son influence par la terreur et la menace.

- 2 -

Si le Gouvernement, persistant dans sa passivité délibérée, ne reprend pas en main rapidement le contrôle du pays, le FLNKS a toutes les chances d'accroître, jour après jour, son audience, pour devenir majoritaire chez les Mélanésiens.

Est-ce le but recherché par votre politique : rendre une minorité majoritaire par la terreur ? Est-ce votre conception de la Démocratie ?

E.P. : Ma réponse est un non catégorique.

E.T. : Je prends acte de votre réponse, pourtant les faits sont en contradiction . Car la politique du Gouvernement fait le jeu des indépendantistes face au projet du referendum : vous savez bien que le FLNKS n'acceptera de participer à une consultation que s'il est sûr d'avoir la majorité pour aboutir à l'Indépendance Kanake Socialiste.

E.P. : Ce n'est pas du tout le but que nous recherchons. Mon projet comportant une approche nouvelle du problème calédonien sera présenté le 5 janvier prochain : j'engagerai alors ma responsabilité devant le France et devant l'Histoire.

E.T. : Pour ce qui concerne le maintien de l'ordre, au départ, il y a eu une grave erreur d'appréciation, malgré les multiples avertissements du FLNKS et les informations transmises au Haut Commissaire. La preuve : le rapport de la Commission Sénatoriale.

E.P. : Sur ce point, le rapport que vous citez n'est pas aussi catégorique. Je crois que l'insuffisance des informations n'a pas permis aux autorités locales d'apprécier la véritable ampleur du risque.

E.T. : De toute façon, soit les informations étaient insuffisantes, soit elles étaient suffisamment complètes mais n'ont pas été exploitées. Dans les deux cas, la responsabilité du Haut Commissaire est pleinement engagée.

Ensuite, vouloir éviter à tout prix "le bain de sang", "l'irréparable" (le mot maintes fois répété par le Haut Commissaire ROYNETTE)... et surtout le déclarer publiquement c'est perdre d'avance l'effet de dissuasion de toute force publique. C'est provoquer délibérément le désordre, encourager une minorité à pratiquer le terrorisme pour imposer sa loi à la majorité. C'est également oublier, pour des raisons idéologiques, un grand principe de gouvernement : "le rétablissement de l'ordre coûte toujours plus cher que le maintien de l'ordre". J'ajouterai personnellement que la guerre dite "coloniale" que vous voulez à tout prix éviter coûte encore plus cher que le rétablissement de l'ordre.

E.P. : Oui c'est exact. De toute façon il est hors de question d'engager une guerre coloniale.

- 3 -

E.T. : Maintenant, à travers les faits observés, il apparait que votre politique de rétablissement de l'ordre consiste à frapper un coup à droite sur les calédoniens, et un coup à gauche sur le FLNKS, Nouvelle grave erreur qui consiste à confondre la cause avec ses effets.

La cause de la situation présente, c'est le terrorisme FLNKS sous toutes ses formes. La conséquence, c'est la réaction de légitime défense de la population française face aux hors la loi, quand sa protection n'est plus assurée. C'est le cas notamment à Bourail où les habitants ont été amenés à créer des barrages anti indépendantistes pour se protéger, à la suite d'un acte récent de terrorisme ayant entrainé la mort de 3 personnes (dont un garde mobile).

Faites disparaitre d'abord le terrorisme, faites arrêter les principaux responsables dont MACHORO, et récupérez les armes des fauteurs de troubles et les barrages anti indépendantistes disparaitront d'eux mêmes : il ne faut pas se tromper d'objectif.

E.P. : Je ne me trompe pas d'objectif ! d'abord, ne ne suis pas tout à fait d'accord avec vous sur les causes de la situation présente. Les causes sont lointaines et profondes ... elles sont politiques,... économiques.

E.T. : Je ne parle pas des causes historiques. Il n'est pas question ici de faire de l'histoire, comme au Sénat la semaine dernière. Dans l'immédiat, vous êtes confronté à un problème d'urgence qui constitue sans doute votre préoccupation prioritaire : le rétablissement de l'ordre.

E.P. : Oui c'est certain, j'en suis pleinement conscient. Mais l'ordre ne peut pas être rétabli d'une façon aussi radicale, comme vous semblez le croire. Dans le contexte actuel, pour éviter des troubles encore plus graves, le rétablissement de l'ordre ne peut être que progressif.

E.T. : Oui, mais si l'ordre n'est pas rétabli rapidement, la minorité indépendantiste a toutes les chances de renforcer ses positions pour devenir majoritaire.

Actuellement, grâce à la politique gouvernementale, le FLNKS joue sur deux tableaux : celui de l'action politique à Nouméa avec TJIBAOU et celui du terrorisme en brousse avec MACHORO... et il marque des points. Si vous continuez dans la voie actuelle, vous risquez de perdre sur les deux tableaux ... et d'aller droit vers une guerre coloniale que le Gouvernement veut à tout prix éviter ... ou vers un MUNICH.

E.P. : Ce ne sera ni l'un, ni l'autre. Dans mon passé d'homme politique. je n'ai jamais accepté de subir .... comme à Munich.

E.T. : Mais vous avez affaire à un "Gouvernement provisoire" qui est une organisation insurrectionnelle et mène une guerre subversive soutenue par l'étranger (c'est prouvé !).

- 4 -

E.P. : Je ne connais pas de gouvernement provisoire. Je reçois des responsables politiques et non des membres de ce gouvernement qui, pour moi, n'existe pas.

E.T. : Oui mais il ne faut pas se voiler la face. Ce gouvernement existe de fait puisqu'il agit et provoque des exactions, des meurtres. Son Président, ses membres ont été présentés à la télévision française, à la presse étrangère. Cette organisation est condamnée par la Constitution et le Code Pénal. Votre devoir c'est d'appliquer la loi et votre premier devoir, celui de la République, c'est d'assurer la sécurité des citoyens Français (quelles que soient leurs ethnies). Vous en avez actuellement les moyens. A ma connaissance : 16 escadrons de gardes mobiles et 3 CRS ...

E.P. : Oui, c'est exact, j'ai maintenant les moyens. En plus, je vais recevoir prochainement une autre compagnie et un escadron blindé de gendarmerie. J'ai donné des instructions en conséquence pour assurer en priorité la protection des populations ... et la liberté de circulation.

E.T. : La politique du Gouvernement que vous représentez, pour qu'elle soit acceptée, doit avant tout être crédible. Monsieur LEMOINE a perdu sa crédibilité en Nouvelle Calédonie : avant les élections il a affirmé publiquement "l'ordre sera maintenu à tout prix" et l'ordre n'a pas été maintenu. Ce fut même le désordre le plus complet ... et l'une des raisons pour lesquelles il a été dessaisi du dossier calédonien. Vous risquez de perdre votre crédibilité, car vous avez déclaré en arrivant "l'ordre sera rétabli" et pour le moment l'ordre n'est pas encore rétabli. Les calédoniens vous jugeront non pas sur vos propos, mais sur vos actes, sur les résultats.

E.P. : J'en suis conscient. Mais vous devez convenir que la situation s'est nettement améliorée depuis mon arrivée, même si la sécurité n'a pas été totalement rétablie

E.T. : Oui, mais les actes terroristes de Bourail prouvent que l'ordre est encore loin d'être assuré ...

Comme le temps presse, pour terminer, je voudrais dire un mot sur l'ambiguité de certaines de vos déclarations sur l'avenir politique de la Nouvelle Calédonie. Vous dites que vous êtes en faveur d'un referendum, mais en même temps vous déclarez que vous êtes en faveur d'une solution d'indépendance. C'est de la prédétermination qui consiste à séparer la Nouvelle Calédonie de la France contre l'avis de la majorité et non plus de l'autodétermination. Au nom de quel principe, la population calédonienne ne disposerait-elle pas du libre choix. Pour quelle raison le maintien du rattachement à la France ne serait pas envisagé, si c'est le voeux de la majorité : l'indépendance est également une autre option envisageable, si elle correspond au voeux de la majorité et à condition que la Constitution soit respectée. Nous avons l'impression ici que le but du Gouvernement c'est l'indépendance et que tous les moyens seront bons pour y parvenir, soit en violant la Constitution, soit en la contournant.

- 5 -

E.P. : Je ne violerai jamais la Constitution et je garantirai son application.

E. T. : Je prends acte de votre déclaration, mais si la Constitution n'est pas violée, elle peut être contournée et le résultat serait le même. Le laxisme délibéré du Gouvernement a déjà entrainé la fuite des habitants anti indépendantistes Européens, Wallisiens, Polynésiens, Indonésiens et Mélanésiens. La majeure partie de la brousse est maintenant entre les mains des indépendantistes Kanakes : une partition de fait est réalisée. La destabilisation politique a entrainé à son tour une sérieuse destabilisation économique. La plupart des affaires de brousse ont été brulées, pillées ou fermées. A Nouméa, de nombreuses entreprises subissent de graves difficultés avec des chutes de chiffre d'affaires s'élevant jusqu'à 50%. Dans l'ensemble la situation économique est désastreuse. Je vous en parle en connaissance de cause, en qualité de chef d'entreprise. En raison de l'exiguité du Territoire, de l'interdépendance des affaires, si cette situation se prolongeait, elle entrainerait dans les mois qui suivent, le départ massif de Français de souche européenne. Le Gouvernement n'aurait plus besoin, alors, de fabriquer une loi électorale et de violer la Constitution pour atteindre le but fixé. Si cette évolution est encouragée par la passivité du Pouvoir, alors se serait très grave pour l'avenir du Territoire, de la France, de la Démocratie Française.

E.P. : Je suis conscient de la gravité des conséquences économiques et dès aujourd'hui des mesures ont été prises pour enrayer cette détérioration.

E.T. : Pour terminer, je voudrais simplement évoquer l'importance de la Nouvelle Calédonie dans le Pacifique.

E.P. : Oui, l'importance stratégique de la Nouvelle Calédonie pour la France.

E.T. : L'importance aussi pour le monde libre et pour l'Europe politique en voie de réalisation. L'Europe de la génération prochaine, puissance navale qui aura besoin de bases d'Outre Mer pour jouer son rôle mondial ...

E.P. : Oui c'est vrai ... les intérêts majeurs de la France seront préservés dans le projet qui sera présenté le 5 janvier prochain. Ces intérêts seront aussi ceux des Kanakes...En résumé, à travers vos propos, j'ai relevé des points de désaccord, mais aussi des points d'accord. J'ai été très heureux de ce premier contact. J'espère avoir l'occasion de vous revoir.

***

ANNEXE 18

LETTRE DU GÉNÉRAL GUICHARD SOUS-CHEF D'ÉTAT-MAJOR DES ARMÉES

Le 5 Février 1985

MINISTÈRE DE LA DÉFENSE

LE GÉNÉRAL
SOUS-CHEF D'ÉTAT-MAJOR DES ARMÉES

Mon cher Terzian,

J'ai bien reçu tes deux envois : lettre et revue.

Ils ont été communiqués tous les deux aussitôt au général LACAZE qui a été fort intéressé !

Sur sa directive je l'adresse (la revue) au SIRPA mais ne peut préjuger de l'exploitation qui en sera faite.

Déjà le 25 le général Henry président de la St Cyrienne m'avait fait lire ton télégramme.

Le 25 janvier lors du repas de promo nous avons bien pensé à toi ; tu devrais en recevoir un témoignage sous peu.

Si tu as des choses intéressantes à me faire savoir n'hésite pas. Je suis encore à l'EMA pour quelques moi et je peux donc informer au mieux le CEMA.

Merci encore, bon courage et n'oublie pas de passer me voir si tu viens à Paris

Bien à toi

L'ÉDITORIAL DE DENIS JEAMBAR

« Ich bin ein Nicosier »

Question : dans quel pays « plus de la moitié de la population féminine subit-elle des formes de violence physique et psychologique dans l'environnement familial », selon un rapport de la Commission européenne ?
Réponse : la Turquie. 35 millions de femmes y vivent, plus de 17 millions d'entre elles seraient donc concernées. La charte des droits fondamentaux de la future Constitution européenne (article II-21) précise, quant à elle : « Est interdite toute discrimination fondée notamment sur le sexe [...]. »
Question : dans quel pays, selon le même rapport européen, la violence pratiquée à l'égard des femmes par les services de police est-elle jugée « particulièrement préoccupante » ?
Réponse : la Turquie. Le 14 juin 2003, par exemple, Mme Gülbahar Gündüz, représentante des femmes du Parti démocratique populaire, y aurait été « enlevée, violée et torturée, les yeux bandés... ».
Question : quel pays occupe la 77e place dans le classement mondial de la probité ?
Réponse : la Turquie. A titre de comparaison, la France se situe au 23e rang – pour les moins corrompus – la Tunisie au 40e, le Maroc au 70e et la Roumanie au 83e.
Question : quel pays est en conflit latent avec tous ses voisins ?
Réponse : la Turquie. Alors que la paix est le mot d'ordre de l'Europe, la Turquie occupe militairement une partie de Chypre, a fermé ses frontières avec l'Arménie et connaît des tensions aussi bien avec la Géorgie, à cause de la république autonome d'Adjarie, qui fut sous contrôle ottoman dans le passé, qu'avec l'Irak, en raison de la question kurde, ou la Syrie, à propos d'Antioche.
Question : quel pays refuse de reconnaître l'existence d'un pays européen et entend néanmoins entrer dans l'Union ?
Réponse : la Turquie. Ankara ne reconnaît pas Chypre, pourtant membre de l'Union européenne depuis le 1er mai 2004. Le ministre turc des Affaires étrangères, M. Abdullah Gül, déclarait encore, le 29 novembre dernier, qu'il n'était pas question que son pays reconnaisse Chypre avant que les Vingt-Cinq donnent leur feu vert à l'ouverture officielle de négociations d'adhésion de son pays à l'Union européenne.
Question : quel pays occupe militairement une partie du territoire européen et y a construit un mur comparable à celui qui divisait Berlin avant 1989 ?
Réponse : la Turquie. Elle a envahi le tiers nord de Chypre en 1974 et n'en est plus jamais partie. La ligne verte qu'elle a tracée pour diviser l'île se concrétise sous la forme d'un mur qui passe au centre de Nicosie. Y aura-t-il un homme politique européen pour oser déclarer, à la manière de Kennedy devant le mur de Berlin en 1961, devant cette construction de la honte : *« Ich bin ein Nicosier » ?*
Question : quel est le pays dont 95 % du territoire et 92 % de la population se situent géographiquement en Asie ?
Réponse : la Turquie, dont les frontières, à l'est, sont la Syrie, l'Iran, l'Irak, la Géorgie et l'Arménie.
Question : quel est le pays où, d'après la Commission européenne, « la publication et l'importation de manuels religieux non approuvés sont interdites et où il y a eu des cas de confiscations de livres par les douanes » ?
Réponse : la Turquie.
Question : quel est le pays où, toujours selon la Commission européenne, « les minorités religieuses non musulmanes sont confrontées à de sérieux obstacles en matière de personnalité juridique, de droits de propriété et de gestion interne » et ne peuvent former leur clergé ?
Réponse : la Turquie. Rappelons la Charte des droits fondamentaux, qui fait partie intégrante du traité constitutionnel sur lequel les Français et les autres Européens doivent se prononcer : « Toute personne a droit à sa liberté de pensée, de conscience et de religion. » Ce droit implique « la liberté de manifester sa religion ou sa conviction individuellement, et collectivement, en public et en privé, par le culte, l'enseignement, les pratiques et l'accomplissement des rites » (article II-10).
Question : quel pays a présidé la 31e Conférence islamique des ministres des Affaires étrangères, qui a publié ce communiqué le 16 juin 2004 : « La conférence a appelé à s'abstenir de toute utilisation de l'universalité des droits de l'homme comme prétexte pour s'ingérer dans les affaires intérieures des Etats et porter atteinte à leur souveraineté nationale. Elle a, en outre, dénoncé la décision de l'Union européenne concernant la condamnation de la peine de lapidation et des autres peines qualifiées d'inhumaines et qui sont appliquées dans certains Etats membres en vertu des dispositions de la charia » ?

Quel pays occupe militairement une partie du territoire européen et y a construit un mur ?

Réponse : la Turquie, en la personne de M. Abdullah Gül.
Question : quel pays est au centre du monde touranien ?
Réponse : la Turquie. Ce terme définit, en fait, l'espace turcophone, qui va très loin vers l'Asie centrale et concerne près de 200 millions de personnes, parlant la même langue, musulmanes, aimantées par la Turquie et, donc, demain par l'Europe si elle s'élargit.
Question : quel est le pays dont le nouveau Code pénal, adopté le 26 septembre dernier, prévoit dans son article 306 une peine de dix ans de prison pour « les citoyens qui déclarent que le génocide arménien a effectivement eu lieu pendant la Première Guerre mondiale » ?
Réponse : la Turquie. Rappelons qu'une résolution du Parlement européen votée le 18 juin 1987, réitérée les 2 février et 18 mars 2004, exige comme condition de l'adhésion de la Turquie à l'Union européenne la reconnaissance du génocide arménien.
Question : faut-il que la Turquie entre dans l'Union européenne ?
Réponse : les 16 et 17 décembre prochain, à l'occasion du Conseil européen d'Athènes...

Sur la Turquie et l'Europe, lire absolument le remarquable ouvrage de Sylvie Goulard, préfacé par Robert Badinter : *Le Grand Turc et la République de Venise* (Fayard).

www.lexpress.fr

L'EXPRESS 6/12/2004 7

BIBLIOGRAPHIE

BOISBOISSEL, Henri, " *Le général Yves de Boisboissel des Troupes Coloniales, 1886 -1960* ", l'Harmattan, 2002.

COMPAGNON, général Jean, " *Leclerc maréchal de France* ", Flammarion, 1994.

GRAS, général Yves, " *Histoire de la Guerre d'Indochine* ", Plon, 1979.

HUYNH Ba Xuan, " *Oublié 23 ans dans les goulags Vietminh. 1953 - 1976* ", l'Harmattan, 2003.

KHROUCHTCHEV, Nikita, " *Souvenirs* ", Robert Laffont, 1971.

LONGERET Georges, LAURENT Jacques, BONDROIT Cyril, " *Les Combats de la RC 4, face au Vietminh et à la Chine* ", Indo Éditions, 2004.

O'REILLY, Père, " *Les Calédoniens* ", Publication de la Société des Océanistes, N° 3. Musée de l'Homme. Paris, 1953.

PELLISSIER, Pierre, " *Dien Bien Phu* ", Perrin, 2004.

PELLISSIER, Pierre, " *Saint-Cyr, génération Indochine-Algérie*", Perrin, 1998.

PISSARDY, Jean-Pierre, " *Paras d'Indochine, 1944-1954* ", Société de Production Littéraire, 1982.

VEZINET, général, " *Le général Leclerc* ", Éditions J'AI Lu, 1982.

COLLECTIF, " *Guide de Hanoï* ", Édition du Fleuve Rouge. Vietnam.

***

CRÉDITS PHOTOGRAPHIQUES

Toutes les photographies et plans proviennent de la collection de l'auteur exceptions faites des photographies :
page 344 (haut de page droite) et page 350 (haut de page)
qui proviennent de la collection Claude CALÈS.

***

REMERCIEMENTS

L'auteur tient à remercier plus particulièrement :

Claude CALÈS, Max MESNIER
ainsi que mes autres camarades de promotion cités dans le texte
pour leurs témoignages

Sofia LU XUE FEI
sino-française diplômée de Sciences-Po
qui m'a aidé à découvrir la Chine en pleine période de mutation

Chloé TAN YINGHUA
étudiante chinoise à l'Université de Nouvelle-Calédonie
qui m'a apporté une contribution précieuse par sa maîtrise de l'informatique

Philippe GRAS
(fils du général Yves GRAS, Saint-Cyr 1941-1942, écrivain militaire)
et son épouse Anne, pour leurs conseils avisés et leurs encouragements

Claude LEROY, Clément VAQUEZ et Denise CEVAER
pour leur relecture attentive

Jean-Jacques MAHUTEAU
pour sa collaboration artistique

***

La Société INDO ÉDITIONS tient également à remercier :

Le Général Georges LONGERET
Robert DU JEU
Julian BONDROIT
Nicolas AUBRUN
Ariane BONDROIT
Michel GOELDLIN
Cyril BONDROIT

Mon grand-père maternel Ohan NAVASSARTIAN, avocat et propriétaire terrien.

Mon père, Erwandt TERZIAN, directeur d'école à Zonguldak au milieu de ses jeunes élèves.

De g. à d. : Arménouhie, Hampig et Chochig, frère et sœurs de mon père, tous trois tués par les Turcs durant le génocide.

Ma famille vers 1930, à Draguignan. À gauche mon frère aîné Yervaz.

Août 1950, départ pour l'Indochine sur le *SS Pasteur*, avec Claude CALÈS (à gauche) et Bernard DUBOIS (à droite).

Premières visions d'Indochine. Le lieutenant TERZIAN au contact avec la population du Vietnam.

Le poste de Yen Cu Ha (où le lieutenant Gaston LAPÉRROUSAZ est mort au combat) le 6 juin 1951, au lendemain de l'attaque VM. On remarque les dégâts infligés à la tour centrale du poste.

Le capitaine RAFFALLI, commandant le 2e BEP, blessé par éclats d'obus, à son PC, lors de l'attaque du village de Bovi, le 15 juin 1951.

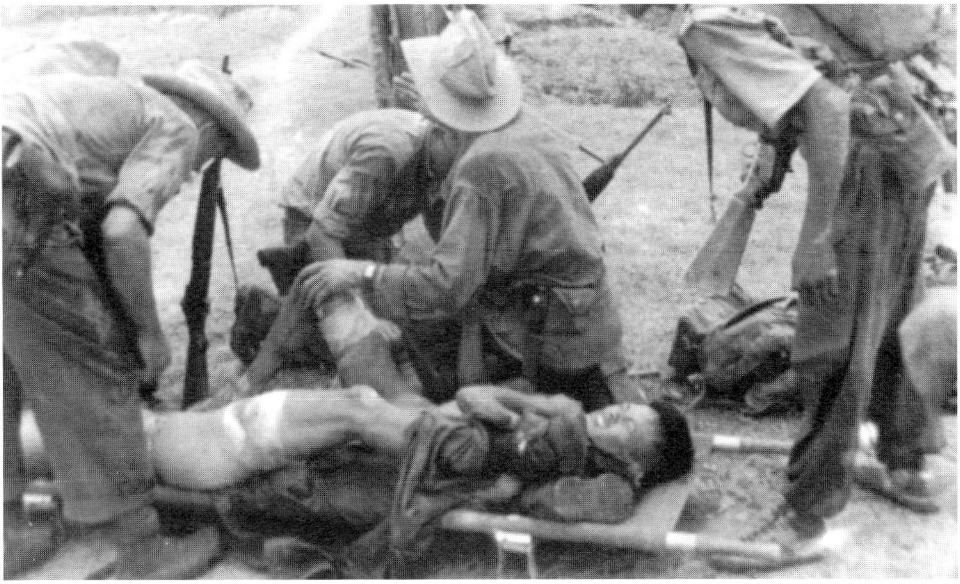

Blessés autochtones du 2e BEP, après l'attaque du village de Bovi. On remarque les deux blessés, positionnés tête-bêche sur la civière, attendant leur évacuation.

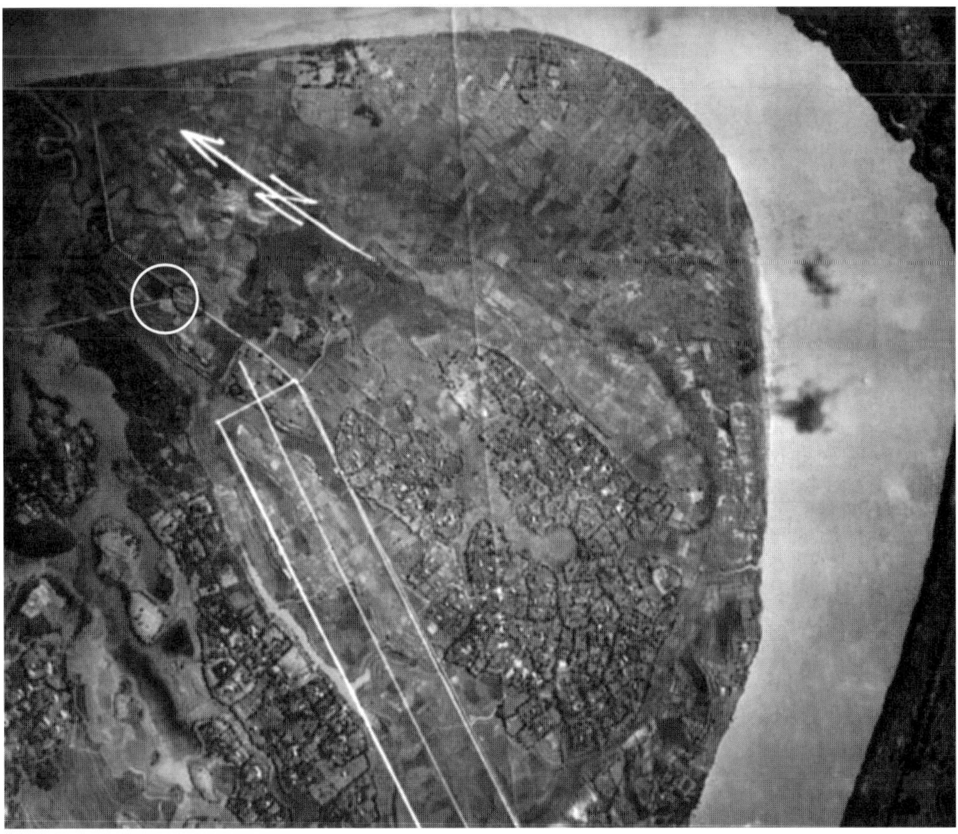

ZS, (zone de saut) de Hoa Binh (à environ 60 km, à vol d'oiseau, à l'ouest-sud-ouest de Hanoï), en bordure de la Rivière Noire. Le cercle entourant la fourche, avant l'entrée de la ZS, est la zone de regroupement de la 2e Compagnie du 1er BPC, lors du saut opérationnel du 14 novembre 1951.

14 novembre 1951. Le 1er BPC en alerte aérienne sur l'aéroport de Gia Lam. De gauche à droite, Lt DANJAUME, Lt TERZIAN, Capitaine CARRIÉ, Lt LIEVRE, Lt BOUGRAS, ?, Capitaine DENIS.

Récupération et pliage sommaire du parachute à l'arrivée au sol sur la ZS de Hoa Binh, le 14 novembre après-midi.

17 novembre 1951. Hoa Binh, réveil sous la pluie pour le lieutenant TERZIAN.

22 novembre 1951. De gauche à droite, le capitaine CARRIÉ et le lieutenant DANJAUME à Ap Da Chong (à 16 km au nord de Hoa Binh), près de la maison forestière.

Le massif du Bavi dominant la cuvette du village de Xom Sui.

Route d'Ap Da Chong - Notre-Dame (point d'appui sur la Rivière Noire).

Zone touffue à proximité de l'entrée Ouest du village de Xom Sui où se sont déroulés les combats au corps-à-corps. Au premier plan, une piste en direction du Bavi (vers la gauche).

De gauche à droite : le caporal SAPET et le caporal-chef ACHIMOFF, de la 2e Compagnie. Tous deux survivants du combat de Xom Sui, le 10 décembre 1951 en fin d'après-midi, après l'affrontement.

Remise de la Légion d'Honneur au lieutenant Claude CALÈS par le général de LATTRE le 4 novembre 1951.

Hanoï, le 4 février 1952. Prise d'armes présidée par le général de LINARÈS. Le lieutenant TERZIAN est décoré de la Croix de Guerre TOE avec Palme, des mains du général.

Ci-dessous, le 5 mai 1952. Embarquement du 10e BPCP dans la citadelle de Bac Ninh, (à 40 km à l'est-nord-est de Hanoï), en vue de l'attaque de Quang Lam.

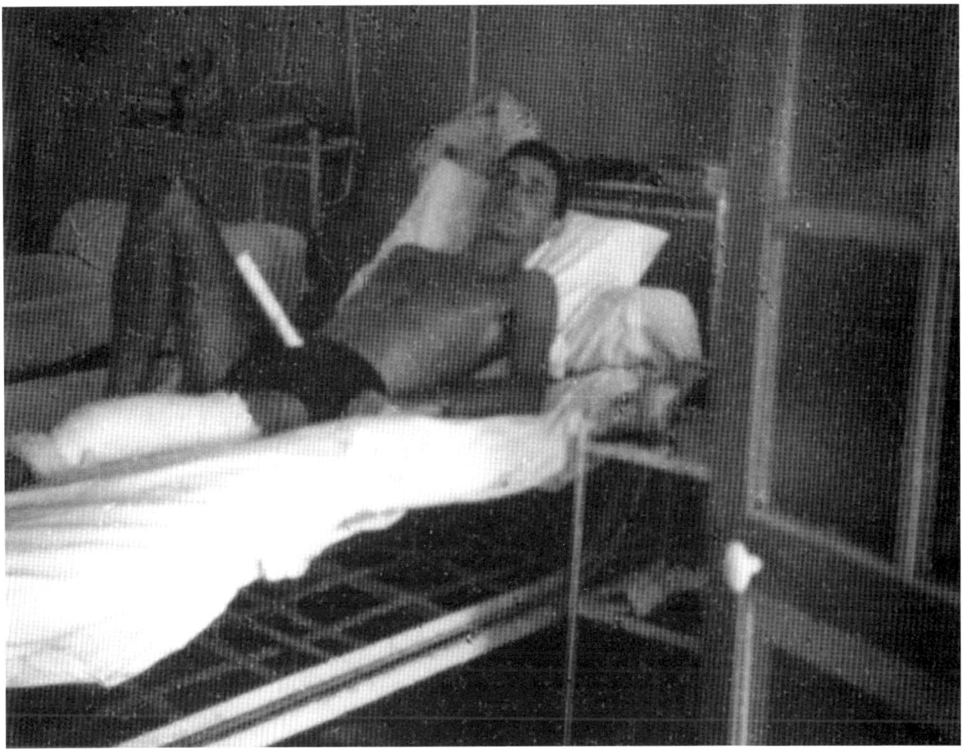

6 mai 1952, Hanoï. Troisième séjour à l'Hôpital Lanessan (chambre N° 5), le lieutenant TERZIAN se remet de ses blessures, reçues lors de l'attaque du village de Quang Lam.

Le lieutenant Guy TRUCHOT devant le mess du 7e BPC.

Sur le *SS Pasteur*, le lieutenant Gaston LAPÉRROUSAZ du 7e BPC.

Quimper, 17 avril 1954. Cérémonie en vue du départ du 7e BPC pour l'Indochine. À gauche : le commandant Balbin chef de Corps et monsieur de Chevigné, Secrétaire d'État à la Défense. Porte-drapeau du bataillon : lieutenant Terzian.

Quimper. À l'intérieur de la caserne de la Tour d'Auvergne, reversement du paquetage et perception de tenues civiles.

Orly, 19 avril 1954. Débarquement du train venant de Quimper. Embarquement pour l'aéroport.

Embarquement du 7e BPC sur les *Globe-Masters* US pour l'Indochine, 19 et 20 avril 1954.

11 juin 1954, à Nai Tu Chau. Opération d'accoutumance dans le Delta tonkinois au bord du Fleuve Rouge. Au premier plan, le lieutenant MONNIER, chef de section de la 1re Compagnie.

Opération "*Églantine*". Repli de la garnison d'An Khé sur Pleiku, avec le soutien du 1er Groupement Aéroporté. Progression en direction d'An Khé le 23 juin 1954. Sur la route, un char détruit au bazooka.

24 juin 1954. Franchissement de rivière sur un "pont de singe".

24 juin 1954. Le commandant BALBIN, pochette étanche autour du cou, le Lt TERZIAN à droite, s'entretiennent avec les villageois de Plei Kop.

25 juin 1954, 17 h 30. Le poste PK 22 détruit par sa propre garnison avant le repli. En arrière-plan, on remarque l'incendie du poste.

26 juin matin. En cours de repli, arrêt sur la montagne du Mang Yang. Au centre le lieutenant DAUBAS officier-adjoint au chef de Corps, en arrière-plan, le capitaine CARTALADE commandant la 3e Compagnie du 7e BPC.

28 juin 1954. À gauche, le lieutenant-colonel ROMAIN-DESFOSSÉS commandant le GAP I, avec son PC, au niveau du *radier*, juste avant l'embuscade.

28 juin 1954. Le PC du Bataillon progresse sur une piste dans une brousse touffue, après avoir quitté la route, en direction de Pleiku. Au centre, la tête dirigée vers le ciel, le commandant BALBIN chef de corps du Bataillon.

Parachutiste autochtone du 7e BPC, blessé lors de l'embuscade du 28 juin.

25 juillet 1954. Messe à Mewal, après l'annonce de l'Armistice.

3 septembre 1954, à Nha Trang (Centre-Annam). Inspection du général ÉLY, chef d'État-Major des Armées. En tête, le commandant BALBIN. À l'arrière-plan, les officiers du PC Bataillon.

Le capitaine Claude CALÈS commandant l'Escadron du 3e RPIMa en Algérie.

22 novembre 1958. En opération en Kabylie avec le 3e RPIMa. Le capitaine Claude CALÈS au sol, gravement blessé à la tête par le rotor de queue de l'Alouette. Debout, le colonel TRINQUIER commandant le Régiment.

Dakar, septembre 1962. Fête de la Saint-Michel avec les cadres de l'assistance technique de l'Armée sénégalaise. À droite, le capitaine de Corvette DEMAY, à gauche de la photo son épouse, le capitaine TERZIAN et son épouse.

Dakar, 1962. Le capitaine Gaston COUDURIER et son épouse Denise, sur la plage de Ngor.

La famille réunie avec Marcelle, Valérie et Éric, à Fort Leavenworth (USA). Photo extraite du "*Yearbook of the 1966 - 1967 Regular Course USACGSC*".

Officiers stagiaires alliés (UK, Canada, Australie, NZ, France) du *Armed Forces Staff College* (AFSC) Norfolk, Virginia, USA 1967-1968. Visite à la base de lancement de Cap Kennedy en Floride, (redevenue Cap Canaveral en 1973). Second à partir de la droite, le lieutenant-colonel SALVAN de l'Armée de l'Air Française.

1973, Nouvelle-Calédonie. À gauche le commandant TERZIAN, assis le colonel POMPON, commandant le RIMaP et un chef de tribu, pendant une manœuvre. Debout à droite, le commandant CHAUFFOUR.

La librairie générale *Hachette*, boulevard Foch à Nouméa après rénovation.

La librairie scolaire *Hachette*, boulevard Foch à Nouméa créée en 1986, à proximité de la Librairie générale.

Télé 7 Jours Nouvelle-Calédonie. De gauche à droite, Édouard TERZIAN avec Bernard VILLECHALANE, rédacteur en chef. Présentation du N° 1 du magazine en juin 1978.

Les Éditions du Pacifique. Le Docteur CATALA, fondateur et directeur de l'aquarium de Nouméa, à la librairie *Hachette*, lors de la signature de son livre " *Les Offrandes de la Mer* ", en 1979.

Les *Éditions du Cagou*. Présentation du livre " *Nouméa Rétro, 1854 - 1939* " de Luc CHEVALIER (à droite) à Jean LÈQUES, maire de Nouméa.

Bangkok, le 23 octobre 1986. Premier contact avec le général Sak SUTSAKHAN (camarade de promo), commandant en chef de l'Armée Nationale Khmère.

Hanoï, le 26 octobre 1986, avec monsieur TRI (à droite) et le " chef du protocole " (à gauche), de la société d'État *Xunhasaba* (chargée de l'importation de la presse étrangère). En arrière-plan, le mausolée de Ho Chi Minh.

Dimanche 26 octobre 1986. Le parvis de la cathédrale Saint-Joseph de Hanoï.

Hanoï, le 26 octobre 1986. L'ancienne rue Paul Bert (artère principale à l'époque coloniale). À droite, les vestiges de l'ancien cabaret luxueux le *Bodéga*.

Hanoï, le 28 octobre 1986. Le célèbre Pont Doumer qui enjambe le Fleuve Rouge.

Ci-dessus, le 31 octobre 1986. À mon retour d'Hanoï, entretien avec mon camarade, le Général Sak SUTSAKHAN, au restaurant du *Sheraton* à Bangkok.

Ci-contre, en avril 1985, première rencontre, à Canton, avec LIANG Wen Yao de *International Periodical Department* (société d'État chargée de l'importation de la presse étrangère en Chine).

Paris, février 1987. Journées " Presse Française " avec LIANG Wen Yao (à droite) et mon camarade de promo HUYNH Ba Xuan (au centre) dont l'épouse et la fille ont été autorisées à quitter le Vietnam pour le rejoindre en France.

7 novembre 1994. Visite d'une usine de chaussures, dans le Sud de la Chine, avec le directeur d'établissement.

1995, en Chine du Nord, à Jilin, en plein hiver avec un manteau de duvet de l'Armée Populaire Chinoise.

Carte générale du Vietnam contemporain.

Carte du Tonkin au Nord-Vietnam.

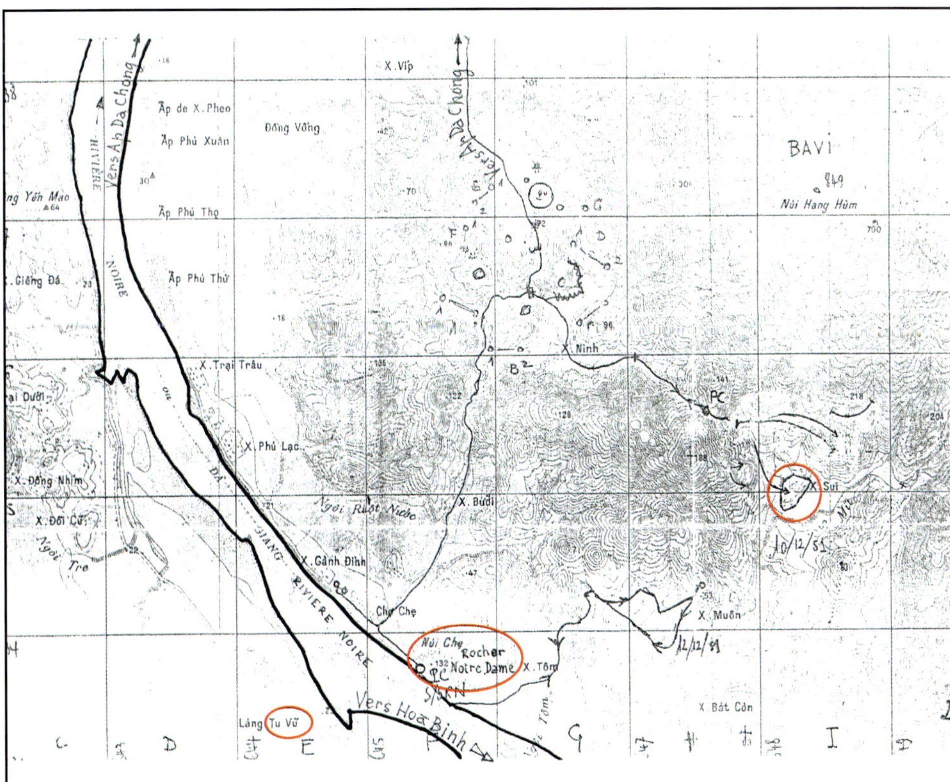

Combat de Xom Sui. 10 décembre 1951. Voir Chapitre IV. Carte du Delta du Tonkin. Feuille 11 W Bavi. Un carré représente 1 km.

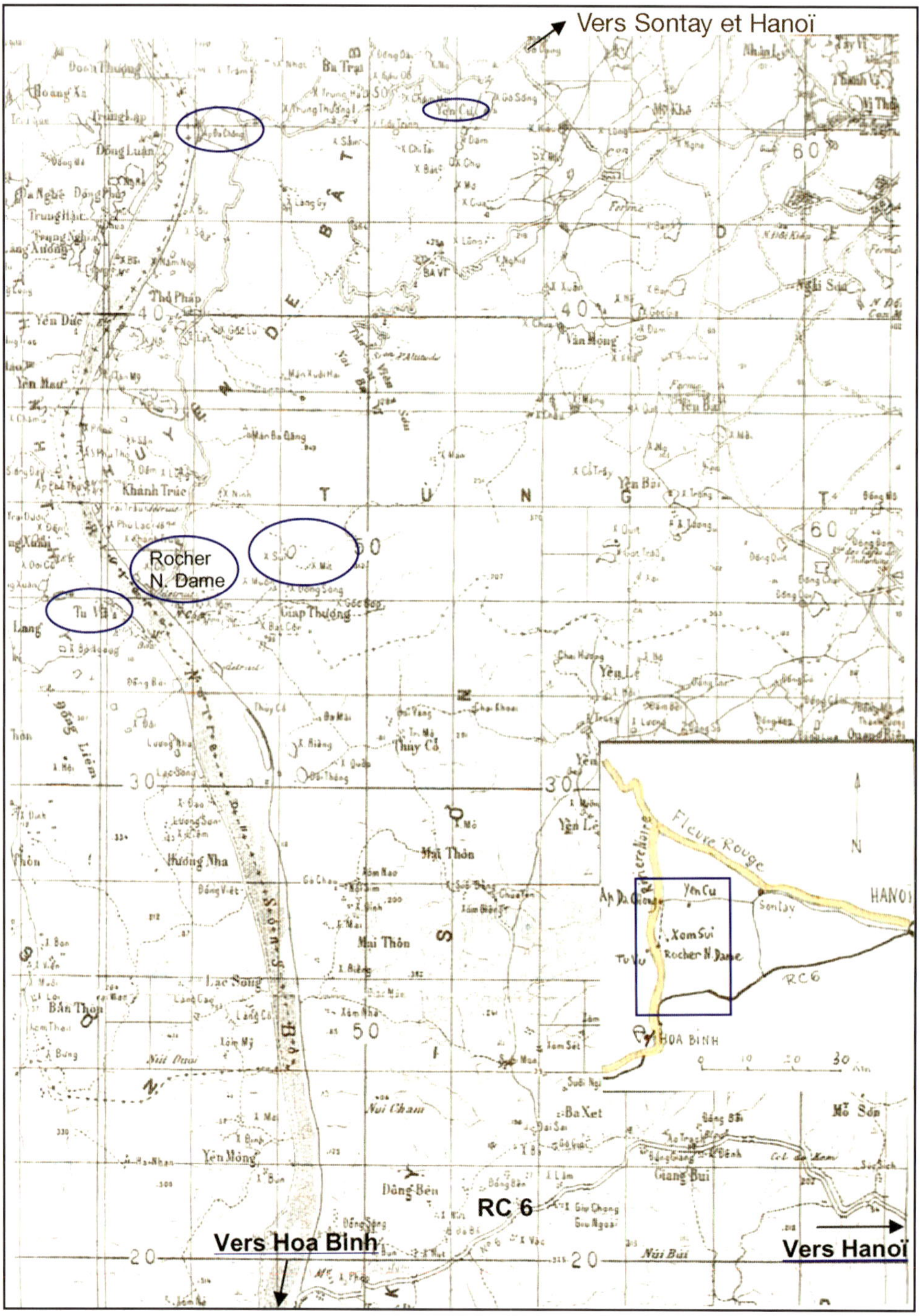

Combat de Xom Sui, le 10 décembre 1951. Voir Chapitre IV. Carte du secteur de Son Tay Ouest. Un carré représente 2 km.

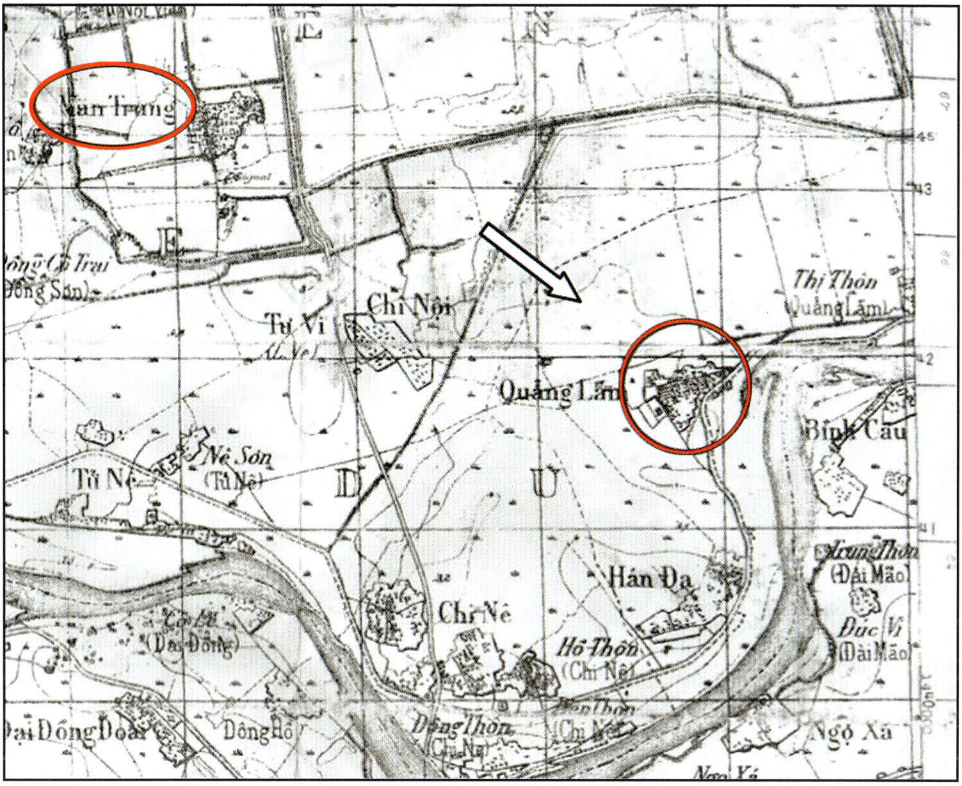

Attaque du village de Quang Lam, le 5 mai 1952. Voir Chapitre IV. Carte du secteur de Gia Binh – Bac Ninh 15 W (Bac Ninh à 40 km est-nord-est de Hanoï). Un carré représente un kilomètre.

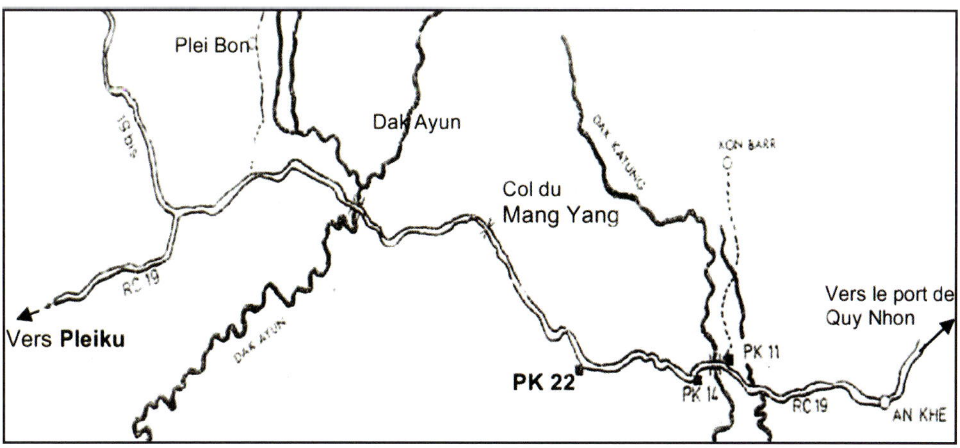

Repli de la garnison d'An Khé, du 21 au 29 juin 1954. Hauts-Plateaux d'Annam. Voir Chapitre VI : " *Indochine, deuxième séjour* ". Distance d'An Khé à Pleiku : 90 km.

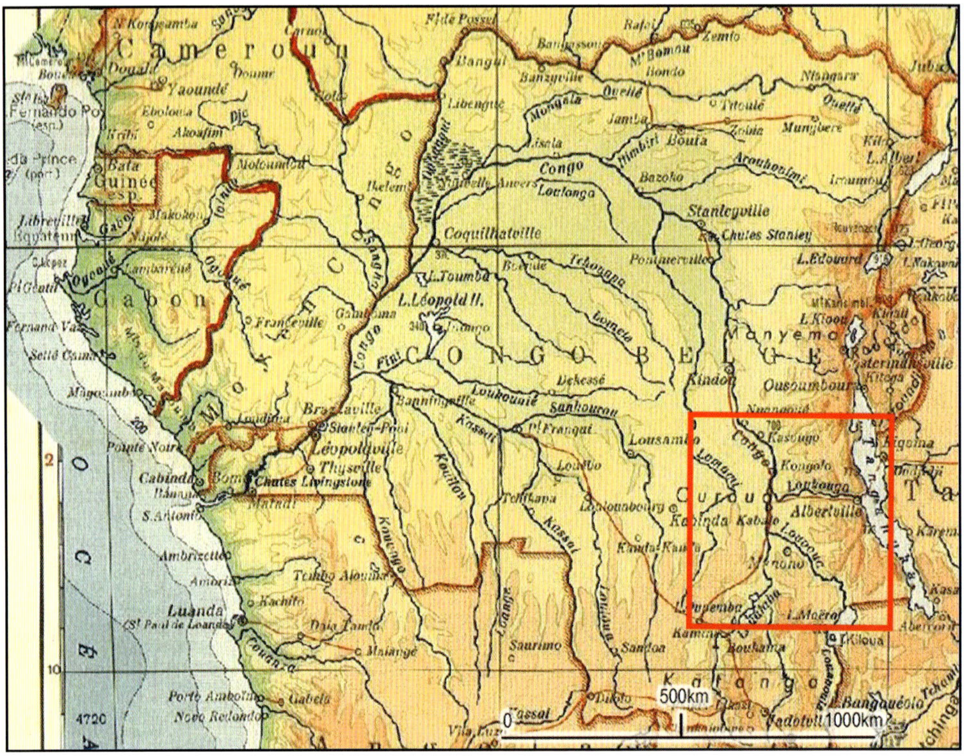

Carte du Congo Belge, aujourd'hui, République Démocratique du Congo, (ex-Zaïre).

Croquis de l'implantation du Bataillon Malien au Katanga, le 16 août 1960.

TABLE DES MATIÈRES

Ouvrages parus dans la Collection " Histoire "

3e BCCP, Indochine, 1948-1950
Cyril BONDROIT

Commandos Nord-Vietnam, 1951-1954
Jean-Pierre PISSARDY

Les Insignes de l'Aéronautique Militaire Française jusqu'en 1918
Philippe BARTLETT

Les Combats de la RC 4
Généraux Georges LONGERET et Jacques LAURENT, Cyril BONDROIT
Grand Prix 2005 des Écrivains Combattants
Prix Honneur et Patrie 2005 de la Légion d'Honneur

Gendarmes-Parachutistes en Indochine, 1947-1953
Jean-Christophe BRUNET
Prix Histoire 2006 de la Gendarmerie Nationale

Ouvrages parus dans la Collection " Mémoires "

La Route Morte - RC 4 - 1950
Charles-Henry DE PIREY
Prix 2003 de l'Académie Française
Prix 2003 de l'Académie des Sciences Morales et Politiques

Médecin sur la RC 4
Henri ESTÈVE

Vandenberghe - Le Commando des Tigres Noirs
Charles-Henry DE PIREY

L'Épreuve du Guerrier
Jean ARRIGHI

L'Indochine ne répond plus
L.H. AYROLLES

Les soldats perdus
ANAPI

Ouvrages parus dans la Collection " Contre-enquête "

Le Rendez-Vous Manqué
Serge DESBOIS

Le fuyard de Lang Son
Louis CONSTANS

Indochine, les mensonges de l'anticolonialisme
Paul RIGNAC

Ouvrages parus dans la Collection " Portrait "

Souvenirs d'un colonel Vietminh
Dang Van VIET

Grand Écart
Édouard TERZIAN

***

Ouvrages à paraître

Paras d'Indochine, 1944-1954
Jean-Pierre PISSARDY

Aumôniers au combat
René BAIL

Au Champ d'Honneur
Étienne et Franck SEGRÉTAIN

Mourir sur la RC 4
Cyril BONDROIT

Médecin-Capitaine au combat
Georges ARMSTRONG

Voyage autour d'un paquetage
Cyril BONDROIT

À paraître, Collection " Bande Dessinée "

Cao Bang - L'Enfer Jaune - Béret Rouge
Cyril BONDROIT

Grand Prix 2005 des Écrivains Combattants
Prix Honneur et Patrie 2005
de la Légion d'Honneur

Prix 2003 de l'Académie Française
Prix 2003 de l'Académie
des Sciences Morales et Politiques

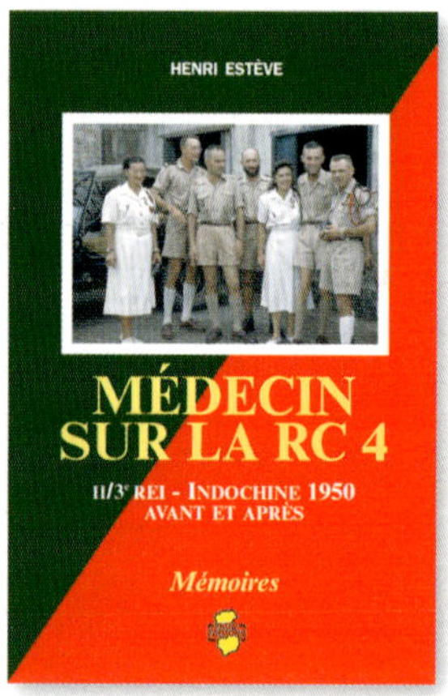

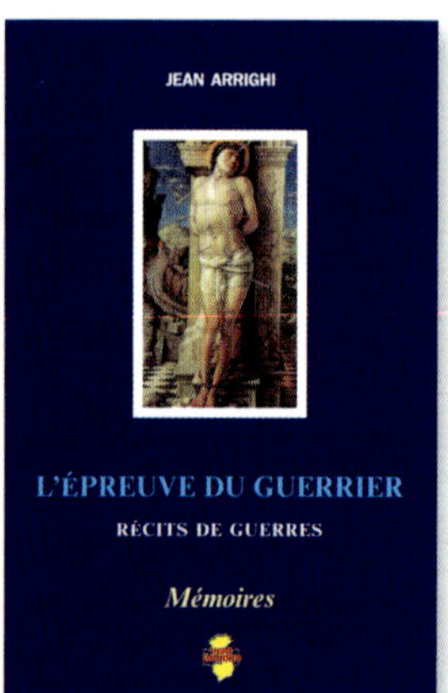

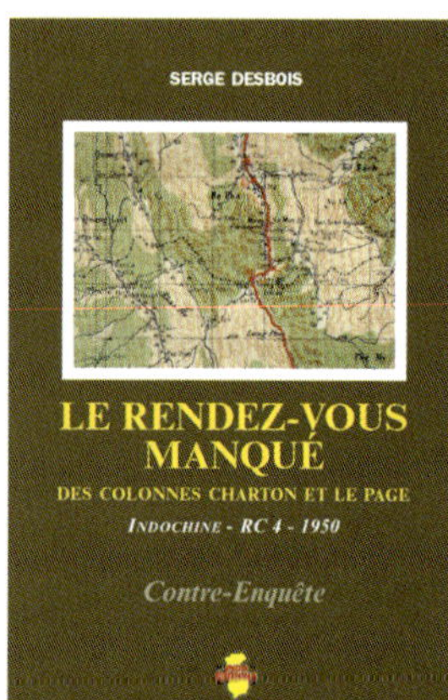

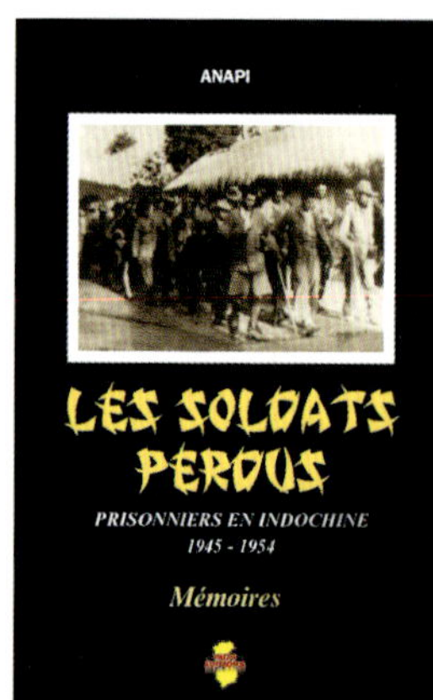

Prix Histoire 2006
de la Gendarmerie Nationale

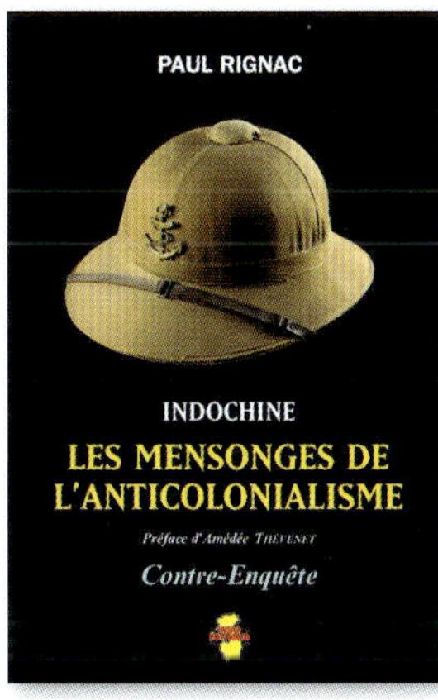

Version Métropole

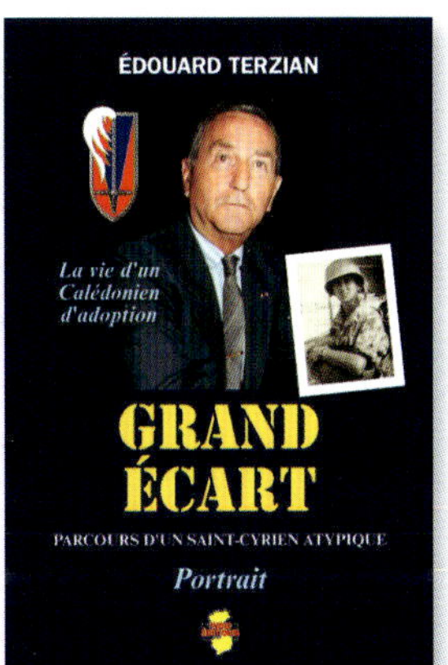

Version Nouvelle-Calédonie

Ouvrage réalisé par la société Indo Éditions
Achevé d'imprimer par
Shenzhen Xinlian Artistic Printing Company Limited
Shenzhen City, Guangdong Province
Dépôt Légal : mars 2007
Imprimé en Chine

ISBN 978-2-914086-29-5